21世纪高校网络与新媒体专业系列教材

丛书主编 石长顺
丛书副主编 郭 可 支庭荣

新媒体视听节目制作（第二版）

New Media
Audio-visual
Program
Production

周建青 主编

图书在版编目（CIP）数据

新媒体视听节目制作 / 周建青主编. —2 版. —北京：北京大学出版社，2019.8
21世纪高校网络与新媒体专业系列教材
ISBN 978-7-301-30506-5

Ⅰ. ①新… Ⅱ. ①周… Ⅲ. ①电视节目制作－高等学校－教材②广播节目－节目制作－高等学校－教材 Ⅳ. ① G222.3

中国版本图书馆 CIP 数据核字 (2019) 第 091496 号

书　　　名	新媒体视听节目制作（第二版）
	XIN MEITI SHITING JIEMU ZHIZUO（DI-ER BAN）
著作责任者	周建青　主编
责 任 编 辑	李淑方
标 准 书 号	ISBN 978-7-301-30506-5
出 版 发 行	北京大学出版社
地　　　址	北京市海淀区成府路 205 号　100871
网　　　址	http://www.pup.cn　　　新浪微博：@ 北京大学出版社
微信公众号	通识书苑（微信号：sartspku）　科学元典（微信号：kexueyuandian）
电 子 邮 箱	编辑部 jyzx@pup.cn　　　总编室 zpup@pup.cn
电　　　话	邮购部 010-62752015　发行部 010-62750672　编辑部 010-62767857
印　刷　者	大厂回族自治县彩虹印刷有限公司
经　销　者	新华书店
	787 毫米 × 1092 毫米　16 开本　24.75 印张　550 千字
	2014 年 11 月第 1 版
	2019 年 8 月第 2 版　2025 年 6 月第 8 次印刷
定　　　价	59.00 元

未经许可，不得以任何方式复制或抄袭本书之部分或全部内容。
版权所有，侵权必究
举报电话：010-62752024　电子邮箱：fd@pup.cn
图书如有印装质量问题，请与出版部联系，电话：010-62756370

21世纪高校网络与新媒体专业系列教材编委会

总 主 编 石长顺
副 主 编 郭 可　支庭荣
主 编 单 位 华中科技大学
　　　　　　　上海外国语大学
　　　　　　　暨南大学
　　　　　　　华南理工大学
　　　　　　　武汉理工大学
　　　　　　　河南工业大学
　　　　　　　沈阳体育学院
　　　　　　　广州大学
编委会成员（按英文字母顺序排序）
　　陈冠兰　陈沛芹　陈少华　郭　可　韩　锋
　　何志武　黄少华　惠悲荷　季爱娟　李　芳
　　李　军　李文明　李秀芳　梁冬梅　鲁佑文
　　单文盛　尚恒志　石长顺　唐东堰　王　艺
　　肖赞军　杨　娟　杨　溟　尹章池　于晓光
　　余　林　张合斌　张晋升　张　萍　郑传洋
　　郑勇华　支庭荣　周建青　邹　英

总　序

教育部在2012年公布的本科专业目录中,首次在新闻传播学学科中列入特设专业"网络与新媒体",这是自1998年以来为适应社会发展需要,该学科新增的两个专业之一(另一个为数字出版专业)。实际上,早在1998年,华中科技大学就面对互联网新媒体的迅速崛起和新闻传播业界对网络新媒体人才的急迫需求,率先在全国开办了网络新闻专业(方向)。当时,该校新闻与信息传播学院在新闻学本科专业中采取"2+2"方式,开办了一个网络新闻专业(方向)班,面向华中科技大学理工科招考二年级学生,然后在新闻与信息传播学院继续学习两年专业课程。首届毕业学生受到了业界的青睐。

在教育部新颁布《普通高等学校本科专业目录(2012)》之后,全国首次有28所高校申办了网络与新媒体专业并获得教育部批准,继而开始正式招生。招生学校涵盖"985"高校、"211"高校和省属高校、独立学院四个层次。这28所高校的网络与新媒体专业,不包括同期批准的45个相关专业——数字媒体艺术和此前全国高校业已存在的31个基本偏向网络新闻方向的传播学专业。2014年、2015年、2016年、2017年又先后批准了20、29、47和36所高校网络与新媒体专业招生,加上2011年和2012年批准的9所高校新媒体与信息网络专业招生,到2018年全国已有169所高校开设了网络与新媒体专业。

媒体已成为当代人们生活的一部分,并逐渐走向21世纪的商业和文化中心。数字化媒体不但改变了世界,改变了人们的通信手段和习惯,也改变了媒介传播生态,推动着基于网络与新媒体的新闻传播学教育改革与发展,成为当代社会与高等教育研究的重要领域。尼葛洛庞帝于《数字化生存》一书中提出的"数字化将决定我们的生存"的著名预言(1995年),在网络与新媒体的快速发展中得到应验。

据中国互联网络信息中心(CNNIC)2019年8月发布的《第44次中国互联网络发展状况统计报告》显示,截至2019年6月,我国网民规模已达8.54亿,较2018年年底增长2598万,互联网普及率达61.2%,较2018年底提升1.6个百分点。互联网用户规模的迅速发展,标志着网络与新媒体技术正处在一个不断变化的流动状态,且其低门槛的进入使人与人之间的交往变得更为便捷,世界已从"地球村"走向了"小木屋",时空概念的消解正在打破国家与跨地域之间的界限。加上我国手机网民数量持续增长,手机网民规模已达8.47亿,较2018年年底增长2984万,网民使用手机上网的比例达99.1%,较2018年年底提升0.5个百分点。这是否更加证明移动互联网时代已经到来,"人人都是记者"已成为现实?

网络与新媒体的发展重新定义了新媒体形态。新媒体作为一个相对的概念,已从早期的广播与电视转向互联网。随着数字技术的发展,新媒体更新的速度与形态的变化时间越来越短(见图1)。当代新媒体的内涵与外延已从单一的互联网发展到网络广播电视、手机电视、微博、微信、互联网电视等。在网络环境下,一种新的媒体格局正在出现。

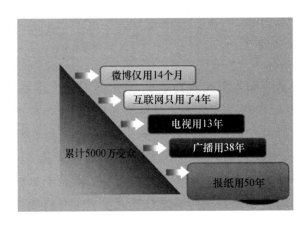

图1　各类媒体形成"规模"的标志时间

基于网络与新媒体的全媒体转型也正在迅速推行,并在四个方面改变着新闻业,即改变着新闻内容、改变着记者的工作方式、改变着新闻编辑室和新闻业的结构、改变着新闻机构与公众和政府之间的关系。相应地也改变着新闻和大众传播教育,包括新闻和大众传播教育的结构、教育者的工作方式和新闻传播学专业讲授的内容。

为使新设的"网络与新媒体"专业从一开始就走向规范化、科学化的发展建设之路,加强和完善课程体系建设,探索新专业人才培养模式,促进学界之间的教学交流,共同推进网络与新媒体专业教育,由华中科技大学广播电视与新媒体研究院及华中科技大学武昌分校(现更名为"武昌首义学院")主办,北京大学出版社承办的"全国高校网络与新媒体专业学科建设"研讨会,于2013年5月25—26日在武汉举行。参加会议的70多名高校代表就议题网络与新媒体专业培养模式、网络与新媒体专业主干课程体系等展开了研讨,通过全国高校之间的学习对话,在网络与新媒体专业主干课和专业选修课的设置方面初步达成一致意见,形成了网络与新媒体专业新建课程体系。

网络与新媒体主干课程共14门:网络与新媒体(传播)概论、网络与新媒体发展史、网络与新媒体研究方法、网络与新媒体技术、网页设计与制作、网络与新媒体编辑、全媒体新闻采写、视听新媒体节目制作教程、融合新闻学、网络与新媒体运营与管理、网络与新媒体用户分析、网络与新媒体广告策划、网络法规与伦理、新媒体与社会等。

选修课程初定8门:西方网络与新媒体理论、网络与新媒体舆情监测、网络与新媒体经典案例、网络与新媒体文学、动画设计、数字出版、数据新闻挖掘与报道、网络媒介数据分析与应用等。

这些课程的设计是基于当时全国28所高校网络与新媒体专业申报目录、网络与新媒体专业的社会调查,以及长期相关教学研究的经验讨论而形成的,也算是首届会议的一大收获。新专业建设应教材先行,因此,在这次会议上应各高校的要求,组建了全国高校网络与新媒体专业"十二五"规划教材编写委员会,全国参会的26所高校中有50多位学者申报参编教材。在北京大学出版社领导和李淑方编辑的大力支持下,经过个人申报、会议集体审议,初步确立了30余种教材编写计划。这套网络与新媒体专业"十二五"规划系列教材包括:

《网络与新媒体概论》《西方网络与新媒体理论》《新媒体研究方法》《融合新闻学》《网页设计与制作》《全媒体新闻采写》《网络与新媒体编辑》《网络与新媒体评论》《新媒体视听节目制作》《视听评论》《视听新媒体导论》《出镜记者案例分析》《网络与新媒体技术应用》《网络与新媒体经营》《网络与新媒体广告》《网络与新媒体用户分析》《网络法规与伦理》《新媒体与社会》《数字媒体导论》《数字出版导论》《网络与新媒体游戏导论》《网络媒体实务》《网络舆情监测与分析》《网络与新媒体经典案例评析》《网络媒介数据分析与应用》《网络播音主持》《网络与新媒体文学》《网络与新媒体营销传播》《网络与新媒体实验教学》《网络文化教程》《全媒体动画设计赏析》《突发新闻教程》《文化产业概论》等。

这套教材是我国高校新闻教育工作者探索"网络与新媒体"专业建设规范化的初步尝试,它将在网络与新媒体的高等教育中不断创新和实践,不断修订完善。希望广大师生、业界人士不吝赐教,以便这套教材更加符合网络与新媒体的发展规律和教学改革理念。

石长顺

2014年7月

2019年9月修改

(作者系华中科技大学广播电视与新媒体研究院院长、教授;

武昌首义学院副校长,兼任新闻与文法学院院长)

内容简介

本书是一本专门针对新媒体视听节目制作的本科教材。全书十二章。每章介绍一种视听节目类型的制作方法、过程、技巧与理念。内容涉及微电影、网络剧、搞笑短片、新闻片、专题片、纪录片、动画短片、视频广告、MV、宣传片、网络视频谈话节目、网络广播节目十二种视听节目类型。全书有以下四个特点：一是前沿性，全书阐述的制作理念与方法、技术与技巧均体现了与时俱进的特点。二是实用性，本书实操性很强，有利于制作者迅速入门并在短期内提高制作水平。三是全面性，本书基本上涵盖了新媒体平台上播放的各类视听节目（除传统电影与电视剧以外）。四是易读性，理论阐释与案例分析结合、图文结合，通俗易懂。

本书适合于用作网络与新媒体、电视编导、数字媒体艺术、新闻学、传播学、广告学、广播电视新闻学、播音与主持等专业与视听节目制作相关课程的教材，也可作为视频制作爱好者、媒体从业人员提高视频制作水平的参考读物。

主编简介

周建青，男，湖南株洲人，华南理工大学新闻与传播学院、公共管理学院教授，博士研究生导师，教育部新世纪优秀人才，武汉大学传播学博士，香港浸会大学高级访问学者，教育部第四轮学科（新闻学与传播学）评估专家，教育部学位中心评审专家，广东省网络舆情信息专家，国家高端智库新华社瞭望智库专家，广东省广播电视节目奖评委，广东省广电局网络境外剧审核专家，视听传播研究委员会理事。

主持国家与省部级社科纵向课题 10 多项，发表论文 70 余篇，其中 CSSCI 期刊论文近 30 篇；多篇论文被《新闻与传播》《造型艺术》《新华文摘》等权威刊物转载，出版著作 4 部。研究领域：视听新媒体、网络空间治理、舆情管理、公共传播与治理。

2014 年，教学成果《新闻传播类专业学生影像传播创新能力培养与创业模式的探索与实践》，荣获广东省第七届教学成果奖（高等教育）二等奖，获华南理工大学第七教学成果奖一等奖；多次获得全国大学生广告艺术大赛优秀指导教师称号；撰写的决策咨询报告《"互联网＋科技展览"发展问题与对策》《广州建设"纪录片之城"发展思路与策略》《我国互联网管理存在的问题与对策建议》等多次获得省部级领导的肯定性批示并被采纳。《当代影像传播与媒体发展研究》一书获"广东省新世纪电视理论优秀作品奖"。

再版前言

什么是新媒体？答案可谓见仁见智。综合各方观点，对新媒体的理解主要有四个方面：(1)新媒体是相对于期刊、报纸、广播、电视等传统媒体而言的，强调相对性；(2)新媒体是个时间概念，强调当前之"新"；(3)新媒体是不断发展完善、用户不断扩展的新兴媒体，强调发展性；(4)新媒体发展始终离不开数字技术、网络技术、信息通信技术等新兴科技，强调技术性。但是，无论新媒体如何发展，它仍然只是个载体、平台。如果没有内容呈现，其存在的价值就要大打折扣。因此，"内容为王"的生存法则不会过时；也就是说，无论新媒体如何发展，其对内容的需要不可或缺。而在各种各样的内容表现方式中，视听节目形式非常重要。随着制作视听节目工具的普及、移动互联网的快速发展、播出平台的增多，广大民众对视频的喜爱、社会发展的需要与国家文化产业政策的推动，我国视频产业蓬勃发展。

据中国互联网络信息中心发布的第43次《中国互联网络发展状况统计报告》，截至2018年12月底，我国网民规模达8.29亿，普及率达到59.6%，其中网络视频用户规模达6.12亿，占网民总体的73.9%。手机网络视频用户规模达到5.9亿，占手机网民的72.2%。2019年7月11日，中国互联网协会发布了《中国互联网发展报告(2019)》，报告指出2018年我国在线视频行业市场规模达到2016.8亿元，同比增长39.1%，短视频行业市场规模达118.1亿元，直播行业市场规模达363.3亿元，53.1%的用户愿意付费观看网络视频。网络视频行业移动化、精品化、生态化进程持续推进。智能手机的摄影摄像、即拍即传与视频直播功能的应用，使得全民步入影像狂欢的时代。

目前，网络视听节目生产主要有两种模式：专业生产内容(Professionally-Generated Content，即 PGC)模式与用户生产内容(User-Generated Content，即 UGC)模式。一般来说，专业生产内容的主体有视频网站、电视台、节目制作公司等专业机构的专业人员；用户生产内容的主体是网民、视频制作爱好者等非专业人员。近年来，越来越多的网络综艺节目、网络剧亮相电视屏幕。其中输出规模最大的是网络综艺节目。优酷制作的《晓说》先后输出到浙江卫视和东方卫视，《侣行》先后输出到旅游卫视和中央电视台；腾讯视频制作的《我们15个》输出到东方卫视；爱奇艺制作的《爱上超模》第一季输出到湖北卫视，《我去上学啦》输出到东方卫视；乐视网制作的《十周嫁出去》输出到安徽卫视；等等。除了网络综艺节目，网络剧也是反向输出的重要内容，搜狐视频制作的网络剧《他来了，请闭眼》输出到东方卫视，爱奇艺制作的网络剧《奇异家庭》输出到江西电视台影视频道,《蜀山战纪》输出到安徽卫视,等等。① 视频网站的发展从最初充当电视台的"二传播手",到现在自制内容并反向输出到电视台,这一现象的出现,证明视频网站在视频产业的发展中占有重要一席。对于 UGC 系统来说,用户编辑内容这一部分很容易涉嫌侵权。无论是 YouTube 还是国内的优酷、土豆等,都曾经陷入版权纠纷的官司中。YouTube 的 UGC 内容面临的另一个压力是广告营收。UGC 虽然能为视频网站带来流量,但是因为它的偶然性和片段性,加之制作质量良莠不齐,没有广告商愿意在这些内容上有所投入,这部分流量自然很难变现。② 2017 年 6 月,国家新闻出版广电总局印发《关于进一步加强网络视听节目创作播出管理的通知》,对网络视听节目的创作播出提出进一步要求。网络视听节目要坚持与广播电视节目同一标准、同一尺度,把好政治关、价值关、审美关,实行统筹管理。未通过审查的电视剧、电影,不得作为网络剧、网络电影上网播出。因此,无论是用户生产内容还是专业生产内容,均要确保节目内容符合新闻出版广电总局对节目创作与播出的要求。

移动互联技术革命方兴未艾,智能移动终端持续迭代创新,视频用户快速向移动端聚集,伴随着视频直播等应用的蓬勃实践,手机视频成为移动端极具潜力的业务。前段时间,笔者对手机视频用户使用行为与满意度进行了研究,通过实证研究方法得出以下结论。③

1.手机视频用户使用行为表现与其满意度密切相关。用户对视频内容偏好表现明显,"内容为王"的生存法则依然奏效。数据分析结果显示,时长、频次、时段、场所、广告等因素均会正向影响用户满意度,但是"能否进行互动"与其满意度不相关,多数用户在观看视频时基本不互动。相比手机视频形式,对视频内容的喜爱和偏好与用户满意度有更强相关性,多种多样的移动视频应用经残酷竞争与大浪淘沙,对优质内容的坚守和挖掘或成为手机视频制作机构和运营平台的核心竞争力。

2.手机视频用户对碎片化视频的观赏黏性逐步形成,短视频成为赢得用户的关键。根据数据分析结果,搞笑短片、微电影、微新闻等短视频节目深受用户欢迎,这正验证了用户"放松、打发时间、获取娱乐和资讯"等动机,且多数手机用户偏爱 5 分钟以下的短视频。鉴于短视频行业的持续碎片化发展,"PUGC+分发模式"和"UGC+社交模式"等多种模式长期并存,以及短视频社群化发展趋向。④ 短视频不仅成为制作机构赢得用户的关键,而且其在视频产业发展中具有十分重要的地位,这从蓬勃发展的"梨视频""二更"等短视频平台以及快手、秒拍等短视频 APP 可见一斑。

3.选准最佳时机推送原创视频以尽可能多地争取用户与流量,是视频平台运营者着重要考虑的问题。从调查结果来看,近八成用户选择在晚上观看手机视频,可见傍晚

---

① 冷淞.电视媒体的"互联网化"观察:基于视听内容的视角[J].现代传播,2017(8).
② 胡泳,张月朦.互联网内容走向何方——从 UGC、PGC 到业余的专业化[J].新闻记者,2016(8).
③ 周建青,刘航.手机视频用户使用行为与满意度研究[J].中国新闻传播研究,2017 年(上).
④ 第一财经商业数据中心(CBNData).2017 年短视频行业大数据洞察报告[EB/OL].(2017-09-08)[2019-06-20].http://www.yicai.com/news/5341589.html

是发布与推送手机视频的最佳时间。在这个时间点推送,或结合相应主题的时间节点适时推送,才能有效契合用户观赏习惯,提升平台影响力。

4. 费用与手机视频用户满意度密切相关,提速降费是用户的迫切需求。根据分析结果,流量和费用问题与用户是否观看、何时何地观看手机视频紧密相关。虽然电信部门陆续进行了两轮提速降费,但结果并不尽如人意。费用与网速不仅使得快速发展的手机视频行业步履维艰,而且影响"互联网+"的发展进程。加大网络基础设施投入、强化共享共建等是运营商提高用户满意度的努力方向。

5. 广告与手机视频用户观赏体验紧密相关,去广告、优化广告内容是破除瓶颈的关键。数据分析结果显示,广告虽非影响手机用户是否观看视频的决定性因素,但与用户的观感体验相关。由此,减少插播广告、优化去广告功能对用户产生直接裨益,并且随着手机视频商业模式的深入探索,还要面对朋友圈视频广告等新广告形式的冲击。[①] 探索广告新形式、寻求广告新出路,或能成为进一步厘清广告与视频界限、探索二者新商业模式的有益方式。

6. 当前手机视频性价比不高,这与手机视频的质量与价值不高密切相关。手机视频用户在服务、功能、流畅度、清晰度、定制等多方面均预期不高,一方面,由于当前手机视频质量良莠不齐,整体价值水平偏低;另一方面,也说明手机视频在内容价值和质量等方面仍有较大提升空间。需秉持价值内涵,坚持创作和推广实用、观点独到、故事有趣、能够引发情感共鸣的优质手机视频节目,为此,内容制作方与运营方需要作出长期不懈的努力。

以手机、PC、平板电脑等新兴媒介为播出平台的视频产业正对传统电视产业产生挑战,无论是台网融合还是网台联动,都是视频网站与电视台共存共赢的最佳选择,在促进视频产业持续健康发展方面产生新的动力。网络视频产业将朝着"运营管理平台化、节目生产自制化、节目传播智能化、传播渠道跨屏化、消费体验沉浸化、节目评估多元化"的态势发展。[②]

周建青

2019 年 4 月于广州

[①] 第一财经商业数据中心(CBNData).2017 年短视频行业大数据洞察报告[EB/OL].(2017-09-08)[2019-06-20]. http://www.yicai.com/news/5341589.html

[②] 陈积银,杨廉.中国网络视频产业的发展现状、趋势与思考[J].现代传播,2017(11).

目 录

第一章 微电影制作 ... 1
第一节 微电影概述 ... 1
一、微电影概念 ... 1
二、微电影类型 ... 3
三、微电影特点 ... 4
四、微电影的发展背景 ... 5
五、微电影的发展现状 ... 6
第二节 微电影剧本创作 ... 8
一、微电影剧本创作要点 ... 8
二、微电影分镜头脚本 ... 10
第三节 微电影拍摄 ... 13
一、微电影拍摄前的准备 ... 14
二、微电影拍摄技巧和方法 ... 15
第四节 微电影剪辑 ... 22
一、串联式剪辑 ... 23
二、交替式剪辑 ... 25
第五节 微电影营销 ... 27
一、策划准备阶段的营销 ... 28
二、摄制完成后的营销 ... 29

第二章 网络剧制作 ... 33
第一节 网络剧概述 ... 33
一、网络剧概念 ... 34
二、网络剧的特点 ... 35
三、网络剧的发展背景 ... 36
四、网络剧的发展现状与趋势 ... 37
第二节 网络剧剧本创作 ... 38
一、电视剧与网络剧剧本创作的相同点 ... 38

二、电视剧与网络剧剧本创作的不同点 ……………………… 39
第三节　网络剧的拍摄 …………………………………………… 41
一、运动镜头频繁使用 …………………………………………… 41
二、拍摄角度求新求奇 …………………………………………… 45
第四节　网络剧的剪辑 …………………………………………… 48
一、加快剪辑节奏 ………………………………………………… 48
二、合理运用跳切 ………………………………………………… 50
三、剪辑副语言的使用 …………………………………………… 53
四、声画关系 ……………………………………………………… 57
第五节　网络剧的营销 …………………………………………… 61
一、网络剧的营销策略 …………………………………………… 62
二、网络剧的营销分析 …………………………………………… 62
三、网络剧的营销案例分析 ……………………………………… 64

第三章　搞笑短片制作 …………………………………………… 68
第一节　搞笑短片概述 …………………………………………… 68
一、搞笑短片的定义及基本特点 ………………………………… 69
二、搞笑短片的兴起与发展背景 ………………………………… 71
三、搞笑短片的基本类型 ………………………………………… 73
第二节　搞笑短片创意设计 ……………………………………… 77
一、搞笑短片的情节设计 ………………………………………… 77
二、搞笑短片的视觉设计 ………………………………………… 80
三、搞笑短片的听觉笑点设计 …………………………………… 82
第三节　搞笑短片强化笑点的摄制手法 ………………………… 84
一、喜用广角镜头丑化人物 ……………………………………… 84
二、拍摄角度的灵活跳跃 ………………………………………… 84
三、巧用重复蒙太奇结构作品和制造笑点 ……………………… 85
四、快速推拉镜头的妙用 ………………………………………… 86
五、用音效营造搞笑氛围 ………………………………………… 87
六、利用字幕强调笑点 …………………………………………… 88
第四节　搞笑短片的网络传播策略 ……………………………… 89
一、塑造品牌的影响力 …………………………………………… 89
二、精心选择传播时机 …………………………………………… 90
三、巧借名人效应 ………………………………………………… 91
四、借力传统媒体平台 …………………………………………… 91
五、选择合适的网络平台 ………………………………………… 92

第四章 新闻短片制作 ... 95
第一节 新闻片概念与特点 ... 95
一、新闻片概念 ... 95
二、新闻片特点 ... 96
第二节 新闻片采访方式与方法 ... 97
一、新闻片采访准备 ... 97
二、新闻片采访方式与方法 ... 97
第三节 新闻片拍摄技巧与方法 ... 101
一、尊重客观事实,确保新闻真实 ... 102
二、多拍固定镜头,追求信息含量 ... 102
三、变换摄录角度,注重声画细节 ... 105
四、重点记录现场,熟练运用"抓拍" ... 107
五、讲究画面构图,突出新闻主体 ... 107
第四节 新闻片文字稿写作 ... 108
一、结构方式 ... 108
二、标题的制作 ... 110
三、导语的写作 ... 111
四、主体的写作 ... 113
五、结尾的写作 ... 116
第五节 新闻片后期编辑 ... 117
一、正确处理声画关系 ... 117
二、重视屏幕文字、动画与图表语言 ... 118
三、聚合多方相关新闻素材 ... 119
四、创新画面表现形式 ... 120

第五章 专题片制作 ... 123
第一节 专题片概述 ... 123
一、专题片概念界定 ... 123
二、专题片特点 ... 124
第二节 专题片选题与类型 ... 126
一、专题片选题 ... 126
二、专题片类型 ... 128
第三节 专题片拍摄 ... 130
一、报道型专题拍摄 ... 130
二、情感型专题拍摄 ... 136

三、理性型专题拍摄 ··· 138
第四节　专题片写作 ··· 139
　　一、主题要突出 ··· 139
　　二、事实要详尽 ··· 140
　　三、背景要充分 ··· 140
　　四、细节要感人 ··· 141
　　五、叙述要生动 ··· 142
　　六、评论要点睛 ··· 142
第五节　专题片编辑 ··· 143
　　一、内容上求深 ··· 143
　　二、形式上求活 ··· 147

第六章　纪录片制作 ··· 150

第一节　纪录片概念及其特点 ··· 150
　　一、纪录片概念的提出 ·· 150
　　二、众说纷纭的纪录片概念 ··· 151
　　三、纪录片的主要特点 ·· 153
第二节　纪录片选题与类型 ·· 154
　　一、好选题的标准 ··· 154
　　二、选题的原则方法 ·· 156
　　三、纪录片的分类 ··· 157
第三节　纪录片拍摄方法与技巧 ······································ 159
　　一、前期调研和现场采访 ··· 159
　　二、固定镜头和运动镜头 ··· 161
　　三、长镜头与过程表现 ·· 164
　　四、空镜头与意境表现 ·· 165
　　五、特写与细节表现 ·· 166
　　六、录音 ·· 166
　　七、扮演与情景再现 ·· 167
第四节　纪录片编辑 ··· 168
　　一、故事构造与叙事方法 ··· 168
　　二、解说词撰写 ··· 172
　　三、画面与声音的剪辑 ·· 174

第七章　动画短片制作 ·· 180

第一节　动画"运动"原理 ·· 180

第二节　动画分类与制作软件 …………………………………………… 181
　　一、动画制作手段分类 ………………………………………………… 182
　　二、动画制作软件介绍 ………………………………………………… 185
第三节　2D动画短片设计 ………………………………………………… 186
　　一、前期设计准备 ……………………………………………………… 187
　　二、动画短片脚本设计 ………………………………………………… 196
第四节　2D动画短片制作 ………………………………………………… 203
　　一、中期制作环节 ……………………………………………………… 203
　　二、后期艺术处理 ……………………………………………………… 205
第五节　3D动画短片制作 ………………………………………………… 208
　　一、3D动画基本技术 ………………………………………………… 208
　　二、3D动画艺术表现 ………………………………………………… 209
　　三、3D动画制作过程 ………………………………………………… 212
第六节　"二次元"文化 …………………………………………………… 215
　　一、"二次元"概念 …………………………………………………… 215
　　二、"二次元"动画 …………………………………………………… 221

第八章　视频广告制作 …………………………………………………… 229
第一节　视频广告的概念与特点 …………………………………………… 229
　　一、视频广告的概念 …………………………………………………… 229
　　二、视频广告的特点 …………………………………………………… 230
第二节　视频广告发展现状 ………………………………………………… 231
　　一、视频广告的发展历程 ……………………………………………… 231
　　二、视频广告的分类 …………………………………………………… 232
第三节　视频广告的创作 …………………………………………………… 234
　　一、视频贴片广告的创作 ……………………………………………… 234
　　二、视频植入式广告的创作 …………………………………………… 237
　　三、病毒式视频广告的创作 …………………………………………… 239
　　四、品牌定制视频广告的创作 ………………………………………… 242
第四节　视频广告的拍摄 …………………………………………………… 245
　　一、拍摄前的工作 ……………………………………………………… 245
　　二、视频广告拍摄中的技巧 …………………………………………… 249
第五节　视频广告的后期制作 ……………………………………………… 253
　　一、视频广告的剪辑 …………………………………………………… 253
　　二、视频广告的包装 …………………………………………………… 256
　　三、视频广告的调色 …………………………………………………… 257

四、视频广告的播发 …………………………………………………………… 258

第九章　MV 制作 …………………………………………………………… 260
第一节　MV 的由来与兴起 ………………………………………………… 260
第二节　MV 的类型与艺术特质 …………………………………………… 261
一、MV 的类型 ………………………………………………………………… 261
二、MV 的艺术特质 …………………………………………………………… 262
第三节　MV 的创作 ………………………………………………………… 263
一、MV 创作的要点 …………………………………………………………… 263
二、MV 创作流程 ……………………………………………………………… 265
第四节　MV 掌控节奏的要点 ……………………………………………… 283
一、通过景别的变化来控制 …………………………………………………… 283
二、通过镜头的运动来控制 …………………………………………………… 283
三、通过后期特效来控制 ……………………………………………………… 284
四、通过影像造型产生节奏感 ………………………………………………… 284
五、利用音响效果制造节奏感 ………………………………………………… 284
六、通过增减镜头的时长来控制节奏 ………………………………………… 284

第十章　宣传片制作 ………………………………………………………… 287
第一节　宣传片概念与特点 ………………………………………………… 287
一、宣传片概念 ………………………………………………………………… 287
二、宣传片特点 ………………………………………………………………… 288
第二节　宣传片类型与功能 ………………………………………………… 289
一、频道宣传片 ………………………………………………………………… 289
二、节目（栏目）宣传片 ……………………………………………………… 290
三、主持人宣传片 ……………………………………………………………… 293
四、电视剧宣传片 ……………………………………………………………… 293
第三节　宣传片策划与主题 ………………………………………………… 294
一、宣传片策划与主题制作的基本理念 ……………………………………… 294
二、媒介融合背景下的宣传片策划 …………………………………………… 296
第四节　宣传片拍摄方法与技巧 …………………………………………… 297
一、利用光线塑造形象 ………………………………………………………… 298
二、通过色彩表达情感 ………………………………………………………… 300
三、明确画面表现内容 ………………………………………………………… 302
第五节　宣传片编辑要点 …………………………………………………… 307
一、蒙太奇思维的巧妙运用 …………………………………………………… 307

二、声画结合的合理运用 ……………………………………………………………… 310
　　三、多种艺术手法的借鉴使用 …………………………………………………………… 310

第十一章　网络视频谈话节目制作 ………………………………………………………… 313
第一节　网络视频谈话节目概述 ………………………………………………………… 313
　　一、什么是网络视频谈话节目 …………………………………………………………… 313
　　二、网络视频谈话节目的特点 …………………………………………………………… 314
　　三、网络视频谈话节目类型 ……………………………………………………………… 315
第二节　网络视频谈话节目的兴起与发展 ……………………………………………… 317
　　一、网络视频谈话节目兴起原因 ………………………………………………………… 317
　　二、网络视频谈话节目发展历程 ………………………………………………………… 318
第三节　网络视频谈话节目策划 ………………………………………………………… 319
　　一、宏观策划：网络视频谈话栏目的策划 ……………………………………………… 319
　　二、微观策划：网络视频谈话节目的策划 ……………………………………………… 322
第四节　网络视频谈话节目的拍摄 ……………………………………………………… 326
　　一、网络视频谈话节目的场所设计 ……………………………………………………… 326
　　二、谈话节奏的控制 ……………………………………………………………………… 332
　　三、外景短片：谈话内容的补充 ………………………………………………………… 333
第五节　网络视频谈话节目的后期编辑 ………………………………………………… 334
　　一、谈话过程的剪辑 ……………………………………………………………………… 334
　　二、背景资料片的补充 …………………………………………………………………… 334
　　三、解说词与字幕的创作 ………………………………………………………………… 335
　　四、谈话片花制作 ………………………………………………………………………… 337
　　五、音乐 …………………………………………………………………………………… 338
　　六、节目网页的内容优化设计 …………………………………………………………… 339

第十二章　网络广播节目制作 ……………………………………………………………… 342
第一节　网络广播概述 …………………………………………………………………… 342
　　一、广播的内涵 …………………………………………………………………………… 343
　　二、网络广播的内涵 ……………………………………………………………………… 343
　　三、我国网络广播发展概况 ……………………………………………………………… 343
第二节　网络广播节目的内涵、特性与分类 …………………………………………… 346
　　一、广播节目的内涵 ……………………………………………………………………… 346
　　二、网络广播节目的内涵 ………………………………………………………………… 346
　　三、网络广播节目的传播学特性 ………………………………………………………… 347
　　四、网络广播节目的分类 ………………………………………………………………… 348

五、网络广播节目的受众特点 …………………………………………… 349
第三节　网络广播节目的策划与制作 ………………………………………… 350
　　一、网络广播节目的策划 ………………………………………………… 350
　　二、节目互动的安排 ……………………………………………………… 353
　　三、节目音频素材的采集 ………………………………………………… 353
　　四、当期节目文稿写作 …………………………………………………… 355
　　五、主持人的素质和录音的要求 ………………………………………… 355
　　六、网络广播节目编辑制作要点 ………………………………………… 357
　　七、数字音频工作站的使用技术 ………………………………………… 358
第四节　网络广播节目的编排和推广 ………………………………………… 361
　　一、编排原则：可视化信息组织＋碎片化内容聚合 …………………… 361
　　二、推广手段：多媒体呈现＋多渠道推广 ……………………………… 362

参考文献 ……………………………………………………………………………… 364
再版后记 ……………………………………………………………………………… 367

第一章 微电影制作

学习目标

1. 理解微电影概念,了解微电影发展现状。
2. 理解微电影剧本创作要点,掌握分镜头脚本的写法。
3. 掌握微电影拍摄技巧和方法。
4. 熟练运用串联式剪辑与交替式剪辑。
5. 了解微电影营销方式与特点。

随着信息技术的飞速发展,微博、微电影、微信、微视等新兴媒介相继进入人们的生活并为大众所接受,人们由此步入了信息社会的"微时代"。在这个微时代里,微电影发展势头迅猛,成为人们休闲消费的主要视听产品。与此同时,各行各业、不同阶层的人士纷纷加入微电影的制作队伍,使得微电影产量剧增,极大地满足了人们的视听需求。但是从目前公开播放的微电影来看,粗制滥造的作品甚多,精品很少。这种现象与目前草根创作队伍为主、专业队伍为辅的情况密切相关。为了提高微电影创作者的摄制水平,本章在简述微电影概况的基础上,重点阐述微电影剧本创作、拍摄与剪辑等主要环节的创作方法与技巧,最后对微电影的营销方式与特点加以简单介绍。

第一节 微电影概述

在"微电影"概念诞生之前,国内就已经存在许多类似微电影的视频短片,只是当时没有这个称呼而已。随着2010年年底《一触即发》的上映,"微电影"术语正式步入了人们的视野,且迅速得到了业界与学界的认可。随着网络、智能手机、影视制作设备的普及以及微电影地位的确立,越来越多的人加入了微电影制作行列,使得微电影产业得到了迅猛发展,每年生产的微电影数以万计。本节就微电影的概念、类型、特点、发展背景与现状加以简单介绍。

一、微电影概念

什么是微电影?不同的人有不同的理解。有的认为微电影是指时长在10分钟以内的微型电影;有的认为微电影是除影院电影、电影短片之外的"第三电影";有的认为微电影是加长版的视频广告;有的认为微电影是指用电影手法创作出来的视频短片;等等。

综观各种微电影定义,结合微电影的发展现状,与传统电影相比,我们给微电影作如下界定:微电影是指以互联网与移动终端等新兴媒体为播放平台、创作自由度较高、故事情节相对完整、借鉴电影元素、具有原创性的视频短片。这个定义可从以下六个方面来理解。

(一) 播放平台

传统电影的播放平台一般在影院,而微电影的播放平台一般在网络与移动终端上。网络包括有线网络与无线网络,移动终端包括智能手机、移动电视、平板电脑、手提电脑等。这些播放平台满足了人们随时随地播放微电影的需要。目前,有一些电视频道开设了微电影栏目,展播微电影,但这并不是微电影播放的主流平台,而是电视迎接新媒体挑战的一种举措。

(二) 创作自由度

微电影的创作自由度远远高于影院电影创作的自由度。我国没有电影分级制度,但有严格的审查制度,对题材、拍摄、播出等诸多环节都有一定的限制。电影的最终目的是在各院线上映,赢得更多票房,但是在制作过程中又要考虑各种限制,不能越规,否则无法上映。微电影的创作比影院电影有更高的自由度。无论是选题与拍摄,还是后期制作与播放平台等,都要比影院电影自由得多,这就使得各种不同风格、不同类型的微电影不断涌现。2012年7月,国家广电总局和国家互联网信息办公室联合下发《关于进一步加强网络剧、微电影等网络视听节目管理的通知》,要求互联网视听节目服务单位对播出的网络剧、微电影等网络视听节目负责,实行"谁播出谁审查"的政策。这在一定程度上限制了微电影的创作自由度,但是与影院电影相比,微电影创作与播出的自由度仍然很高,这也是其区别于影院电影的一个特征。

(三) 故事情节

微电影与影院电影都有完整的故事情节,但是,微电影由于受时长限制,其故事情节单纯且简单得多,有时省略了情节发展中的一些环节。相对于影院电影,它有更多的灵活性和可塑性,不拘泥于影院电影比较固定的叙事方法和策略。在现有的微电影中,我们可以看到穿越、搞笑、品牌融入故事等叙事手段的运用,在短短的几分钟之内浓缩了影院电影的精华。

(四) 电影元素

电影元素是指构成一部电影最基本的成分,主要包括故事、结构、镜头、主题、角度、语言等。在制作视频短片时,有意识地注入电影元素,把电影的制作手法融入视频短片中,就诞生了微电影。

(五) 原创性

微电影的原创性体现在剧本、画面、音乐等诸多方面,区别于网上的恶搞短片。网上流行的恶搞短片,常常把不同视频的画面进行拼贴,再重新配音与叠加字幕,达到娱乐的目的。微电影从剧本创作、拍摄、录音再到剪辑等方面均由摄制人员付出辛勤劳动才完成,属于有版权的影视作品。

（六）视频短片

影院电影一般时长120分钟左右，最长150分钟左右，而微电影时长大多10分钟以内（5分钟左右的居多），最长也不过40分钟左右（例如微电影《老男孩》时长42分钟）。微电影时长短，这迎合了人们"碎片化"时间娱乐的需要。

二、微电影类型

微电影从不同角度划分，有不同的类型。从是否具有广告性质来看，可划分为广告式微电影与非广告式微电影。广告式微电影又可分为商业性微电影与公益性微电影，非广告式微电影又可根据内容划分为多种类型。从制作方式来看，可分为三类，即草根队伍制作的微电影、为广告主量身定做的由专业人士制作的营销类微电影、由视频网站或门户网站发起寻求广告品牌合作的剧集型微电影。从微电影的内容来看，可分为城市形象类微电影、企业产品类微电影、爱情类微电影、公益教育类微电影、生活类微电影、时尚类微电影、励志类微电影、惊悚类微电影等不同类型，下面就常见的六种类型加以简要分析。

（一）城市形象类微电影

城市形象类微电影，主要是指以传播城市形象为主题的微电影，是广告式微电影的主要组成部分之一。与城市形象宣传片不同的是，城市形象类微电影不是把宣传目的直白地灌输给观众，而是通过故事情节的铺垫与电影叙事策略的运用，巧妙地宣传了城市形象，更易为观众所接受。例如，国内首部官方城市形象微电影《苏州情书》以新加坡姑娘韩梅梅在苏州的一周假期为主线，将苏州独有的古典风韵、新潮时尚和唯美的爱情故事相结合，借助微电影形式展现出来，区别于此前国内千篇一律的官方宣传片。

（二）企业产品类微电影

企业产品类微电影，是指把企业产品融入剧情中或企业以赞助的方式摄制的微电影。例如，百事可乐公司投资拍摄的微电影《把乐带回家》，片中把故事与产品有机融合，演绎了一段有爱、有家、有快乐的温馨故事。体现父子之间深厚感情的微电影《看球记》则是由佳能公司赞助的。纵观微电影的发展，从雪佛兰赞助筷子兄弟拍摄的《老男孩》到凯迪拉克投资拍摄的《一触即发》，从为三星手机打造的由周迅主演的《四夜奇谭》到胡戈的七喜广告系列微电影，等等，可以看出，微电影的发展与企业广告有着密不可分的联系。

（三）爱情类微电影

爱情类微电影，是指故事情节以爱情为主题的微电影。例如，戛纳获奖微电影《符号》是一部平淡如水却又精致无比的爱情微电影。男主角是一个奔波在"两点一线"上的典型上班族，白领阶层朝九晚五的生活令他的人生缺少乐趣，直到在茫茫人海中，隔楼的惊鸿一瞥，男女主人公纸片传情，擦出了爱的火花。

（四）公益教育类微电影

公益教育类微电影，是指把公益主题融入故事情节中并具有教育意义的微电影。

从公益教育类微电影现状来看,既有明星参加拍摄的,也有普通大众参加演出的。例如以消防为主题的微电影《无言》与《守护》,以气候为主题的微电影《红苹果》,以戒烟为主题的微电影《不再吸烟》,以交通安全宣传为主题的微电影《呼唤》,等等,这些微电影通过剧情潜移默化地对观众进行了防火、保护环境、吸烟有害健康、遵守交通规则、遵守法律法规等方面的教育,属于公益教育类微电影。

（五）励志类微电影

励志类微电影,是指以鼓励人们克服困难、磨炼意志、积极进取为主题的微电影。例如,微电影《追梦人》讲述设计公司的一个小职员为了实现小时候的梦想,从深圳骑自行车到天安门的故事,向人们传递"有梦想就要去努力实现"的主题思想。

（六）惊悚类微电影

惊悚类微电影,是指情节惊险、令人恐惧的微电影。例如,法国获奖微电影《调音师》,讲述为了获得更多订单而假装盲人的调音师阿德里安在一次上门为客户钢琴调音时目击一桩谋杀案,导演通过调音师的内心独白、镜头的调度来设置悬念,营造影片的惊悚氛围,尤其是影片的开放式结尾：老妇人手持钉枪正对着调音师的后背,有点令人不寒而栗。

三、微电影特点

虽然学界与业界对微电影的概念一直争论不休,但是微电影的几个显著特点还是得到了大家的认可。

（一）微时长

微电影区别于影院电影最显著的特征是时长短,相对于90分钟、120分钟与150分钟的电影时长,微电影时长大部分都在1至30分钟之内(据统计,时长为5分钟左右的微电影占比最多)。对于微电影的时长,没有统一的规定,不过国内外许多微电影大赛都要求微电影时长控制在10分钟以内。要在有限的时间内把一个故事讲得精彩,几十秒的广告式微电影可以很精彩,例如《一触即发》；几十分钟的微电影同样毫不逊色,例如《老男孩》。总的来说,微电影时长到底多长为好,要根据题材内容与制作要求来定。可见,微电影的时长不像影院电影有统一的时长限定,其所以冠名"微"字,时长短是其主要原因之一。

（二）微制作

微制作主要表现在投资少、制作周期短。现在的商业大片投资大都上亿元,而微电影的投资大都集中在几千元至几万元之间,高的在几十万、几百万元,低的不过几百元,投资的高低取决于微电影的制作方与投资方。例如《天堂午餐》片长6分钟,总投资200元；《老男孩》片长42分钟,投资70万元。与影院电影相比,微电影制作周期很短,大都在几天到十几天。高校学生的拍摄周期大多在一周左右,投资较大的片子时间会稍长一些,例如《老男孩》拍摄了16天。

（三）微播放平台

影院电影投资较大，需要依靠院线票房来获得回报，而微电影就不存在票房问题，大多在网络、手机等新兴媒体平台上免费播放，更加贴近普通大众。观众可以在上下班时公交车上、地铁里甚至等电梯的时候，利用随身携带的移动终端观看微电影。微电影适合当下碎片化的传播语境，普及度远大于影院电影。通过网络与手机看视频短片已经成为网民上网的主要目的之一，可见网络、手机等新兴媒体已经成为微电影放映的重要平台。

（四）互动性强

由于微电影主要在网络与手机等平台上播放，因此其互动性特点十分突出。观众在看的过程中可以随时发表自己的观点，对剧情、演员、拍摄手法等各个方面加以点评，对于优秀的微电影积极推荐、转发，引来众多网友点击。目前，有些门户网站自制微电影，邀请网友参与制作，甚至请网友参与编剧与演出，在多个故事结局选择中广泛征求网友意见。有些广告式微电影为了达到营销效果，发动网友对片中演员进行有奖竞猜活动，等等。可见微电影互动性远胜过影院电影。

四、微电影的发展背景

微电影兴起并获得迅速发展，是多方面合力推动的结果。这些合力来源于新媒体技术、广告主、受众环境、微电影特点以及广电政策等诸多方面。

（一）新媒体的发展，为微电影提供了极好的播放平台

随着网络技术、通信技术与计算机技术的迅猛发展，新的媒介形态不断诞生，为微电影的传播提供了许多平台。手机电视、网络电视、公交电视、地铁电视、楼宇电视、平板电脑等媒介都成为微电影的播放平台。微博、社交网站、视频网站等新兴媒体为上传、下载以及播放微电影提供了极大的方便。尤其是4G手机的普及，满足了人们随时随地观看微电影的需要。

（二）制作门槛低，有利于微电影的普及

长期以来，电影制作业是高投入、周期长、风险大的行业，只有极少数人才有资格涉足这个行业。电影艺术属于高雅艺术，是专业制作者的专利，普通民众处于被动的地位——观看者的地位。进入21世纪以来，随着高科技的发展，操作简单、功能多样与价格低廉的手机、数码相机、小型DV以及高清摄像机等前期拍摄所需的数字设备，日益走进了寻常百姓家。在后期制作中，非线性编辑软件的应用，使得视频制作日益大众化。专业级的非线性编辑软件如绘声绘影、Premier、Edius、Pinnacle Studio9等可从网上免费下载；广播级的非线性编辑软件如大洋、苹果、索贝、AVID等价格也日益便宜，成为影视工作室、专业制作公司及电视台后期制作的主要软件。在新媒体环境下，制作微电影与传播微电影的门槛降低，使得人人都可以成为微电影的创作者、传播者与观赏者。

（三）广告主的加盟，助力微电影快速发展

微电影最初来自于传统企业、广告与电影的三方合作，被称为"一种拍得像电影的

更高级别的广告"。2003年德国宝马汽车聘请世界8位著名导演拍摄8部6至8分钟不等的广告片,2006年雅虎邀请冯小刚拍摄电影形式的广告,其他还有香奈儿的广告片《秘密情史》和力士的广告片《金纯魅惑》等。随后,较大的门户网站、视频网站、网游公司争相进入微电影营销的蓝海。从2010年凯迪拉克的两部微电影《一触即发》和《66号公路》到雪佛兰赞助筷子兄弟拍摄的《老男孩》,从彭浩翔为三星电子拍摄的《四夜奇谭》到姜文为佳能拍摄的《看球记》,以及胡戈的七喜广告系列等,微电影的发展与广告有着密不可分的联系。[①] 不论是企业投资拍摄为企业品牌做广告,还是企业作为赞助商出现,广告式微电影都为现在传统广告的模式带来了新的生机,它打破了长期以来"说教式"的营销方式,在故事中融入品牌,易被观众接受。

国家广电总局于2011年10月11日下发了《关于进一步加强广播电视广告播出管理的通知》,针对电视剧中插播广告的时间、长度以及广告类型作出进一步规定,禁止在片头之后、剧情开始之前以及剧情结束之后、片尾之前插播任何广告,等等。"限广令"的出台使得广告投放或更多地流向自由度较高的视频网站,广告主对微电影的投资日益增多。

(四)受众观影方式的变化,有利于微电影的传播

随着社会竞争的加剧,人们生活工作节奏的加快,受众看电影的方式与环境发生了很大的变化。过去常常花两个小时看一场电影,现在渐渐少见。人们习惯于在短暂休闲、等车坐车的时候观看微电影,以打发时间。微电影的"微时长"与受众碎片化的时间段相吻合。看微电影已经成为人们释放压力、调节心情的一种娱乐方式。

根据第43次《中国互联网络发展状况统计报告》,截至2018年12月底,我国网民规模达8.29亿,其中网络视频用户规模为6.12亿,网民中上网收看视频的比例为73.9%;手机网民8.17亿,手机视频用户5.90亿,手机网络视频使用率为72.2%。由此可见,通过电脑与手机观看视频(包括观看微电影)的人数数以亿计。智能手机的普及,极大地满足人们在移动状态下观看微电影的需求。互联网改变的不只是微电影的播放平台,更重要的是改变了人们的观影方式。

五、微电影的发展现状

微电影的发展与微信一样,态势迅猛,仅两年时间,就获得了大众的普遍接受。微电影在网络上、移动终端上遍地开花。内容丰富、类型多样的微电影满足了人们在碎片化的时间里娱乐的需要,微电影在视频的海洋里是一片引人注目的浪花。

(一)微电影产出效益良好,产业园区初步形成

虽然微电影时长短、成本少、制作门槛低,但是产生的影响力却不小,产生的社会效益与经济效益不可小觑。尤其是广告式微电影,日益受到企事业单位与政府部门的重视。企业为了打造品牌形象,促进销售,不惜巨资定制各种类型的微电影。例如,汽车行

---

① 徐海龙.微电影及其跨媒体整合[J].中国电视,2012(4).

业投资制作微电影来推销汽车,电信部门通过微电影告诉人们如何防止电信诈骗等。各级政府为了打造城市形象品牌,热衷于摄制城市微电影来推销城市。因为微电影有故事情节,其传播效果远胜直接说教的广告片。近年来,全国许多地方诞生了微电影产业园区,例如陕西省韩城微电影产业园区、宁波市海曙区微电影产业集聚区、江北微电影产业园、福建漳浦县微电影文化产业园、天津东丽区微电影产业基地、山东德州威海微电影文化产业园等,微电影产业园区在全国许多地方初步建成。

(二)微电影产量多,播出渠道宽

据中国产业调研网发布的2016—2022年中国微电影市场调查研究及发展趋势分析报告显示,目前国内微电影产业总产值已达到700亿元,年产量达2万多部。微电影虽然时长短,进不了影院播放,但正是因为这个特点使得它的播放渠道比影院电影更宽,目前互联网上无论是专业视频网站还是门户网站、行业网站等各种类型的网站,几乎都开设有微电影频道;随着移动互联网的发展,手机、iPad、手提电脑等可随身携带的移动终端设备满足了人们利用碎片化时间随时随地观看微电影的需求。此外,公交电视、地铁电视、楼宇电视、航空电视等公共场所的电视也是经常播放微电影的平台,许多电视频道纷纷开设微电影栏目,进行微电影展播。可见,微电影播出渠道远胜影院电影。

(三)微电影制作队伍不断壮大,类型日益多样化

当前,微电影的发展呈现出一片欣欣向荣的景象,创作队伍与受众面不断扩大。微电影创作队伍主要来自两个方面:一方面来自于草根阶层的视频爱好者,另一方面来自于影视行业的专业人员。视频爱好者纷纷加入微电影的制作队伍,主要是因为微电影制作门槛低,不受资金、设备、政策以及专业水平等方面的限制,创作自由度高,加上年轻人有创意、有想法,通过微电影制作,容易实现自己的导演梦。草根阶层的视频爱好者更多来自高校学生,每年全国有数十场微电影大赛,吸引着数以万计的在校大学生参加。专业人员涉足微电影主要是应品牌广告主的要求,参与制作广告式微电影,满足品牌营销的需要。随着微电影创作队伍的不断壮大,微电影表现的内容日益丰富,类型日益多样,除前面介绍的主要类型外,还有时尚类微电影、校园类微电影、少儿类微电影等。虽然微电影产量多,但是高质量的少,主要原因是以草根制作为主,专业制作为辅。

(四)微电影盈利模式单一,产业化趋势初现

微电影如何赚钱?这是创作人员最为关心的问题。从微电影诞生之日起,便和品牌推广、商业营销紧密相连。这就决定了要与市场接轨,走向商业定制路线。对于看惯了免费视频的观众来说,如果实行收费,那么微电影寸步难行。因此,微电影的盈利模式与传统媒体一样,主要是靠广告,其次靠赞助方或基金公司。广告收入是微电影的主体收入。而微电影的广告又分广告客户专门定制的微电影和有广告植入的微电影两大类。商业化定制占主流,例如公认的首部微电影《一触即发》就是为汽车品牌凯迪拉克量身定做的。微电影中广告植入不宜太多,否则容易引起观众反感。2012年2月9日,国内首个微电影基金在北京宣布成立,这意味着微电影开始走上了产业化道路。此基金致力于鼓励更多的优秀微电影剧本创作,由华影盛视和超过20家国内知名企业共同出资

完成,总规模超过1000万元,未来这一基金规模还将扩大,最终希望建成有超过百家企业共同参与的大型微电影基金。目前,华影盛视旗下的微剧本创作有两种模式:一种是客户定制,另一种是自由创作,两种模式已经初具产业化发展趋势。

第二节 微电影剧本创作

剧本对制作微电影来说十分重要。若无剧本,则无法摄制微电影。好的微电影离不开好的微剧本。随着微电影业的蓬勃发展,一批微电影的附属产业也迅速火起来,其中就有微剧本创作。在华影盛视旗下的微电影平台"美我网"上,一个优秀的微剧本价格甚至达到每个字1元的高价格,如此算下来,一个优秀的微剧本可以拿到5000元到1万元的稿费。中国国际剧本网上有专门的微电影剧本频道,上面列有"最新微电影剧本""青春爱情微电影剧本""励志微电影剧本""企业微电影剧本""城市形象微电影剧本"等10多个栏目,是全球最大的微电影剧本创作交易中心。此外,中国编剧网也专设"微电影剧本"频道,成为微电影剧本发表与交易的平台。由于微电影时长短,不可能像影院电影或电视剧那样展现复杂的故事,因此,微电影剧本创作有自己独特的地方,本节就微电影剧本创作要点、分镜头脚本等方面内容加以阐述。

一、微电影剧本创作要点

前面所讲微电影具有"微时长""微制作""微放映平台""互动性强"等特点,这就决定了微电影剧本创作与影院电影、电视剧的剧本创作有所不同。在微电影剧本创作中,编剧者要把握好以下几个方面。

(一)故事要有创意

有创意的故事能吸引受众观看,进而评论与转发。创意是微电影的核心竞争力之一,没有创意,微电影就显得平淡,难以引起观众的兴趣。故事情节的发展不一定要沿着"开端—发展—高潮—结束"模式来写,由于微电影时长有限,故事冲突要短平快,有些环节可略写或不写,着重于写矛盾冲突的高潮,例如《一触即发》省去了情节的开端,直接进入高潮部分。故事不宜有太多的分支,尽量简单化。写剧本有一句格言:"Simple is the best!"越简单的故事就越好。

(二)内容要新颖,主题要集中

微电影必须在短时间内吸引观众并使之持续观看下去,这就要求微电影的内容要新鲜有趣,贴近生活,不能老调重弹,缺乏新意。由于受时长限制,微电影的线索要单一,主题要集中,不宜过多展开故事情节。微电影内容要健康,不能庸俗、低俗、媚俗,要体现人文关怀,引人思考,传播社会正能量。

(三)编剧要有画面意识

写剧本不像写小说,小说的对象是读者,剧本的对象是编导、导演及演员。写小说可以用抒情句子、修辞手法和角色内心世界的描述,但是创作剧本就不行。写剧本的目的是要用文字去表达一连串的画面,所以要让看剧本的人见到文字而又能够实时联想到一幅图画,将他们带到影像的世界里。剧本创作多用写实句子,多用动词叙述事件过程。肢体语言的内涵及表现力远比对白要强得多,如果可以不用对白,就尽量不要用。写剧本要注意用细节描写表现人物的思想性格,推动故事的发展,但尽量不要用修饰性词语,例如"她长得像花儿一样漂亮,善良纯朴",这些内容无法用镜头语言来表现。因此,编剧要有画面意识,要用画面思维来写作,时常思考自己写出的内容能否用镜头来表现。

(四)情节要有逻辑性

剧本的情节要符合生活逻辑与思维逻辑,不可牵强附会,否则,观众会不解或误解,达不到应有的传播效果。尤其是广告式微电影,有些编剧为了满足广告主的要求,天马行空,想象出来的情节叫观众无法接受。但是对于广告式微电影,编剧的最高境界是:巧妙地把产品、品牌、观念顺其自然地融入故事情节中去,使观众在观看时没有意识到植入广告的存在,但又潜移默化地受到了影响。即使故事结局出乎意料,也应该是情理之中。

(五)人物言谈举止要有个性

微电影中的主要人物虽然不多,但是编剧要仔细琢磨人物的个性,思考如何通过人物的言语、动作、细节来表现人物的个性。不同职业、不同身份、不同学历的人说话的方式、语气、句式往往不同,因此,剧作者平时要多观察、多记录、多体验不同人物的言谈举止,使剧本中的人物活灵活现,个性鲜明。例如职场上白领的言谈举止与小商贩有着明显的不同,编剧时就要区别对待。

(六)对白要口语化、生活化

微电影不像电视剧,可以让剧中人物有长时间的对话。剧本中的对白,要求做到口语化与生活化,即剧中人物的说话就像我们生活中说话一样,要接地气。剧本中可以适当采用较为诙谐的网络语言,但不宜书面化,同时,对白尽量要用短词、短句,不宜用长词、长句,这样演员说出来顺口,观众听起来顺耳。

(七)格式要规范

写微电影剧本不能像写小说或人物传记,可以创新不同的写法,微电影剧本有相对固定的格式,且得到了业界的认可,如果不照做,就显得不够专业,甚至说是外行,也不利于剧本的推销。微电影剧本由一个个场景组成,因此,写作时要分场景来写,每一场景首先要写明时间、地点(有的包括场景内容、小标题)。人物的对话要用冒号,但不用引号,不同人物的对话要另起一行标明。在写作中不必标明所用镜头、拍摄技巧、景别变化等,因为这些是导演的工作。下面以戛纳获奖微电影《调音师》"场景10"为例,介绍微电影剧本的格式。

场景10.晚上——大厦内

阿德里安按下了门铃,这扇双开的门是奥斯曼风格的。没有人回应。

阿德里安再一次按下门铃,依然毫无反应。他从包里拿出日程本,核实了Fontrailles的名字,确定预约的时间和他按下门铃的时间是一致的。突然,他听到从房间里传来了声音。他急忙戴上眼镜,然后把笔记本塞到大衣的口袋里。门背后传来了一个女人惊慌的、不安的声音。

女人的声音:什么事?

阿德里安:我是调音师,夫人。

女人的声音:谁在那?

阿德里安:钢琴的调音师。

一阵沉默。门没有打开。

女人的声音:我的丈夫不在家。请改天再来吧。

阿德里安:夫人,我给钢琴调音不需要您的丈夫亲自在场。

女人的声音:这不重要。如果您愿意,你可以收取出访费。

阿德里安:夫人,这个不是问题。我是个盲人,来到您家是很不容易的。您和您的丈夫都没有取消这次来访。我感到不快的是,打开门来向我解释对您而言应该不难吧。

阿德里安等待了几秒。他再次按响门铃,比上次时间更长。在他身后,邻居的门打开了。从微微张开的门背后露出了一张老妇人的脸,警惕着门外的动静。

又过了一会儿,阿德里安正准备转身下楼的时候,门终于打开了。第一个场景中的女人站在了他的面前。

女人对阿德里安说:原谅我。我有点惊讶。我没料想到您的来访。我的丈夫并没有事先告诉我。

阿德里安:我们不必多说了。

女人站在半掩的门框里,仔细地打量着阿德里安,直到肯定他的确是盲人。她满意地侧开身子让路给他,同时视线越过阿德里安的肩膀。老妇人消除了疑虑,把门合上。

女人对阿德里安说:来吧,请进。

上面是微电影《调音师》"场景10"的剧本格式,既写清楚了拍摄场景,比如地点、内景、外景,也写清楚了拍摄时间,比如日间、晚上、黎明、傍晚。人物的动作、表情和对话一目了然,画面感很强,为下一步撰写分镜头脚本打下了良好的基础。

二、微电影分镜头脚本

分镜头不是指摄像机上的光学镜头,也不是指影视节目中的一组镜头或画面。分镜头是导演在研读文学脚本的基础上运用蒙太奇思维把文学脚本内容分割成一个个可供拍摄的镜头。分镜头脚本是按照一定格式记录分镜头语言所形成的文字文本,其过程是把文学脚本语言转化成视听语言的过程。分镜头脚本质量的高低集中体现导演影视艺术水平的高低。微电影剧本确定后,接着由导演撰写分镜头脚本。分镜头脚本是前期拍摄与后期剪辑的蓝本,是统一所有制作与参演人员行动的依据,因此,导演往往会精心撰写分镜头脚本。分镜头脚本通常包括场号、镜号、机号、景别、拍摄技巧、画面内容、对白、时长、音乐、音响、特技等内容,对于微电影分镜头脚本来说,导演考虑拍摄与后期制作的需要,对每一场景拍摄的时间、地点、道具、角色以及器材等均会清楚写明,对场景的转换有所说明。一部微电影往往由许多个场景组成,分镜头脚本就要细分一个个场景,可以用表格样式,也可以用文字样式,具体采用哪种样式以及包括哪些内容由导演决定。下面以微电影《寻找"80后"回忆的纪念馆——健力宝》前4个场景的分镜头为例,介绍微电影分镜头脚本的写法,如表1-1所示。

表1-1 《寻找"80后"回忆的纪念馆——健力宝》分镜头脚本

镜号	拍摄技巧	画面内容	对白	备注
场景1:玩具工厂办公室(优酷)【晚上】				
道具:iPad、大量现代玩具、领带、收拾箱				
角色:男主角,工厂老总,外国人A+外国人秘书(阿heart+外国女秘书【如果太贵或太难就找个中国女秘书】),白领人员7人(其中一男一女需要会演技)				
特殊器材:对讲机组				
1	全景,跟镜头	众白领同事正在会议室外着急等候,男主角边系着领带边加入众人行列 男主角话音刚落,会议室门口打开。女白领B紧张了,一下把领带往上一推,直推得男主角喘不过气来 老总与两个外国人从会议室走出来,有说有笑 老总欢送两个老外离去。回头看着众同事 同事看见老总一脸欢欣的表情,也表示出同样的愉悦	男主角:"喂,怎么样?" 男白领A:"老总和两只鬼正在里面开会。" 女白领B:"看你领带打得。"(女白领B上前为男主角打领带。) 男主角:"说实话,就是今天打破了我上班从不打领带的神话。" (会议室门口打开) 老外男:"Thank you, we hope that the cooperation happy!" 老总:"Yes,Yes! Thank you, see you! 拜拜。Have a good day!"	
2	近景	老总欢欣地说话,慢慢表情变得沉寂下来	老总:"好了各位,我宣布,我们玩具公司今天正式结业。"	

续表

镜号	拍摄技巧	画面内容	对白	备注
3	中景(横摇镜头)	男主角正在收拾台面的东西,并把领带往下拉开 背后一男同事收拾好了东西往外走	男同事C:"我先走啦!拜拜。" 男主角:"不是说一起吃宵夜吗?" 男同事C:"下次吧,哎……回去都不知道怎么跟老婆解释。"	
【回闪】会议室中				
4	透过窗外看会议室内	男主角向老总说话	男主角:"我们工厂设计的玩具不是一向很受欢迎的吗?"	
5	横摇镜头	玩具往上看着男主角等同事的表情		
6	中景	老总说话	老总:"你们这一代是玩这些玩具长大的,我们这一代是看着你们玩这些玩具长大的。"	
7	中景	老总说话	老总:"那你知道你们下一代眼中什么是玩具吗?"	
8	近景	老总说话	老总:"喜欢玩具的人都是有梦想的人。希望你们为梦想找到一个好归宿。"	
9	特写	老总推开桌面上的玩具,扔下了一部iPad		
【回闪】 场景2:室外大街【晚上】 道具:箱子中放满玩具 角色:男主角				
10	中景	男主角失落地走在大路上		
11	特写			
场景3:男主角之家(饭厅)【晚上】 道具:箱子中放满玩具、碗碟等吃饭用具 角色:男主角,男主角妻子,男主角儿子				
12	全景	妻子吃完饭正在收拾碗碟,男主角在看报纸,儿子喝完最后一杯饮料开始走开,男主角发话	男主角:"做完功课才能玩玩具知道吗?" 儿子:"早做完啦!"	
场景4:男主角之家(客厅)【晚上】 道具:箱子中放满玩具,iPad,卡通地毯,健力宝饮料 角色:男主角,男主角妻子				
13	中景	男主角打开冰箱并拿出一罐健力宝打开喝掉		

续表

镜号	拍摄技巧	画面内容	对白	备注
14	特写	打开健力宝的一瞬间		
15	前虚后实	男主角入镜,前景为儿子,背景是男主角在喝健力宝。男主角一脸不悦		
16	前实后虚	前景是儿子,背景是男主角,男主角放下健力宝往儿子方向走去		
17	中景,背面	儿子正在玩iPad,男主角坐了下来		
18	中景,正面	男主角开始跟儿子谈话	男主角:"宝贝,这个东西有什么好玩的,来!老爸给你玩这些真正的玩具。"(拿走他的玩具) 儿子(又拿回来):"你的才不好玩呢,你又不是小孩子,你怎么知道人家不好玩。" 男主角:"我也有小孩子过好不好!" 儿子:"那你小孩子的时候玩什么玩具呢?" 男主角:"噢……你问对人了!要不要看二十多年前的玩具?" 儿子:"好啊!" 男主角(背对儿子):"上马。" 儿子高兴地放下iPad,爬到老爸身上,往房间里走	

微电影《寻找"80后"回忆的纪念馆——健力宝》共有17个场景136个镜头,从表1-1所列前4个场景的分镜头脚本可以看出,该部微电影分镜头脚本涉及的内容主要有镜号、拍摄技巧、景别、故事情节、对白以及每一场景拍摄的时间、地点、参演人员、道具等,同时对场景之间的转换有时用"闪回"说明。至于每一镜头的时长、音乐、字幕等并没有说明,这些内容也可以放在后期制作中再加以考虑。总体来看,这部微电影分镜头脚本简洁、实用,重点突出,用表格样式一目了然。

第三节 微电影拍摄

微电影拍摄手法、技巧与纪实类节目拍摄有所不同,纪实类节目追求客观事实的真实呈现,因此不允许摆拍。微电影属于虚拟类节目,追求影视艺术的真实,所以需要摆拍,直到效果满意为止。微电影与影院电影、电视剧都属虚拟类节目,因此,其拍摄手法与影院电影、电视剧的拍摄手法有许多相同之处。但是它们各自的传播特点又有所不同,微电影的微时长、微播放平台等特点决定了它的拍摄方法、技巧与影院电影、电视剧又有所区别。因此,本节微电影拍摄,既讲其与影院电影、电视剧拍摄手法的共性,又讲微电影拍摄手法的个性。

一、微电影拍摄前的准备

拍摄前准备越充分,越能提高工作效率,确保拍摄质量。一般来说,微电影拍摄规模比影院电影要小得多,其前期准备工作量比影院电影也要少很多。虽然规模小,但是其准备环节、内容与影院电影拍摄大致相同,"麻雀虽小,五脏俱全"。微电影的拍摄涉及的是多工种的相互配合,因此,其准备工作涉及不同的部门,下面简述主要部门及其人员要做的准备工作。

（一）导演部门

导演在撰写微电影分镜头脚本后,一项主要的工作就是选好演员。好演员比后期制作更重要。根据投资方及剧本的要求,确定是起用专业演员还是聘请业余演员。对于广告式微电影来说,如果广告主要求高且愿意多投资,就可考虑起用专业演员,例如,微电影《一触即发》邀请国际影星吴彦祖主演,是因为投资方凯迪拉克认为吴彦祖的气质与SLS赛威车型很匹配,稳重的同时透露出智慧和胆识,同时吴彦祖在生活中不断挑战自己,这一点也和凯迪拉克品牌的精神不谋而合。当然,对大多数微电影来说,"微成本"决定了演员是来自于不同行业的普通群众,尤其爱情类、励志类、教育类微电影中的演员基本上由高校大学生或职场白领来担任。

在确定演员后,导演要给演员集中说戏,以帮助演员尽快熟悉剧情,理解角色,认识自己合作表演的对象。在正式开拍前,导演还要对全体摄制人员做一次导演阐述,统一创作思想。此外,导演还要带领主创人员实地看景,设计拍摄方案,等等。导演在拍摄前要考虑诸多方面,以保证摄制顺利进行。

（二）摄影部门

摄影师、灯光师要熟悉分镜头脚本,了解其中的拍摄手法及其所要采用的灯光类型。在拍摄前要与导演一同看景,掌握拍摄场地特点,对拍摄手法、布光方式有所设计。然后根据剧本拍摄要求,向制片部门提供所需摄影器材清单及灯光清单。器材到齐后,要试用几次,确保正式拍摄时不会出现问题。

（三）美术部门

美术部门主要承担对影片美术、置景、道具、服装、化妆等各个方面的指导与设计,使全体工作人员对影片的美学风格达成共识。美术师要与导演、摄影师一同去看景、定景,与置景、道具等工作人员共同完成拍摄现场的准备工作。服装师要设计演员的服装,化妆师要设计演员的化妆。同时,美术、置景、道具、服装、化妆等各个组要向制片部门提供所需物品清单,由制片部门购买或租赁。

（四）录音部门

正式拍摄前,录音师要与导演沟通,设计影片的声音效果。此外,录音师要同其他主创人员一同看景,了解拍摄现场的录音环境,提出所需录音器材清单,交给制片部门,由制作部门购买或租赁。收到录音设备后,要反复试用,确保录音效果。

（五）制片部门

制片部门是影视制作所有部门中管事最多最杂的部门,主要工作有:制订拍摄计划、日常拍摄管理、所有器材设备购买或租赁、签订各种合同、制作人员吃住行的安排、各种费用支出与结算等。

上面所列五个部门的准备工作是电影摄制中的必备工作,微电影也不例外。只不过微电影规模小、周期短、成本低,因此,在此基础上可以灵活应用。有些微电影摄制团队所有工作人员仅几个人而已,编剧、导演、后期制作等工作由一人承担,或摄影、灯光、录音等工种由一人承担,这些都是常见的。

二、微电影拍摄技巧和方法

一部微电影由许多个场景组成,一个场景由许多个镜头组成。虽然微电影时长短,但是每个镜头的叙事功能并不弱。因此,摄影师在导演的指导下,考虑到后期编辑的需要,充分发挥自己的主观能动性,精心拍好每一个镜头,与导演一起共同把握好镜头调度。具体来说,镜头调度涉及影像的角度、景别的变化、景深的控制、画面的构图、镜头的运动等方面内容。简单地说,就是要解决"拍什么、怎样拍"的问题。其目的是叙述内容,渲染情绪。下面结合微电影拍摄例子,分析如何通过镜头调度手段达到影像化叙事的目的及实现无技巧转场。

（一）叙事镜头的拍摄

叙事镜头是指叙述事情过程、推动情节发展的镜头。微电影情节内容主要是通过镜头(画面)来传递的,因此,摄影师要用心拍好每一个叙事镜头。

1. 影像化叙事:单视点画面营造

微电影影像化叙事,可以通过单个固定镜头来实现。在固定镜头拍摄中,往往通过掌控主镜头、景别、景深、光线、色彩、构图、透视关系等方面来达到叙事之目的。

（1）主镜头与景别

主镜头有两种含义:一是指在总角度拍摄的全景镜头,二是指在一个完整的镜头段落中,具有承担实质性含义的镜头。在拍摄一个场景时,首先要明确拍摄的角度,即要考虑好由机位、焦距与光轴方向三者决定的影像角度。在总角度拍摄一个总括场景的全景,这个全景要能包括场景中的人、物、景,以明确它们之间的方位关系。在此基础上,根据需要再从不同角度拍摄不同景别的画面。对于微电影而言,要着重拍好近景与特写,因为,微电影播放的主要平台是手机、电脑及其他移动终端,这些播放平台屏幕小,为了让观众容易看清画面内容,在微电影镜头中,近景、特写画面较多。例如微电影《寻找"80后"回忆的纪念馆——健力宝》以全景主镜头开头,让观众明确人物之间的位置关系,接着是近景与特写。纵观微电影镜头,近景、特写镜头占60%以上。如果远景、全景镜头多,要看清画面内容,画面停留的时间就需要长一些,也容易造成观众视觉疲劳。

（2）景深大小控制

景深是指画面纵深方向清晰的范围。景深大（深），画面清晰的范围就大；景深小（浅），画面清晰的范围就小，前景或背景就会变得模糊。景深大小，与物距、焦距、光圈有关。物距越远，景深越大，物距越近，景深越小；焦距越长，景深越小，焦距越短，景深越大；光圈越大，景深越小，光圈越小，景深越大。景深镜头可以把画面分为两个区域：清晰区与模糊区。一般来说，导演与摄影师要充分利用清晰区域为表现画面主体服务。在微电影拍摄中，摄影师可以通过浅景深，强调被摄对象，让观众看清目标内容。例如微电影《寻找"80后"回忆的纪念馆——健力宝》场景4第15、16两个镜头通过控制景深变化来强调要表现的内容。第15个镜头主角爸爸在喝健力宝是清晰的，前景中儿子在玩iPad是模糊的；第16个镜头则相反，前景中儿子玩iPad是清晰的，转化为画面主体，爸爸喝健力宝转化为模糊的后景。前后两个镜头通过虚实转化，强调各自的叙述重点，逐渐引出后面情节：为什么要建造"80后"回忆的纪念馆。摄影师也可以通过大景深，来展现画面中不同区域的活动内容，达到叙事之目的。

（3）光线造型与色彩反差

在微电影的拍摄中，要充分利用好光线与色彩来突出重点，表达情感。光线在影视造型中具有十分重要的作用。导演与摄影师要掌握主光、副光、轮廓光、环境光、修饰光、效果光、眼神光等各种光的造型功能，根据剧情的需要，选用合适的光型。微电影《老男孩》讲述了一对"老男孩"重新登台找回音乐梦想的故事。中学毕业20多年后，肖大宝成为一名婚庆主持人，王小帅成为一家理发店的小老板。因为热爱音乐他们组队参加选秀节目"欢乐男声"的比赛。该片许多镜头是在晚上拍摄的，十分注重光线造型的运用。例如有一天晚上，肖大宝开车不小心碰到了别人的车，车主的保镖下车后要找肖大宝麻烦，坐在驾驶后座的电视栏目制作人包小白伸出头来（包小白下车后才认出肖大宝是他的高中同学，中学时肖大宝曾欺负过包小白），此时，采用了顶光、主光、辅助光以及环境光等多种光线造型表现出包小白的傲视神态，如图1-1所示。此外，该片穿插许多回忆中学情景的镜头，画面以黄褐色为主色，与现实画面形成色彩反差，加深观众的印象。

图1-1　多种光线造型表现出包小白的傲视神态

（4）静态构图与透视关系

在固定拍摄中，要处理好画面静态构图与透视关系，可把拍摄主体安排在画面对角线上连成的黄金分割线附近,也可安排在画面视觉趣味中心,按照"对称与平衡、比例与节奏、对比与和谐、变化与统一"的构图法则,处理好主体、陪体、前景、后景、背景之间的位置关系;通过光线、空间、影调、色彩等元素强化透视关系,加强画面纵深感,从而产生逼真的艺术效果。例如微电影《老男孩》中当主角在舞台上演唱主题曲时,无论是台上台下画面,还是场外画面,均以静态构图为主,通过前后景虚实的控制以及光线、色彩、影调的变化,使画面的纵深感得以强化,突出主要内容,如图1-2、图1-3所示。

图1-2　静态构图中通过虚实关系突出主体

图1-3　通过光线引导观众视线,突出主体

2. 影像化叙事:多视点画面营造

微电影影像化叙事,也可利用运动镜头或多个机位来实现。通过推、位、摇、移、升、降等运动镜头或多个不同机位的拍摄,以获得不同角度、不同景别、不同构图、不同景深的镜头画面,以展示人物关系、事件过程与环境气氛的变化,从而达到叙事之目的。下面从轴线规律、人物关系镜头、镜头运动节奏以及综合构图等方面阐述在微电影拍摄中,如何运用多视点画面来叙事。

(1) 轴线规律

轴线是指被摄对象运动、人物的视向或人物之间交流的位置关系所形成的一条假想线。在前期拍摄与后期编辑中均要注意轴线的存在,否则就会方向错乱。轴线规律是保证画面主体方向明晰、空间统一的规律。轴线规律可分为运动轴线规律、方位轴线规律与关系轴线规律。这里主要阐述在微电影拍摄中如何运用轴线规律确保方向一致性以及如何合理越过轴线丰富拍摄内容。在拍摄时,一般首先要拍摄一个总角度主镜头,然后确定各种轴线,即依据被摄对象的运动确定运动轴线,依据被摄对象的朝向、视线方向确定方位轴线,依据被摄对象的交流关系、位置关系确定关系轴线。在轴线一侧的180度范围内无论从哪个角度拍摄,都不会造成方向混乱。但是,如果总是在轴线的一侧拍摄,则会丢掉许多生动的现场内容,因此,导演与摄影师要想办法,越过轴线,在轴线的另一侧拍摄。一般来说,通过拍摄以下几种镜头,可以实现合理越轴。

① 拍摄中性镜头。中性镜头也叫骑轴镜头,是指在轴线上拍摄被摄对象的镜头。由于中性镜头没有明显的方向性,因此,在后期编辑中插入两个越轴镜头之间,不会造成方向错乱。

② 拍摄运动改变的镜头。在多机拍摄中,如果在轴线两侧都设置了机位,那么可以通过其中一侧的镜头运动,形成新的位置关系轴线,实现越轴。也可以通过被摄对象的

自身运动完成越轴,如跟或摇拍被摄对象转向过程的镜头,观众就明白方向已经改变。

③ 拍摄空镜头与特写镜头。空镜头是指没有人物出现的景物镜头。特写镜头是对被摄对象局部放大的镜头。空镜头与特写镜头都没有方向性,因此,插入在两个越轴镜头中可以减弱越轴造成的方向错乱感。

④ 拍摄主观镜头。主观镜头是指从画中人物视点所拍摄的镜头。如果在两个越轴镜头之间插入上一个镜头中人物的主观镜头,则可以实现合理越轴。

例如,七喜出品的微电影《解救白雪公主》,其中有一场英雄为了解救白雪公主而与一条巨龙搏斗的场景,摄影师在这个场景中通过拍摄中性方向镜头顺利实现了越轴,从而丰富了镜头表现的内容。如图1-4至图1-9所示。

图1-4 全景镜头,
交代位置关系

图1-5 中景镜头,
英雄挥刀从左向右冲

图1-6 中景镜头,
巨龙从右向左冲

图1-7 中性镜头,
英雄挥刀对着镜头冲来

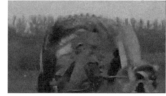

图1-8 中性镜头,
巨龙对着镜头冲来

图1-9 全景,英雄与
巨龙方向改变,合理越轴

图1-4至图1-9 通过中性镜头实现合理越轴

(2) 人物关系镜头

在微电影的拍摄中,在涉及人物交流的场景时就要处理好人物关系镜头。要拍摄好人物关系镜头就必须掌握三角形机位布局,即通常所说的三角形原理。具体来说,在人物关系轴线的一侧选择三个点,使这三个点相连构成一个底边与关系轴线相平行的三角形,摄像机就安排在这三个点的位置,如图1-10所示。三角形机位布局最大的优点是使所拍摄的对象在画面中始终保持在固定的一侧,使人物的视线方向和空间位置保持一致性与连贯性,不会产生越轴现象,如图1-10、图1-11、图1-12所示的机位,均是运用了三角形原理来安排机位。

在微电影的拍摄中,人物关系镜头主要包括主镜头、外反拍镜头、内反拍镜头、平行镜头,其机位如图1-10至图1-12所示。

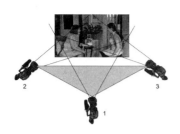 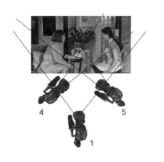 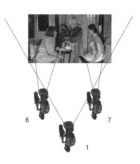

图 1-10　1 号机镜头为主镜头，2、3 号机为外反拍镜头

图 1-11　1 号机镜头为主镜头，4、5 号机为内反拍镜头

图 1-12　1 号机镜头为主镜头，6、7 号机为平行镜头

① 主镜头。主镜头是指交代人物位置关系的全景镜头，具有统摄全局的作用。如图 1-10 至图 1-12 中的 1 号机镜头都是主镜头，用来拍摄两人谈话的全景，其拍摄画面如图 1-13 所示。

图 1-13　主镜头，用来交代两人谈话的位置关系

② 外反拍镜头。外反拍镜头也叫外反打镜头，是过肩镜头的一种，指与前一个过肩镜头方向相对的镜头，即把两台摄像机安排在靠近关系线的三角形底边上，从被摄人物的背后向里进行拍摄，把两人拍入画面中的镜头。在外反拍镜头中，两个人物互为前景与主体，使画面产生纵深感；如果将前景拍得虚一些，更能突出画面的主体，引导观众的注意力。在外反拍镜头中，值得注意的是背向观众的人在画面中只出现其脸部的一侧，以不露出鼻尖为宜。

外反拍镜头主要用来交代对话双方的关系与部分环境。在没有主镜头的情况下，一定要用一组互为外反拍的镜头，只有这样，才能交代清楚双方的位置关系，图 1-10 中的镜头 2、3 互为外反拍镜头，其拍摄效果如图 1-14、图 1-15 所示。

图 1-14、图 1-15　过肩镜头，互为外反拍镜头，用来交代对话双方的关系

③ 内反拍镜头。内反拍镜头也叫内反打镜头，是与外反拍镜头原理相同，只是镜头

里不带人物关系(肩、头等)的单人镜头。从理论上讲,内反拍机位一般要安排在两个人物的内侧,即两个人物前面向三角形外进行拍摄;但是当两个人物距离很近时,如果摄像机放在两个人物之间,那么摄像机会离人物很近,这样拍出的景别过小,甚至出现人物失真,也会干扰人物表演情绪,因此,在实际拍摄中,两个机位布置在人物的外侧,甚至与人物保持较远的距离,确定好拍摄角度后,再通过光学变焦把镜头推上去,将离镜头近的人物排斥到画外,然后调好镜头的焦点,就可以拍出清晰的单人形象镜头,同样达到内反拍造型效果。如图1-11中的镜头4、5。把镜头4与5两个内反拍镜头组接在一起,可以呈现被摄对象的交流关系,其画面效果如图1-16、图1-17所示。

图1-16、图1-17　单人镜头,互为内反拍镜头,呈现对话双方的交流关系

④ 平行镜头。平行镜头是指在轴线同侧设置两个或两个以上视轴平行的机位而拍摄的镜头。平行镜头给人以客观、平等交流的感受,常用于拍摄两人对话场景,拍到人物侧面。如图1-12中的6号镜头与7号镜头就是平行镜头。

由此可知,在轴线一侧运用三角形原理安排机位,可以得到7个机位,即主镜头机位、外反拍机位、内反拍机位及平行机位,使得画面景别、角度富有变化,有利于突出要表现的内容与情感。三角形机位布局不只用于人物关系的拍摄,它可用于一切场景的拍摄,是摄像机机位安排的普遍规则。因为按照三角形原理拍摄的镜头组接在一起,均遵循了轴线规律,所以不会让观众方向错乱。

(3) 镜头运动节奏

镜头运动包括机身运动(摇摄)、机位运动(移摄)、焦距运动(变焦推拉)及其综合运动。在微电影拍摄中,导演与摄影师要掌握好每一种镜头运动的特点及其功能,根据主题、情节及营造节奏感的需要,确定运用哪种运动镜头。许多影视剧人物出场的镜头,往往先拍摄人物的脚部或背部,再摇摄或移摄人物的侧面或正面,其目的是先制造悬念,引起观众期待的心理。在镜头运动中,要依据剧情节奏和观众观看时的心理节奏控制好运动的节奏,以确保运动过程的完整性,同一动作或运动过程不能随便中断,必须尽量把一个完整的动作记录下来,注意镜头的起幅与落幅。法国获奖微电影《调音师》在影片的高潮部分,导演通过调音师的内心独白、镜头的运动来设置悬念,营造影片的惊悚氛围。在调音师一边弹着钢琴,一边担心老妇人会从他口袋里翻出那本日程本时,老妇人缓慢而又清脆的脚步声响起,此时,镜头移到调音师的脚下,老妇人的脚部进入镜头并停住,站在调音师的背后。在男主角激烈的内心独白之后,琴声响起,摄影师这时运用摇镜头,从琴面缓慢摇过弹琴的调音师、摇过手持钉枪正对着调音师的老妇人,一直摇到老妇人身后墙上的那面镜子,镜子里映照着老妇人手持钉枪正对着调音师后背的全景。这一场景中摇的速度与剧情气氛、琴声节奏以及观众此时的心理节奏十分吻合。影片通过摇镜头,一点一点地展现令人毛骨悚然的情节,惊险气氛越来越紧张,悬念不断持续发酵,观众不禁为调音师的生死捏把汗。如图1-18至图1-20所示。

图1-18　镜头起幅:琴面,然后摇过琴面　　图1-19　镜头摇过手持钉枪正对着调音师后背的老妇人　　图1-20　摇到老妇人身后墙上的那面镜子,落幅:墙上镜子

图1-18至图1-20　摇镜头运用

（4）综合构图

在微电影的运动拍摄中,运用综合构图时要注意场面的调度。随着镜头的运动,画面中不断有新的内容呈现出来,表现的重点随之改变,场景中主体、陪体、前景、背景的位置关系也会随之产生相应的变化,因此,构图方式灵活多变。拍摄前,摄影师要考虑好镜头的起幅与落幅,保持起幅与落幅镜头的稳定性及构图的和谐性,控制好镜头运动的速度,突出拍摄重点。百事可乐公司投资拍摄的微电影《把乐带回家》,片中结尾通过空中俯角摇摄方式使画面构图主体发生明显变化,把观众的注意力集中到导演希望强调的事物上。如图1-21、图1-22所示,画面起幅的主体是救护人员,随着摇摄的到位,落幅主体是雪地上的五个大字"把乐带回家",这种构图简洁有力地突出了影片的主题,给观众留下了深刻的印象。

图1-21　画面起幅的主体是救护人员　　图1-22　画面落幅的主体是雪地上的五个大字"把乐带回家"

图1-21至1-22　通过空中摇摄使画面主体发生改变

（二）转场镜头的拍摄

在微电影拍摄中,除了重点拍摄上面两类叙事性镜头外,还要重视非叙事性镜头的拍摄:转场镜头。转场镜头是指影片场景之间转换的镜头,主要有:挡黑镜头、出画入画镜头、主观镜头、虚焦镜头、相似体镜头等。

1. 挡黑镜头

挡黑镜头常用于两个场景之间的转换。其具体操作是，前一场景中，主体走近以至挡黑摄像机；后一场景中，主体又从摄像机前走开。前后两个镜头可以是同一主体，也可以是不同主体，但必须是用来转换时间与地点，而不宜用作一般镜头。挡黑镜头转场给观众以强烈的视觉冲击，可以造成视觉上的悬念，同时省略了"过场戏"，使情节发展更为紧凑。例如电视剧《龙门镖局》第37集，在讲到众多千帆的"粉丝"来到龙门镖局门前阻止千帆与璎珞在一起，璎珞大骂"粉丝"，"粉丝"要打璎珞，场面混乱；青橙放烟幕弹驱赶"粉丝"，千帆责怪青橙，青橙用武功打了一下千帆，千帆的众多"粉丝"被进一步激怒了，纷纷向前要打青橙且把镜头挡黑，于是转入下一场景是璎珞为千帆治伤。

2. 出画入画镜头

出画入画镜头是指上一镜头中的主体走出画面，下一镜头中主体又走进画内，两个镜头虽然是同一主体，但是场景地点完全改变。画面中的主体可以是人、动物或交通工具。运用出画入画镜头转场可使场景转换自然流畅，但要注意方向问题。如果上一镜头是从画面左边（或右边）出画，那么下一镜头就应该是从画面右边（或左边）入画；如果上一镜头是从画面上方（或下方）出画，那么下一镜头就应该是从画面下方（或上方）入画。

3. 主观镜头

主观镜头是指按照画面中人物视觉方向所拍摄的镜头。组接中的两个镜头，上一个镜头是客观镜头，展示画面人物的观看行为；下一个镜头则是主观镜头，展示人物所看到的内容。用主观镜头转场，表现了两个镜头之间的逻辑关系，体现了观众的心理欲求，使镜头组接自然流畅。

4. 虚焦镜头

虚焦镜头是指画面中体现被摄主体虚实变化的镜头。虚焦镜头是常用的转场镜头之一，具体操作是：上一个镜头由实而虚，下一个镜头由虚而实，以此实现两个镜头场景的转换。虚焦转场具有"化"的效果，在剧情类或艺术片中有所运用。

5. 相似体镜头

相似体镜头是指上下两个镜头包含同类物体或被摄主体形状相似，常用于不同场景的转换。

第四节 微电影剪辑

前期拍摄的一个个镜头仅仅是制作微电影的素材，如何把这些素材通过选择、分割、组接，制作成一部优秀完整的微电影，就需要发挥导演与剪辑师在后期剪辑中的创造性。微电影后期剪辑，简单地说，就是把这一个个镜头串联成一个个场景，再把一个个场景串联成一部完整的微电影作品。在微电影后期剪辑中，虽然有分镜头脚本可作为参考，但是在实际操作中根据主题、情节、结构、人物塑造的需要，还要修改调整。微电影的特点决定了其剪辑方式与纪录片、专题片、广告片、网络剧、MV等的剪辑方式有所不同,微电影主要是靠故事情节吸引观众,不是靠影视特技取悦观众,因此,确保流畅的画面叙事,淡化影视特技的运用,强调无技巧剪辑,是微电影剪辑的主要特点。在剪辑过程中,如何做到叙事画面流畅,可从两个方面下功夫。一是要使相邻画面的组接必须具有内在的逻辑依据,做到思维逻辑上的流畅,即内在逻辑的流畅;二是要使画面组接符合视觉规律,做到人们观察事物的流畅,即外在视觉的流畅。当两者不可兼顾或两者相冲突时,以画面内在的逻辑流畅为主,外在的视觉流畅服从于内在的逻辑流畅。纵观微电影剪辑,其剪辑方式主要有两种,即串联式剪辑与交替式剪辑。下面结合具体微电影案例谈谈这两种剪辑方式的特点及其运用。

一、串联式剪辑

串联式剪辑是指按线性叙述方式进行画面组接的一种剪辑方式,这种剪辑方式最能体现微电影的画面叙事功能,也最容易让观众理解,类似于"连续式蒙太奇"。串联式剪辑的主要特点是按照故事情节发展的先后顺序或人们活动的时间顺序进行组接,相邻画面、上下场景相互依托产生较完整的叙事功能。剪辑中应遵守的规则和需要使用的技巧多种多样。在运用串联式剪辑方式时,要注意以下几个方面。

(一)注意控制节奏,合理压缩时间

微电影时长短,不能像电视剧那样靠大量的对白来推动情节发展,也不能像影院电影那样有着复杂的情节,因此,如何在微时长里精耕细作,节奏的控制就显得十分重要。具体来说,可从下面三个方面着手。

1. 压缩故事开端与结局,突出故事高潮部分

一般来说,电影故事情节可分为四个阶段:开端—发展—高潮—结局。影院电影故事情节按照这四个阶段逐一展开,叙事较为完整,注重情节的逻辑性,而微电影却不然。其微时长的特点决定了故事发展的四个阶段不可能一一周全,必须进行详略的取舍。例如微电影《一触即发》一开始就进入故事高潮,主角吴彦祖现身酒店交易密码箱,却遭神秘黑衣人组织跟踪追击,危急时刻他纵身从顶楼跃下,与神秘组织展开一场分秒必争的殊死较量,在另一位主角凯迪拉克赛威的帮助下,吴彦祖一连闪过顶楼刺客、飞车党、火箭炮三批阻击者,最终化险为夷,完成高科技交易任务。观众对为何追逐、谁在追逐并不清楚,该片只有高潮与结局,省去了故事的开端。当然,并不是所有微电影都要这样,有些微电影对故事的开端与发展也有介绍,只不过篇幅较短而已。

2. 压缩动作中能省略的部分,选准动作剪辑点

微电影画面叙事,离不开主体动作的展现。剪辑中,要保持主体运动过程的完整性,但这并不意味着要按照运动过程的实际时间进行组接。因为,如果按照实际运动时间去组接,就会放大观众的心理时间,使观众觉得烦躁、难以忍受,这也与微电影的微时长特点不符。动作激烈的场面,镜头的长度要缩短。压缩动作中可以省略的部分并不会影响观众的理解。例如戛纳电影节获奖微电影《符号》开头通过男主角乘坐公交、转乘地铁、走到街上再到进入办公室,共17秒钟的四个镜头,表现了男主角从家里到公司上班

的全过程。在剪辑主体动作时,要选好动作剪辑点,省去同一动作的部分中间镜头,再进行组接,可以大幅度地缩减时间,增加影片的速度感,从而达到良好的传播效果。在剪辑时,必须考虑好要省去哪部分动作镜头,同时还能保证动作画面组接流畅。因此,动作剪辑点的确立十分重要。一般选择动作刚开始或停下的瞬间,以及动作过程中暂停的那一刻作为剪辑点,不能剪掉动作的高潮点。例如投篮时手臂举到最高处可作为一个剪辑点,进球瞬间可作为剪辑点,等等。

3. 浓缩部分情节,突出精彩片段

微电影由于时长短,无法逐一展开情节,因此,在剪辑时,根据主题的需要,可把情节高度浓缩,只把精彩的片断编入作品中。例如,微电影《老男孩》叙述了一对中学的好朋友在他们中年时,组合成乐队参加"欢乐男生"选秀节目,因为一首歌让他们回到青春,回到过去。影片主题是逝去的青春和梦想,通过撷取过去难忘的精彩片断,用镜头叙述了这些年轻人以及这个时代的变化。微电影《致我们不堪回首的童年》通过回忆童年的一些难忘经历,反映了电影中"我"的童年生活。微电影《习惯·爱》讲述垃圾围城的今天,男设计师林康文有很多宏大的想法,参加垃圾围城解决方案的提案会却屡屡受挫,妻子姚小惠与他结婚七年,林康文在家做设计,家里的一切完全依赖妻子来维持。妻子越来越受不了他的坏习惯,觉得他不够爱她,他却习惯了她的爱,原本幸福的家庭,在结婚七年后却面临破裂。该片对部分情节高度浓缩,推动故事发展,加快影片节奏,突出影片主题。

(二) 注意镜头之间、场景之间的匹配,确保画面造型具有视觉美感

在剪辑微电影时,要注意整部影片镜头之间、场景之间的相互匹配,即具备一致性,具体表现在景别、角度、影调、色调、光线、方向、运动等诸多方面的一致性。下面选择几个方面具体介绍。

1. 景别

一般来说,在剪辑时,可以按照蒙太奇前进式句子、后退式句子或循环式句子进行。但由于微电影时长短,情节进展快,因此,完全按照上面三种句式进行剪辑是不现实的,这就需要剪辑师根据具体情况,灵活运用剪辑手法,不必拘泥于景别依次变化,要考虑镜头之间景别的协调性,不要给观众造成明显的画面跳跃感。如果是两极镜头相接,导致画面组接不流畅,这时,就要考虑画面的内在逻辑性。如果相邻画面具有内在逻辑性,那么外在的画面跳跃感也就不明显了。在剪辑时,要注意具有确定位置关系的全景镜头与方向性不明显的近景、特写的相互配合,方便观众理解人物位置、视觉朝向及其交流情况。相邻画面景别呈现的主要事物的位置、朝向、动态都不应有明显的变化,如果有变化,就要把这一变化过程展现出来,否则,会让观众觉得突然或跳跃感明显。

2. 角度

在剪辑时,要注意画面主体角度的一致性。一般来说,如果是同轴镜头上拍摄同一个对象的两个画面组接,景别就要有明显的变化;如果第二镜头景别变化不明显,则要改变拍摄的角度,通过变化角度拍摄同一个对象,使两个镜头组接显得流畅。因此,在前期拍摄时,要注意从不同的角度来拍摄同一个对象,这样方便后期剪辑。剪辑时可把互

为反拍角度的镜头组接在一起，以便观众了解主体双方的情况及其环境。

3. 影调

相接的两组画面，影调应尽量趋于一致，以给观众和谐的感觉；特殊需要时，也可将反差强烈的画面接在一起，形成强烈的对比，以唤起观众的注意，其间还有转场的效果。同一场景中，不同镜头的影调、色调与光线应保持统一；不同场景中如果要有变化，则要有内容上的依据。例如，法国微电影《调音师》前半部分色调明亮，光线充足；后半部分色调灰暗，光线幽暗。前后色调对比鲜明，与影片表现的内容、主题密切相关。前半部分是交代人物关系与故事背景，后半部分是影片故事的高潮所在，也是表现影片主题的关键所在。

4. 运动

剪辑时，要注意镜头运动与画面主体运动的方向与节奏的一致性。不同速度节奏的推拉摇移，画面的视觉效果迥然不同。为了保证视觉反应的一致性，相接画面镜头运动的速度和节奏应当尽量一致。此外，相邻画面不能随意越过轴线，以免造成观众方向迷乱。如果要越轴，就要运用合理的越轴方法。例如，插入中性方向镜头，或插入改变运动方向的镜头，或插入特写镜头，或插入主观镜头，等等，最大限度地使相邻画面组接流畅。

（三）注意无技巧转场，确保场景之间转换流畅

在运用串联剪辑方式时，剪辑师与导演一起要想办法确保场景转换流畅。一般来说，微电影剪辑中转场主要靠无技巧转场，其场景转换的方法有：相似体转场、同体转场、空镜头转场、特写转场、主观镜头转场、挡黑镜头转场、运动镜头转场、虚焦转场、声音转场、出画入画转场等。通过转场，把一个个场景有机串联起来从而构成一部完整的微电影作品。例如，微电影《130秒穿越一生的爱情》截取了男女主角恋爱、结婚、产子、带小孩玩与年老漫步江边等五个精彩片断，把人生爱情路上的重要转折点展现出来。这部影片的剪辑特别注意了场景转换中无技巧转场方法的使用。在恋爱与结婚场景转换中，用"拉手"的方式顺利实现场景转换，即从男女主角恋爱时拉手进入电梯，到拉手步入婚姻殿堂；产子与带小孩玩之间场景转换，是通过夫妻之手紧握在一起的特写及大人牵着小孩之手的特写实现转场；夫妻带小孩玩与年老漫步江边场景之间的转换又是通过黄昏日落的空镜头来实现；等等。整部影片场景转换自然流畅。

二、交替式剪辑

交替式剪辑是指使两种或两种以上相互关联的事件或兴趣中心的画面交替出现，以形成一种链式叙述的剪辑方式，这种剪辑方式与"交叉式蒙太奇"类似。在运用交替式剪辑方式时，交替的画面在内容上必须密切相关。如果内容方面毫无联系，则不适合用这种剪辑方式。交替式剪辑不像串联式剪辑那样要讲究场景转换技巧，它一般直接采用切换的方式交替画面，切换的依据是画面的内在逻辑。由于相邻画面内在逻辑严谨，因此，观众不会感觉到画面的跳跃。根据场景时空是否相同，交替式剪辑可分为两大类：不同场景的交替式剪辑与同一场景的交替式剪辑。

（一）不同场景的交替式剪辑

不同场景的交替式剪辑又可分为同一时间不同场景和不同时间不同场景两种情况的剪辑。对发生于不同时空内的相互联系、相互依存的事件，通过交替式剪辑，可以推动情节发展，增加情节的紧张度，激发观众对事态发展关注的兴趣。例如，剪辑时，把双方打电话的镜头不断切换，可让观众看见双方的态度与表情；把比赛双方的镜头不断交替，可以增加比赛的紧张气氛，给观众造成悬念。微电影《红豆花开》讲述了一个生于粤剧世家的女生由于爱上街舞而和母亲产生摩擦，最后在青梅竹马的男友的帮助下，将街舞与粤剧相融合，从而消除了两代人的隔阂的故事。该影片后半部分主要采用交替式剪辑手法，把女儿参加街舞比赛的场景与母亲从街头赶赴比赛现场路上的情景交替切换，以及现场比赛结束后，母亲与女儿在一起的场景切换，到母亲回忆以前与女儿在一起的场景，等等，这些片段的组接都是通过交替式剪辑方式完成的。戛纳电影节获奖爱情微电影《符号》(Signs)是一部讲述上班族生活的爱情短片。男主角 Jason 是一个奔波在家庭与公司"两点一线"的典型上班族，生活单调无聊。直到有一天，他凭窗望见对面写字楼内的一个女孩，枯燥的生活才开始出现生机。他凝望着她，而她也报以友善。两人将言语写在纸上进行无声的交流，在多天的玩笑与寒暄中，爱情开始萌发，两人最终走在一起。故事的开端（相互回眸）、发展（借纸条相互寒暄）直到高潮（双方见面）均是采用交替式剪辑，节奏紧凑。如图 1-23 所示。

图 1-23 微电影《符号》交替式剪辑示意组图

有些微电影常常插入回忆过去的情景，通过现实与过去画面的不断交替，拓展了影片的深度，丰富了情节内容。例如，微电影《寻找"80 后"回忆的纪念馆——健力宝》，影片讲述男主角筹建"80 后"纪念馆的故事，片中多处运用交替式剪辑，在男主角找他儿时的朋友、现在做股票经纪的 Peter 时,插入了 Peter 儿时玩贴片纸的画面;在找儿时喜欢画画、现在成为修车技术工的张万年时,插入了张万年小时候临摹《西游记》小人书的情景;在找儿时是玩弹珠高手、现在是娱乐摄影记者的李嘉禾时,插入了李嘉禾小时候玩弹珠的画面;等等。通过现实与过去的交替,让观众了解到影片中的这些人物小时候的爱好与梦想,理解男主角为了筹建"80 后"纪念馆为什么要找这些儿时的朋友,因为贴纸、小人书、弹珠等都是纪念馆要收藏的物件。

(二)同一场景的交替式剪辑

对于同一时间同一场景中相互关联的事物运用交替式剪辑,可以营造一种紧张的氛围,加快影片节奏,提高观众的兴趣。对同一场景的内容运用交替式剪辑时,首先要用一个大景别的画面来交代同一场景内有关人与物的位置关系(即前期拍摄中所讲的主镜头),让观众明白画面中相关事物的方位。然后通过交替式剪辑把外反拍镜头、内反拍镜头与平行镜头拍摄的画面组接在一起,以形成呼应,完成影片的叙述。例如,姜文导演的首部微电影《看球记》讲述一个父亲带儿子看足球比赛,忘带球票,最终用镜头记录进球精彩瞬间的故事。该片主要由五个场景的对话组成,即片头父子在车旁的对话、片中父亲在球场外被骗子拦截时的对话、父亲欲进场被女警察拦住时的对话、父亲在无法进场的情况下求助骗子时的对话、片尾父子俩站在吊车上知道受骗后的对话等等,对每一场景对话的剪辑,都是通过短镜头的交替显现(对话时每个镜头大约 1 秒)实现,营造一种诙谐幽默的氛围,使影片节奏紧凑。对于同一场景中打斗、追逐、赛车等涉事各方运用交替式剪辑的方式还有利于为双方冲突埋下伏笔,加剧情节张力,吸引观众注意。例如,微电影《一触即发》中追逐的镜头,每个镜头 1~2 秒,快速的镜头切换表现追逐双方的紧张程度,制造悬念,推动了情节的发展。

以上介绍了微电影剪辑的两种方式——串联式剪辑与交替式剪辑。在实际运用中,它们并不是孤立的,根据影片内容表现的需要,往往要综合运用。只不过有的影片以串联式剪辑为主,交替式剪辑为辅,有的则相反。例如,公益类微电影《不再抽烟》就是以串联式剪辑为主,交替式剪辑为辅。

在微电影主体部分剪辑完成后,导演与剪辑师还必须重视片头与片尾的包装,使微电影产生完美的传播效果。整部作品剪辑包装完成后,剪辑师要根据不同的播放终端,输出不同视频格式的微电影。

第五节 微电影营销

剪辑完成一部微电影后,剩下最后一个环节,就是微电影营销。影院电影营销的目的是吸引观众走进影院,从而获得更多的票房收入;而微电影目前无法通过影院播放来获得利润,因此,其营销的目的是得到大家的认可,在社会上产生良好的影响,传播社会正能量。如果是广告式微电影,则营销目的是为了更好地树立企业品牌或推广企业产品。微电影营销与影院电影推广宣传有相似之处,也有不同之处,这由微电影的传播特点所决定。总体来说,微电影营销可分为两个阶段,即策划准备阶段的营销与摄制完成后的营销,每个阶段又有各自的营销方式与特点,下面分别述之。

一、策划准备阶段的营销

如果说影院电影制作具有贵族化倾向,那么微电影制作就具有平民化趋势。在"人人可以成为导演"的新媒体环境下,人人也都可以成为微电影的营销者。相对于影院电影的营销,微电影营销渠道更广泛,营销方式更灵活,这与微电影具有微时长、微制作、微放映平台与互动性强等特点密切相关。许多广告式微电影早在策划准备阶段就已开始营销。

(一)广泛征集微电影剧本

剧本创作是微电影制作的第一步,没有好的微电影剧本,就难以诞生优秀的微电影作品。许多公益教育类微电影与企业产品类微电影,为了达到良好的传播效果,早在剧本创作阶段就开始向全社会征集微电影剧本,先造声势,以引起大家的关注。例如,广州市在大力宣传推广垃圾分类时,通过传统媒体公开征集垃圾分类微电影剧本,得到了广大市民的响应。为了提高城市的形象,东莞市委、市政府非常关注微电影创作,公开征集传播东莞形象的微电影剧本,出台系列政策扶持鼓励微电影发展,批复成立东莞微电影协会,该协会拟推"百影百人"计划方案,通过拍摄百部反映东莞文化的微电影,来培养百位本土微电影创作方面的人才,更好地宣传东莞形象。

(二)海选演员

微电影剧本出来后,海选演员是微电影策划阶段营销的一种方式。从现有微电影来看,虽然有专业演员乃至明星参加演出,但这种情况仅局限于广告式微电影,且投资方往往是知名企业,例如,《一触即发》由品牌企业凯迪拉克投资、国际影星吴彦祖主演。绝大多数的微电影由非专业演员出演,这也是微电影平民化的表现。有些微电影为了达到更好的营销效果,通过海选演员的方式,在社会上引起人们广泛关注。例如,广州市为了拍摄一部有关垃圾分类的微电影(推广垃圾分类工作是广州市政府某段时间内的一项重要工作),在媒体上刊发公告征集演员,且把筛选出来的候选人情况登报介绍,调动市民积极参与评选,从而达到宣传垃圾分类的目的。

(三)选择制作团队

对于广告式微电影来说,由于投资方看重广告效果及其品牌的塑造,对于微电影的质量要求比较高,因此,选择好的制作团队,尤其是选好导演极为重要。《一触即发》的导演是国际广告界赫赫有名的弗兰克·俄勒冈普(Frank Vroegop)。《看球记》由著名演员、导演姜文团队制作。选择知名制作团队本身就是一种营销。值得一提的是,微电影制作团队更多的来自"80后""90后"的年轻人,目前,"80后"制作团队中较有名气的,北方有筷子兄弟(肖央、王太利组合),拍摄的主要微电影作品有《老男孩》《父亲》《赢家》等,南方有新锐导演吴亚春,导演的主要作品有《红豆花开》《习惯·爱》等。

二、摄制完成后的营销

微电影营销,策划准备阶段的营销仅仅是营销的前奏,起着预热作用,摄制完成后的营销才是重点,其营销的方式多种多样。下面介绍几种微电影营销方式。

(一)发布预告片

投资较大、有知名导演或明星参与的公益类微电影与企业产品类微电影,为了达到理想的传播效果,往往重视预告片的发布。预告片是指微电影公开上映前,将影片的精华片段剪辑成一部1分钟左右的短片。微电影预告片,一般发布在视频网站、门户网站、地铁电视、公交电视或电视媒体上,目的是先造声势,激发观众的观看欲望。例如,《一触即发》正式上映前,预告片发布于网络后,一周内点击量就超过了6000万次。

(二)举行首映礼

微电影首映礼是指微电影正式上映前举行的一场仪式。仪式结束后公开播放该部微电影及其拍摄花絮。首映礼的目的是庆祝、宣传、造势,扩大微电影的影响力。一般在首映礼上导演及主创团队成员均要参加,与观众进行互动,同时还可邀请同行知名导演、演员助阵,邀请当地政府部门、电视台、报纸、网络、影视公司等各界人士参加。我国首部垃圾分类公益环保微电影《习惯·爱》的首映礼,除了主创人员参加外,还邀请了广州市市长陈建华,中国工程院院士钟南山,《新快报》社长、总编辑李宜航等嘉宾出席。此外,根据影片的内容与主题,还要选择好首映的日期。例如,讲述母女两代人之间关于沟通和爱的微电影《红豆花开》选择母亲节这一天在广州军区礼堂影视大厦隆重举行首映礼,《一触即发》《把乐带回家》作为贺岁档微电影,选择在新年来临前举行首映礼。

(三)跨媒介整合营销

微电影的微放映平台特征,主要是指微电影最适合在网络与手机等新媒体平台播放。就网络而言,除了优酷、爱奇艺、酷6、我乐网等专业视频网站以及搜狐、腾讯、新浪等门户网站的视频频道主要播放微电影外,近年来,还出现了微电影专业网站,主要有以下几个:自称"中国最大微电影门户网站,国内首家专注提供免费微电影、高清网络视频服务的大型专业网站"——爱奇鱼,号称"汇集史上顶级微电影,享受五星盛宴"的专业网站——场库,自称"中国最专业的微电影平台"——美微网,自称"国内最大的微电影众筹平台,专注筹资拍电影"的网站——淘梦网,等等。这些微电影专业网站的出现,极大地满足了微电影爱好者的需要,为微电影的营销开辟了新的重要渠道。例如,淘梦网为电影人免费提供推广,包括视频网站首页推荐、视频付费、影院放映、媒体报道等。

随着微电影影响日益扩大,其在媒介中的地位也得以确立。现在电视从中央电视台的电影频道到省级电视台的卫视频道与地面频道,许多频道都开设了微电影栏目。从微电影播放的界面来看,主要有四种界面:PC、平板电脑、智能手机和电视。这四种界面对微电影用户实现全天候的跨媒介包围覆盖。此外,地铁电视、公交电视、楼宇电视、户外屏幕等界面,也是观看微电影的重要终端。可见,微电影播放平台的多样化,决定了对其进行跨媒介整合营销的必要性。

（四）病毒式营销

病毒式营销（Viral Marketing，也可称为病毒性营销）是一种常用的网络营销方法，常用于进行网站推广、品牌推广等，病毒式营销利用的是用户口碑传播的原理，在互联网上，这种"口碑传播"更为方便，可以像病毒一样迅速蔓延，因此病毒式营销成为一种高效的信息传播方式，而且，由于这种传播是用户之间自发进行的，因此几乎是不需要费用的网络营销手段。[①]

在微电影营销中可利用微博、论坛、贴吧、微信、微视等多种新的传播方式，让网友展开讨论并自主转发，使微电影的点击量呈几何级增长，短时间内迅速提高微电影的知名度与影响力。例如，吴彦祖主演的微电影《一触即发》上映后，短短几天时间网络点击量超过1000万次，后来破亿，微博转发达8万多次；莫文蔚演绎的《66号公路》累计点击量超过2亿次，微博转发量突破26万多次；以青春怀旧为主题的《老男孩》上线一周，其站内浏览量就破了500万次，微博、SNS、QQ对它的讨论与转载不计其数，两年时间内点击量高达5000多万次。

病毒式营销对微电影的推广具有短时的强大效应，但并不是所有的微电影都可以采用这种营销方式。因为，普通网民与网络"大V"是否转发取决于其个人意愿，不存在任何强制性。因此，对微电影进行病毒式营销，首先，要使微电影具有传播价值，使网民产生极大的观看兴趣，并希望尽快与其他网友分享，如此他们才会自主转发。如果是网络意见领袖转发，则传播效果更好。其次，作为微电影的营销者，对微电影病毒性营销方案要有整体规划和设计。最后，对微电影病毒性营销效果要进行跟踪与管理。

（五）互动式营销

互动式营销是指微电影制作团队在制作过程中或微电影作品完成后，充分考虑观众的意见和建议，让观众参与进来，从而提高微电影质量、扩大知名度的一种营销方式。在微电影的摄制过程中，可以把微剧本上传到网上，让网友参与剧本的修改，甚至可就故事结局的不同走向征求观众意见，最终主创者从不同的结局中择优而用。在微电影作品诞生后，可通过举办系列活动让观众参与进来，进一步营销微电影。例如，微电影《66号公路》，投资方凯迪拉克曾开展寻找中国西部66号公路的活动，同时邀请一些网络意见领袖到美国66号公路实地考察其文化与历史，有效地营销了这部微电影，最终达到了对汽车品牌凯迪拉克的营销。互动式营销中还可就影片内容搞有奖竞猜、影评评奖等活动，从而达到微电影营销之目的。

本章小结

微电影是指以互联网与移动终端等新兴媒体为播放平台、创作自由度较高、故事情节相对完整、借鉴电影元素、具有原创性的视频短片。与影院电影相比，其具有微时长、

---

① 见百度百科"病毒式营销"词条。

微制作、微播放平台、互动性强等特点。剧本是摄制微电影的基础,好的微电影离不开好的剧本。在创作微电影剧本时,要求做到故事要有创意,内容要新颖,主题要集中,编剧要有画面意识,情节要有逻辑性,人物言谈举止要有个性,对白口语化、生活化,格式要规范等。在剧本基础上,导演要撰写分镜头脚本;再以分镜头脚本为依据,进行微电影拍摄。拍摄前,充分做好各项准备;拍摄中,用心拍好每一个镜头,讲究拍摄技巧,重点拍好叙事镜头,同时不能忽略转场镜头与备用镜头的拍摄。微电影剪辑的主要特点是淡化影视特技的运用,强调无技巧剪辑,确保画面叙事流畅。在剪辑过程中,要使相邻画面的组接具有内在逻辑的流畅与外在视觉的流畅。当两者不可兼顾或两者相冲突时,以画面内在的逻辑流畅为主,外在的视觉流畅服从于内在的逻辑流畅。微电影剪辑方式主要有两种,即串联式剪辑与交替式剪辑,两种剪辑方式往往综合运用。微电影成品出来后,要重视推广与营销,以获得良好的社会效益与经济效益。其营销方式主要有发布预告片、举行首映礼、跨媒介整合营销、病毒式营销、互动式营销等。

思考与练习

1. 什么是微电影?微电影迅速发展的原因有哪些?
2. 创作微电影剧本有哪些要求?
3. 在微电影拍摄中,如何通过影像来叙事?
4. 微电影剪辑的主要特点是什么?结合微电影作品,谈谈串联式剪辑与交替式剪辑的特点及其运用。
5. 以校园生活为题材,创作一部微电影剧本并摄制完成。

拓展阅读资源

文字资料:2012年7月,国家广电总局和国家互联网信息办公室联合下发《关于进一步加强网络剧.微电影等网络视听节目管理的通知》

http://www.sarft.gov.cn/art/2014/3/19/art_113_4861.html

微电影

1. 一触即发

(2012-07-08)[2019-03-26]. http://www.iqiyi.com/w_19rqxov3np.html

2. 老男孩

(2011-12-15)[2019-03-26]. https://www.vmovier.com/140/

3. 看球记

(2014-04-09)[2019-03-26]. https://www.iqiyi.com/w_19rqzi7dq1.html

4. 把乐带回家

(2014-01-08)[2019-03-26]. https://www.vmovier.com/42178/

5. 符号

(2014-03-25)[2019-03-26]. http://www.iqiyi.com/w_19rr22bdgd.html

6. 调音师

(2013-09-13)[2019-03-26]. http://www.iqiyi.com/w_19rrm0xvxl.html

7. 寻找"80后"回忆的纪念馆——健力宝

(2014-09-11)[2019-03-26]. https://www.iqiyi.com/v_19rrnfuryk.html

8. 解救白雪公主

(2014-02-24)[2019-03-26]. https://www.iqiyi.com/v_19rrh91gdf.html

9. 130秒穿越一生的爱情

(2016-08-16)[2019-03-26]. https://v.qq.com/x/page/q0321r47ayb.html

10. 车四十四

(2015-02-06)[2019-03-26]. https://www.iqiyi.com/w_19rrzzi3r1.html

11. 网络短视频平台管理规范

（2019-01-09）[2019-05-09]. http://www.cnsa.cn/index.php/infomation/dynamic_details/id/68/type/2.html

12. 网络短视频内容审核标准细则

（2019-01-09）[2019-05-09]. http://www.cnsa.cn/index.php/infomation/dynamic_details/id/69/type/2.html

13. 中国网络视听节目服务自律公约

(2012-07-18)[2019-06-20]. http://www.cnsa.cn/index.php/industry/policy_details/id/154/type/3.html

14. 信息网络传播权保护条例

（2004-05-22）[2019-05-09]. http://www.cac.gov.cn/2013-02/08/c_126468776.htm

15. 互联网视听节目服务管理规定

（2007-12-20）[2019-05-09]. http://www.cac.gov.cn/2007-12/21/c_1112139286.htm

16. 互联网直播服务管理规定

（2007-11-04）[2019-05-09]. http://www.cac.gov.cn/2016-11/04/c_1119847629.htm

第二章　网络剧制作

> **学习目标**
> 1. 理解网络剧概念，了解网络剧的发展现状。
> 2. 理解网络剧剧本创作要点。
> 3. 掌握网络剧拍摄与剪辑的技巧与方法。
> 4. 了解网络剧的营销方式及特点。

随着信息化时代的全面推进，一个崭新的媒体时代已经到来，高度重复和毫无新意的内容再也不能满足掌握内容选择权的受众，为了在激烈的竞争中保留一席之地，视频网站开始由平台的提供者转型为内容的出品方，网络自制逐渐形成"内容为王"时代视频网站的共识，网络自制剧也由此应运而生。

此外，由于网络剧制作成本相对较低、制作周期不长、植入广告收益高等原因，再加上原国家新闻出版广电总局对电视、电影、综艺节目出台的相关政策造成其版权购买价格不断上涨，而网络对于剧目内容的管理尺度相对宽松，在自身优势和外部优势的刺激下，大量资本涌入网络剧市场；同时，电视剧从业者大量转战网络剧，致使网络剧创作团队不断优化，质量也因此不断攀升，得到受众的广泛认可。

目前网络剧因其得天独厚的渠道和价格优势占领受众市场，网络剧的批量生产成为互联网从业人员的创作趋势。因此，网络剧作为传统媒体和新媒体融合发展的产物，在市场及政策的双重支持与驱动下，逐渐成为"内容为王"大潮中的佼佼者，广泛得到制片方和受众的青睐。

本章在简述网络剧概念及分类的基础上，重点阐述网络剧的剧本创作、拍摄、剪辑等主要环节的创作方法与技巧，最后对网络剧的营销方式加以简单介绍。

第一节　网络剧概述

2000 年，中国第一部网络电视剧《原色》诞生，随着互联网的普及和网络剧创作理念的深入，网络剧逐渐得到学界和业界的认可。尤其是 2008 年根据葡萄牙《苏菲日记》改编而成的中国版《苏菲日记》以其独特的互动形式使网络剧深入人心。到 2014 年，腾讯、爱奇艺等视频网站纷纷提出"自制剧元年"的口号，推出大规模的自制剧计划，网络剧总量超过 1400 集，涌现了一批被称为"现象级"的网络剧，如腾讯的《暗黑者》、爱奇艺的《灵魂摆渡》以及搜狐的《匆匆那年》等。2016 年，播放量前 10 名的网络剧微博话题的阅读量达到了平均20亿次以上,微博话题的讨论量也均在百万次的级别之上。至此网络剧从自拍、恶搞转变为专业化团队的参与创作,网络剧在近20年的时间里以其个性化的表达、平民化的内容以及碎片化的渠道呈现等区别于传统电视剧的特点,迅速集结了一大批受众,开始初具规模,已显示出可以与影视剧分庭抗争之势。

一、网络剧概念

什么是网络剧?不同的人有不同的理解。有的认为"网络剧是通过互联网传送,由上网计算机接收,实时、互动地进行戏剧演出的新的戏剧形式"。有的认为"网络剧是兴起于网络视频平台,利用网络的诸多便利优势,以电视剧和电影的视听语言表现方式为依托的,具有大众化、时尚化的一种连续剧"。有的认为"网络剧是借助传统影视剧技术制作手段,制作符合网络传播特点和审美方式的,通过网络的传播渠道、受众观看并可以参与互动交流,甚至影响剧情走向的视听节目"等。

纵观各种网络剧的定义,结合网络剧的发展现状并与传统电视剧比较,我们给网络剧做如下定义:网络剧是基于互联网的传播特点借助传统影视剧技术制作手段,注重用户参与互动,在互联网与移动终端等新兴媒体首先播出的影视作品。这个定义可以从以下两个方面来补充理解。

(一)创作主体

网络剧的创作主体一开始多为工作室、独立制片人或在线视频企业,因此,初期网络剧投资不高,制作水准一般,市场规模也相对较小。随着网络剧市场被打开,吸引了实力雄厚的专业影视公司参与,它们与在线视频平台联合制作,投资规模逐渐扩大,制作团队趋于专业化,形成网络剧生产、推广、发行的完整产业链。

(二)播放平台

电视剧的播放平台在电视台,网络剧的播放平台一般在互联网与移动终端等新兴媒体。定义中所指出的"在互联网与移动终端等新兴媒体首先播出"其实是说网络剧并不一定是仅在互联网与移动终端等新兴媒体播出,部分网络剧因为制作水准较高而采用"先网后台"或"网台同步"的播出方式,例如,国内首部反向输出到一线卫视的作品《他来了,请闭眼》,该剧是国内首部由网络平台主投并参与制作,并首度"反向输出"到一线卫视的网络剧(如图2-1所示)。

图2-1 《他来了,请闭眼》宣传海报

二、网络剧的特点

网络剧本身是一个互联网时代下不断发展和完善的概念,就一个不断发展完善的新兴艺术形式来说,其特点的总结其实是比较困难的。比如说,在早几年前的网络剧研究文献中,"成本低,制作周期短"这项特点是务必要写进去的,但是随着互联网网民对网络剧的喜爱程度不断攀升,制片方也愿意投入大量资本打造网络剧,而此时的网络剧已经摆脱了"成本低"的标签,逐渐成为主流的影视剧制作公司青睐的"香饽饽"。即便网络剧在新的环境中不断变化,但是就其产生的平台及其发展规律来看,网络剧还是会有一些比较统一的并且在短时间内不会发生太大改变的特点。

(一)互动性

互动性是新媒体最大的特性之一。

由于传统影视剧的专业化生产模式和播放平台限制,它的生产过程将观众天然地排除在外,观众一直扮演着无声的接受者的角色,而传统影视剧中观众所面临的这种现状,在网络剧市场中得到了全面的改善,观众不仅拥有了足够的话语权,甚至有大量的机会去参与网络剧的生产。如网络剧《废柴兄弟》在百度贴吧开贴"我是废柴兄弟总导演总编剧,欢迎交流",网友们可以在这个帖子里说意见、提想法,也可以表达自己对该剧剧情的建设性意见等,在一定程度上影响网络剧的生产、制作。

网络剧的互动性随着近年来创作观念的提升,不仅表现在成片之后的受众参与,还表现为互动参与导致制播模式的变更,例如2017年1月赖声川团队首创"舞台剧+网剧"模式,将现场观众的即时互动与线上征集的网友意见迅速地融入剧本创作中,实现"边拍边播""全民策划""即时互动""线下转线上"等特点。这种互动是即时有效的,互动使观众充分参与到剧中来,赋予了普通观众参与到网络剧创作生产的权利。

(二)碎片化

碎片化既是网络剧在传播上的特征,也是在新媒体环境下衍生出来的内容特征。

所谓传播上的碎片化,是指网络剧在播放和观众收看时与传统的电影和电视剧不同,传统的电影和电视剧是在相对集中的时间来进行的,但网络剧主要是利用碎片化的时间,可以是上下班挤地铁时,也可以是排队购物时,甚至还可以是吃饭和走路时。现代人们生活节奏加快,在获取信息的方式中,他们更喜欢方便阅读的简短信息。网络剧的传播平台相比电视更加便捷,使观众在观看时间上打破了原有的连续性。

所谓内容上的碎片化,是指网络剧在创作时就必须考虑到传播环境是互联网平台,不能将网络剧的叙事和电视剧的叙事混为一谈,即网络剧在内容上呈现出"短平快"的特征,匹配网络剧碎片化的观看方式;叙事语态要平等,要求符合与网民平等对话交流的新媒体语境;矛盾冲突要快速呈现,保证在一集或者几集中讲一个完整的故事,不要拖泥带水。例如优酷出品的《万万没想到》、优酷与腾讯联合出品的《名侦探狄仁杰》等。

(三)年轻化

从新传智库发布的《2016网络自制剧行业白皮书》来看,"90后"是网络剧最主要的观众,而45岁以上的群体基本不看网络剧,学生占比超过50%;同时根据艾瑞咨询针对付费用户的调查,网络剧的付费观众年龄主要在18～29岁。从以上调查数据出发,网络剧的内容、台词的表达都应该愈加年轻化、网络化,所以当下的网络剧在创意提出、生产和后期运作过程中,都力图贴近青年观众的语言环境和文化环境,表达他们所推崇的文化精神。年轻人喜欢的玄幻、游戏、穿越以及"二次元"文化在网络剧的创作中都会有所表现。迎合年轻网民的审美是网络剧创作的重要出发点,网络剧的数量也自然因其符合年轻化市场的特点而呈爆发式增长。

三、网络剧的发展背景

为什么近年来总会有网络剧"爆款"出现？为什么网络剧能够成为视频网站内容生产的核心竞争元素之一？为什么互联网网民愿意花更多的时间甚至是付费观看网络剧？网络剧之所以能得到观众的认可并迅速发展,不仅仅是因为网络剧自身的内容特点,还有些更重要的发展背景需要被重视。互联网时代在迅速变化,互联网对于内容的需求自然也会随之变化,我们在这个时代必须就互联网时代的大背景来谈一谈网络剧的发展原因。

（一）网络视频用户数量不断增长

2019年2月28日,中国互联网络信息中心(CNNIC)在京发布第43次《中国互联网络发展状况统计报告》,该报告显示,截至2018年12月,中国网民规模达到8.29亿,全年新增网民5653万,互联网普及率达59.6%,手机网民规模达8.17亿,全年新增手机网民6433万。各大视频网站面对目前如此巨大的市场,迅速抓住机遇,不断扩大市场规模,从网络综艺到网络大电影再到网络剧,几乎每一种自制内容都在大规模生产,以满足不断增长的受众需求。

（二）国家新闻出版广电总局的相关政策刺激

国家新闻出版广电总局出台的限娱令、限广令,对电视台的综艺节目、影视剧及商业广告的投放产生了挤出效应,使其自动流转到网络视频领域,甚至部分网络剧的创作团队完全是电视剧的原班人马,例如,2017年8月,在优酷热播的网络剧《春风十里,不如你》(如图2-2所示)的导演就是凭借着《其实不想走》《幸福来敲门》以及《营盘镇警事》获得三届飞天奖优秀长篇电视剧奖的马进。政策对电视剧的严格管控使更多资源向网络剧倾斜,因此,网络剧表现出专业化的发展趋势。

图 2-2 《春风十里,不如你》剧照

（三）网络剧自身的独特优势

首先,网络剧的题材、内容、风格都很灵活,基本可以满足广大网友的视听娱乐要求。网络剧的内容远比投放到传统平台的影视剧要涉及更多的敏感性题材,能够为观众带来新的选择和体验。其次,网络剧制作成本不高,制作周期较短,给制作方提供了更多的可能性,例如,乐视视频的《太子妃升职记》就是小制作大爆发的网络剧典型。最后,网络剧的受众年轻,并且以女性为主,她们用户黏性较强,专注而热忱,话题延展度高,使优秀的网络剧有在短时间内成为"爆款"的可能性。以上所谈到的这些网络剧优势给网络剧带来了巨大的资本与人才流量,越来越多的影视制作公司愿意投资网络剧项目,电视剧的从业人员也大量涌入网络剧制作团队,这些又反过来刺激网络剧朝着专业化与精品化方向发展,形成了良好的网络剧生产循环。

四、网络剧的发展现状与趋势

网络剧的发展从 2000 年至今,近 20 年间网络剧在摸爬滚打中不断地丰富和完善,逐渐形成了自己的生产与发展规律,从早期的草根创作向发展期的专业化、精品化转型。如今,网络剧已经步入了正常的发展轨迹,整个网络剧生产与消费的现状都还算比较乐观,但作为新兴的网络艺术形式也依旧存在一些问题。

（一）网络剧题材多样,细分受众,市场潜力大

从近年来的发展来看,网络剧呈现出一种"百花齐放"的状态。一方面是因为互联网受众区别于传统的电视受众,主动搜索和选择能力更强,他们会根据自己的兴趣爱好进行剧集观看,市场不同的需求导致互联网在题材创作上不同的内容呈现,例如,惊悚类、幻想类、穿越类以及同志类等各种题材,网络剧都有所涉及,甚至部分小众类别的作品还成为"网络爆款"。另一方面是因为网络剧投资和制作规模较小,创作团队能够承担开发新类型网络剧的创作风险,可以去做尝试,即便失败了也不会像电视剧的大项目一样导致影视公司较大亏损。此外,近年来大数据对于互联网受众的用户画像也成为网络剧题材多样化的重要原因。

（二）依靠 IP 效应迅速积累大量粉丝,形成品牌绑定

网络文学、游戏以及漫画等针对年轻人群体,作品本身自带粉丝,延伸到网络剧后

热度不减,商业投资风险小,节省了市场推广费用,中国网络剧市场依靠IP迅速积累大量粉丝,让网络剧减少投资风险。以《盗墓笔记》为例,凭借其IP优势,该剧造就了上线5分钟内,播放请求达到1.6亿次、付费请求超过260万次的状况。

网络剧的IP不仅来源于网络文学、游戏以及漫画,任何一部电视剧作品或者电视节目都有可能成为其创作原型。例如,依附《芈月传》而创作的网络剧《芈月传奇之战国红颜》,依附湖南卫视节目《百变大咖秀》创作的网络剧《百变五侠之我是大明星》等。

(三)网络剧监管从严,审查模式逐渐向电视靠拢

目前,网络剧处于快速发展阶段,虽然具备题材丰富、手法新颖的特征,但仍存在制作粗糙、部分题材把关能力明显不足、呈现低俗化倾向等问题。从审查方式来看,电视剧实行的是专审制,而网络剧实行的是自审制,导致网络剧审核更加宽松。2016年1月,《太子妃升职记》《心理罪》《盗墓笔记》等六部大热网剧被强制下线后,国家新闻出版广电总局对于网络剧的监管加紧之势愈加明显。2016年2月,国家新闻出版广电总局表态将加强对于网剧和网络自制节目的监管,并提出线上线下统一标准等一系列规定,对网络剧制作机构的管理要求进一步提高。这体现了国家对网络文化发展的重视,旨在完善网络节目的制作标准,促进网络内容健康、可持续发展,未来内容精品化将成为发展趋势。

第二节 网络剧剧本创作

网络剧因其独特的内容和传播形式而在剧本创作上表现出不同于微电影以及电视剧的创作特征,例如:因受众不同而形成的网络剧独特的剧集风格,因传播形式不同而形成的网络剧紧凑的叙事节奏,因生存环境差异而形成的网络剧的题材偏好等。虽然有诸多的不同之处,但是作为电视剧延伸而来的网络剧同样也会在剧本创作上有相似之处,可以说电视剧剧本创作的方法与技巧也为网络剧剧本创作提供了经验和借鉴。好的网络剧离不开好的网络剧剧本,网络剧剧本作为互联网环境下的新兴艺术形式,它的存在与发展必定也有其特定的规律。本节对网络剧与电视剧的异同及其创作要点进行简单介绍。

随着网络剧专业化、精品化的创作理念越来越受到重视,当前电视剧与网络剧虽然界限模糊,但是二者在剧本创作上依旧存在着不同之处,基于互联网的传播环境,网络剧表现出比电视剧更多的互联网元素,比如"无厘头"元素、互动元素及"玛丽苏"元素等。

一、电视剧与网络剧剧本创作的相同点

无论是电视剧还是新兴网络剧都需要常规戏剧元素——人物、题材、矛盾冲突、情节、悬念、结构、时空等。

人物设置是剧本创作的核心。无论是电视剧还是网络剧,能否设计出有血有肉、情感充沛的人物,都是剧作成功与否的关键。电视剧中的人物设置是如此,网络剧亦是如

此。例如《白夜追凶》中由潘粤明饰演的关宏峰,他既是一位36岁老刑侦警察、前刑侦支队队长,又是灭门惨案犯罪嫌疑人关宏宇的双胞胎哥哥(如图2-3所示)。编剧在进行人物塑造时就立足于社会关系和血缘关系之间的矛盾,让这个角色更加立体和丰满。

图2-3 《白夜追凶》关宏峰剧照

在题材选择上,电视剧与网络剧于政治层面上必然存在一定相同之处。王宏建教授在其主编的《艺术概论》一书中曾谈道:"政治对艺术的影响是重大的、直接的、深刻的。"的确如此,目前在中国的影视剧市场,电视剧与网络剧都要首先考虑政策以及法律法规的支持。2017年9月份国家新闻出版广电总局联合发改委、财政部等五部委下发的《关于支持电视剧繁荣发展若干政策的通知》中明文规定:"对电视剧、网络剧实行同一标准进行管理。对重点网络剧创作规划实行备案管理,鼓励优秀电视剧制作机构积极投入网络剧制作,未取得新闻出版广电部门颁发许可证的影视剧一律不得上网播放。"明确了两种剧题材的选择均要具备正确的政治导向、健康向上的价值取向,符合时代心理需求。

除此之外,电视剧与网络剧剧作的其他因素,如冲突、情节、结构等设置均有相似之处。网络剧与电视剧在基本的剧作结构与设置上基本上一模一样,但是网络剧毕竟是基于互联网环境诞生的新的剧作,也会存在与电视剧不一样的地方。

二、电视剧与网络剧剧本创作的不同点

(一)电视剧与网络剧受众不同

电视剧与网络剧由不同的播放平台播放会引发出两者之间一大不同——受众不同。电视剧的接受方式偏于传统化,适合有固定时间、固定地点的人群去收看。而网络剧对这些条件均无限制,观众可以随时随地用手机获取各种网络信息,观看各种网络视频。

受众的不同给创作自然也会带来不同的影响。以电视剧《芈月传》和网络剧《战国红颜之芈月传奇》为例,因为受众的不同,在剧本创作的时候,电视剧《芈月传》虽是戏说,但大部分都有史实依据,而网络剧《战国红颜之芈月传奇》却是以基本史实为背景,然后架

空呈现的一部衍生剧。剧本的设计加入了年轻人更喜欢的互联网元素,如霸道总裁怒追白莲花、高颜值虐恋、玛丽苏剧情等一些有充足话题的吸睛元素。

(二)电视剧与网络剧时长不同而造成的叙事节奏不同

网络剧是应网络环境而产生的新兴艺术形式,互联网将人类正常的时间分解成碎片化时间,随着互联网普及率越来越高,碎片化地阅读和观看因此成为这个时代的主要信息接收方式,因此,网络剧天然地在时长或集数上要少于电视剧。这就要求网络剧在做剧本的时候一定要注意叙事节奏。网络剧叙事节奏应该快于电视剧,也就是叙事要紧凑,一些无关紧要的情节可以简要带过,重点情节再重点表现,充分利用影视的时空特性,在短时间内交代清楚叙事,详略得当,情感充沛。这正体现了网络剧"短、平、快"的制作特点。

例如,电视剧《那年花开月正圆》在第 38 集中从 10 分 30 秒一直到 12 分 30 秒都是用回忆镜头(如图 2-4 所示)进行穿插,并且穿插的回忆镜头叙事意义不大,对于网络剧的观众来说,这样的回忆镜头大多是不被网友接受的,网民也没有这么多时间和精力去观看无关紧要的抒情镜头。但网络剧《白夜追凶》也有大量回忆镜头,这种大量回忆镜头的穿插是可以补充叙事、帮助受众认识剧情、推动情节发展的。所以说在进行剧本创作时,网络剧的编剧要把握好叙事节奏,不能像传统的电视剧编剧一样抒情性文字过多。网民在观看网络剧时对叙事的兴趣是远大于抒情的,这一点是网络剧编剧在创作时应务必注意的。

图 2-4 《那年花开月正圆》女主角周莹的回忆镜头

(三)两者题材选择范围、内容有所不同

对于编剧而言,题材选择自然是要下大功夫,寻求题材的创新是编剧求发展的重要路径。电视剧如此,网络剧更是一样。对于网络剧而言,选择范围更为宽广,除正常的生活、政治、历史方面题材,还具有多样化的特性,并且在逐步寻求多元化发展。我国电视剧随着时间的推移、时代的发展,题材的选择也日益增多,但对于网络剧而言,除电视剧常见题材可以供其选择外,一些在电视剧中不多见的题材近年来也在网络剧中慢慢兴起。究其原因,归根结底是离不开不同播出平台带来的不同受众,这些不同最终影响了观众的兴趣点,加上网络剧周期短、相对灵活、易操作,其选材较之电视剧而言自然要有所变化,而且变化范围更广,内容更灵活。

例如,多部备受瞩目的悬疑、惊悚题材的网络剧:《灵魂摆渡》《盗墓笔记》《无心法师》等。悬疑题材是近年来年轻人比较喜爱的一种题材,网络剧凭借自身的灵活性将大量的悬疑题材作品呈现在网络平台上,得到了很多观众的支持与追捧,最终取得可观的经济效益。除此之外,青春校园剧与网络穿越剧都是网络剧中常见题材,其题材选择的多样化导致了它多样性的特征。

第三节　网络剧的拍摄

随着网络的普及以及视频网站对于原创内容的重视,越来越多的网民逐渐开始接受网络剧,同时因为网络剧市场的扩大,有很多新锐导演和演员加入,给网络剧带来了前所未有的发展机遇。网络剧的发展也提升了拍摄在网络剧中的地位,创作者意识到了摄影摄像对于网络剧的美学价值,摄影摄像在网络剧中受重视的程度也随之提高。近年来,很多专业的摄影摄像者愿意投身到网络剧的摄制中来,网络剧的摄影摄像也开始从一个不起眼的小角色变身成为可以确定整个影片基调和风格的重要环节。

乐视热播网络剧《太子妃升职记》摄影指导白井泉曾在采访中说:"不断变革创新,就会充满活力;否则,就可能会变得僵化。活用知识和经验来寻找新创意,就是培养创造性思考所需要的态度。"网络剧从电视剧中衍生,自然会有诸多电视剧拍摄创作时的特点,但是互联网时代网民与电视剧的观众观影诉求是截然不同的,正如白井泉所说,这种不同会给网络剧拍摄带来创新性的改变,所以本节就几部经典网络剧进行案例分析,从镜头、构图以及拍摄角度等几个方面的改变来谈谈现在网络剧的拍摄手法的转变趋势。

一、运动镜头频繁使用

运动摄像是在一个镜头中通过移动摄像机机位,或者改变镜头光轴,或者变化镜头焦距所进行的拍摄。这在电影和电视剧拍摄中也经常会被使用,尤其是在戏剧冲突较强烈的影视作品中经常作为一种惯用的技巧。

网络剧作为一种互联网文化产品,一定要适合互联网的生存环境,所以在拍摄时会考虑到网民的观影心理。运动镜头较多会让网民在视觉上形成移动的快感,这种移动的快感完全不同于固定镜头给网民所带来的深度思考,视觉上的快速切换,一方面增加了网络剧的感知刺激,另一方面也匹配了网民在互联网环境下所形成的观剧心理定式。

以搜狐出品的许多网络剧其特点就在于加大了摄影机参与叙事的功能,利用独特的叙事角度与叙事方式,并且频繁使用运动镜头,让镜头语言增加故事的张力,加强了戏剧效果,吸引观众主动发现台词意外的情节和镜头中的"亮点"。

（一）摇镜头摇出意外之喜

摇镜头是指摄像机位置不动,借助三脚架或人体进行任意方向的摇动拍摄而得的镜头形式。

例如,在《人不彪悍枉少年》第六集18:13处李渔父亲送女友下楼,被李渔看见,摄像此时使用的是运动镜头中的摇镜头,镜头的起幅是李渔父亲和女友下楼(如图2-5所示),然后镜头向上移动,利用楼梯间过渡,交代整个环境(如图2-6所示),又继续向上摇,最后的落幅是李渔出现在楼梯间(如图2-7所示),从李渔父亲送女友下楼向上摇,直到李渔出现在镜头里,李渔父亲的女友不希望这么早就和李渔见面,却还是被李渔看见了,此处摇镜头中起幅和落幅给人带来一种意外的效果。

图2-5　李渔父亲送女友下楼

图2-6　过渡的楼梯间

图2-7　李渔出现在楼梯间

简单的摇镜头设计给观众带来了意想不到的戏剧效果,这是这部作品的拍摄追求,更是这部作品的影像风格。摇镜头从起幅到落幅的精确表达与设计,让网民感受到了影像语言的魅力。虽然一部分网民可能不懂得技巧,但是长期以来碎片化阅读习惯的养成让他们偏爱这种视觉快感。这种摇镜头的表达方式使网络剧能够在短时间内形成喜剧效果,吸引了网民的注意力,形成网络剧独特的黏性。

(二)拉镜头拉出多层变化

拉镜头是摄像机逐渐远离被摄主体,或变动镜头焦距使画面框架由近至远与主体拉开距离的拍摄方法。

例如,《人不彪悍枉少年》第3集01:43处,花彪与杨夕在家里聊天,摄像此时使用的是运动镜头中的拉镜头。镜头的起幅是对着花彪满满一墙的奖状和奖杯(如图2-8所示),此时摄像机拍摄的是中景,镜头开始慢慢地拉开,落幅是花彪与杨夕在镜头里聊天喝水,但是当摄影师进行拍摄时,就将一墙的奖状给虚化了(如图2-9所示)。花彪和杨夕被展现出来,镜头与奖状墙拉开距离,画面的结构发生了变化,起幅和落幅的变化也给观众带来多层次的视觉感受。

图 2-8　花彪的奖状墙

图 2-9　花彪与杨夕聊天

随着拉镜头所带来的视觉后移效果，被摄主体由大变小，周围环境由小变大，使得画面结构形成多层次变化，有利于表现主体和主体所处环境的关系。例如，镜头起幅中是花彪的奖状墙，但是镜头的落幅使观众看到了整体环境中花彪和杨夕的对话，表现了角色与整体环境的关系，而利用这种不易推测出整体形象的局部为起幅，有利于调动观众对整体形象的想象和猜测。当观众的想象与猜测和镜头表达出来的相同或不相同时，都能使观众产生不同的反应，而这些不同的反应就是网络剧所带给观众强烈戏剧反差的体验。简单的拉镜头既能保持画面表现空间的完整性和连贯性，又能从纵向空间和纵向方位上使画面形象形成对比和反衬的效果，给观众一种恍然大悟或意料之外的感觉，用简单的镜头创造多种感官体验。没有炫酷的镜头特技，也没有复杂的镜头切换，用这种简单的方式创造出成倍的效果，正是网络剧所需要的，也是网络剧带给观众的另类享受。早期的网络剧由于成本原因，大多是通过这样简单的镜头，表达更为丰富的元素和内涵。

（三）跟镜头跟得连续详尽

跟镜头又称"跟拍"，是摄像机跟随运动着的被拍摄对象拍摄的画面。跟镜头可连续而详尽地表现角色在行动中的动作和表情，既能突出运动中的主体，又能交代运动体的运动方向、速度、体态及其与环境的关系，使运动体的运动保持连贯，有利于展示人物在动态中的精神面貌。

例如在《人不彪悍枉少年》第二集 27:34 处，杨夕在医院里着急地找花彪，摄像此时使用的是运动镜头中的跟镜头，镜头的起幅是杨夕推开一扇门进入里面的科室（如图 2-10 所示），镜头跟随杨夕的步伐而前进，并且在拍摄中根据杨夕的转身动作，从背后拍摄转为正面拍摄。镜头的落幅是杨夕停下脚步，站着哭泣忏悔的时候，花彪拉开了杨夕身后的帘子出现在镜头的前面（如图 2-11 所示）。镜头跟随杨夕的运动轨迹而运动，起初是从杨夕的背面进行跟拍，随着她在镜头前的转身，画面转为正面拍摄，更能够展现杨夕的神态与动作，同时跟镜头详细地表现了杨夕与整个环境的联系，推动了剧情的发展。

图 2-10　杨夕推门寻找花彪

图 2-11　花彪发现杨夕在找他

从人物背后拍摄的跟镜头，使观众与杨夕的视角保持一致，表现出了一种主观性镜头，也让观众看到了杨夕的一举一动，以及现场的环境，可以感受到她着急的心情，也为之后剧情的做了铺垫。跟镜头所表达的主观性突出了主体，加深了本剧的喜剧效果。跟镜头的使用形成一种静止的背景变化的造型效果，有利于通过角色引出环境，观众能跟随镜头进入新的环境。镜头中观众跟随的视角不断地变换。当杨夕停下徘徊的时候，会使观众注意到情节的变化。电视剧也会使用跟镜头，但是电视剧在使用跟镜头过程中，叙事信息不多，一方面是增加时长，另一方面是抒情，这都不是网民愿意主动接受的传播内容与方式，而网络剧用一个连续详尽的叙事跟镜头，在一个跟镜头中有叙事层面的变化，能让观众深层次地投入剧情之中。

（四）推镜头推出细节

推镜头是指摄像机向被摄主体方向推进，人物位置不动，镜头从全景或别的景由远及近向被摄对象推进拍摄，或者变动镜头焦距，逐渐推成人物近景或特写的镜头，它的主要作用在于描写细节、突出主体、刻画人物、制造悬念等。

例如，《人不彪悍枉少年》第5集10：12处，摄像此时使用的是运动镜头中的推镜头，镜头起幅是孔老师摸着脖子（如图2-12所示），镜头开始慢慢地向孔老师方向推进，孔老师放下手慢慢抬起头，镜头的落幅是孔老师闭上眼睛无奈地把头垂下去（如图2-13所示），表现出被学生打架波及后的无奈。

图2-12 孔老师手摸着脖子

图2-13 孔老师闭上眼睛

推镜头与拉镜头相反，推镜头形成的是视觉前移的效果，被摄主体由小变大，周围环境由大变小。随着镜头的前移，观众能看到更多的细节，例如，孔老师无奈的眼神、双手环抱手臂等动作以及表情上的特写，当这些细节展现出来的时候，该剧想表达的喜剧效果就被直接突出呈现了。通过镜头的推进，能表现出镜头中的整体与局部、客体与主体人物的关系，而在推镜头之前没有被观众注意到的细节都被突出了，例如，孔老师凌乱的头发。当这些推动剧情发展的重要元素被突出，所要表达给观众的主题和含义也就自然而然地表达出来了。推镜头在一个镜头中景别不断发生变化，有连续前进式蒙太奇句子的作用。网络剧通过一个镜头突出细节，突出重要的情节因素，带动情节发展，使网络剧在制作上更显精良，也丰富了网络剧的内涵。细节是观众尤其是互联网观众很难注意到的地方，当网络剧通过一个简单的镜头逐渐地突出一系列细节时，会让身处碎片化观看环境中的网民着重注意到剧集想表达的核心内容。

二、拍摄角度求新求奇

以爱奇艺出品的《无证之罪》为例,这部作品的特点就在于特殊的摄影角度能给观众传递出剧中人物的内心世界,并且还能够起到塑造人物形象的作用。不同角度的镜头产生的视觉效果截然不同,从而使观众在观看中减少普通拍摄角度带来的审美疲劳,增强对网络剧的观看兴趣。

（一）俯视:读出不曾表达的情感

俯视是摄影（像）机由高处向下拍摄,给人以低头俯视的感觉。俯摄镜头视野开阔,用来表现浩大的场景,还可以表现阴郁、压抑的感情。

例如,《无证之罪》在第一集 18:20 处主人公严良出场,先用一个俯视镜头拍他在厕所玩斗地主（如图 2-14 所示）,让观众随着俯视镜头进入剧情,并且做好接下来剧情的心理预期。没想到当剧中其他人正在紧张查案时,突然转变了画风,主人公严良却在悠闲地玩游戏。接着他的妻子给他打来了电话,不愉快地说完电话后镜头转到了派出所,一个小混混和一个少年（严良继子）坐在那儿,严良走了出来,一直到这里我们才知道了严良的职业是警察。严良在了解了小混混和冬子的事情后,二话没说就给冬子一拳（如图 2-15 所示）。虽然看起来显得严良冲动鲁莽,但是他这么做既保护了冬子,又给了他一定的教训。当小混混知道严良就是"阎王"时,表情立马就变了,之前嚣张的气焰完全没了,这段剧情让观众更加好奇,严良到底是怎样的一个人。

图 2-14　严良在厕所玩"斗地主"　　　　图 2-15　严良狠狠地打了冬子

从之后的剧情中我们可以看出,在工作上严良是个略带痞气、有很多天马行空想法的好警察,虽然给人不靠谱的感觉,却能在关键时刻找到新线索并且最终能帮助破案的职业警察。

第一集严良出场,导演安排了这个俯拍的拍摄角度,恰恰传递给了观众一个信息,在主体人物的多重人格中,由俯视拍摄主人公斗地主而架构的人格是必要的。作为一名警察,他不像其他警察一样给观众的感觉总是一身正气,他是略带痞气,甚至在骆闻死后,他知道谁是凶手却因为没有证据,不能将凶手绳之以法时,观众会觉得他内心其实被压抑了很久,并不像他外在所表现的那么洒脱。他对冬子看起来凶巴巴的,总是说想让他妈妈早点把他接走,其实内心还是非常爱冬子,只是不善于表达自己。

（二）仰视：看出不一样的内心

仰视是指摄影师以一个低的角度从下往上拍摄画面，它同时也指以这种拍摄手法所创作的画面形式。

在影视作品中大多采用仰视的角度描写形象高大的人物或英雄人物，这是因为仰视能给观众带来心理恐惧感、压迫感和紧张感等消极的视觉心理。

例如，《无证之罪》在第四集48:01处，张兵找到朱福来的砂锅店，准备用朱福来威胁朱慧如交出被黄毛弄丢的东西（如图2-16所示），而朱慧如并不知张兵所说的东西是什么，此时两人发生了激烈争执，情急之下朱慧如告诉张兵等人，自己已经拨打110报警，这时张兵才放了他们兄妹俩离去。在这一处导演全部用仰拍的角度来拍朱慧如，来表现她的紧张感和压迫感。

图2-16　朱慧如和张兵争执

在回到砂锅店之前，她和郭羽被严良叫去问话，面对严良的旁敲侧击，朱慧如和郭羽都按照骆闻事先给他俩编好的口供回答而没有露出什么破绽，但在严良拿出骆闻的照片给他们俩看时，他们的表情已经出卖了他们。朱慧如在这部剧中，一直处于被压迫的状态，在孙宏运死之前，她生活在孙宏运的控制之下，没有生活的自由；在孙宏运死后，她原以为可以摆脱掉这种生活，却没有想到孙宏运的妻子华姐，处处找她麻烦；然后又遇到了黄毛。在失手杀掉黄毛之后，她虽然在骆闻的帮助下逃脱了嫌疑，但内心依然是十分紧张与恐惧的，因为她并不知道帮助他的人到底是怎样的人，害怕哪天警察突然就查出真相。

在后面的剧情中，朱慧如和郭羽虽然在一起了，但他们过得并没有想象中那么幸福。在经历过这么多事后，她和郭羽再也找不回十年前的那种感觉。在接连的对峙中，郭羽也从一个单纯、执拗的实习生变成一个为了求生而不惜去伤害别人的人。当朱慧如知道郭羽为了让他们俩能在一起，竟然去逼死自己的哥哥朱福来后，她对郭羽的怀疑与日俱增。朱慧如决定相信严良，要从郭羽身上找出朱福来之死的真相。

按照惯性思维来说，表现一个人的压抑、阴郁，一般会用俯视镜头来呈现，导演用仰视角度来表现朱慧如的恐惧感和压迫感，让人感觉很新奇。

(三) 客观角度：审视角色转变

客观角度主要是从心理层面上把角度作为拍摄视点的体现，主要是代表摄影机此时是以旁观者的身份参与创作，它把观众的视觉和心理感受从主人公身上抽离出来，使观众有一种静静地观看故事的发展的心态。

例如，《无证之罪》在第一集08:22处，郭羽买了很多杯咖啡回到律师事务所（如图2-17所示），一进门就把咖啡分给客户喝，还没喘口气，又立马被海哥叫去复印文件，接着又被主任叫进办公室，在他面前把他写了一个多星期的备忘录给烧了（如图2-18所示），然后把他臭骂一顿，出了办公室又被海哥教训，这就是郭羽在律师事务所当实习生的生活，原以为他会去考个律师证，实现自己的理想当个律师，平平淡淡地生活，却不曾料想遇到了他的初恋朱慧如，并心甘情愿地卷进了她的事情中去。

图2-17　郭羽买咖啡回来的路上　　　　图2-18　主任烧掉郭羽的备忘录

当他知道朱慧如失手杀了黄毛后，第一反应是让朱慧如跑，自己去给她顶罪，从这里我们看出郭羽对朱慧如是真心的。当骆闻帮助他们俩逃脱嫌疑之后，他生活在恐慌之中，他不相信骆闻这个与他们素不相识的人会这么无条件地帮助他们。后来他得知骆闻就是雪人，并且发现李丰田可能就是骆闻寻找的目标。在他被李丰田所擒后，他用骆闻的情报作为条件，从李丰田手上逃过一劫。在经历了多次生死考验后，郭羽决定主动出击，洗清自己的嫌疑。为了让自己完全脱身，他还和李丰田联手来除掉严良。最后在朱慧如的劝说下，郭羽答应他们俩一起去自首，却未曾想到李丰田将两人绑架，最后三人同归于尽。

郭羽从一个坚持真相、不讲世故，甚至有些胆小的律师事务所实习生变成一个为了生存而不惜出卖别人，甚至为了和朱慧如在一起，狠心逼死了她哥哥朱福来。在这起连环案件中，人们求生的本能使人性不断扭曲。在层层深入，一步步接近真相的过程中，对人性的考验也一直在继续。

导演让摄像机以旁观者的姿态，来记录郭羽的转变，这一系列的客观镜头也展现出了郭羽这个人发生转变的客观因素和主观因素，让观众慢慢看到接下来剧情的发展中郭羽的改变。

网络剧中每个镜头的拍摄角度，都是导演用来向观众表达情感的手段。虽然我们不能肯定地说拍摄角度选择好这个剧就一定具有普适性，但它却能给画面带来更多的惊喜和寓意。近年来，网络剧的演员阵容和资金投入不能与电视剧相媲美，但它却以其新奇的拍摄角度、电影级别的画面、别出心裁的构图,受到广大观众的喜爱。

第四节 网络剧的剪辑

一个优秀的剪辑师可以将一部影视作品剪辑得顺理成章,而一个拙劣的剪辑师也可以把一部好题材、好内容的片子剪辑得拖泥带水、品质低下。网络剧本身投资不高,尤其是在前期演员选角以及拍摄时表现比较明显,在前期成本进行控制的情况下,要想做好一部网络剧,后期剪辑发挥了至关重要的作用。当然,网络剧剪辑不同于传统影视剧的剪辑,基于网络碎片化的传播环境以及网民的受众特点,剪辑创作会表现出不同的形式。

一、加快剪辑节奏

以优酷出品的《万万没想到》为例,这部迷你网络剧依托频繁快切景别与对话来加快叙事节奏,以此制造喜剧效果。

《万万没想到》平均一集去除片头、广告和花絮,正片时间压缩为5~8分钟,每集都演绎着不同且不相干的故事,甚至单集讲述多个故事,叙事紧凑,叙事方法主要为去中心碎片化叙事和互动叙事。

(一)快切景别,碎片化制造更多可能性

快切景别是指以秒为单位,快速转换画面中选取的被摄景物范围的大小及主体在画面中占有的面积的大小。

例如,《万万没想到》在第二季的第11集07:56处王大锤和女儿国国王回忆过往时,景别在这里切换了三次,第一幕是女儿国国王说话的特写(如图2-19所示),跳到中景时,女儿国国王正捏着大锤的鼻子(如图2-20所示),接着又切到大锤说话的近景(如图2-21所示),特写人物上一秒表达的意思配合后一秒跟台词不相符的画面,通过对比,前后矛盾形成了强烈的喜剧效果。

《万万没想到》几乎每两秒切换一个景别,充分发挥自由剪辑风格,突破传统叙事原则,以景别的秒速切换加速人物关系发展。猝不及防的景别变化和短镜头的快速交替又加快了叙事节奏,不断给气氛升温,以创造下一秒画面发生的几种可能性,观众永远都猜不到下一个画面是什么,制造情理之外意料之中的戏剧效果,以至于下一个画面出现的时候会让人觉得脑洞大开。

图2-19 女儿国国王说话的特写

图2-20 女儿国国王捏着大锤的鼻子

图 2-21 大锤反问女儿国国王

（二）快切对话，情绪一笔勾勒到位

快切对话是指通过剪辑省略掉冗长的人物交流和拖泥带水的情绪渲染，颠覆传统的大段因果关系描述，使对话交替和话题转换干净利落、简单直白。

《万万没想到》所想即所说，"吐槽"文化贯穿全剧，每集短短的五六分钟利用快切对话做到最短的时间内向观众传输最大信息量。

例如，在第二季第 13 集 01:59 处天使应王大锤要求将他变成了"渣男"的老板，第一幕大锤对自己只多了两撇胡子的变身表示质疑和不满（如图 2-22 所示），渣男路过并冲大锤叫了声老板（如图 2-23 所示），大锤立马转换自己本来的想法，对自己的"变身"很是满意（如图 2-24 所示）。主人公前后态度的转变时间不足 5 秒，对话只有四句，巨大的反差表现符合王大锤荒诞不经的草根人物设定。

图 2-22 王大锤对自己的变身表示不满

图 2-23 "渣男"路过场景设定

图 2-24 主人公对天使的超能力表示很满意

快切对话不仅能使人物关系简单化,反映主人公心理变化,还使观众代入其中,增加其观看时的心理活动,不断丰富新鲜感,给观众留下意犹未尽的感觉。也正是因为《万万没想到》里人物对话切换的爽快和表达形式的戏谑带来了"语言节奏感",使得包袱的预埋和打开包袱时的爆发感得到实现和满足。

《万万没想到》形成了自身独有的一套模式,它的每一集剧情都有迹可循:我是,我想,我做,我失败,我成功。演员段子式的表演技巧和夸张的语气配合音乐的鼓点节奏组成了幽默的迷你情景剧,在短短5分钟内,借主角王大锤对自身遭遇的吐槽和揶揄,来调侃和讽刺现实,附以流行、开放、荒诞、恶搞、杂糅、叛乱、反转等属性,帮助观众疏解压抑的情绪,甚至做到替观众吐槽,讲出他们的心声。

《万万没想到》利用原创段子、热门话题的恶搞式传播,引发了一大批观众的围观和追从,将一些来源于社交网络的社会化内容,通过视频的方式又再一次输出于社交网络,契合当下互联网浮躁的现状,是互联网时代的产物。它也通过快切对话和快切景别做到了扬长避短,将自己的优势放大,不给观众留下思考深究的时间,同时也减轻观众负担,一周更新一次的时长周期,更是形成了网络剧特有的黏性。

二、合理运用跳切

跳切是一种无技巧的剪辑手法,它打破常规状态镜头切换时所遵循的时空和动作连续性要求,以较大幅度的跳跃式镜头组接,突出某些必要内容,省略时空过程。例如,搜狐出品的《无心法师》,便在多处运用跳切的剪辑手法,形成画面跳跃、情绪变化、速度加快、节奏紧张的感觉,营造出整体高强度的节奏感。

例如,《无心法师》在第一季的第二集02:33处无心等人打完妖怪坐上车准备回府,无心发现手上不知什么时候插上了一根倒刺,此时一个中景表明无心的疑惑、月牙的担心、顾玄武的害怕这三种表情(如图2-25所示)。紧接着切换到的镜头是仆人用镊子从顾玄武的耳中夹出头发放进盘子的特写(如图2-26所示)。然后便是顾玄武与无心泡澡,开始对之前的妖怪进行讨论(如图2-27所示)。这里剪去了二人的情绪变化,也剪去了一些不必要的情节,如车子驶动回府,顾玄武安排人给他清理头发和泡澡等,同时也给无心手中倒刺从何而来这一问题埋下悬念。

图 2-25 无心等人与妖怪打斗后回府

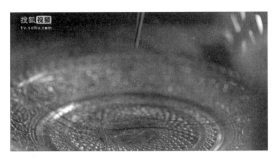
图 2-26　镊子夹出头发

图 2-27　无心与顾玄武泡澡

再比如《无心法师》第二集 04:44 处无心在澡盆中泡澡,一个近景表明他还在坑顾玄武(如图 2-28 所示),然后镜头直接切到了他和月牙推门进入院落的全景(如图 2-29 所示)。这里跳过了他离开澡盆遇到月牙再走到院落的过程,这样的剪辑并不会影响到剧情的连贯性,还能省去不必要的冗杂叙事,使观众觉得整体情节自然流畅,节奏感强。

图 2-28　无心泡澡并喊话顾玄武

图 2-29　无心走进院落

在接下来的 09:15 处顾玄武误把自己的姨太太认作女鬼,跑来找无心,并答应他只要把女鬼除去就给他一万大洋,此时两个过肩镜头描述无心与月牙二人听到这个消息时开心的表情(如图 2-30 所示),再接的镜头就是顾玄武手下的几个兵将姨太太带离无心的房间(如图 2-31 所示)。这里并没有直接表明无心听到消息后的动作以及为什么会有兵来将姨太太带走,给观众留下很大的想象空间。

图 2-30　无心、月牙听到消息开心的表情

图 2-31　顾玄武手下将姨太太带走

与电视连续剧不同,大部分网络剧具有剧集短、时长短的特点,可以充分用于填充碎片化的时间,深受广大网民的欢迎。而做到这样短小精悍的一个重要手段便是在剪辑上合理运用跳切的手法,减去冗长反复的剧情,省略不必要的过程,只保留最激烈、最

戏剧化的动作高潮,同时给观众留下合理的想象空间,大幅提升剧情的速度、密度和强度,制造惊奇和悬念之感。

《无心法师》中多处使用跳切,另一个重要目的就是压缩整体叙述的时间,只给观众留下一个时间流逝的提示,强化整部剧的节奏变化。

在第三集 03:01 处,还是一个特写镜头说明苏太太被成了精的狐狸领子圈住脖颈(如图 2-32 所示),接下来的镜头就直接切换到了顾玄武给自己的参谋办婚礼,苏太太陪同苏先生参加,脖子上戴的依旧是那条狐狸领子(如图 2-33 所示)。这就使得观众疑惑,苏太太在这中间发生了什么?难道那只是梦吗?又或者说它在暗示着什么?这样的处理方式不只是为了后文做铺垫,它还成功地吸引了观众的注意和观看兴趣,使观众情绪高涨,达到视觉体验和心理情绪上的同等提升。

图 2-32 苏太太被成精的狐狸领子圈脖

图 2-33 苏先生、苏太太参加婚礼

另外,在第三集 25:03 处,无心挑选房子,此时舒缓的音乐响起,紧接着是无心在不同的房子中表现的不满意(如图 2-34 所示)和月牙之前提建议的跳切镜头(如图 2-35 所示),很轻易地表现出无心此时的认真、失望的心情以及对月牙的情义。接下来音乐达到高潮,无心看到了满意的房子,并幻想出月牙以后在此生活的画面(如图 2-36 所示),画面随着音乐节奏转换,观众可以很容易地感受到他此时的欣喜以及对未来的期待,与之前形成对比,让观众为之感动和吸引。

图 2-34 无心对房子不满意

图 2-35 无心回忆月牙提建议

图 2-36 无心幻想和月牙以后的生活

多次运用"跳切"的剪辑,减少不重要的情节和动作,使得导演想表现的东西能够更加突出,另外还可以用来把控节奏、渲染情绪,使人物情绪更集中,剧情节奏张弛有度,这是《无心法师》获赞的一个最重要的原因。现在大多数电视剧,动辄五六十集且剧情拖沓,很容易使观众视觉疲劳,失去观看兴趣,相比之下,剧集较短且剧情紧凑的网络剧更能取得不错的效果。

三、剪辑副语言的使用

近年来,在新媒体的推动下,中国网络剧的发展较快,通过独特的拍摄特点,深受广大网民喜爱。多种剪辑副语言的使用,如花字、自带评论、动漫、音效、图片等,给观众带来了意想不到的观剧体验。

(一)"花字"吸引观众目光,增强喜剧效果

以乐视出品的《女总裁的贴身高手》网络剧为例,这部作品是国内首部花字偶像剧,剧中对花字的大篇幅使用,并且频繁在花字中代入评论,形成独具一格的轻松的影视效果,让叙事在花字评论中更加流畅,加大了故事的张力,丰富了影视情节,最重要的是增强了观众的代入感。

"花字"原本用于综艺节目,但《女总裁的贴身高手》却用于网络剧中和情节结合起来,有点类似制作方自己做的弹幕。这样的创新点燃了网友的观剧热情,增加了更多的互动感,给予观众更好的观剧体验。

在《女总裁的贴身高手》第二集 00:59 处,男主人公段飞和女主人公云诗彤去民政局办理结婚的过程中,大量运用了花字。开始工作人员头顶的疑问(如图 2-37 所示),镜头随后再给男女主人公两个极其不情愿的表情特写,你瞧不上我、我也瞧不上你的戏剧效

果展现得淋漓尽致(如图 2-38、图 2-39 所示),然后又把注意力分散在两个保镖身上,没有过多情绪的保镖产生了极强的喜剧效果(如图 2-40 所示),让人忍俊不禁,接着花字又重新把观众的注意力转移到女主人公身上,同时也把女主人公的内心戏精确地表达出来(如图 2-41 所示),最后两个人很不情愿地结婚了。

图 2-37　民政局工作人员问号脸　　　　图 2-38　女主人公云诗彤表现出不开心

图 2-39　男主人公段飞极其不情愿　　　　图 2-40　两个表情木讷的保镖

图 2-41　女主人公云诗彤的内心戏

猝不及防的花字设计紧紧地抓住了观众的视线,引导观众朝着创作者本身的影视意图去关注,每一处想要重点表达并且容易忽略的情绪,都通过花字呈现,匹配网络剧的叙事节奏,给观众带来了不一样的视觉冲击,在抓住观众视线的同时,又以轻松愉悦的剪辑节奏形成了这部剧的独特风格。花字的应用,使略显单调的影视画面变得丰富,让观众不论何时何地进入网络剧的观看状态,都能在短时间内获取相对较完整的叙事。可能一些花字的加入会在画面中显得突然,不太符合一些网民的观看习惯,但是熟悉了这些花字以后,就会对这种效果形成依赖,从而偏爱这种戏剧表达,这也就是为什么很多网民喜欢综艺节目中花字的加入。

(二)"自带评论"带出萌点、笑点、槽点

以优酷出品的《极品家丁》为例,这部剧最大的亮点就是首开自带弹幕的喜剧先河,不仅革新了网友观剧的新玩法,更被赞为前无古人的大胆"自黑"神剧。在剧集播出到"槽点"时,官方弹幕率先弹出,自嘲快人一步,语言也是相当犀利泼辣,剧中台词、道具、造型甚至是剧情纷纷躺枪,无一幸免,形成笑料百出的影视效果,这也是这部剧"潮喜剧、极娱乐"的定位体现。

在《极品家丁》第二集 16:48 处选合格家丁的时候,由尹正饰演的高酉进行家丁考核的量体度身时完全符合木板的标准,自带的弹幕就飘出来了(如图 2-42 所示),把情节中的一些主要人物的内心活动很好地表现了出来。在这一环节结束以后,进行下一环考核的时候,原定的出题人发生了改变,这时弹幕又毫不留情地飘了出来(如图 2-43 所示),本以为胜券在握的高酉此时非常沮丧,弹幕的出现又把这种沮丧加深了,喜剧效果又上了一个台阶。在下一环节的考核中,由陈赫饰演的林三进行清水辨尊卑来选出四老爷的时候,对于林三无厘头的表演,字幕组表示无能为力(如图 2-44 所示),而这种自带弹幕也将在场的人的心理活动再次展露无遗,带出了槽点,能让人深刻体会到"用生命在搞笑"的含义,在吐槽的同时,又承载了笑点。

图 2-42 高酉量体度身时

图 2-43 高酉与福伯对视

图 2-44 林三清水辨尊卑

自带弹幕,以一种全新的方式出现在网络剧中,与网友互动的弹幕不同,它是剧作者本身对于这一情节的内心自述。从剧中不同的人物角度出发,可以进行补充叙事,使得本来鲜明的人物形象加上内心自述而显得更加丰满。自带弹幕呈现的萌点不管是对剧情还是人物,都显得恰到好处,拉近与观众的距离,通过自嘲来带动观众情绪,增强与网友的互动性。自嘲也是幽默的一种表达方式,这部剧通过弹幕不断地自嘲,让观众收获了很多槽点,同时也承包了这部剧的笑点,给人一种前所未有的观看体验。有了弹幕的加入观众可以直观地了解到剧中各种角色的立场观点,使得人物性格更加容易被观众所喜爱,这也是《极品家丁》这部剧的追求所在。

(三)音效挑起暗示、衬托、反讽的重任

《极品家丁》中,除了自带弹幕这一亮点以外,其中的音效可谓运用得出神入化。在剧情中通过音效的衬托,或加快剧情节奏,或侧重强调细微的动作,增强喜剧效果,形成独具一格的影视风格,这也是这部剧的另一大亮点所在。

例如,在《极品家丁》第三集02:52处,金晨饰演的大小姐误会林三时,镜头切换到被烫而倒下的林三(如图2-45所示),这时给出了一个比较诙谐的音效,暗示林三就是大小姐所说的淫贼,轻松诙谐的音效配上诙谐的画面而表现出极强的娱乐属性;当林三被误会为淫贼时,镜头内是大小姐因淫贼被惩罚而产生快感,但却表现得异常冷静(如图2-46所示),这时音效用的是二胡的悲曲,让人听了忍不住感到悲伤,同时又觉得很好笑,更加衬托出林三的不幸,为前期给他塑造的人物形象又添上了浓墨重彩的一笔,一个倒霉蛋的形象很直接也很深刻地留在了观众的印象中。除此之外,音效还起到了反讽的作用,在第四集02:01处的音效一般用在武打片的比武过程中,而此时正好是李溪芮饰演的肖青璇把剑架在林三的脖子上(如图2-47所示),如此恢宏的气势,与后面肖青璇晕倒形成了强烈的对比,突出了反讽的效果。

图2-45 林三被烫倒地

图 2-46　大小姐萧玉若冷静喝茶

图 2-47　肖青璇把剑架在林三脖子上

音效的灵活运用，可以使影视表达达到事半功倍的效果，暗示加强了故事的连贯性，推动情节发展，使观众更加明白其中的意思。音效的衬托比纯粹的文字、语言更加具有说服力，充分调动了观众的听觉神经，尤其是一些具有魔性的音效，自成一派，将网络剧刻画得入木三分。音效增加了画面的空间范围，它能呈现的不仅仅是画面的内容，还可以表达出画外的空间范围，留下更多的想象空间。在推动情节发展的同时，成为剧情的转折点，由此也形成了强烈对比的喜剧效果。这也正是这部剧的独特之处。一部好的网络剧，不同于传统电视剧，需要独特的音效展示，才能给观众带来不一样的观看体验。

网络剧在不断发展创新，不管是内容还是形式都越来越被广大网民接受和喜爱，剪辑副语言的使用给网络剧增加了不一样的喜剧效果，丰富了网络剧的形式，构造出了独具特色的网络体，从而增加了网络剧的黏性。

四、声画关系

画面与声音是构成一部剧的基本元素，一部剧的声画是随着情节进展和人物感情的发展而变化的，不同的画面影调与声音的关系对剧中人物的内心情感以及情绪的表达起到不同的作用，因此声画与剧情二者相辅相成。以爱奇艺出品的《最好的我们》为例，前半部分的整体影调是鲜艳明亮的，旁白与背景音乐也是轻快且舒畅的，而后半部分的整体影调相对来说比较沉郁暗淡，背景音乐较之更为沉闷。这说明剧中的声画就是主人公心理的光线与声音，"那个时候的他是最好的他，可是很久很久以后的我，才是最好的我，最好的我们之间，隔了一整个青春，怎么奔跑也跨不过的青春"。而导演巧妙地利用声画关系将这十年间的酸甜苦辣表现得淋漓尽致。

（一）声画合一，引导剧情

声画合一是指声音与画面按照现实的逻辑相互匹配的效果，几乎是每一部影片中大量存在的声画关系类型。这类声画关系中画面居于主导地位，声音必须与画面结合在一起才有意义。声音要与画面相配合才能发挥作用。简单地说，就是看到的和听到的同步，听到的声源即在画面中。

例如，《最好的我们》第一集03：40处，耿耿、余淮等几名高中生在晚上偷偷溜进教室并打开教室的电视看刘翔的决赛（如图2-48所示），而就在刘翔领先就要到终点那一瞬间（如图2-49所示），保安发现了他们，用手电筒照向他们并且用力敲教室的门（如图2-50、图2-51

所示)。此时,与画面所匹配的现场音有保安敲门声、电视里的欢呼声以及刘翔决赛解说员的声音。这几种快节奏的声音加上画面的晃动,将剧情的发展推向高潮,而剧中人物的心情被声画合一的这种关系渲染得更为紧张,一面担心害怕被保安抓住,一面又欢欣期待比赛的结果,这时反映主人公内心的音乐也让观众为之感到紧张。

图 2-48　屏住呼吸等待比赛开始

图 2-49　刘翔领先,与此同时保安开始敲门

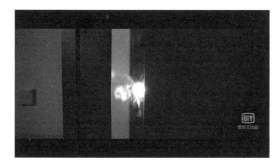

图 2-50　保安借手电筒检查教室门

图 2-51　被保安发现时的手足无措

在04:00处,当电视里传来"刘翔,刘翔赢了！刘翔创造了历史！一个黑头发黄皮肤的中国人"时,耿耿、余淮等人也兴奋地跳了起来(如图2-52所示),接着他们便与保安开始了一场"逃亡大赛"(如图2-53所示),在04:08处加入的背景音乐使这场"逃亡大赛"愈加激烈。

图 2-52　当得知刘翔赢得比赛时的欢呼

图 2-53　打开教室前门开始逃跑

声画合一的作用是表现主要内容和情节,以引起观众注意,加深印象。上述场景中,激进亢奋的现场声把紧张感赋予在耿耿、余淮等人的身上,赋予在他们对刘翔决赛结果的焦急等待中,也赋予在保安突然出现的惊心动魄中,更赋予在他们青春期的懵懂叛逆

与对自我的放飞中,让观众一同感受到了少年时代的狂妄嚣张与无所畏惧。因为这一系列的场景都发生在晚上,影调较为阴沉,气氛更显紧张。之后一群人跑起来的时候,导演抹去了现场声,并对画面做了降格处理,又充分发挥了音乐、光线、色彩、道具、人物表情等元素的情绪作用,这些声画合一将青春期的躁动与莽撞全都表现了出来,加强了画面的真实感,提高了剧中人物视觉形象的感染力。

(二)声画对位,暗示剧情

声画对位是指声音和画面不匹配、不同步、不吻合、相剥离。镜头画面与声音对列,它们按照各自的规律彼此表达不同的内容,又在各自独立发展的基础上有机结合起来,造成单是画面或单是声音所不能完成的整体效果。声画对列的结构形式是声音和画面组合关系的一种升华飞跃。

在网络剧《最好的我们》第一集00:15处,画面是振华中学的大门口,一个门卫在门口踱着步子(如图2-54所示),而此画面相匹配的声音却是"刘翔马上就要参加决赛了,对于刘翔来讲要充满自信"。导演将"刘翔参加决赛"与门卫的广播声放在一起,这一声画对位暗示了刘翔这一比赛是备受大家关注的,并暗示观众本集的剧情也是通过"刘翔决赛"为线索展开的。

图 2-54　校门口踱步的门卫

第一集00:28秒处,在门卫专心听广播时,有人影趁门卫不注意溜进了学校,后知后觉的门卫一个回头以及一个眼神的画面(如图2-55所示),与广播里刘翔参赛状态的声音也形成了声画对位的关系,暗示了这个黑影与"刘翔决赛"之间有着必然联系,为剧情的发展埋下了伏笔。

图 2-55　后知后觉的门卫

第一集 10:02 处,耿耿第一天去"振华中学"报道,画面是耿耿在分班公告栏前找寻自己所在的班级(如图 2-56 所示),而声音是一个大叔在边上打电话说"看到啦,看到啦,两个尖子班,咱家孩子都进了二班啦,周末、茜茜、咱的孩子川子都在二班"。大叔的这段话与画面配合暗示了被分在尖子班的周末、茜茜、川子或许与剧情的发展密不可分。而大叔口中着重强调的"尖子班"更是为耿耿、余淮的分班情况留下了一定的悬念,推动剧情的发展。

图 2-56　耿耿在分班公告栏前找名字

声画关系是推动剧情发展的基础,观众是通过声音和画面的协调运作而理解剧情。声画对位使声音和画面不再互为依附、重复表现同一事物,而能各自发挥作用,大大扩大了电视传播的容量,打破了画面的时空局限。声画对位重印互补的效果符合人们的视觉习惯,《最好的我们》以振华中学的镜头开始展开叙事,这也隐喻了整部剧的故事将会在"振华中学"发生。

(三) 声画对立,隐喻情绪

声画对立指画面和声音性质相反,存在强烈反差。人声和画面内的声源对应关系不确定,依靠对比方式来联结。声音和画面彼此具有相对独立性。声画对立的价值正是在声音与画面的差异间显现别具一格的风格特征或实现对比的修辞效果。

声画对立是声画对位的特殊形式,虽然在形式上与声画合一完全相反,二者在剧中起的作用却也大同小异。

例如,在网络剧《最好的我们》第二集 02:30 处,潘主任因自己的衣服被人挂在了国旗杆上而感到愤怒,惩罚学生们蛙跳。当潘主任说"跳,都给我跳高一点,谁不好好跳来前面跳……"的时候,画面却是路星河躺在器材室睡觉的画面(如图 2-57 所示),二者表面上看似毫不相关,而导演把二者剪辑在一起,是想要告诉观众,潘主任是一个严苛且刻板的教导主任,当大家都屈服于潘主任,被潘主任体罚时,路星河却置潘主任的威严于不顾,在器材室里睡大觉。这种声画对立的关系说明了路星河与潘主任有某种不言而喻的关系,也隐喻了路星河这个人在剧中的特殊性。

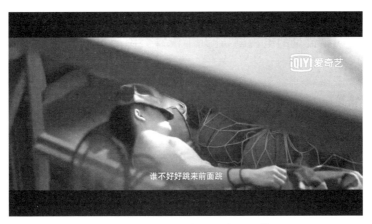

图 2-57　路星河在器材室里睡觉

在第二集 12:30 秒处,班上所有同学围坐在海边玩游戏,而就在班主任开始发言,说"明天的摸底考试很重要"时,相对应的画面却是耿耿、余淮的对视,余淮用甜而宠溺的眼神看着耿耿(如图 2-58 所示),画面的内容和"摸底考试"并无直接联系,而结合上下语境,观众不难看出,此次摸底考试是在为耿耿、余淮的同桌生活埋下伏笔,也暗喻了耿耿、余淮此后的情感纠葛。"我们坐同桌吧,我帮你。""我们说好要一直坐同桌的。"

图 2-58　余淮看向耿耿时的眼神

《最好的我们》中,耿耿与余淮是因为同桌而萌生出青春期时爱情的悸动与向往,紧张在意却又小心翼翼地不大敢触碰。声画对立用声音和画面相反对立的关系来隐喻剧中人物的关系以及情绪。声音不是画面的附属或补充,而是从相反的方向去挖掘人物的内心活动或营造某种情绪、暗示某种思想,声画对立产生了新的表象,形成了新的内涵,有时可以成为隐喻蒙太奇。

第五节　网络剧的营销

全媒体时代,信息爆发式增长,受众的选择权越来越大,内容自制能够解决视频网站平台转型的问题,但是如何在这个时代去获取更多网民的注意力,又成为各大视频网站当前极具挑战性的难题。网络剧的营销能让视频网站的自制剧在短时间内获得较高的关注,并且针对明星流量的电视剧,让几乎没有大牌明星作为流量保证的自制剧有成为爆款的可能性。

一、网络剧的营销策略

网络剧的营销模式不仅汲取了传统营销模式的优点,而且在互联网信息时代表现出自身的特点。全新的时代、全新的网民以及全新的传播环境,对网络剧的营销也提出了更新更高的要求。

(一)精准营销

网络剧营销必须基于个性原则,充分尊重受众的多元化需求,做能够满足一部分网民的精品剧。这里所说的"一部分网民"就是精准营销的核心受众,这部分受众基于共同的兴趣爱好集结成对某一类剧的强大黏性,精准营销的操作方式就是利用大数据找到这一部分网民,并且通过输出优质的类型网络剧保持他们的黏性。

(二)体验式营销

体验式营销就是让受众通过外在感官体验参与到具体的营销实践中去,从而最大限度地强化受众的收视体验,以引发受众的情感共鸣。这种营销方式其实与之前传统家庭伦理类电视剧的营销方式有些类似,通过一些普通老百姓比较关注的话题来进行剧本创作,例如,电视剧的婆媳关系或者网络剧中的男女恋爱情节,这种创作方式具有天然的营销属性,因为本身内容就具有极强的话题性,而且参与度比较高,所以从整体上保证了作品的关注度。

(三)社交化营销

互联网时代,社交媒体成为营销的一把利刃。一条新浪微博、一份豆瓣剧评或是一次微信推送,都能让网络剧轻而易举走入大众视野,并且由此成为网民热议的话题。社交媒体在营销中的杠杆作用表现得非常明显,网络剧自身就出生在互联网的土壤中,所以在营销过程中不得不考虑到社交化营销强大的传播效应。

(四)整合营销

网络剧的营销如果仅仅依靠某一种营销方式,那么效果很有可能不理想,从而让自制剧陷入无人问津的境地。整合营销传播旨在利用一切可利用的方式,将作品推介和呈现出去,给互联网营销带来了全新的视角。公关、促销、广告等都加入营销行业中来,赋予营销更多的可能性,让互联网营销从单打独斗中脱离出来,形成一个可以良性循环的闭环。(参考本节第三部分:网络剧的营销案例分析)

二、网络剧的营销分析

(一)网络剧火爆,受众为重

网络剧想要在影视剧中脱颖而出,离不开对受众的精准定位。受众划分得越细,目标人群越清晰。根据已精准定位的受众,将受众的口味融合进网络剧制作中,以达到迎合受众、满足市场需求的效果，精准撒网比广而撒网的效果可能更好。比如，《太子妃升职记》将"80后""90后"人群作为目标受众，以搞笑、无厘头、轻松、雷人的剧情满足受众需求，以引起"80后""90后"人群的点播。部分网络剧制作方会考虑受众的意见与建议，选择性地将之融合进网络剧制作中，受众可以在一定程度上影响剧情走向，趣味性得到极大的提升。

（二）广告助力，巧在新奇

受众定位精准会明确划分市场，网络剧营销传播基于受众需求而设定的个性化、精准化营销传播方式极大地引发了广告主对其的青睐，而网络剧的制作与宣传离不开广告主的投入。部分网络剧制作方会考量受众的意见与建议，将之融合进剧情。

网络剧与电视剧相比有高灵活性、高互动、高投资回报等优点，但制作方制作网络剧的同时也得利用有效的营销方式来吸引广告主。网络剧引发广告主青睐的缘由，抛开价格优势、明确的市场定位等外在因素，单从广告这一层面来看，要归功于网络剧的各种广告形式新奇。常规广告主要包括贴片广告、暂停广告、角标广告等，多依托于视频平台，覆盖面很广，有着较高的曝光率。片头/片尾赞助鸣谢，一些网络剧在正片之前或之后会分出一个单独的板块来鸣谢赞助商、以观众喜闻乐见的形式来推广品牌，比如《万万没想到》。剧情植入广告，将品牌内容与受众口味相结合，用一种形式组织和表述，比如《青云志》中的板蓝根、胃泰、58同城等。冠名/定制网络剧，将广告主的品牌特征和核心诉求与网络剧的故事情节融合，广告植入贯穿整个剧情，以达到广告主与制作方的合作共赢。网络剧以新奇的方式打广告已如火如荼，部分网络剧中，其新奇、巧妙的广告形式不仅没有让观众流失，反而成为网络剧的加分项。部分观众在弹幕中表示不抗拒广告，甚至有一部分观众表示有点期待。

（三）社会化媒体推广，整合化营销传播

社会化媒体推广、整合化营销传播一定程度上降低了营销传播成本，扩大了传播范围，极大地调动了观众对网络剧的热情，又可以用最直接的方式获得品牌反馈。

在互联网时代，新媒体盛行之下的网络剧营销离不开基于受众的个性化营销、基于社交媒体的社会化营销推广、基于资源整合的整合化营销传播。网络剧的营销方式要趋于个性化、利益化、趣味性，要多跟受众进行互动交流，要获得受众的关注和认可，才能获得一定的开发空间。

网络剧有着极高的互动性、灵活性等优势，再加以媒体的强势推广，极易形成一股强劲之风，席卷影视圈。例如，《太子妃升职记》以颜得爆表、穷得叮当、雷得销魂掀起一股狂潮，互联网全网传播，社会化媒体作用之下全民热议。

在互联网时代，媒体与受众之间的线上互动主要是通过微信、QQ、微博等社交媒体实现的，例如，"一台鼓风机、雷剧、穷、鞋子是某宝爆款"等关键词在微博上引起了广泛的话题讨论，感兴趣的受众通过点赞、讨论、转发而参与到网络剧的传播推广之中。线下互动主要是通过网络剧的衍生品来满足受众与主创人员互动交流的个性需求，比如举办见面会。

三、网络剧的营销案例分析

《双世宠妃》是由企鹅影视出品,由新人演员邢昭林、梁洁领衔主演的网络剧,该剧将青春、逗趣、爱情、高颜值cp等元素巧妙融合,网络剧一经播出,就在各个不同年龄层次的观众中掀起一股热潮,微博、微信等社交软件中处处可见对该剧的讨论。

《双世宠妃》的主要内容是曲家小姐穿越后与八皇子墨连城和大王爷墨奕怀之间的爆笑爱情故事。从内容来说,这只是一部十分普通的穿越剧,尤其近年来穿越剧盛行的电视产业,竞争异常激烈,而《双世宠妃》却能脱颖而出,占据流量的前锋,不得不惊叹于其团队的营销策划能力。

(一) IP营销打响第一炮

网络剧《双世宠妃》改编自网络作家梵缺的超人气小说《爆笑宠妃:爷我等你休妻》,该小说在网络剧开拍前就拥有大量书迷,得知剧要开拍更是吸引了一大批原"著粉",无论是出于对原著的尊重而控制不住的吐槽,还是出于对"八王爷""八王妃"的喜爱而期待,不可否认的是,刚开拍就掀起了原著粉的讨论热潮。

这部网络剧男一号八王爷的扮演者邢昭林英俊帅气,又甜又盐,剧一经播出就吸引了大批"粉丝",微博"粉丝"量直线上升,女性观众自称八王妃。为了成为八王妃也是要付出努力的,该剧宣传利用"粉丝"心理,借机开发了"王妃妆"吸引女性粉丝的注意。不仅巧妙地宣传了网络剧,还为网红化妆产业和P图软件开拓了良好的商机。

(二) 社会化营销紧接其后

1. "日常热搜体"

在网络剧播出的同时段,各大微博营销号纷纷疯狂介绍主演邢昭林和梁洁,尤其是粉丝量很大的营销号,借着明星的名义为剧做宣传,也为两大主演收获了不少迷妹心,《双世宠妃》的人气更是噌噌往上涨。更多人无意间而关注到了这个剧,也正是因为很多个这种不经意的留意,才造就了《双世宠妃》收视率破亿的超高人气。

2. 表情包盛行

现代人聊天最不可或缺的就是表情包,尤其是当下热点的、最新的、最有趣的表情包。《双世宠妃》的演员都是新人,再加上剧情需要,演员的演技不得不一而再再而三地浮夸,甚至有些是故意逗趣,创造了无限多的表情包,深受观众的喜爱。说到"表情包"蹭热度,不得不提起采取同样的营销方式的两部国产电视剧。2014年出品的《克拉恋人》中,高雯的扮演者迪丽热巴因为角色表情丰富、情绪多变,深受观众的喜爱,有些观众甚至特意搜高雯截取(cut)版本。2016年出品的湖南卫视自制剧《漂亮的李慧珍》中女二号的扮演者李溪芮,同样因为"表情包"频频上热搜。综合《双世宠妃》来看,并不是说这些人的表情到底有多可爱、多有趣,才会因为表情包"圈粉"无数,吸引大量观众,而是因为明星本来就是一个发光发热的光环体,普通网民大多数都是怀着崇敬的心理去看待。突然有一天,这个平时光鲜亮丽的人也会扮丑、搞怪,也会有着普通人固有的小缺点,观众就会在此人身上找到共鸣,找到自己和明星的共同点,感受到这种"接地气",好感度顿时就直线上升。

3. 公众号宣传

微信公众号一直是宣传的有力平台，通过其时效性、新鲜性、见解独到性吸引大量网民。《双世宠妃》热播期间，许多知名公众号都从各个角度发表见解，如内容吐槽、造型分析、流量数据等。

4. 官方微博炒话题

微博是一个分享和交流平台，话题互动性十分强，千千万万的网民各有见解，随意一件事情也可以激起一番讨论。《双世宠妃》官方微博就是借助这个平台，吸引大众对相关话题进行讨论，提高网络剧的热度。

5. 八卦绯闻推波助澜

网络剧播出后受到大量关注，也有不少人想借机蹭热度红一把。八王爷扮演者邢昭林一走红，其前任就开始借机"搞事情"。两位前女友陈泇文和范美熙，在网络上开启了一场明目张胆的"大战"，两人都争着说自己是邢昭林前任，并且挖出很多邢昭林曾经的黑历史，一时间邢昭林纯情、苏、漫撕男的形象崩塌，许多"粉丝"表示很受伤，感觉自己受到了欺骗。

不得不提的是，网络剧播出不到一个月，每个人都沉浸在邢昭林和梁洁超强的"cp"感中无法自拔，众网友都大呼"在一起""在一起"的时候，梁洁却突然被曝和国内男星蒲巴甲的恋情，恋情一坐实，"cp粉"的心都碎了一地。不过也有人自我安慰说，"这下八王爷真的是我们的了"。

无论陈泇文和范美熙是否是怀着"蹭热度红一把"的心态出来搞事情，或者她们是收了某团队的钱而顺势炒热度，也无论梁洁的"绯闻"被爆是否是时间上的凑巧，毫无疑问这都给《双世宠妃》的收视率上升推波助澜。有人因为好奇八卦而关注到主演，有人因为主演而关注到作品，这一切，都将《双世宠妃》推向了破亿之路。

6. 主题曲引人注目

《双世宠妃》主题曲《九张机》由歌手叶炫清演唱。叶炫清的歌声甜美动人，曾参加过《中国新歌声》，在节目中收获了一大批歌迷，也曾因为"唱哭刘欢"等原因多次上热搜榜，是一个话题性人物。网络剧选择她唱主题曲，不仅符合该剧青春、动情的主题，而且更将剧冲向了热度顶峰，一时间《九张机》成为各大KTV必点曲目，也有更多人因为歌曲而关注作品。

《双世宠妃》除了以上的营销方式，还通过与广告商合作等形式，达到对产品的宣传的效果，达到共赢的目的。以及该剧作为腾讯视频的主推网络剧，腾讯视频在宣传力度上也是没少花工夫，如该剧经常占据腾讯首页。除此之外，该剧播出一个月后，看似热度减弱，两大主演又上了湖南卫视的中秋晚会，让人不禁猜想是否要准备《双世宠妃》第二部了，再次吊起大家的胃口。

当代快餐式娱乐，网民的娱乐心态通常都是"最简单的快乐"。《双世宠妃》的几大营销方式就是抓住了网民的这样一个心态。一个明明经费稀缺、五毛钱特效的自娱自乐网络剧,却也能创造破亿的流量,其中的营销方式值得学习与借鉴。

本章小结

互联网时代的内容生产已经表现出不可阻挡的发展趋势,在竞争与机遇并存的时代,网络自制剧如何通过自身的创作与营销获得一席之地,这是我们这一章探讨的核心问题。当然,因为网络剧本身是一个不断发展的新事物,本章当中的一些观点可能会随着时代的发展而存在些许问题,但就网络剧目前所表现出来的特征以及发展趋势来说,本章基本上可以将其现有的内容涵盖。网络剧作为视频网站和传媒公司新的着力点,在对于内容越来越重视的大环境下,自制剧必定会有更多更新的特征和更大的突破出现,作为影视从业者,我们也期待它全新的变化。

思考与练习

1. 什么是网络剧？网络剧的特点是什么？
2. 网络剧与电视剧剧本创作有哪些不同点？
3. 结合具体实例说明网络剧拍摄应如何使用运动镜头。
4. 请结合所学知识谈谈你对网络剧中跳切的理解。
5. 网络剧的营销方式具体有哪些？

拓展阅读资源

文字：

2017年9月,国家新闻出版广电总局联合发改委、财政部等五部委联合下发《关于支持电视剧繁荣发展若干政策的通知》.(2017-09-04)[2018-10-12].

http://www.xinhuanet.com/politics/2017－09/04/c_1121597445.htm

网络剧：

1. 他来了,请闭眼

   (2015-10-16)[2019-03-12]. http://tv.sohu.com/20151016/n423360659.shtml?txid=10ad708cb3c0cfcd5ea81608c0a558de

2. 废柴兄弟

   (2014-12-26)[2019-03-12]. http://www.iqiyi.com/lib/m_205893714.html

3. 战国红颜之芈月传奇

   (2015-12-28)[2019-03-12]. http://www.iqiyi.com/a_19rrhawglx.html? vfm=2008_aldbd

4. 无证之罪

   (2017-09-06)[2019-03-12]. http://www.iqiyi.com/a_19rrh9129h.html? vfm=2008_aldbd

5. 万万没想到

(2013-08-06)[2019-03-12]. http://www.iqiyi.com/lib/m_200159314.html

6. 无心法师

(2017-06-05)[2019-03-12]. http://tv.sohu.com/s2016/dsjwyfs2/

7. 极品家丁

(2016-11-28)[2019-03-12]. http://list.youku.com/show/id_z948f6a06531711e6b32f.html?tpa=dW5pb25fa WQ9MTAzNzUzXzEwMDAwMV8wMV8wMQ&refer=baiduald1705

8. 最好的我们

(2016-08-16)[2019-03-12]. http://www.iqiyi.com/a_19rrhbd6ad.html?vfm=2008_aldbd

第三章 搞笑短片制作

> **学习目标**
> 1. 了解搞笑短片的概念和兴起背景。
> 2. 了解各种搞笑短片的基本特点。
> 3. 掌握搞笑短片的剧本笑点设计基础。
> 4. 掌握搞笑短片强化笑点拍摄制作的常用手法,学会制作搞笑短片。
> 5. 了解搞笑短片网络传播的基本渠道和策略。

近年来,各种搞笑短片在网络、影视等领域流行,使得我们的周围弥漫着浓浓的"搞笑"气氛,"搞笑"也成为很多年轻人的口头禅。我们知道,视频的制作和传播总是和技术水平、社会文化背景息息相关,并在每个时代都呈现出不同的时代特色和传播效应。搞笑短片的兴起和视频拍摄制作设备的小型化、个人化、门槛降低等技术进步分不开,又得益于互联网的普及和病毒式扩散传播,同时也和我国当前的社会转型有关——面对社会和生活的压力,人们需要轻松一笑。搞笑元素与短片的结合,不仅能够使观众在短时间内的视觉需求得到满足,而且能够博人一笑,使人宣泄压抑,摆脱烦恼,调整好心情。

随着各种搞笑的文字、图片和视频的流行,"搞笑"也成为众多学者研究的领域。他们有的从各自的研究视角出发,研究这些作品是如何博得观众的笑声,有的从文化和审美的视角研究"恶搞"。而专门对搞笑短片进行研究,目前在我国还较为罕见。得益于视听语言无限创新的特点,加上技术手段的不断进步带来的各种新的尝试,以及生活的无限想象和空间,说搞笑短片具有无所不包的内容和多种多样的形式一点也不夸张。因此,本章的内容不可能穷尽所有的搞笑短片,而只能做一个大致分类和规律探寻。希望通过分析搞笑短片的不同类型、创意规律和制作手法,诠释搞笑短片的生命力所在,总结传播范围广的网络搞笑视频的基本特征,探究其流行方式和传播的策略,在人人都能自制和传播短片的自媒体时代,给大家一些启示。同时,我们也提倡,搞笑短片虽然为引人发笑而做,但创作态度要端正,避免流于庸俗、低俗。

第一节 搞笑短片概述

当前我国常见的搞笑短片主要借助网络媒体传播,既具有网络短片的一般特征,又有其特色。而其兴起和发展既有技术进步和行业发展的推动,也有着深刻的社会心理和文化背景。

一、搞笑短片的定义及基本特点

短片特指在电影院放映的、短于商业影片传统长度的电影,后来逐渐被借用到了电视领域,主要指小型影片。在新媒体时代,短片因更方便制作和利于在新媒体播出而得到进一步丰富和发展,从而也扩大了这一概念的外延。短片的时长没有明确规定,在北美,一般为20~40分钟;在欧洲、拉美则是1~15分钟;在我国,有影响力的电影节和大型评奖活动几乎都将参评短片的长度定在30分钟以内。不过,无论时长多少,短片最基本的要求是必须是一个完整的作品,即具有完整的故事和可观赏性,有一定的主旨和思想表达。

"搞笑",是指通过夸张、幽默、滑稽等各种手段有意做出一些举动或者发表一些言论制造笑料来引人发笑。因而"搞笑短片"是指以取笑为主的、有趣的、能够引人发笑的、时长在30分钟以内的短视频。利用影像来取笑的方法有多种,只要从受众心理出发,采用纪录拍摄、剧情创作、动画制作等各种手法都可以创作出搞笑短片。搞笑短片的基本特点主要有以下几点。

(一)剧情简单时长短

相关的网络视频分享调查发现:1~5分钟是最容易被受众接受的视频时间长度,约占热播视频的一半(47.5%);其次是5~10分钟的视频,占19.1%,而30分钟以上的长视频(如各国电影、电视剧)在热播视频中所占的比例最低。[①] 这也可以解释为什么短片在网络上最为盛行。搞笑短片属于网络短片,但具体到单条片子的时长则没有定规。例如,《爸爸去哪儿》摇头娃娃亲子搞笑对话,每个片子只有2~3分钟;济南版《泰坦尼克号》时长为8分23秒;《一个馒头引发的血案》时长19分57秒;《黑人兄弟》搞笑系列每集2~3分钟;《万万没想到》每集基本上在5分钟左右;等等。

在短短的时间内,搞笑短片要实现娱乐大众的目的,因而剧情一般较为简单浅显,人物关系不复杂,情节简单,往往围绕笑点安排,且笑点设置明确清晰。观众一般可以在休闲或者空余的时间内,不费脑力地看完剧情,获得精神上的愉悦和放松。

(二)草根创作成本低

搞笑短片有的是网友恶搞拼贴而成,有的由制造商组织人力创作。与其他视频作品相比,这些创作者有两个突出特点:一是很多来自草根阶层;二是即使是有组织地进行创作,创作团队也比较小。这极大地节省了人力物力成本,使搞笑短片具有"多、快、好、省"的创作模式,成为颇受欢迎的"快餐文化"。

搞笑短片一般没有经过文化精英的加工改造,内容往往聚焦在小人物的生活和情感上,表现形式上通俗易懂,具有浓厚的民间市井气息。例如,胡戈创作的《一个馒头引发的血案》,将陈凯歌导演的大片《无极》改编成平民生活中的杀人案件,以新闻报道的形式讲述,并穿插自创的广告,通过形式的恶搞和语言的讽刺幽默来制造笑点。像胡戈这

[①] 李静.国内视频分享网站的内容营销研究[D].上海:华东师范大学硕士论文,2010:32.

样的草根创作者,是搞笑短片重要乃至是主要的创作群体。正由于这种草根性,搞笑短片不仅与群众生活息息相关,而且直通观众心灵,往往能够直击观众的笑点,引得观众捧腹大笑。

就算是有组织地策划进行制作的搞笑短片,其创作团队相对来说也比较小。例如,《万万没想到》仅由白客、刘循子墨、"叫兽"易小星和卑鄙马维斯四个人携手演出。滑稽记录的短片从拍摄到后期编辑一般几个人就够了。动画短片的团队也比较自由而精干。例如,2002年获得奥斯卡最佳动画短片提名的动画《头山》,是由日本著名动画大师山村浩二独自承担了一万多张画稿的绘制,还负责了旁白部分的三弦琴弹唱和配乐处理,再由他的妻子和另外两名助手整理完成。2013年热播的动画短片《十万个冷笑话》在初期不能请专业团队制作短片,制作人寒舞为了保证作品的质量,自己一手包揽了整个短片的制作。她还选择了每月播出一集,这样即使人手不足,充足的时间让她依然可以顺利完成短片的制作。

(三)围绕笑点巧设计

卓别林曾经说过:"要使观众发笑,并不需要知道什么特殊的秘密。我的全部秘密就在于:我过去和现在都一直在研究人,因为没有人,我什么目的也达不到。"的确,搞笑短片的最终目的是博取观众的笑声,因此每一个搞笑短片都以人作为创作的出发点来研究笑点、营造情境,并充分运用摄制技巧来进行强化。夸张是喜剧艺术的必备手段,在搞笑短片中无论表演的动作、表情,还是画面色彩、配音、情节设置等各个环节,都有夸张并且夸张幅度通常比较大,甚至到荒诞不经的地步。但夸张的前提是不失真,也就是说,搞笑短片仍然是现实生活的反映,不会也不能完全脱离实际生活。例如,搞笑短片《万万没想到》是以主人公王大锤的第一人称口吻来展开的,通过人物的各种滑稽的动作和密集的台词,塑造了一个非常普通而滑稽的小人物。其结局虽出人意料,但又是合乎情理的。

在后期制作上,搞笑短片也注重抓住人的视知觉特点感染人。由于网络搞笑视频单集的时间一般只有几分钟,在有限的时间内要紧紧抓住观众眼球就要依靠"快"。单向、线性的传播也决定搞笑视频的画面节奏快,往往几秒钟就会爆出笑点,与下一个笑点的时间间距短,配乐轻快增加诙谐效果、字幕醒目传递信息直接,一切都围绕"笑点"设计。这些手法都强化了搞笑短片的传播效果。

(四)网络传播商业化

如今手机或电脑上网是中青年群体娱乐消费的最基本方式,而无论是电脑上网还是手机上网,都要有一定的经济保障和消费能力,而从用户群来看,网络视频的消费人群也恰恰是社会消费主体,因此,网络视频短片必然成为商家的必争之地。在搞笑短片的制作中,除了资本的直接注入,其中表现最突出的是广告植入现象。各种植入手段令人叹为观止:有的通过情节设置见缝插针,有的通过恶搞吐槽最大可能地重复产品的功能或名字,对观众进行轰炸,还有的借科普视频的外衣,通过动画的形式将事物的发展用戏谑的方式制作成视频,最后总结到该事物发展到现在的阶段用某某技术最便捷,达到广告的效果。

二、搞笑短片的兴起与发展背景

搞笑短片最早可以追溯到默片时代,而网络则让它迸发出新的活力,有了爆炸式的增长,并大受欢迎。如《七喜广告——"七件最爽的事"》《威猛先生洁厕炮》等,这些短片都曾经获得过千万点击量。那么究竟是什么原因让搞笑短片在我们这个时代如此兴盛呢?

(一)搞笑短片的兴起和发展

搞笑短片是我国最早出现的视频短片类型之一。2006年年初,胡戈制作的《一个馒头引发的血案》在网上蹿红,引起了恶搞视频热潮,先后有《春运帝国》《芙蓉姐姐传奇的一生》等五花八门的恶搞视频蜂拥而上。虽然当时这类视频短片基本都是靠视频剪辑和配音完成的,原创实拍的作品数量非常少,但不可否认它们是我国搞笑短片的先锋。

由于恶搞之风愈演愈烈,搞笑短片的发展遇到了两股截然不同的力量。一方面,恶搞视频热由于受到相关部门越来越严格的监管和媒体批评而有所冷却,另一方面则是视频网站的快速发展。2006年被称为中国内地的"视频网站元年"。由于视频短片具有片长短、种类多、内容精等特点,迎合了人们生活节奏不断加快的需求,博得了大众的喜爱,有着巨大的市场需求。此外,各大视频网站在视频领域的竞争愈演愈烈,热门影视剧版权价格水涨船高,高昂的版权购买费导致视频网站面临巨大的运营成本。为了提升竞争力同时能够降低成本,各大视频网站开始投资制作各类视频短片,搞笑短片的商业价值得以继续被挖掘。因此,2007年至2009年搞笑短片在这两种力量的博弈下悄然发展。

2010年,具有完整故事情节的原创短片在我国崭露头角,吴彦祖出演的90秒凯迪拉克广告《一触即发》获得成功,视频短片也因此被赋予新的称号——微电影。微电影的成功推出吸引了大量赞助商的目光,成为被广泛接纳和推崇的广告宣传手段。2010年年末,国内视频网站和广告商纷纷投资制作各种视频短片,并为创作人提供可观的收入,吸引了大批影视创作人和业余爱好者投身这个领域。在优酷网、土豆网等视频网站以及微博、人人网等网络平台的大力推动下,《老男孩》等优秀短片横空出世,引发了网络上一轮"微电影热",其中搞笑短片因受到社会的广泛欢迎而成为投资者和制作者关注的重点之一。因此,当视频短片在2012年下半年开始以系列剧的形式上线的时候,搞笑短片又一次掀起了热潮,充当了短片系列化新潮流的先锋。

2012年12月徐峥导演的作品《人在囧途之泰囧》票房大卖12.6亿元,2013年2月周星驰导演的电影《西游·降魔篇》也突破10亿元票房,受它们的影响,喜剧元素在2013年充分渗入中国电影制作行业,后来票房大卖的《北京遇上西雅图》《中国合伙人》以及《致我们终将逝去的青春》等电影中,都不难找到喜剧元素的身影。受影响的不仅仅是电影行业,网络视频短片也大受影响,不少视频短片纷纷加入一定的喜剧成分来吸引观众。搞笑短片于是层出不穷,数量繁多,搞笑短片系列剧更是获得了骄人的成绩。《嘻哈三部曲》的第一部《绝世高手》在优酷网、土豆网双上线20天就获得了1400万的播放量。该片作为首次尝试付费收看的网络视频短片还获得了日均付费量在同期上线的影片中连续多日位列第一的佳绩,甚至超过了《少年派的奇幻漂流》《一代宗师》等热门大片[①];"叫兽"易小星《万万没想到》系列2013年8月份在优酷网上播出,每周推出一集,平均每集点击量超过2500万;而原创动画短片《十万个冷笑话》则曾创下三天破亿的点击量。在这样的热潮裹挟下,更多的资本和人才投入了这个行业,从而形成了搞笑短片发展的良性循环态势。

(二)搞笑短片兴起的社会心理背景

最早的搞笑视频出现在默片时代。以卓别林为代表的喜剧大师的作品,因其诙谐幽默、针砭时弊,能够使人们暂时忘记现实的悲惨和痛苦,帮助人们在战争年代得到暂时的压力释放和精神愉悦,符合当时的社会心理需求而广受欢迎,成为那个时代不朽的篇章。

当今社会,科技发展日新月异,处于高科技时代的人们经常面临着来自各方面的竞争和挑战,快节奏的生活容易导致心理的焦虑。在发展中国家,经济的快速发展与政治、文化、道德等社会软件要素的相对滞后带来了新的社会矛盾,整个社会面临着价值观、信仰、传统与现代的冲突等各种挑战,造成普遍的迷惘和盲从。同时,经济快速发展带来的社会分配不平衡、贫富分化等不和谐因素导致人们面临更多的落差和纠结,生活、工作等各方面压力重重,使人压抑、郁闷。在这样的背景下,搞笑短片应运而生,成为视频传播中的新鲜血液。其通过极力博取人们的笑声,使人们能够宣泄心中积压已久的情感;通过针砭时弊、讽刺幽默成为人们心理的泄洪闸、社会的解压阀,使人们一笑过后能更好地投入社会生产生活,这正是搞笑短片广为传播、发展迅速的内在动力。

(三)搞笑短片兴起和发展的技术背景

互联网是搞笑视频生存发展的舞台。作为所有人对所有人的传播,互联网使信息传播范围急速扩大,人人都可以成为信息的发布者。同时,信息获得门槛显著降低,普通人只要电脑或者手机联网便可以获得网络上的海量信息,人人都可以成为信息的接收者。技术的力量推动了文化领域的空前巨变。文化传播权从集中到分散,话语权从被社会文化精英掌控到平民化,这使得人们的思想理念、信息表达和传播方式都发生了巨大变化。这样的传播和理念的改变带来了一种集体狂欢式的社会群体的共同情感表达和情绪释放,既平等自由对话,又极尽戏谑讽刺之能事,极大地对抗和颠覆了传统社会秩序的等级和权威,造就了不少具有影响力与冲击力的网络事件和文化产品。网络搞笑短片由于暗合了这种网络集体狂欢的特质,显示出卓越的眼球吸引力,从而在视频短片中脱颖而出。

此外,网络提供的个性化视频制作软件如Flash、PS以及会声会影等,易学易用,大大降低了视频短片的制作门槛,使得非专业人员制作的初级产品也很容易具有观赏性。

互联网还是网络搞笑视频发展的推动器。与传统媒体相比,互联网经济走的是媒

---

① 吴亚雄,李岩.《绝世高手》播放量破千万 网友练就"嚯哈神功"[EB/OL].(2013-04-26)[2018-10-12]. http://ent.people.com.cn/n/2013/0426/c1012—21296042.html,2013-04-26.

体商业化的道路,有着盈利的原始动力。而网络环境下衍生的恶搞视频都有其强大的娱乐效果,得到了网友的追捧。① 两者自然一拍即合。

(四)搞笑短片兴起的文化背景

在搞笑短片兴起前的几十年里,社会文化已经在悄然变化,"生活的价值天平发生了严重的倾斜:高高在上的那一头不再是沉重的思想理性和庄严的生命追问,而是现实感性的日常生活的此在欲望"②。文化本身逐步大众化、世俗化,大众的审美趣味更加娱乐化和平民化,逐渐远离了精英文化倡导的高雅和艺术深度,理性原则被感官刺激原则所取代,其中的突出表现之一就是审美的"视觉转向"。网络恶搞文化能够流行正是迎合了这种大众感官享乐的审美心理,同时也进一步推动了大众沉迷于感官狂欢和视觉刺激的潮流。

随着电脑的普及,网络的不断成熟和技术发展,社会中的普通人均成为网络时代中活跃的一员,网络媒介文化因而成为社会普遍接受的文化特征。信息碎片化、文化快餐化逐渐成为我国网络文化的主流,并且在悄然影响民众的消费观念。在这样的背景下,集视频短片和恶搞文化于一身的搞笑短片因其具有得天独厚的文化市场潜力而获得制作方和受众的青睐,占领了庞大的市场,吸引制造商们投入越来越多的资本,反过来又促进了搞笑短片的发展——内容上更加广泛,形式上也更加多样。

三、搞笑短片的基本类型

视频短片在我国从 2006 年出现到现在,无论在形式还是题材上都越来越丰富。其中,按照题材,搞笑短片可以分为恶搞搞笑类、爱情亲情类、励志类、风光类以及综合类五个类型。按照制作方式,又可以分为动画短片、真人实拍短片和恶搞拼贴短片。按照形式分类则可以分为单本剧和系列剧搞笑短片等,各具特色,不拘一格。下面笔者将搞笑短片根据内容和形式的基本特征划分为滑稽记录、原创实拍、恶搞拼贴和搞笑动画四种类型进行分析。需要说明的是,这种划分只是做一个主要特征的分类,而不具有严谨的排他性,因为视频作品的符号整合与无限创新的特点,导致这些特征在各类作品中往往你中有我,我中有你。例如,滑稽记录和原创实拍中可能插入动画,也可能进行即兴恶搞。搞笑动画中有很大一部分都是恶搞短片,恶搞短片中可能也有原创实拍的部分等。

(一)滑稽记录

滑稽记录是最早的搞笑短片类型。这类短片早就在电视荧屏热播,以美国 ABC 的真人秀电视节目——《家庭滑稽录像》(AFV,*America's Funniest Home Videos*)为代表。节目设置年度评奖,奖金高达 10 万美元。每期获得最搞笑视频称号的家庭可以获得 1 万美元的奖金。这种有奖征集的方式获得了源源不断的播出资源,节目风靡全世界。后来发展出了专门的家庭摄录机拍摄的儿童搞怪视频和宠物或动物的记录。这些内容比

---

① 黄云霞.大陆网络恶搞视频十年发展史[D].长沙:湖南大学硕士毕业论文,2010:10.
② 王德胜.文化的嬉戏与承诺[M].郑州:河南人民出版社,1998:34.

抓拍家庭趣事和小意外更容易获得：由于儿童和动物对摄像机没有警惕性，往往在镜头前能表现最本真的行为，某些行为通过纪录剪辑，常常令成年人感到好笑。宠物也是人们的搞笑目标，斗牛、赛马与狗狗飞盘等动物的比赛更是搞笑视频制作的原材料，有时将赛场上富有特征的动物与人的表现交叉剪辑，会给观众带来捧腹大笑的效果。

滑稽记录最后脱离了纪录片的纯记录理念，开始自编自导式的制作。例如整蛊节目。此类节目常常将摄像机隐藏起来，派特定对象融入街头的人群中，通过整蛊做出反常理的事引起周边不知情者的反应——各种千奇百怪的表情，让人忍俊不禁。今天网络上传播的滑稽记录短片，一般是网友采用自编自导自拍的方式，通过夸张的表演和搞怪的模仿等来吸引观众的关注，博取笑声。

（二）原创实拍

原创实拍视频是搞笑短片的基本类型，同样有的来自网友的自编自导自演，有的来自传媒公司或者影视机构的制作。来自网友自编自导自演的原创实拍搞笑短片一般范围比较局限，主要是来源于生活中的某一情境，运用幽默诙谐的语言、贴近生活的故事内容及镜头技巧，来讲述日常生活或者身边的人、事、物等。

由传媒公司或者影视机构所制作的原创实拍搞笑短片一般拥有固定的演员阵容、相对简单的固定场景，一般分几部或者几季，每一部或者每一季会有几集，每一集讲述一个主题，主要通过引人入胜的故事、喜剧风格的表现，并加上幽默诙谐的语言、搞笑的情节、出人意料的故事结局、滑稽的表情和动作来引发观众的笑声。这类作品可以分为两类。一类是比较传统的，时长一般达到 20 分钟左右，实际上相当于短小的情景剧，其中的搞笑情节设计多依赖对白，类似小品，和《老友记》《爱情公寓》《家有儿女》等有异曲同工之妙。也有的主要依赖人物的表情和肢体表演来搞笑。例如，英国电视系列喜剧《憨豆先生》就是靠人物"丰富的肢体动作"和"变化多端的表情"带来喜剧效果。

另一类是近年来兴起的网络搞笑迷你剧，时长更短，内容更跳跃松散，搞笑情节更无厘头，有《嘻哈四重奏》《万万没想到》《还是没想到》《总而言之》等代表作。例如，由优酷和万合天宜联手打造的迷你剧《万万没想到》，每集只有 5 分钟，故事主角王大锤无论是求职、相亲还是演戏，总能遇到"万万没想到"的意外结局，如图 3-1、图 3-2 所示。编剧紧密联系当前社会热点，采用幽默诙谐的台词、滑稽的动作和搞笑的表演，使观众能够得到精神娱乐的满足。例如该片曾将当今社会上的大热选秀节目"快乐男声""超级女声""中国好声音"等融入原创剧情之中，还不失时机地对名人名言、时尚语录等进行巧妙调侃，创作出大家耳熟能详的台词，进行搞笑创作，受到年轻观众的追捧。

图 3-1、图 3-2 《万万没想到》宣传海报

（三）恶搞拼贴

"恶搞"这个词是外来词，维基百科网站词条解释"恶搞"一词来源于日文"Kuso"，有"可恶"的意思，相当于英语"shit"的意思。这个词最早被电玩界用来指游戏玩家如何把"烂游戏认真玩"，后来流传到我国台湾，渐渐演化成"恶搞"之意。并逐渐形成了网络次文化——恶搞文化，指的是对严肃主题加以解构，从而建构出喜剧或讽刺效果的胡闹娱乐文化。常见形式是将一些既成作品、节目等改编后再次发布。但是，"恶搞"这种行为方式早在这个词出现之前就已普遍存在。比如，在汉语中恶搞和无厘头就很近似，香港电影《大话西游》就被网友追认为恶搞的经典，而许多经典的香港"无厘头"喜剧电影，都富含恶搞成分。

从概念上来说，恶搞和搞笑还是有所区别。搞笑可以是原创，但恶搞必须是对已有作品的二次创作，属于"非原创"。所以，恶搞只是搞笑的一种，恶搞视频是一种常见的搞笑短片类型。创作者对已有的其他（经典）电影、电视剧、纪录片、专题片或电视新闻片中的部分画面或者情节，有选择有目的地拆分、剪辑、移植、重新配音、增添字幕乃至于进行戏仿，达到滑稽、搞笑、整蛊、调侃、讽刺等效果，并由此表达自己内心对某些事物的看法，这就是所谓的恶搞视频。一般而言，这类作品重在对现实社会的嘲讽和夸张，使观众在大笑中既体会到反传统、颠覆经典所带来的快感，又在爆笑中体会了黑色幽默的魅力。例如，胡戈所制作的《一个馒头引发的血案》就是恶搞影视作品的一个典范（如图3-3、图3-4）。该片将电视新闻栏目、广告与电影《无极》的相关情节剪辑拼贴在一起：新闻栏目中主播严肃的播报，《无极》中的情节画面、配音和字幕中刻意加入的"草根"名词，流行音乐，使作品脱离原影视的主题和内容，而融入了普通平民的日常生活元素，通过滑稽的语言，对现实社会进行讽刺和无奈的戏谑，在激起观众共鸣的同时，戳中观众的笑点，使得观众能够开怀一笑。随着恶搞短片在网络上的爆红，越来越多的恶搞短片或者影视片也开始被搬上荧屏。还有《新白蛇传》《元首的愤怒nobody》恶搞版，美国的恶搞名片《惊声尖叫》和《史诗电影》等，都保持着相当高的关注率和收视率。

图3-3、图3-4 《一个馒头引发的血案》剧照

值得注意的是，由于恶搞视频属于二次创作，因此要注意知识产权保护，对于仍被版权保护的作品，应匿名发表并禁止牟利行为，不然创作者会有被提告侵权的危险。此外，创意仍然是恶搞的精髓所在，而不是随意炒冷饭。同时，恶搞重在幽默，应该保持善意，拿捏分寸，不要过于诋毁原作或特定人物，以免误入诽谤之列。对于一些事件的处理，应避免引起公众恐慌，不得使人误以为是真实事件。

(四)搞笑动画

动画是采用逐帧拍摄对象并连续播放而形成运动的影像技术,在内容上分为冒险、搞笑、情感、热血、青春、少女、亲子、励志、动作等类别。搞笑动画短片顾名思义,就是用动画短片来搞笑,动画创作是手段,搞笑是目的。因而,搞笑动画也分原创剧情动画和恶搞动画。由于本书另有章节阐述动画短片的制作,本章只阐述搞笑动画短片的特点以及和搞笑相关的创作手法。

动画依赖制作的特点,具有极好的逼真性和视觉的流畅性,容易通过塑造个性化的角色与形象、设置幽默的语言与语调以及夸张的动作与配音、幻想的内容与情节,甚至搞怪的剪辑来达到搞笑、滑稽的目的,给观众带来身心的放松与愉悦。随着新时代步伐的加快,人们在社会生活中面临着来自各方面的压力,动画片也不再局限于儿童市场,而逐渐进入成人世界,其中搞笑动画就很受欢迎。这些搞笑动画短片有的是原创剧情精心制作,有的则是恶搞拼贴。有的时长将近半小时,而有的则只有几分钟,甚至几十秒。随着网络的普及和移动网络技术的发展,人们越来越热衷于用手机随时随地观看和分享短小精悍的动画搞笑片。因此,时长在 2 分钟之内的搞笑动画短片也获得了广泛流传。例如,韩国的 *Larva* 系列,共有 104 集,每集一分钟左右,在网上广为流传。还有,日本 MTV 台委制的三维动画搞笑短片《监狱兔》,自 2006 年至今共推出四季,每季 13 集,每集各 90 秒。故事讲述的是被关在苏联监狱的两只兔子基里连科和普京的生活(如图 3-5 至图 3-8)。这类动画搞笑短片情节往往极其简单,甚至连语言都省了,主要通过主人公的动作和行为的极度夸张和渲染,借助丰富的细节、现代化的技术和主人公滑稽的动作来暗讽当代人的生活方式,博取观众的笑声。

图 3-5 至图 3-8 《监狱兔》剧照组图

而我国的原创搞笑动画短片一般更注重语言的搞笑作用。通过对众多时尚娱乐语言、当红剧对白、网络语言、成语和名人名言的巧妙调侃,达到搞笑的效果。例如,《喜羊羊与灰太狼》中,喜羊羊说道:"灰太狼,你这只十恶不赦、狼心狗肺、吃里爬外、臭名远扬、死皮赖脸、衣冠禽兽的饿狼!"

同时,为了惹人发笑,吸引更多的观众,搞笑动画短片不惜对主人公的动作和行为进行过分的夸张和渲染,因此,经典故事的翻拍动画往往出现对人物原型的有意或无意的颠覆和破坏,无形中达到了恶搞的效果。例如,好莱坞动画电影《花木兰》对她的"代父从军"有另外一番诠释:"……我替父从军,也许并不是为了我爹爹,也许只是为了证明我自己有本事,以后照镜子的时候就会看到一个巾帼英雄……"这部动画在搞笑与创新的同时,也将木兰的原型颠覆了,塑造了一个个性解放、一心想实现自我价值的西方女权主义者的形象。

近年来,以《十万个冷笑话》为代表的恶搞动画短片也在网络上广受欢迎。该作品原为漫画,2010年6月28日起在"有妖气"上独家连载。2012年7月11日开始动画化,并在网络视频网站连载播放,每月一集,每集时长约5分钟。这个系列的恶搞动画包括葫芦娃篇、世界末日篇、哪吒篇、光之国篇,以及一系列杂篇:见鬼篇、亚基篇、柯哗篇等,都彻底颠覆了原来的故事情节和人物形象。

搞笑短片中,搞笑的实现包括创意、制造笑点的过程与观看理解过程,创意与制作过程主要涉及一些具体的方法与技巧,而理解过程则与观众在看视频过程中的认识和感受心理有关,这两者又是相互影响的。接下来,我们将结合心理学和视听传播的相关规律,用两个小节系统分析网络热门搞笑类短片的创作和制作特点,为年轻创作者在创作上提供一些借鉴。

第二节 搞笑短片创意设计

视听语言的基本规律之一就是建立在人的生活经验和视知觉心理基础上,是模拟人的心理活动的不断创新。搞笑短片从创意到最后完成,需要经过剧本创作、拍摄和后期制作等环节,每一个环节都应该紧扣让观众发笑的目的,围绕笑点来展开,笑点的创意、笑点的视听表现设计、笑点在拍摄制作过程中如何强化等都应该立足于观众的生活经验、视听知觉和娱乐消遣的心理特征,使作品的设计和表现手法能够在观众那里取得效果,成为人们喜闻乐见的作品。

一、搞笑短片的情节设计

搞笑短片虽然看起来短小而随意,但依然需要依靠情节创意和精心设计博得眼球。因此,搞笑短片的摄制同样必须立足剧本,笑点在剧本里就进行了精心设计,后期的拍摄制作再来锦上添花。编剧在撰写剧本的时候,要全面考虑整部搞笑短片的"笑点"所在,包括结构、矛盾冲突、悬念、情境及对话、演员的行为特征等,而不能想着依赖导演的加工。例如,当我们看到《大话西游》的剧本时,已经被所描绘人物的恶搞形象逗乐了,这就是剧本本身的魅力所在,在还没有演绎之前就已经精心设计了搞笑的元素。

(一)制造意外

在搞笑短片中,"笑"是永恒的主题,如何引人发笑则是制作者首先要解决的问题,也是情节创意的核心问题。那么在短片剧本中如何设置笑点呢?要解决这个问题,我们首先应该明白人为什么会发笑。美国精神病学家 V.S.拉马钱德兰在《大脑,还是幽灵?》一书中有这样一段有趣的叙述:"当发生了意想不到、需要提高警惕的事情时,人会紧张起来;但当弄清情况后,如果发现这个事情对自己并没有威胁,人会笑出来。"比如,突然有一个身穿黑衣、凶神恶煞的大汉来到您的面前,您会有一种不祥的预感,于是提高了警惕,变得紧张起来。可是,没想到那人忽然面带微笑地向您问路。在那一瞬间,您不安的心放了下来。与此同时,您还发现那人的门牙上竟然粘着一块菜叶,于是便忍不住笑了出来。也就是说,人感到危险时会紧张,但当发现危险并不存在时,就会自然而然地笑出来。引人发笑的根本原因是"意料之外",是对某种紧张的释放。这个意料之外的前提有两点,一是必须是对发笑的本体而言,不会受到心理上或生理上的伤害;二是这个"意料之外"必须是和主体内心的想法有关联的,换句话说,就是必须有个"意料之中",才谈得上"意料之外"。

在搞笑短片剧本情节创意过程中,要不断地考虑如何制造这种"意料之外"。情节在逻辑上突然断裂转弯或者与观众头脑中已有的"现实"完全错位,剧中人物的操作失误等都可以造成"意料之外"从而引爆观众笑点。例如,《绝世高手》里,卢小鱼的敌人多次因为意外而惨败,卢小鱼则靠幸运复仇成功。《万万没想到》里王大锤在应聘时的竞争对手得到了美女的支持,而王大锤却得到了上司的嘲笑;王大锤身为刘备的儿子,却因为的卢马难产被刘备无辜摔死等,都是出人意料的结局。

视听语言作用于观众的一大特点就是在既看见又听见的"现实"之下,带来观众主观能动性的极大参与,观众很容易接受剧情的逻辑并且根据其中的暗示和自己的生活经验,明白或者接受其中的逻辑,在潜意识里进行演绎。剧情逻辑错位便是很好地利用了这一点。当观众看到或听到并接受某个剧情的时候,突然发现接下来"原来完全不是这样","意料之外"的笑点也就产生了。在《绝世高手》中,卢小鱼本来诚心学武,结果却被白眉师傅训练成了"闻乐起舞";在《十万个冷笑话》里七个葫芦娃个个本领高强,却都不是因为妖怪阻挠没救到爷爷,而是因为种种意外"扑街"(如图 3-9 至图 3-11)。这些"意料之外"都是情节脱离原来的逻辑轨迹,突然转向出乎观众意料的状况。

大娃被自己的大头压垮　　　三娃痔疮发作倒下　　　五娃六娃自相残杀被擒

图 3-9 至图 3-11　《十万个冷笑话》里葫芦娃"扑街"剧照组图

与观众的生活经验或原有经典故事的"现实"错位,同样能产生"意外"的效果。在《十万个冷笑话·哪吒篇》中各种与现实的错位可以说层出不穷,例如,哪吒生下来是个圆肉球,由于经典的哪吒故事,这已经是人尽皆知的,不能成为笑点,但是,李夫人却突然坦言那个所谓的肉球是她的一大坨鼻屎;在《万万没想到》里,门童竟然就是诸葛亮。这些都与观众记忆中原来的经典故事完全不同,造成了情节与观众心目中的"现实"错位。

《绝世高手》君子刀"失误"自杀　　　　　《绝世高手》灭绝师太遭遇意外身亡

图 3-12、图 3-13　《绝世高手》中君子刀和灭绝师太意外死亡剧照

在情节中设计各种误会、失误与言行背反，也是造成意外情况而产生笑点的常见手法。例如《十万个冷笑话》中哪吒的形象被李靖失误设置成了娃娃头大汉身；《绝世高手》里君子刀竟然失误自杀，以及灭绝师太遭遇意外身亡（如图 3-12、图 3-13）。而在《万万没想到》里，刘备明明嘴上反复说要礼贤下士，让诸葛亮睡吧，睡到什么时候都可以，但他的行为却是拿着高音喇叭大声宣读这些话，这种言行背反加上三顾茅庐中的经典形象被完全颠覆，观众哪有不笑之理。

（二）化繁为简

需要注意的是，搞笑短片的笑点设置除了要制造意外、猛戳笑点之外，还要化繁为简，出奇制胜——集中突出其搞笑的一面，以求一击即中——情节中设计的意外往往发生在一瞬间，因此，需要让观众把注意力集中在那一瞬间，而不是仔仔细细地去品味所有的细节。同时，搞笑短片时长短的特点意味着短片必须用非常高的效率把受众吸引住，因而，搞笑短片最大的特点就是快速引人发笑，而不是旨在构建一个非常完整的故事，或者把细节进行细腻的描绘。

在《嘻哈三部曲》的《绝世高手》中，卢正雨在短片的 2 分 50 秒处就把整个短片最为爆笑的点子"一听到音乐，就会情不自禁地跳舞"摆到了观众面前，而前面整个故事的背景则只是用了一段旁白加上 4 个空镜头共 40 秒的时间就简单带过了。在《万万没想到》系列中也出现了类似的做法，如第一集在第 40 秒就把让人爆笑的"直接打字敷衍特效"的情节展示给观众，而"拍一个低成本武侠剧"的故事背景则由王大锤一句话带过去了；又如第二集里刘备爱摔自己的孩子，短片则从头到尾都在讨论"摔王大锤"这个事情，而王大锤为什么会是刘备的儿子、故事的时间地点等背景都直接忽略掉了。这样的做法为的正是直接快速吸引观众的目光，不让多余的情节内容分散观众的注意力，使短片在有限的时间内最大限度地引人发笑。而对于观众来说，并没有人去追究那些本应该在电影中交代的细节，也没有人认真去追究其可信度。因为，搞笑的目的是为创作者和观众所共同认可的。

搞笑实际上是一种视听快感的产生，它和注意力的指向性有密切的关系。人在某一瞬间的感知活动会有选择地反映一定的对象，而会忽略其他对象。那些带有新颖感、具有趣味色彩的事物或现象最容易吸引人的注意。这种外界刺激信号通过视觉通路作用于大脑，形成优势兴奋中心，同时诱导邻近区域的抑制过程相应加强，人们就能清晰地反映与优势兴奋中心相对应的外界刺激物，而避开其他干扰性刺激。正是因为符合这种注意指向和集中的生理心理学机制，搞笑短片才能够受观众欢迎。

化繁为简的做法不仅能在很短的时长里有效获得笑点,而且还节约了制作成本。如《绝世高手》里4个空镜头就交代了故事背景;《万万没想到》里一句旁白就把故事背景省略掉,或者Flash动画乃至一个简单的字母就把特效和激烈的打斗场面给"忽悠"了过去。这样的制作方法大大减轻了摄制的负担,很好地解决了搞笑短片面临的制作经费少、周期短、剧组人员不足、演员以及工作人员不够专业等短板。

没有局限就没有艺术,在艺术行为中,局限恰是形成不同特征的艺术风格和文化取向的基石。许多成功的搞笑短片创作者正是在种种局限中迸发出了灵感的火花,完成了巧妙的创意——不仅仅是在笑点设计上有巧妙的主意,而且充分发挥短片"船小好调头、嘻哈无厘头"的灵活劲。例如,整个《嘻哈三部曲》系列短片的制作费用不超过100万元,如果和一些高投入的商业广告微电影拼画面和特效,几乎一点优势都没有。但是卢正雨通过选择采用经典的邵氏武侠片风格,玩起了复古风。这样一方面不用担心画面、特效等因为资金不足而显得制作粗糙,另一方面可以打着向邵氏致敬的名号博得观众的好感,同时在片中避免了创造宏大的世界观,而是集中笔墨突出表现短片令人捧腹大笑的部分。扬长避短,出奇制胜,为作品的成功奠定了坚实的基础。

二、搞笑短片的视觉设计

搞笑短片作为喜剧作品,要在那么短的时间里不断引人发笑,自然要在开始设计的时候就要把能用上的喜剧元素都充分考虑进去,包括视觉上的和听觉上的。

视觉上的笑点主要指具有喜剧意义和幽默内容的造型艺术和诙谐、滑稽的行为姿势。值得注意的是,无论何种形式的视觉快感,其所应用的视觉性"语言"或"符号"都要有其生活的根源,否则,我们就无法看懂和悟出其中所传达的信息,更谈不上对这类视觉刺激产生快乐性反应了。

(一)夸张手法的运用

夸张是喜剧不可缺少的搞笑元素。视觉笑点首先就是在典型的外表特征下进行造型夸张。这一点,搞笑动画可以说具有得天独厚的优势。因为动画造型更不受拘束,能够进行极度的夸张。例如《倒霉熊》里那只拥有着肥硕的下巴、咧开的大嘴、呆滞的斗鸡眼,腆着大肚子的倒霉熊的形象(如图3-14),一登场就惹得观众笑声一片。而《十万个冷笑话》里为了表现哪吒不是正常的孩子,把哪吒画成了萝莉的头配上施瓦辛格般的身材,利用头和身子的极度不对称造成滑稽效果(如图3-15)。

图3-14 倒霉熊的熊样

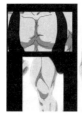

图 3-15 《十万个冷笑话》里的哪吒形象组图

在真人表演中,让角色的形象和行为充满滑稽搞笑色彩,最早源于古代的哑剧和小丑表演,而实拍的视频作品则早在默片时代就在这方面进行了大胆尝试,卓别林的流浪汉形象甚至成为经典。声音进入了电影后,喜剧对角色视觉形象的依赖有所减弱,夸张程度也相应减弱,然而人物表演行为上的夸张则没有减少,反而更加无厘头化了。

对于搞笑短片而言,用夸张的方式描绘人物的外貌增强搞笑效果也是常见手法,例如,《绝世高手》里卢小鱼的样子普普通通,但是那两撇眉毛却画得直插双鬓,显得"大义凛然",跟形象很不相称,从而制造出滑稽效果;而《万万没想到》中为了表现公主不是美女,甚至直接让一个光头的男演员男扮女装上阵。

(二)精心设计人物的表演和行为动作

不过,搞笑短片更多的是通过精心设计人物的表演和行为动作来取得效果。

一是给角色设计标志性的搞笑表情或行为。例如,电视系列喜剧《憨豆先生》里成功的角色行为设计把点到即止的英式幽默表现得淋漓尽致,从而大获好评。在 2013 年收获巨大点击量的几部系列搞笑短片里,制作者都精心为短片设计了为搞笑而服务的角色行为。在《绝世高手》里,卢小鱼一听到音乐就会跳舞的情节是全剧最为爆笑的点,为了加强效果,创作者让卢小鱼在跳舞时加上"绝世兰花指"的动作(如图 3-16),这个动作放在一个大男人身上,一下子就戳中了观众的笑点。在《万万没想到》系列里,王大锤呆滞、面无表情的脸部特写每集都会出现,这个表情是导演精心设计的,让人一看就想笑。制作者通过精心设计这些标志性的动作和表情,除了能给观众在视觉上增强搞笑效果外,另一方面更是为短片设计了独特的标志,让人爆笑之余印象深刻。

图 3-16 卢小鱼的"绝世兰花指"

二是对角色行为的无厘头演绎。说到无厘头,立刻让人联想到"喜剧之王"周星驰,他通过无厘头的演绎,将《武状元苏乞儿》里的苏乞儿、《功夫》里的阿星等小市民、小人物的日常生活变成了大精彩,从而使影片大获成功。事实上,夸张的无厘头行为方式是非常值得搞笑短片创作者借鉴的。比如《绝世高手》中卢小鱼清理犯罪现场时就用非常夸张的动作把飞镖扔掉(如图3-17),该片片尾更是让全体演员在长城上翩翩起舞,《万万没想到》中孙悟空为了让王大锤绑架唐僧时夸张的要挟动作(如图3-18),等等,都取得了很好的视觉效果。

图3-17 《绝世高手》中卢小鱼扔飞镖剧照　　图3-18 《万万没想到》中王大锤遭威胁剧照

除了人物的行为方式无厘头外,利用表演者五官的夸张变形进行表演,以充分表现其当时当地的情绪也是常用的手法。例如,搞笑短片《猫和老鼠》中,猫在追老鼠时扭曲、势在必得的五官和老鼠刚开始惊慌失措、后来灵机一动的五官的夸张变形都引人入胜。而《憨豆先生》里憨豆先生的表情也是夸张得直击观众的"笑点"(如图3-19、图3-20)。

图3-19、图3-20 憨豆先生的夸张表情

三、搞笑短片的听觉笑点设计

与视觉的形象感受在同一时间内一下子把某个场景中整个空间内的活动全部摄入眼眶的传受方式不同,听觉的感受是线性的、有秩序的,而且可以完全借助语言来完成。根据这样的载体特点,可以有多种笑点设计方式。抖包袱是最常见的一种。这种方式在我国传统的曲艺表演中很常见。具体做法就是在娓娓道来的叙事过程中,先埋下伏笔,诱导听众的注意力集中到预先"伏下的线索"并顺其发展而思考,最后突然打断原先的思路,造成意料之外、情理之中的幽默效果。

抖包袱的手法需要铺垫,也就需要时间,一般在电视情景喜剧类的搞笑短片中比较常见。而在网络搞笑短片中,笑点的迸发更加直接。常用以下几种手法。

(一)台词时空错位

在鲁迅的《故事新篇》中常常会出现人物的时空错位,即让不同历史时期的人物发生联系。类似地,台词的时空错位就是指在影视作品中让不同历史时期的语言、说话方式等杂糅到一起,直观地说,就是台词在作品中穿越了。《绝世高手》是一部古装剧,但台词却频频出现现代社会的流行语,如卢小鱼在短片开头就对师傅说"这交不了差的""师傅你人品不行"等。《万万没想到》里王大锤的台词也常常时空错位,如"有毛线关系"出现在背景为三国时期的故事中,"杀马特的装饰品""非主流"等台词出现在《西游记》背景的故事里。这些现代语或网络用语组成的台词放到一个完全错位的时空里,并且不讲求组合的逻辑,给人突然的新鲜感、冲突感,每次看都会让人觉得啼笑皆非。

（二）戏仿和双关手法

改写前人的名言或诗词作品来产生幽默感的手法叫戏仿,在古代这是文人间开玩笑常用的手法,实际上就是恶搞的一种。搞笑短片中,创作者故意让表演者所表述出的台词戏仿或改编前人的语言,一般情况下都能让受众发笑。例如,《万万没想到》中主人公王大锤的经典台词:"胖子固有一死,或重于泰山,或重于其他山。"而在《绝世高手》中,当卢小鱼反复恳求白眉传授绝世武功的时候,白眉没办法只好答应,然后大喝"嚯、哈",卢小鱼也跟着大喝,正当观众以为这是要传授武功呢,没想到,这也是电视剧《西游记》的插曲《天竺少女》的前奏部分,跟着音乐响起,两人再次翩翩起舞,让人不由得捧腹大笑。在这里就是利用了"嚯、哈"的双关语义来故意误导观众。

（三）故意曲解

故意让演员读错、说错或者错误运用现代的科学解释来搞笑是搞笑短片中屡试不爽的技巧。类似:"其实是这样的,一旦出现坏消息,你就会被吸入我的怀抱,然后在重力的影响下被摔在地面上。这是大自然的规律,没法避免啊"这样的台词。还有《十万个冷笑话》里太乙真人被李靖读成了"太2真人"等等,都属于这种手法。

（四）视觉和听觉设计需相得益彰

搞笑的表达形式中,视觉和听觉应该是相辅相成、相映成趣的。因为,我们的视觉和听觉本来就有"通感"和"联觉",即一种感官已经产生的感受,可引起另一种感官的感受变化。例如,当我们看见有人被泼冷水时,会感到浑身一激灵;看到火炮被点燃冒烟时,内耳系统里的听神经细胞也会处在应激准备状态,仿佛"听见"轰然一响。同样听觉也可引起其他感官的"联觉",例如听见叮当作响的冰块声,仿佛感觉到饮料的凉爽。搞笑短片往往利用"联觉"来制造"意外"产生笑点,即当人以为是这样并引起了相关的紧张时,却突然塞给你另一种完全没想到的可能,从而产生搞笑的效果。不过,"联觉"的运用要注意选用人们熟悉的东西作为素材,以加强效果。

在视频作品的传播中,听觉和视觉不仅会相辅相成,也会相互抑制。心理学的感知心理机制研究表明,一种分析器系统的强刺激会削弱另一种分析器系统的感受性。比如,高强度音响的听觉刺激,可以降低视觉的感受效果。因此,来自视觉和听觉方面的刺激在各自的强度和出现的顺序上需要进行适宜性搭配,即两者互相配合产生一加一大于二的效果,而不是由于你争我夺,导致传播效果互相抵消。在搞笑短片的情境设计中,要特别注意这种视听的相互适宜性。当剧情中出现语言方面的笑点时,也许视觉方面的仅需演员耸耸肩就足够了,但有的作品却为了逗笑而不适当地加大了滑稽动作表演的强度,结果反而导致视听的刺激张力都过大,发生了冲突,造成感受方面的混乱和不协调。所以,导演和编剧都应该时时检视自己的作品:是不是有的跟头不值得摔,有的话不需要啰嗦,有的鬼脸是不是不做为好。

第三节　搞笑短片强化笑点的摄制手法

不同的拍摄手法和剪辑制作手法会给观众带来不同的感受,比如,长焦镜头和广角镜头拍摄出来的画面会带给人不同的视觉冲击,长镜头与蒙太奇带给观众的心理感受也是不同的。影视作品中拍摄手法和剪辑制作手法运用得当,对影视作品主旨的表达以及增强创作者想要获得的艺术效果等都有帮助。在搞笑短片中,运用某些特定的手法可以达到在视觉和听觉上强化滑稽或者幽默的效果,而这些手法的使用往往是见缝插针、"因片制宜"的,很难将其系统化,本节主要就几种常用的手法进行分析和介绍。

一、喜用广角镜头丑化人物

搞笑短片的画面造型选取一般是全景、中景、近景和特写,较少涉及远景。在搞笑短片中,特写的选取较为常见,一般展示被摄体细部特征、人物表情、视觉重音等。而对被摄体或者人物的特写,又常展示夸张变形的五官、搞笑的神情等。在拍摄的时候要根据不同的需要来选择镜头。而广角镜头由于能够带来夸张的近大远小和线条透视效果,并且在移动拍摄时保持清晰,便于进行短片拍摄而经常被选用。

在《嘻哈三部曲》系列以及《万万没想到》系列中,创作者就大量使用广角镜头特写卢小鱼和王大锤的表情(如图 3-21 和 3-22)。这些特写镜头有效地将观众的目光吸引到演员的表情上,而且由于广角镜头特有的变形,使演员的表情变得非常滑稽,并且得到了有效的夸张放大,让观众第一眼看到就想笑,同时对演员留下深刻的印象。

图 3-21、图 3-22　广角镜头下卢小鱼和王大锤的面部特写

二、拍摄角度的灵活跳跃

拍摄影片存在三种视角——主观角度、客观角度和主客观角度,三者是可以灵活切换的。而在搞笑短片中,由于制作者和观看者都以搞笑为目的,逻辑的严谨性和影片的逼真性往往被放到其次,而叙事视角切换的灵活性和跳跃性更为明显。

在搞笑喜剧《爱情公寓》中,经常插入角色的独白,并且选取无背景白板的客观角度拍摄,好像将主人公曾小贤的内心世界完全展现在观众面前,而展示的这一面又往往跟现实中的表现不同。通过搞笑的言语、滑稽的动作、夸张的神情来表现这种现实和内心的反差,以达到搞笑的目的(如图 3-23、图 3-24)。

图 3-23、图 3-24　大家议论的时候,直接插入曾小贤的独白画面,展示他内心的真实想法

在《万万没想到·小兵过年》这一集里,拍摄角度的变化和重复蒙太奇一起共同构成了王大锤请假不成这个情节笑点的形式。主人公王大锤以第一人称自述,画面却以客观视角拍摄,主要情节是兄弟俩向刘备请假回家过年。但王大锤的哥哥总是附和刘备的话,导致请假不成。每到这时,短片直接插入两个人商量请假的片段,然后又直接切回到向刘备请假的现实。但每次王大锤的哥哥总是违背两个人商量好的行事方式,突然推动现实状况向与他们的心愿相反的方向发展,如是多次。整个视觉效果不仅是拍摄角度的跳跃,连因果、时间都完全被压缩,其他过程完全被省略,同样的局面同样的结果同样的无奈,重复蒙太奇使滑稽的局面一再出现。这里的拍摄角度表现的是王大锤的视觉心理,主人公在自述,但画面又是客观角度的,好像他自己在看着一切的发生,而又毫无办法,平添了一种夸张荒诞的无奈感,从而强化了这个情节带来的笑点。

三、巧用重复蒙太奇结构作品和制造笑点

反复本身就是一种常见的修辞手法,表现在影视作品中,则是重复蒙太奇。一般来说,重复这种手法主要是为了达到刻画人物、深化主题的目的,通过叙事形式上的重复来突出事物的内容和本质,强调人物命运、性格、心理等。有意思的是,在相声、小品等以娱乐为目的的作品中,十分偏爱重复手法。在影视制作领域,由于重复蒙太奇充分运用了影视时空的跳跃和自由穿插,重在表现比叙事更抽象的主题、性格等层面,因此,被认为是更难掌握和利用的蒙太奇手法。不过,我们在搞笑短片中却能发现大量的重复蒙太奇。

在《绝世高手》中,卢小鱼每次战胜对手后,都是以同样的画面和音乐结束,这样的剪辑,一方面跟情节呼应——卢小鱼每一次都是意外获胜,同样的画面和音乐使得情节的往复形成了完整的一个环;另一方面,在这样的画面和音乐下,卢小鱼的所思所想都刻意回避了前面意外获胜的原因,从而带来了一种不和谐,让人对这个人无厘头的想法感到好笑,重复手法更使这种好笑得到强调,因此,重复蒙太奇在这里不仅是结构环节,也是对人物搞笑个性的强化(如图 3-25)。

卢小鱼战胜对手后重复出现的离开画面

图 3-25 《绝世高手》中卢小鱼三次战胜对手后的剧照组图

在《万万没想到》中也采用了大量的重复蒙太奇。比如，第 8 集多次出现王大锤关于"老板除了不发工资以外，感觉还是挺好的"的思想斗争的画面，第 13 集王大锤多次被父亲反对谈恋爱（如图 3-26），等等。与《绝世高手》不同的是，这里更加突出强调小人物的无奈。重复蒙太奇带来了自嘲命运式的荒诞，当观众一再看到这种荒诞的时候，终会忍俊不禁。

王大锤不断谈恋爱不断被父亲阻挠

图 3-26 《万万没想到》中王大锤屡次恋爱受阻组图

分析搞笑短片偏爱重复蒙太奇手法的原因，不难发现：重复蒙太奇能很方便地使片子的搞笑成分在简单的情节下得到深化和强调，同时反过来，也有助于构建一个个简单有效的小故事，因为它不像其他叙事蒙太奇那样带来复杂的人物和情节状况，这正是搞笑短片所需要的。

四、快速推拉镜头的妙用

在很多影片的拍摄中，制作者都会尽量避免使用急推急拉镜头，以免给观众带来视觉上的不适，但是在搞笑短片中却能经常看到急推急拉镜头的使用。例如《绝世高手》里，卢小鱼跟师傅学习"嚯哈神功"时，卢小鱼以及师傅的表情拍摄就使用了多个急推镜头。在这一片段中，由于卢小鱼一再请求教授神功，师傅白眉推脱不过，开始大喝"嚯、哈"，镜头也开始急推向白眉，接下来是卢小鱼跟着大喝"嚯、哈"，镜头急推向卢小鱼，如此反复（如图 3-27、图 3-28）。急推镜头是镜头快速推向主体或细节，取景范围迅速由大到小，次要部分快速退出画面，所要表现的主体或细节急速变大，最终在落幅画面处于醒目的视觉中心位置，给人以鲜明的视觉印象，从而"强迫"观众注意导演希望他们注意的细节，而同时也能起到忽略快速退出部分的效果，是一种叙事上的强调。这里导演显然意在直接用镜头调度来强迫观众专注于两个人的大喝。前文说过，这样"嚯、哈"是有双关意思的，但观众并不知道，加上急推和大喝在节奏和气势上很相称，急推带来强烈的节奏感和主观性，造成强劲的视觉冲击力，产生急促、匆忙、紧张有力的感觉。于是观众很容易误以为这次师徒二人终于要练功了。结果，接下来是音乐响起，两人翩翩起舞，让人捧腹。可见，急推在这里与相声"抖包袱"埋伏笔的手法非常类似，它为后来的"意料之外"造足了势。

卢小鱼学习"嚯哈神功"时使用的快速推拉镜头

图 3-27、图 3-28 《绝世高手》中"嚯、哈"神功片段的急推镜头

急拉镜头以局部为起幅，快速拉开使被摄主体迅速从不完整到完整，从局部到整体，从不知身在何处到处于特定环境，让观众猛然醒悟"原来是这样……"从而辅助制造"意外"强化笑点。此外，急速地连续推拉，可以将人物内心激荡的感受和头脑中飘忽的想象外化，并产生强烈的动态感和节奏感，从而带动观众对画面造型形象主动地参与，感同身受。在《万万没想到》系列里，王大锤在想象自己不久就会"升职加薪，当上总经理，出任 CEO，迎娶白富美，走上人生巅峰"时就使用了快速的推拉镜头，让人深刻体会到王大锤不切实际的浮想联翩，从而为后来万万没想到的结果埋下爆笑的种子。

总之，快速推拉镜头可以让观众的感受一下子就聚焦在短片制造的笑点上，使短片的搞笑效果得到增强。当然，由于这种手法容易使人产生视觉不适，使用时要注意恰当适度。

五、用音效营造搞笑氛围

在影视作品中，音效运用得当往往能起到抒发情感、营造氛围和揭示主题等作用。从默片时代开始，就有声音元素的加入，一方面声音能使人感觉画面更真实，另一方面声音让情节发展更加自然流畅，比如卓别林的影片中，音效就有着无可替代的重要地位。与其他影片一样，生活环境中的一切声音在搞笑短片中都可作为音响效果来加以处理，可以说，搞笑氛围的营造离不开声音的环境气氛。比如在美国搞笑短片《猫和老鼠》中,猫抓老鼠的时候,音响非常快,有着气势磅礴的感觉,而在老鼠逃跑的时候,音响轻快,让受众能够轻而易举地感受到老鼠的轻盈身姿、飞快的步伐等,从而逗乐观众。

在恐怖悬疑影片中,音效往往能营造出一种紧张的氛围,而在搞笑短片中,音效也能在一定程度上营造一种轻松、搞笑的氛围。比方说一些电视综艺节目往往伴有观众的喝彩和掌声的音效,一些网络上纪录片式的滑稽短片往往就伴有轻快的音乐和引人发笑的音效。这些音效配合搞笑的画面一起出现,往往使得影片更加生动,让观众感觉轻松、愉快。在《万万没想到》系列中,王大锤说话时停顿往往非常短,语速也非常快,过场的声音往往也是快速的倒带声,在一些毫无逻辑的情节中,往往会让王大锤笑着说一句"呵呵"或"嘿嘿"来过渡(如图3-29、图3-30)。导演将生活中会出现的声音通过加速、简化的方式来处理,创造出了许多快节奏的音效,这些快节奏的音效运用,迎合了搞笑短片"短"和"快"的要求,营造了轻松、搞笑的氛围,让短片更容易逗乐观众。

王大锤常出现的台词"呵呵""嘿嘿"

图 3-29、图 3-30 《万万没想到》中王大锤"呵呵"剧照

六、利用字幕强调笑点

字幕是视频作品中不可缺少的一部分,它一方面能满足受众"看懂"的心理需求,另一方面,不同的字体、大小和颜色会对观众的视觉产生不同的影响,从而引起受众的情感变化。搞笑短片的作品本身的"娱乐功能"和观众的"消遣心理"使其在字幕制作的基调上需要"快速吸引眼球"的作用。比如较大的字号、鲜艳的颜色、某种字形、动态字幕等,都能快速吸引观众眼球,把观众的注意力集中到某个点上。在《十万个冷笑话》中就多次用了这样的字幕来强化视觉效果(如图3-31、图3-32)。

图 3-31 《十万个冷笑话·匹诺曹篇》中伴随匹诺曹鼻子长、短变化的动态字幕

图 3-32 《十万个冷笑话·哪吒篇》李靖目瞪口呆时的动态字幕

文字作为一种图像符号,在画面中运用得当的话,往往能起到丰富画面、优化构图的作用,在画面质量较差时,合理的字幕运用又能起到转移观众焦点的作用,在一定程度上,字幕已经成为影视作品的一种包装方法。在搞笑短片中,为了达到搞笑的效果,制作者往往将笑点接二连三地抛出来,但是由于搞笑短片的节奏一般比较快,观众有时候会来不及接受这些搞笑的信息,这时通过用字幕来放大和强调这些笑点,制作者往往能更容易把握影片的节奏,短片的搞笑效果也更为可控。比如王大锤在和女学生讨论早恋时,制作者就用字幕刻意放大了"老师,你谈过恋爱吗?"和"老师,你懂吗?"这两个信息,让王大锤一下子由强势的角色变为弱势的角色,放大了王大锤的不知所措,从而引观众发笑(如图 3-33)。

图 3-33 《万万没想到》中王大锤与女学生讨论早恋的夸张字幕组图

第四节 搞笑短片的网络传播策略

在国内视频短片竞争日益激烈的情况下,年轻的影视创作人想要脱颖而出,除了要拍好作品以外,正确有效的宣传策略可以发挥重要作用。《绝世高手》一上线就在优酷网获得了超过 300 万点击量,《万万没想到》系列的第一集在优酷网上线更是获得了将近 1000 万的点击率,这些作品在同时期上线的视频短片中突围而出,其成功正是有赖于它们成功的传播策略。

一、塑造品牌的影响力

营销大师菲利普·科特勒曾经指出品牌是一个用来识别产品的制造商和销售商的

标志,是一种产品的功能和特色所能给予消费者利益的承诺和保证。① 目前我国媒体行业竞争激烈,同质化现象严重,塑造自身品牌,往往更容易吸引目标受众的关注,比如张艺谋、冯小刚导演的电影往往更容易吸引人们的眼球,说起喜剧人们很容易就联想到周星驰的作品。对于搞笑短片而言,品牌的树立主要通过搞笑风格的彰显和作品角色形象的设计等方式来达到。

例如,同为搞笑短片,卢正雨的风格和易小星的风格就截然不同。卢正雨早在2008年就在优酷旗下拍摄网络剧《嘻哈四重奏》,一直都是从事喜剧短片的拍摄制作,并且他自己就是拍喜剧、演喜剧的料。在《嘻哈三部曲》里,卢正雨延续了其"嘻哈"的喜剧风格,并且努力宣传自己的个人风格,打造自己的个人品牌。而《万万没想到》系列的导演易小星的搞笑风格主要源于其无厘头评论。从2011年开始,易小星就用网名"叫兽"在各类论坛、视频网站发帖、发视频,对社会上发生的种种事件"吐槽",易小星凭借其天马行空但是引人发笑的无厘头评论以及出色的配音在网络平台积攒了相当高的人气。易小星导演的《万万没想到》系列,依然遵从了他一贯的无厘头、没下限的风格,想尽办法让观众发笑,所以这个系列一推出就受到了不少网民的欢迎。

在品牌的塑造上,短片也应精心设计符合自己风格的角色,强化品牌标识。《嘻哈三部曲》系列,卢正雨饰演一脸正经却调皮捣蛋的卢小鱼,而在《万万没想到》系列里面,易小星则打造了一个表情呆板,台词和动作却"无厘头"、没下限的角色王大锤。这些成功的作品里都精心设计了符合自己风格的角色。

二、精心选择传播时机

莎士比亚曾经写过:"人间万事都有一个涨潮时刻,如果把握住潮头,就会领你走向好运。"把握住正确的时机,往往会使事情得到事半功倍的效果。在媒体的信息传播方面亦是如此,这就需要有及时的市场调查与受众心理分析。《嘻哈三部曲》这些系列短片的成功与其正确把握传播时机不无关系。

2012年12月,《泰囧》创下中国电影票房历史新高,随后2013年年初周星驰的《西游·降魔篇》大卖,这两部电影掀起一股"喜剧风",微博、微信等宣传交流平台上到处都有关于电影和喜剧的消息。2013年4月,中国的春节假期过后不久,不少人在心理层面上依旧渴望得到娱乐和享受。卢正雨在正确分析市场和受众心理后,在《西游·降魔篇》即将下线而喜剧风余热未散时推出《绝世高手》,一下子就俘获了受众的心,不少受众甚至愿意掏钱付费看视频短片。其实《嘻哈三部曲》早在2011年前就完成了编剧工作,2012年10月就完成了全部的拍摄工作,但直到2013年4月才正式推出,从这点上我们不难看出,卢正雨其实一直在等待那个"正确的时机"。观众为了满足自身享乐的欲望,在观看完《绝世高手》后开始在网络上发掘搞笑视频短片,不少优秀作品被网友发现并一夜蹿红,《十万个冷笑话》就是其中的代表作,其成功同样体现了选择传播时机的重

---

① 贾国飚.媒介营销——整合传播的观点[M].长沙:湖南人民出版社,2003:308.

要性。

　　选择正确时机推广作品,在营销学上也就是适当的档期营销,这是每个年轻的创作人都可以把握住的有效传播策略。打个比方,在父亲节、母亲节的时候推出一部感人亲情题材的短片,其效果肯定会比在非节假日推出的效果好。而《绝世高手》和《十万个冷笑话》的成功还有一个共同点:早就制作完毕,做好了准备。这给影视创作者的启示是,除了正确的市场调查和分析受众心理外,必须做好准备,才能"抓住潮头"。

三、巧借名人效应

　　"名人效应"是媒体的常用宣传手法,而卢正雨的《嘻哈三部曲》之所以获得成功,原因之一就是他巧妙地借了周星驰的东风。卢正雨最初被广为人知是因为他是周星驰《西游·降魔篇》的联合编剧,因为《西游·降魔篇》宣传造势的关系,卢正雨有了在媒体面前曝光并为他自己导演的作品做宣传的机会。由于周星驰的名气以及《西游·降魔篇》的成功,卢正雨成功地吸引了一批周星驰的"粉丝",这也为后来他的作品大卖埋下了伏笔。而2013年5月,《十万个冷笑话》曾邀请周杰伦为其配音。当时周杰伦正在为电影《天台爱情》做宣传,周杰伦献声出演《十万个冷笑话》的消息一爆出,马上引来众多周杰伦"粉丝"的关注,当期《十万个冷笑话》播出后,收获了三天点击量破亿的好成绩,此后《十万个冷笑话》便在网络上一路走红。这也是借助名人效应获得良好宣传效果的例子。

　　除了直接借名人效应做宣传外,还有其他办法,例如模仿。模仿成功的作品或者热门名人也往往能在网络平台收获一定关注度。举个例子,2012年韩国艺人鸟叔凭借《江南style》在YouTube意外走红,这引来了无数影视创作者争相模仿,不少视频短片作品中,甚至在各大卫视的节目中都能看到骑马舞的身影,一些高校的大学生模仿《江南style》的MV,创作了自己高校的style,获得了本校学生的高度关注。不管这些作品成功与否,加入了同期热门元素的作品往往能一下子吸引观众的目光,它们都成功地借助名人的东风吸引了受众,对很多年轻创作人来说,不失为将自己作品推广出去的有效办法。

四、借力传统媒体平台

　　电脑和网络的发展使媒体资源共享成为可能,也令报纸、杂志、电视、广播以及新媒体等媒体平台间有了千丝万缕的联系。而影视创作人将不可避免地会与各类传统媒体接触,借助传统媒体为作品做宣传是作品推广的重要途径。

　　以《嘻哈三部曲》为例,《绝世高手》推出前,卢正雨利用了媒体的议程设置,在媒体大肆报道喜剧电影时推出自己的喜剧短片,最终获得了成功。而《绝世高手》走红后,卢正雨又频频出现在各种娱乐报道中,在接受传统媒体采访时,爆料各种拍摄花絮吸引观众,为其后续作品造势。尽管时下视频短片多数在网络平台和新媒体中出现,但是传统媒体凭借其信誉度以及大量的受众群,在宣传上有着新媒体不能比拟的优势,因此,对年轻创作人来说,更要利用好传统媒体宣传自己的作品。

利用传统媒体宣传作品的办法有很多,常见的有投身电视台等媒体制作影视作品建立知名度,在杂志报纸分享影评吸引关注,还有就是参加各类影视比赛。对于年轻的影视创作人来说,因为视频短片的高速发展,网络上出现了各种各样的短片比赛,参加这类比赛除了有机会获得一定的奖励作为收入外,更重要的是有机会借助主办方提供的平台,在各类媒体的联合宣传下向受众展示自己的作品,从中收获关注度、知名度和更好的合作机会。2013年,青年导演庄佳龙大胆地把作品投放到了戛纳电影节这个平台,幸运地入围了戛纳电影节最佳短片的候选名单,这样的机遇让他为《中国青年报》《羊城晚报》等多家传统媒体所报道,借助传统媒体的力量,他一下子就将自己推向了全国受众,成功打响了自己的个人品牌。

五、选择合适的网络平台

我国现在有各种各样的视频网站和网络宣传平台,但是并不是每个视频网站都适合所有种类的作品。笔者根据各视频网站的受众情况,大致将视频网站分为三类。

第一种是以播放原创视频短片为主,性质和国外早就有的 YouTube 性质相似,受众一般为影视爱好者和创作人。这类网站适合原创作品投放,在我国这类平台有优酷网、土豆网、56网等。卢正雨选择在优酷网首发《嘻哈三部曲》,除了因为他一直在优酷旗下工作,更主要的原因是优酷相对其他视频网站,对原创作品的重视程度高。这些网站不仅建立了如"优酷出品"等影视团队,还发起了一系列如"56荣耀之夜"等导演扶植活动,对原创作品推广力度大,吸引了大批关注原创和支持原创的受众,在这类网站推广原创作品自然更容易得到关注。

第二种是聚集了大批草根恶搞爱好者以及动漫作品爱好者的视频网站,这类网站实质上是日本 niconico 网的中国仿制品。时下最受欢迎的网站有 acfun 网以及 bilibili 网。《十万个冷笑话》就是从 bilibili 网中脱颖而出的。这些网站适合想从恶搞作品起步的创作人,像易小星一样在小范围内积攒足够人气后再推出自己的作品,往往更容易成功。

第三种则是腾讯、微博、微信等宣传平台。这类平台的功能主要是对外宣传作品,它们最大的特点就是包容性强,受众多种多样。这类网络平台的高速发展对制作者来说是非常有利的,因为它们提供了一个低成本而受众广的平台给制作者宣传作品,制作者甚至可以通过网络推手在一定范围的圈子里获得不错的关注度。

在选择推广作品的网络平台前,首先要调查好哪个网站适合自己,分析其受众是否适合自己,这样才能有效推广自己的作品。现在不少年轻创作人喜欢采取广撒网的做法,在各大网站同时推出作品,这种做法笔者认为是不可取的。一方面网站方会觉得制作者诚意不够和目标受众不明确,导致难以登上网站首页;另一方面,在后续的宣传中容易出现点击量少的状况,点击量被分散了,收不到预期的效果。但是选择好首发网站,一段时间后再上传到其他视频网站做推广却是可取的策略。

总之,对年轻创作人来说,笔者认为利用好身边一切能使用的资源为自己积累关注度和知名度非常重要,比如说大学生创作人可以在学校内发起公映会,利用学校平台吸引一定受众;目标是商业广告的创作人则可以在一些会所、俱乐部等投资者聚集的场所投放作品和广告,以此吸引客户。在竞争愈演愈烈的媒体行业,并不是每个人都有奇招怪招可以出奇制胜,但是一些有迹可循的创作和传播策略往往可以给创作人提供一定的借鉴意义,带来一定的收获。

本章小结

　　搞笑短片是指以取笑为主的、有趣的、能够引人发笑的时长在 30 分钟以内的短视频。在新媒体时代,诞生于默片时代的搞笑短片因更方便制作和利于在新媒体播出而得到进一步丰富和发展,而它的广泛流传除了技术原因还有着深刻的社会心理和文化背景——现代社会的各种压力使人们偏爱轻松娱乐的传播方式。

　　本章将搞笑短片分为滑稽记录、原创实拍、恶搞拼贴和搞笑动画四大类,分析了不同类型搞笑短片的基本特征,指出搞笑短片具有剧情简单、草根创作、围绕笑点设计和低成本、商业化的基本特点。

　　搞笑短片从创意到最后完成,需要经过剧本创作、拍摄和后期制作等环节,每一个环节都应该紧扣让观众发笑的目的,围绕笑点来展开。本章结合案例来解析搞笑短片的创意和制作。首先应抓住人发笑的根本原因——制造意料之外进行情节设计和视听铺垫。在拍摄与制作手法上,通过镜头的选择与调度、剪辑和音效、字幕等各种手法对笑点进行强化。而笑点的创意、笑点的视听表现设计、笑点在拍摄制作过程中如何强化等都应该立足于观众的生活经验、视听知觉和娱乐消遣的心理特征,使作品的设计和表现手法能够在观众那里取得效果,成为人们喜闻乐见的作品。

　　在网络视频传播竞争日益激烈的现状下,搞笑短片网络传播应讲究策略,注意品牌建构、投放市场的时机选择,学会巧妙借力名人效应、传统媒体和网络平台,最终使作品能够为更多的人所接受,取得良好的传播效果。

思考与练习

1. 什么是搞笑短片?为什么搞笑短片会广受欢迎?
2. 搞笑短片情节创意的基本原则是什么?
3. 搞笑短片的视觉和听觉设计有什么特点?
4. 搞笑短片有哪些常用的强化笑点的摄制手法?
5. 请制作一个 5 分钟的搞笑短片并进行网络推广实践。

拓展阅读资源

1. 一个馒头引发的血案

    （2008-08-05）[2019-03-12]. http://my.tv.sohu.com/us/3414094/1487670.shtml? src＝pl

2. 十万个冷笑话

    (2017-04-05)[2019-03-12]. http://www.iqiyi.com/v_19rrnzjwng.html

3. 万万没想到

    (2013-08-06)[2019-03-12]. http://www.iqiyi.com/lib/m_200159314.html

4. 春运帝国

    (2009-01-13)[2019-03-12]. http://v.youku.com/v_show/id_XNjU3OTc1NjQ=.html

5. LARVA 两只虫子

    (2013-09-13)[2019-03-12]. http://www.iqiyi.com/w_19rrmff6il.html

6. 监狱兔

    (2017-01-25)[2019-03-12]. http://www.iqiyi.com/a_19rrhazwjh.html? vfm＝2008_aldbd

7. 倒霉熊

    (2009-10-09)[2019-03-12]. http://tv.sohu.com/s2017/dhpbkx1/

8. 猫和老鼠

    (2013-03-06)[2019-03-12]. http://www.iqiyi.com/v_19rrje99x0.html

9. 憨豆先生

    (2018-09-03)[2019-03-12]. http://www.iqiyi.com/a_19rrju9wvt.html? vfm＝2008_aldbd

10. 嘻哈三部曲

    (2013-03-28)[2019-03-12]. http://www.iqiyi.com/v_19rr7p4iyo.html? vfm＝2008_aldbd

第四章 新闻短片制作

> **学习目标**
> 1. 理解新闻片内涵与特点。
> 2. 掌握新闻片采访方式与方法。
> 3. 熟悉新闻片拍摄技巧与方法。
> 4. 掌握新闻片文字稿的写法。
> 5. 理解新闻片声画关系,掌握新闻片后期编辑要点。

新闻片是新媒体视听内容中常见的一种体裁,也是受众通过电视、网络与手机常看的一种新闻节目。本章所讲的新闻片主要是指新闻短片(消息),区别于下一章的新闻专题片(含新闻评论)。随着影像制作门槛的降低,现在许多影像爱好者带着智能手机、小型 DV 或数码相机游走于街道或社区,记录身边有新闻价值的人或事,为电视台或网站提供新闻作品或新闻素材。尤其是每当突发事件发生时,许多亲历者用手机随手拍下事发过程,提供给媒体,引起全社会的关注。在新媒体环境下,人人都可成为新闻片的制作者,制作新闻片不再是电视台从业者的专权。了解并掌握新闻片采访方式、拍摄技巧、文字稿写作以及后期编辑颇有必要,为此,本章就这些内容逐一阐述。

第一节 新闻片概念与特点

新闻片(消息)与其他类型的视听体裁相比,有着自己独有的特点。下面就新闻片概念及其特点加以分析。

一、新闻片概念

什么是新闻?在我国,公认的定义大致有两种。一种是陆定一的观点,新闻是新近发生事实的报道;另一种是范长江的观点,新闻是广大群众欲知应知而未知的事实。第一种观点在学术界与业界影响甚广,后来,许多学者在此基础上对新闻的定义提出了大同小异的各种观点。

什么是新闻片?借鉴新闻的定义,结合视听节目的特点,我们认为新闻片是指对新近发生的有价值的事实通过视听符号迅速公开传播的一种视听体裁。这个定义可以从下面几个方面加以理解。

（一）新闻片属于视听节目中的一种体裁

新闻片是靠画面与声音有机结合传播内容的一种节目形态，它属于视听节目范围。但是，它又明显区别于广告片、微电影、网络剧、纪录片、动画片等视听节目类型。

（二）新闻片传播的内容是新近发生的事实

传播最近发生的最新事实是新闻片的本质属性，也是新闻片制作者的永恒追求。如果不是报道最近发生的事实，就不叫新闻片，那就属于其他类型的视听体裁。

（三）新闻片传播的事实是有价值的事实

传播没有价值的事实毫无意义，观众也不感兴趣。因此，制作新闻片时，要选择有新闻价值的事实来传播。或事件重大影响广泛，或人物重要受众关注，或与百姓利益密切相关，或事件突发，人们急需了解，等等。凡此种种，均可成为新闻片传播的内容。

（四）新闻片靠视听符号来传播

广播新闻靠单一的声音符号来传播，报纸新闻靠文字符号与图片符号来传播，而新闻片是靠视觉符号与声音符号的有机结合来传播，其传播符号远多于广播新闻与报纸新闻的传播符号。

（五）新闻片必须迅速公开传播

新闻片与其他种类的新闻一样，必须及时公开传播，否则，新闻片变成了旧闻片。事件发生的时间离公开传播的时间越短，传播的效果越好。在新媒体环境下，各种形式的网上直播，密切跟踪事件进程，随时更新新闻内容，使得网络与手机媒体赢得了大量的受众，对电视造成了极大的冲击，以致有人认为电视即将消亡。

二、新闻片特点

新闻片成为视听体裁中独立的一个品种，是由其自身特点决定的。与其他类型的视听体裁比较，它的特点主要体现在真实性、时效性、短小性。

（一）真实性

新闻的生命是真实，新闻片也不例外。来自于事发现场的画面与声音，使人不容置疑。新闻片的真实性不仅表现在新闻的六个要素（5W＋H：Who/When/Where/What/Why/How）要真实，即谁、何时、何地、何事、何因、结果如何要真实，而且表现在事件的细节要真实；不仅表现在具体事实要真实，而且表现在整体事实要真实。

（二）时效性

新闻片的时效性主要体现在两个方面：一是报道的内容新，二是报道的速度快。报道内容新，就有受众市场；报道速度快，就有好的传播效果。在目前独家新闻少的时代，新闻媒体竞争在很大程度上比拼的是传播速度，即从信源（事件发生）到信宿（受众接收）所消耗的时间长短，时间越短，价值越高，效果越好。在新媒体时代，卫星连线、手机连线、现场直播、网络直播等各种传播方式日益成为各新闻媒体赢得时效的重要手段。

（三）短小性

新闻片的短小性主要表现在两个方面：一是时长短，二是容量小。从时长来看，新闻片常常在 4 分钟以内,1~2 分钟的短消息居多。容量小主要表现在报道的内容少,只要把新闻的六个要素说清楚即可,至于新闻发生的背景、事件发展的趋势及其意义等更具深度的信息需要记者深入挖掘,而这是新闻专题的任务。时效性与短小性的特点,决定了制作新闻片所需的时间少,有利于做到及时传播甚至即时传播。

第二节　新闻片采访方式与方法

新闻采访是新闻片制作中的一个重要环节,记者要高度重视这一环节,除了充分做好采访准备外,选择合适的采访方式、讲究采访技巧至关重要。

一、新闻片采访准备

一般来说,采访准备包括日常准备与临时准备。日常准备主要是指平时的积累,一是学习相关理论政策,二是广泛储备各种知识,三是不断提高业务技能,四是熟悉有关情况。

对一次具体采访来说,临时准备更显重要,它有助于明确采访重点,缩短采访者与被采访者之间的距离,提高采访效率。临时准备主要从以下几个方面着手。

(一)尽快熟悉研究采访对象

一旦采访对象确定之后,先要对采访中涉及的人、事、物、地方等基本情况有所了解,搜集已有报道材料,熟悉和研究采访对象的背景材料,且对有关材料进行比较。

(二)拟订采访计划,明确采访重点

在熟悉采访对象后,就要围绕报道目的制订切实可行的采访计划,计划中包括采访目的与要求、采访范围与对象、采访时间与步骤、提问内容与方法、采访角度与拍摄角度、采访重点与难点、采访应急措施,等等。在采访计划中,要围绕主题明确采访重点,想办法突破采访难点。

(三)做好物质准备

一是检查摄像机、三脚架、话筒、录音设备是否正常。如果是现场直播采访,则要仔细检查所有参与工种用到的相关设备,且要进行实际演练。二是要备足储存介质,如磁带、录音带、移动硬盘、SD 卡、P2 卡,以保证采访记录介质有足够的容量。三是备好小型电池,以备话筒录音要用。四是根据采访对象与环境,备好自己的衣着。如果是远距离采访,还要备好车船票、机票、生活用品、地图等。

二、新闻片采访方式与方法

在了解新闻片采访要求之后,从业人员还应该掌握各种采访方式与方法。根据不同的采访对象与内容,灵活运用这些采访方式与方法。从采访者行为角度来分析,采访方式主要有:现场采访、谈话采访、观察采访、隐性采访、体验采访等。就新闻片采访而言,有些采访可能在镜头前进行,有些采访可能在幕后进行,到底如何实施,要根据采访的内容与任务来决定。

（一）现场采访

现场采访是指记者在事发现场对当事人或相关人员所进行的采访活动。对于新闻片来说，现场采访必不可少。电视现场采访主要靠摄录事发现场的声音与图像来传递事件内容，它具有双重意义，既是收集和挖掘材料的活动，也是有序地表现新闻内容、传播新闻信息的活动，而且前者是直接为后者服务的。[①] 新闻片现场采访是在摄像机前公开进行的，现场人物的声音与形象以及现场环境的实况，由摄录一体机同时记录，因此声画同步是其主要特点。

现场采访与现场报道结合，就是现场采访报道。这种既是采访又是报道的方式，大致可分为两种情况：一是现场采访报道录播，二是现场采访报道直播。现场采访报道录播是指现场采访完成后，需要进行必要的后期剪辑，最终以录播方式播出。现场采访报道直播是指记者在新闻事件现场，现场报告事件进展情况，解说事件有关背景，采访、报道、直播三位一体，不经过中间环节，现场事件发展、记者传递信息与受众接受信息几乎同时进行。现场采访报道对采访者要求甚高：其一，准备要充分，知识面要广。其二，现场掌控能力要强，口齿伶俐清晰。其三，迅速选择采访对象，构思报道角度与结构。其四，能随机应变，即兴提问。其五，善于营造采访氛围，镜头意识要强。

（二）谈话采访

谈话采访是指以面对面交流为主要沟通方式而进行的采访。采访内容主要靠谈话来获取。谈话采访可以是一问一答的个别交谈形式，也可以是采访者面对两个以上采访对象以座谈形式进行的采访。做好谈话采访，要讲究访谈方法。

首先，采访前记者要做好充分的准备，尤其是问题的准备。为此，采访者事前要花大量的时间与精力去搜集并研究有关背景材料，根据采访目的，站在受众角度，精心设计每一个问题，其中要有一些尖锐问题，同时注意问题之间的过渡。

其次，采访中讲究提问技巧，营造良好访谈氛围。采访中，根据采访对象及现场气氛，记者要灵活把握提问方式，交替运用开放式问题与封闭式问题。开放式问题是指问题宽泛，给采访对象回答范围较广、发挥余地较大的问题。例如，"请你谈谈如何整治广州交通堵塞问题？"就是开放式问题，如何回答，采访对象完全可以自由发挥。由于回答开放式问题时，采访对象所受限制较少，因此，谈话气氛显得比较活跃、轻松。封闭式问题是指问题具体，给采访对象回答范围较窄、指向性强的问题。《60分钟》主持人迈克·华莱士采访邓小平时，就提了许多封闭式问题，例如："目前中美双方是否存在大的分歧问题？""您是中国的第一号领导人物，您准备在主要领导人和主要顾问的位子上再留多长时间？"封闭式问题一般比较尖锐，采访对象无法回避，有利于访谈的深入进行，获得具体的材料。采访中，对于不同的采访对象记者可以采用不同的提问方式：对于健谈者，可以采取正问法——直截了当地从正面提出问题的方法；对于不善交谈或有所顾虑的

[①] 叶子，赵淑萍.电视采访学[M].北京：北京师范大学出版社，2000：274.

人,可以采取迂回法——从侧面入手,经过迂回绕圈,逐渐过渡到正题上来的提问方法;对于存在某种矛盾或顾虑不愿回答问题的采访对象,可以采用激将法(也叫反问法、错问法)——通过提出刺激性问题或有意误解对方意思,激化其情绪,迫使其不吐不快的提问方法;对于有情况而由于某种原因又不愿谈的人,可以采用设问法——以假设的问题进行提问,从而获得或验证事先了解的但没有把握的情况的提问方法。此外,还有追问法、诱导法等。

最后,控制谈话采访时间。要注意控制访谈时间,由于采访对象时间的宝贵与节目制作时间的限制,采访阶段要充分利用时间,力争在较短的时间内采集到更多有用素材。对于事先约好的采访,可以先把采访提纲传给对方或者电话告知主要问题,这样可以提高采访效率,缩短采访时间。

(三) 观察采访

观察采访是指采访者在新闻现场通过眼睛观察来获取新闻素材的采访方式,简单地说就是采访者用眼睛进行采访。在采访中,访谈得来的往往是第二手或第三手间接材料,观察得来的却是第一手直接材料,俗话说"眼见为实",因此,观察采访既可验证间接材料的真伪,也可获得新的第一手材料,有利于增强报道的权威性与可信度。同时,观察采访有利于增加采访者的现场感受,使报道更加生动形象。

观察采访要讲究方法,美国新闻学者麦尔文·曼切尔说:"记者必须学会用孩童般的眼睛观察世界,他把每件事都看作是新鲜的、各具特色的。同时,他必须用聪明长者的眼光洞察世界,能够区分出有意义的东西和无意义的东西。"[①]可见,记者观察时既要有孩童般的好奇心,又要有长者的识别力。观察的方法具体来讲有四个方面。

1. 要选好观察的对象、角度与时机。根据采访目的,观察前先要确定好观察的对象与内容;观察时要讲究观察的角度,从不同的角度观察,会得到不同的结果,正如"横看成岭侧成峰,远近高低各不同"。此外,还要选择最佳的观察时机,以获得最佳的观察效果。

2. 观察与思考相结合。观察采访中,除了用眼睛看外,还要用脑来思考,观察离不开思考。由观察得来的材料是否具有新闻价值、是否值得深度开掘、能否体现报道的主题等,这些问题在现场观察时应该有所思考。正如19世纪法国著名科学家、微生物学科奠基人巴斯德所说:"在观察的领域里,机遇只偏爱那些有准备的头脑。"

3. 观察要与其他感觉器官相配合。观察采访时,采访者除调用视觉器官外,还要动用其他感觉器官,如嗅觉、听觉、触觉、味觉等,只有其他感官配合观察,才能使观察深入下去,以丰富观察的内容。例如,由闻到一种异味,进而找到黑心作坊。

4. 宏观观察与微观观察相结合。观察采访中,记者既要从全局、整体方面进行全景式的宏观观察,也要从局部、个体方面进行特写式的微观观察,只有这样,才能全面、准确地把握采访对象。观察时,要抓住事物特点、细节,将粗看与细看相结合,使新闻片更具可视性。

---

① [美]麦尔文·曼切尔.新闻报道与写作[M].艾丰,等译.北京:中国广播电视出版社,1981:197.

（四）隐性采访

隐性采访，也叫"暗访"，是指记者不公开自己身份，在采访对象不知情的情况下，运用偷拍、偷录等记录手段来获取新闻素材的采访方式。隐性采访是相对于显性（公开）采访而言的。与显性采访相比，一方面，隐性采访可以得到显性采访难以得到的新闻素材；一方面，隐性采访可以披露损害公共利益的行为，曝光违法犯罪的事件，极易引起受众的关注。在隐性采访中要把握以下三点，以防新闻侵权。

1. 掌握采访范围，严格遵守法律、法规和社会公德。凡是进行批评性、揭露性的隐性采访，其采访对象必须是违反有关法律或法规的，或者严重侵犯公众利益的，同时必须是不属于法律禁止公开的信息。当前，我国没有新闻法，法律也未对隐性采访的范围作出具体的界定，但隐性采访的范围并非完全无法可依。我国《宪法》《民法》《刑事诉讼法》《民事诉讼法》《保密法》《婚姻家庭法》《未成年人保护法》等法律的相应规定，为新闻传播界指出了隐性采访的具体禁区。概括起来，这些禁区包括五大类：涉及国家机密、涉及未成年人犯罪、涉及阴私、涉及个人隐私、涉及商业秘密。[①]

2. 正确认识记者在隐性采访中的角色位置。在隐性采访中，记者应以观察者或记录者的身份介入，不应成为事件的决定力量，更不能干涉事件的发展，影响事件的进程。否则，就有制造新闻的嫌疑。在旁观式隐性采访中，记者只能以旁观者或记录者的身份介入新闻事件进行客观记录。在参与式隐性采访中，记者伪装身份应是不得已而为之，因为伪装在任何时候都意味着欺骗。只有当揭露一些卑劣行径对于公众极为重要而正常途径又无法获得时，这种欺骗才是正义的。但是在任何情况下，记者不许伪装成人大代表、政协委员、军人、警察、法官、检察官等国家公务人员进行采访，这类人员职务是依照法律规定专门授予的，任何人假冒都要承担责任。至于记者伪装成违法犯罪者，如吸毒者、嫖客之类摄录所需要的材料也是不允许的。因为这种伪装不仅有损记者的形象，而且会引发意外事故，甚至助长犯罪活动。

3. 隐性采访中要坚持"公开场合""公共利益"原则，把隐性采访与显性采访结合起来。公开场合是人人都可以自由出入、自由交往的场合；公共利益是指新闻事件涉及公众的根本利益或新闻报道是为了满足公众的知情权需要。为了杜绝新闻侵权行为的发生，在具体运用时，最好把隐性采访与显性采访结合使用。比如说先进行隐性采访获取正常采访情况下得不到的材料，再进行显性采访，向采访对象核实事实以及取得更多可靠的材料。

总之，隐性采访作为公开采访的补充形式，是一种非正常手段，属不得已而为之。当前有一种隐性采访扩大化的错误倾向，是因为一些人认为偷拍节目有卖点，能够引起轰动效应。滥用隐性采访容易导致新闻侵权，还会助长记者的特权意识和公众的窥视欲。中央电视台《新闻调查》栏目对是否采用隐性采访有自己的原则，即只有同时符合下述

---

① 罗以澄.新闻采访学新论[M].武汉：武汉大学出版社，2006：366.

四条原则,才能采用秘密调查[①]。

(1) 有明显的证据表明,我们正在调查的是严重侵犯公众利益的行为;
(2) 没有其他途径收集材料;
(3) 暴露我们的身份就难以了解到真实的情况;
(4) 经制片人同意。

慎用隐性采访,《新闻调查》的做法值得借鉴。

(五) 体验采访

体验采访,也叫参与式采访,是指记者参与到采访对象的生活和工作中去,通过体验与感受来获取新闻素材的采访方式。从是否公开记者身份来讲,体验采访可分为两种:公开型体验采访与隐蔽型体验采访。公开型体验采访是指记者公开表明自己的身份并向采访对象告知其采访目的的体验采访。这种体验采访常用于正面报道的对象。隐蔽型体验采访指记者不公开自己身份和采访目的的体验式采访。这种体验采访就是上文所述的参与式隐性采访,这种采访常用于负面报道的对象。

由于记者亲历体验采访对象的工作与生活,因此,记者得到的材料往往真实可靠。如武广高铁开通之日,广东电视台、南方电视台、广州电视台等许多电视台派出多路记者,搭乘高铁,以乘客身份体验高铁开通带来的便利,可信度高,感染力强。

在运用体验采访时,要讲究体验方法。其一,体验之前要选好对象。不是任何行业或职业都可去体验,选择的体验对象应该是受众关注的、对社会发展有重要作用但受众并不真正了解的行业或职业。例如,可以体验出租车司机与城市环卫工人的工作与生活;但不能假装病人,虚报大病,以此来检验"120"的快速反应能力。其二,体验时要控制情感。体验采访中,记者要全身心投入采访对象之中,这样势必会使记者的情感发生变化,因此,体验时记者要学会调控情感,不能让自己的情感干涉事件的发展,影响事态的客观进程。体验之中要进得去还要出得来,时刻不忘自己的采访任务。

以上所述五种采访方式与方法,是新闻片采访中经常用到的方式与方法。仔细分析,每种采访方式中几乎都含有其他的采访方式,如现场采访中就含有谈话采访、观察采访甚至体验采访。之所以分得如此之细,是因为根据不同的场合、具体运用手段的侧重点不同来分的,目的是方便新闻片从业者理解、掌握并运用于采访实践之中。

第三节 新闻片拍摄技巧与方法

新闻片拍摄与微电影、广告片、网络剧等类型节目的拍摄相比,拍摄目的与要求完全不同,但与新闻专题片拍摄有着许多共同之处,新闻专题片拍摄技巧与方法第五章有专节介绍,这里着重阐述新闻片拍摄的要点。

---

① 徐迅.电视偷拍采访方式的法律环境——从2002年几起代表性事件中获得的启示[J].中国记者,2003(2).

一、尊重客观事实,确保新闻真实

真实是新闻片立身之本,也是其力量所在。真实不仅表现在事件发生的时间、地点、参与的人物要真实,而且表现在事件的过程与结果要真实。俗话说,百闻不如一见,新闻影像具有事件现场的实证性,因此,更能满足人们求真的需要。但是在新闻拍摄中,有些从业者一味追求画面的完美或为了达到某种目的,混淆纪实与艺术的界线,喜欢摆拍,使得新闻片的真实性大大减弱。

摆拍是指在拍摄过程中,按照预想的需要,人为地干预事件进程,对事件的人物、现场进行导演,使拍摄的影像无论是从画面构图、光线还是从人物表情、事件冲突等各个方面,更符合人们审美的需要。其实,摆拍出来的新闻影像,无论多美,都是对新闻真实的一种亵渎,是对受众极不负责的表现,在欺骗受众的同时也伤害了自己。

在新媒体语境下,人人都是影像创作者,人人都是拍客。每个人都拥有利用数字设备制作新闻片的权利。在新闻片拍摄中,要理解新闻影像的本质,不能通过摆拍来导演事实,不能为了新闻画面的完美而虚构场景。为了真实,拍摄者要善于抓拍,提高抢拍意识,遇到突发事件,拿起随身携带的手机、相机或DV,及时记录事发第一现场,绝不能等时过境迁之后再来重演补拍。

综观新闻片失真现状,其表现形式主要有三种:无中生有——完全虚构捏造事件;摆拍造假——时过境迁,策划导演再次补拍;局部造假——运用非编软件合成、复制、调整,使图像更完美。"不干涉拍摄对象"已成为世界新闻摄影界普遍认可的原则。但是在实践中,这样的原则并没有得到很好的执行。"真实是新闻的生命"的理念没有内化为新闻拍摄者自身的观念原则,更没有外化为他们日常拍摄中的自觉行为。为了追求影像新闻的完美,造假者混淆了纪实摄影与艺术摄影的区别,忽视了受众求真的需要,重摆拍轻抓拍。长此以往,不仅会损害新闻业,而且会给整个社会带来诚信危机。新闻的生命是真实,新闻的品质在于真实。因此,在新闻片拍摄中,尊重客观事实是第一要务。

二、多拍固定镜头,追求信息含量

固定摄像是指摄像机机位固定、光轴(方向)固定、焦距固定时的拍摄方式。这里提出新闻片拍摄中多拍固定镜头,是相对于新闻片中的运动镜头而言的。据笔者统计,第22届、23届中国新闻奖电视消息类获奖作品,将近80%的镜头是固定镜头。为什么要强调多拍固定镜头?原因有三:一是固定镜头有利于观众看清画面内容;二是由于运动镜头要讲究起幅、运动过程与落幅,一个镜头占用时间较长,而新闻片时长短,容不下太多的运动镜头;三是新闻片画面的作用主要是佐证新闻事实,而叙述新闻内容主要靠旁白与同期声等有声语言。

在新闻片拍摄中,无论是固定镜头还是运动镜头,均要讲究拍到有效画面。有效画面是指有信息含量的画面,反之,则是无效画面。在固定镜头拍摄中,如何拍到有效画面？这就要讲究拍摄角度。拍摄角度是指现场拍摄时摄像机相对于拍摄对象的具体位置,拍摄角度的选择也就是拍摄点的确立。在拍摄时,根据新闻内容与主题的需要,先要考虑好拍摄角度,角度的变化导致拍摄内容与画面构图的变化,因此,选好拍摄角度是正式开拍前的第一步。具体来说,拍摄角度包括拍摄距离、拍摄方向与拍摄高度。

(一)拍摄距离

拍摄距离是指摄像机与被摄对象之间的距离。拍摄距离的变化直接影响到拍摄范围大小的变化。改变拍摄距离有两种情况:一是改变摄像机与拍摄对象的实际距离,二是改变摄像机镜头的焦距。虽然这两种情况拍摄到的同一景别在景深、视角、透视感等方面有所差别,但其实质都是距离的变化。在光学镜头焦距不变的情况下,摄像机与拍摄对象之间距离的变化,直接决定了被摄对象在画面中影像的大小与范围的宽窄。一般来说,拍摄距离越近,被摄主体越大,容纳的景物越少;拍摄距离越远,被摄主体越小,容纳的景物越多。

在固定镜头拍摄中,要注重拍摄不同景别、不同方向、不同高度的画面,丰富镜头内容。景别是指被摄对象在画面中所呈现出来的大小与范围。一般把景别分为五种类型:远景、全景、中景、近景、特写。远景表现的是被摄对象广阔的场面,展示人物生存的环境,拍摄主体在画面中所占面积较小,观众只能看到其在画中的位置。其主要功能是展示新闻事件发生的环境和人物活动的空间。全景表现的是被摄对象的整体形象。在拍摄全景画面时要注重画面结构布局,及主体与画面四边位置的恰当处理和主体与空白间隙的合理安排。全景的主要作用在于告知观众事物的全貌及其与所处环境的关系。中景表现的是被摄对象的主要部分,展示人物膝盖以上躯体或场景局部的画面景别。中景的主要功能是叙事,用来展示人物形体动作、人物之间的交流、人物与环境之间的关系。与远景、全景相比,它虽然不展示人物与环境的整体性,但是它展示了被摄对象的主要部分。与近景、特写相比,它虽然不表现人物的表情与细微动作,但是它还是能让观众看到许多细节。中景是全景与近景之间的过渡景别,是叙述事件发展的常用景别,也是较难驾驭的一种景别。近景表现的是被摄对象的核心部分,展示人物腰部以上躯体或物体局部的景别。在近景中,如果被摄对象主体是人物,则人物面部表情一目了然,所传递出的人物情绪与神采容易感染观众。在近景中,环境基本消失或被虚化,画面内容相对集中。特写表现的是被摄对象的细部,展示人物肩部以上部位或物体细部的景别。特写景别中空间环境虚化,拍摄主体充满画面,容易对观众产生强烈的视觉冲击力,因此,这是一种主观性很强的景别。

(二)拍摄方向

拍摄方向是指摄像机与被摄主体在同一水平面的视点位置。一般来说,拍摄方向可分为正面方向、正侧面方向、斜侧面方向、背面方向等。正面方向是指摄像机在被摄主体正前方进行拍摄的方向。从这个方向拍摄有利于表现被摄主体的正面特征,让观众看清事物的本来面目。正侧面方向是指摄像机与被摄主体正面成 90 度角时的拍摄方向。从这个方向拍摄有利于表现被摄主体侧面轮廓特征，展示事物的形态。用来拍摄运动的人与物，这个角度有利于体现运动对象的姿态与行动的方向；用来拍摄双方人物交流，这个角度有利于表现人与人之间平等交流时的神情以及人物的位置关系。斜侧面方向是指摄像机处在被摄主体正面与正侧面或背面与正侧面之间视点位置的拍摄方向。具体来讲，斜侧面方向可以分为前侧方向与后侧方向。从斜侧面方向拍摄避开了前后物的相互遮挡，有利于展现拍摄对象的形体透视变化，增强画面的纵深感与立体感，有利于展现事物的运动轨迹与方向，有利于表现人物的轮廓特点与交流气氛，使画面显得生动活泼，因此，斜侧面方向尤其是前侧方向是新闻片拍摄中常用的一种拍摄方向。背面方向是指摄像机处在被摄主体背面拍摄时的拍摄方向。这一拍摄方向在新闻实践中虽然运用较少，但是运用恰当同样可以"出彩"。由于从这一方向拍摄只能让观众看到被摄对象的背影，看不到其本来面目，因此，容易引起悬念，激发观众的联想与想象，增强观众的参与感（心理参与）。在法制类新闻节目中，为了保护个人隐私，有时也从这个方向进行拍摄。

（三）拍摄高度

拍摄高度是指摄像机相对于被摄主体垂直平面上的视点位置或相对高度。一般分为平拍、仰拍、俯拍、顶拍四种。平拍是指摄像机与被摄主体处于同一水平线上进行的拍摄。平拍是新闻片中常用的拍摄高度，合乎人们日常观察事物的习惯，使拍摄对象显得客观、真实。仰拍是指摄像机低于被摄主体位置进行的拍摄，即从下往上、从低往高进行的拍摄。由于其视点明显低于拍摄对象，因此，更能突出被摄对象的"雄伟""高大""气势"，表达对拍摄对象的"赞颂""肯定""景仰"等情感。俯拍是指摄像机高于被摄主体位置进行的拍摄，是从上往下、从高往低进行的拍摄。俯摄适宜于表现事物的全貌、空间的层次以及人物与环境的关系，因此，一般在远景、全景中运用较多。由于处在"居高临下"的位置，因此，可产生"一览众山小"的效果。顶拍是指摄像机与地面几乎垂直，从被摄主体顶方往下进行的拍摄。从这一高度拍摄往往使拍摄对象在大小、高低、上下等方面严重变形，但是运用得好，可以得到意想不到的效果。

在新闻片拍摄中，提倡多拍固定镜头，并非意味着运动镜头不重要。其实，在新闻片中恰当适量地运用运动镜头，可以提高新闻片的可视性与信息量。其主要作用有以下四点。

第一，突破画框限制，丰富新闻信息。运动镜头能够把画框外的信息呈现给观众。拍摄过程中，运用横摇与横移，能够突破左右画框限制，展示横向空间的广度；运用上下摇与升降移，能够打破上下画框限制，展示纵向空间的高度与深度。

第二，拓展空间环境，真实记录过程。运动镜头能够拓展人物活动的空间环境，表现人物与环境的关系。在一些动态事件的现场，运动镜头保证了时空的统一性与连续性，能够纪录人物生活原貌或事件发生的经过。

第三，改变新闻节奏，增强传播效果。在固定镜头的基础上运用运动镜头，有效地改变了画面的传播节奏，容易引起观众的注意。此外，由于运动镜头中各种运动方式特点不一,借用的运动载体不同,其视点的选择、摄距的远近、运动的速度与方向等也各有不同,因此,其表现的节奏也完全不同。

第四,突现主体细节,增强视觉效果。运动镜头能使画面景别产生连续的变化,既可像蒙太奇前进式句子,即远景—全景—中景—近景—特写,也可像蒙太奇后退式句子,即特写—近景—中景—全景—远景,这两种蒙太奇句子产生的效果通过推拉运动即可获得。运用变焦"推"时,可在不干涉被摄主体的情况下,远距离拍摄主体细节,增强画面的可视性。

在新闻片运动摄像中,要注意以下几点:运动目的要明确;画面构图要合理;注意运动方向;控制好运动速度;起幅与落幅要稳。

在新闻片拍摄实践中,无论是固定摄像还是运动摄像,一般要求做到四个字:稳、平、准、匀。稳即画面保持稳定;平即画面保持水平;准是指起幅、落幅要准,调焦要准,曝光要准,以获得清晰画面;匀就是指运动摄像中运动速度要均匀,以符合人们观察事物的节奏,不能太慢,也不能太快。

三、变换摄录角度,注重声画细节

在新闻采访拍摄中,要注意拍摄角度的变化,对不同的采访对象可用不同的角度去表现,对同一采访对象也可用不同的角度去记录。如此拍出来的画面就丰富多彩,便于后期编辑选择。拍摄角度的变化主要表现在拍摄距离、拍摄方向与拍摄高度的变化。具体来说,在采访拍摄之前,首先要考虑用何种景别、什么方向与高度,以此定好摄像机的位置。位置的确立即是角度的确立、视点的确立。

在日常采访拍摄中,单机采访拍摄用得较多。在单机拍摄中要注意拍好过肩镜头、标准镜头、反应镜头。过肩镜头是指拍摄时采访者背面所占画面面积不超过三分之一,以突出采访对象的镜头(如图4-1所示单机采访过肩镜头)。过肩镜头能交代采访双方主体与陪体的交流关系,有较强的现场感与真实感,因此,该镜头常用来作为采访的开始镜头。标准镜头是指在过肩镜头的基础上通过变焦推镜头,让采访者出画,用近景拍摄采访对象的镜头(如图4-2单机采访标准镜头)。反应镜头又称为反打镜头,包括采访者与采访对象的反应镜头。采访者反应镜头是指采访者提问、插话或倾听采访对象的表情镜头,一般需要通过移动机位另行拍摄,注意不要越轴。采访对象反应镜头是指采访对象倾听、思考且做出反应的镜头。此外,在单机拍摄中,还要拍摄一些没有特定含义的空镜头、采访所涉及的内容镜头、采访对象工作生活的镜头,以备后期编辑作为插入镜头所用。单机拍摄最佳机位及其应用如图4-1、图4-2所示。

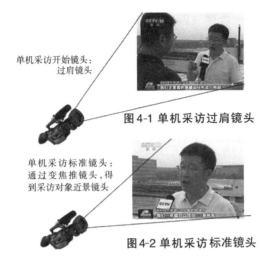

图 4-1 单机采访过肩镜头

图 4-2 单机采访标准镜头

双机采访拍摄要注意机位的安排,不宜将两个机位紧靠一起拍摄采访双方。一般将两个机位分开交叉拍摄采访双方的正侧方,即内反拍,这是双机拍摄的最佳方案(如图4-3)。为了交代采访现场,可以移动一个机位在同一边中间另行拍摄全景镜头,即主镜头,用来交代访谈双方的位置关系,以备后期编辑所用。双机采访拍摄要注意两机拍摄景别一致与方向相同(如图 4-4)。

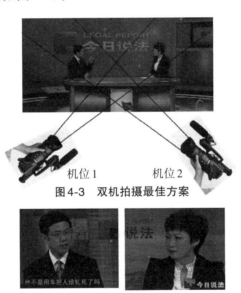

图 4-3 双机拍摄最佳方案

图 4-4 两机拍摄都用近景,景别相同

在新闻采访拍摄中,除讲究摄录角度外,还要重视现场细节的摄录。主要包括现场画面细节、现场声音细节、现场文字细节等。在现场拍摄时,摄像者要善于观察,敏锐地捕捉现场细节,重视拍摄最能体现人物特点的动作与表情的特写、最能体现事物特征的细小情节、最能展示事件发展过程的精彩瞬间。与此同时,要重视摄录现场音响音乐与文字细节。现场音响音乐采录得当,可以渲染气氛,扩大信息容量,有利于后期制作形成画面之间时间上的联系感,使新闻片显得更真实。一般来讲,现场音响音乐大多作为背景声出现,表明现场环境的氛围,体现事物的客观存在。在现场拍摄到的文字画面,也叫画内屏幕文字。这些文字可能是表明地点的,也可能是现场的标语、口号等,运用得好,可以扩大节目的信息量,使新闻片语言表达更为简洁,成为画面内容的点睛之笔。

四、重点记录现场,熟练运用"抓拍"

在新闻拍摄中,从业者必须在事发之前或当时赶到现场。一到现场,要仔细观察,迅速明确采访内容,确立报道重点,尽快找到采访对象。在现场拍摄中,重点摄录现场的人、事、物。及时记录现场的人和事,使观众得到"眼见为实"的心理满足。新闻片的生命是真实,而现场画面的运用最能体现真实特点,因为,现场画面具有实证性,不容置疑。现场画面可分为现场叙事性画面和现场描述性画面。现场叙事性画面主要是指叙述事件发生过程的现场画面。这种画面远比采访同期声更具真实性和感染力。因此,要求摄像师在现场多用长镜头记录事件的变化过程,捕捉现场细节。用现场长镜头叙述内容,表达主题;用现场画面细节升华情感,感染观众。现场描述性画面主要是指在现场拍摄到的用来交代环境与氛围的画面。现场描述性画面往往用远景或全景景别通过摇摄来达到交代环境的目的。在现场拍摄中,摄像师要善于捕捉,善于发现,用现场造型的细节,增添新闻片的真实性与感染力,激发观众的情感。

现场人物同期声是指在现场拍摄人物讲话时录下的讲话声,即现场人物说话的声音。在新闻片中,现场同期声是传递内容的主要语言之一。摄像师在采录同期声时要确保其清晰度与真实性,不能错过典型同期声的录制,尤其是交代关键事态推动矛盾发展的同期声。在前期拍摄时可以多录一些同期声,但在后期制作中要围绕新闻片主题精选同期声,控制其叙述节奏。在新闻片中,现场同期声语言不仅强化了真实感,而且可以防止因随意挪动画面而产生的失实现象。

在事发现场拍摄中,要注重运用"抓拍"。"抓拍"主要体现在"挑""等""抢"三种拍摄方法的配合使用。"挑"是指记者在现场拍摄时,面对复杂的现场,能迅速挑选出表现事物特点与本质的材料。"等"是指记者要有耐心,等待最佳拍摄时机的到来。"抢"是指记者在现场不失时机地抢拍到事件进程中的精彩瞬间。在现场拍摄中,"挑""等""抢"三种方法往往综合运用,"等"到时机到来时要"抢",在"抢"的过程中要"挑",这样才能确保拍到精彩的场面与细节。

五、讲究画面构图,突出新闻主体

新闻片的本质特点决定了其拍摄方式与艺术片拍摄方式不同。艺术片拍摄有充足的时间来布光与构图,效果不理想可以反复多次拍摄。新闻片由于时间限制与事件过程变化的不可逆性,因此,抓拍是常用手段。当然,这并不意味着新闻片拍摄不讲究构图。其实,新闻画面的形式美也是摄像师所追求的。因此,在确保抓拍到所需新闻事实情况下,力求通过合理构图突出新闻主体。合理构图突出主体,是指将主体安排在画面的视觉中心,安排在画面的"黄金分割"区域。实践表明,在4∶3和16∶9的画框中,运用1/3分割法,即在画面的上下左右四条边的各1/3处用直线连接,把画面分成面积相等的九个方格,画面中就构成一个井字,交叉形成四个视知强点,A、B、C、D(如图4-5),其视觉强度排序如下:A>B>C>D。因此,往往把主体安排在这四个点附近,这种构图法也叫九宫格构图法。心理注意实验结果表明,画面中这四个点所在区域的视觉强度依次是:左上>右上>左下>右下(如图4-6)。因此,在构图时,应该把主体安排在四个视觉强点区域附近,以突出主体。此外,还可以运用几何中心构图法、边角构图法突出新闻主体,也可以通过明暗对比、虚实关系、动静结合等手法突出新闻主体。

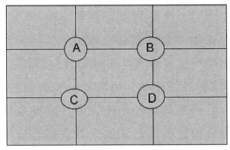

图4-5　九宫格构图突出主体　　　　图4-6　画面区域视觉强度分配图

当然,在确保新闻真实的情况下,拍摄时也得讲究构图基本法则:对称与平衡、比例与节奏、对比与和谐、变化与统一。同时,还要注意避免常犯的一些错误:背景杂乱、空白不足、运动随意、方向不明等。

第四节　新闻片文字稿写作

新闻片文字稿写作与报刊新闻文字稿写作虽然有相同之处,但是也有明显不同之处。由于新闻片有画面介入,因此,在写作时必须考虑到哪些内容由画面来交代,哪些内容由画面与声音、屏幕文字相互配合来完成。这种声画分离又有机配合的写法正是新闻片写作的个性体现。如果单独阅读新闻片文本,可能会觉得不连贯,甚至不合逻辑,这种带有跳跃性、间断性的特点正是新闻片文字稿与报刊新闻文字稿的显著区别之一。因此,写作新闻片文字稿时,画面思维要贯穿始终。下面就新闻片的结构方式、标题的制作、导语的写作、主体的写作与结尾的写作分别加以阐述。

一、结构方式

结构方式是指组织安排各个部分的方式,也可说是整体布局的形式。在进行新闻片文本写作时,首先面临的问题是如何合理安排新闻片的结构。确定结构的原则和要求总体来说有以下几点：第一，要服从主旨表现的需要；第二，要考虑片种特点的要求，片种不同，结构安排有所不同；第三，要反映客观事物的发展规律和内在联系。[①] 纵观新闻片，其结构方式主要有四种："倒金字塔"式结构、"金字塔"式结构、并列式结构、问答式结构等。

（一）"倒金字塔"式结构

"倒金字塔"式结构是指按照事实重要程度来安排先后顺序的结构样式。这种结构方式特点包括：把最重要、最精彩的事实放在最前面，次重要的事实放后面，依次类推，按照先重后轻、先主后次的顺序来安排；开头导语部分只突出部分新闻要素，以吸引受众。"倒金字塔"式结构适合于时效性强的事件性新闻。例如第22届中国新闻奖电视消息类获奖作品《一女子穿婚纱欲跳楼　疑似为感情纠葛》，该条新闻第一段叙述核心事实：一名年轻女子身穿婚纱，坐在贵阳路与吴淞路交汇处一栋楼房的顶楼欲跳楼。第二段具体叙述女子危险处境：坐在七楼阳台的窗户上，双腿悬在外面，不时地摆动婚纱裙摆。然后依次介绍附近居民、民警、消防员、社区工作者合力，成功救下轻生女孩。这条新闻的结构方式就是"倒金字塔"式结构。

（二）"金字塔"式结构

"金字塔"式结构是指按照事件发生的时间顺序、事件发展的进程来安排结构的方式，也叫纵式结构。这种结构方式特点包括：事件发生发展的过程就是结构本身；事件中的每小段以关键时间点区分，同时又以关键时间点连接；按照事件发展先后顺序来组织视听语言。使用"金字塔"式结构的新闻片层次清楚，节奏紧凑，符合人们思考问题的习惯，易于为受众所理解。"金字塔"式结构适合于故事性强、以情节取胜的新闻。例如获第21届中国新闻奖电视消息类一等奖的电视新闻《一堆木头与一连串车祸》（文字稿见下面"主体的写作"所举例）。这不是一条普通的车祸新闻，这条不到4分钟的电视新闻按照事件发生的顺序报道了五起连环撞车车祸。该新闻有现场、有故事、有冲突、有介入，是难得一见的现场好新闻，是对那些作风疲沓、推诿，不作为或慢作为的职能部门进行舆论监督的成功范例。

（三）并列式结构

并列式结构是指按照空间变换、事物性质的不同方面来安排文本结构的方式，也叫横式结构。并列式结构所安排的内容没有先后主次之分，但都是围绕节目主题来选择相关题材。例如每到春节、国庆节，央视报道全国各地或不同行业如何庆祝节日就是按照空间转换来组织节目结构的。第22届中国新闻奖二等奖电视消息《富裕的"低保户"》，节目运用对比手法，展现了保定易县龙湾头村贫困户和富裕户两者之间的生活反差。获三等奖的电视消息《鄱阳湖遭遇罕见干旱　区域生态链受到威胁》报道了原本是汛期，鄱阳湖却经历60年以来最严重的春旱，曾经碧波荡漾的湖面缩了一半，鱼儿失去产卵场，沉水植物失去萌芽机会，螺蚌没有生长场地，冬候鸟的口粮堪忧。从不同方面报

---

① 童宁.电视节目结构方法[M].北京：中国广播电视出版社，2004：19.

道鄱阳湖区域生态链受到严重威胁,湿地功能面临逐步丧失的危险。

(四)问答式结构

问答式结构是指记者带着观众关心的问题,通过采访相关人物,回答问题,满足观众需求的结构方式。记者的"问"与知情人物的"答"构成了新闻片的主体。制作好问答式结构的新闻片,要求做到两点:一是记者提出的问题是大家关心的问题,二是所选采访对象是知情人物或权威人士。

当然,新闻片的结构方式远不只这些,根据题材内容、新闻主题、新闻栏目定位等诸多方面,记者要创新新闻结构,以取得良好的传播效果。

二、标题的制作

新闻片标题的制作不同于平面媒体标题的制作,由于新闻片顺时传播的制约性与携带保存的不便性,以及考虑观众收视的心理特点,因此,在制作标题时要求做到"四要四忌"。

(一)要简短忌冗长

据心理学家分析,移动视线时获得的印象,不如不动的注视获得的印象深刻。标题越长,阅读就越不方便,给人的印象就越模糊;反之,标题越简练,阅读越方便,给人的印象就越深刻。简短的标题,让观众瞬间尽收眼底,不会因看标题而错过了画面,也不会因看画面而错过了标题。冗长的标题,使观众厌烦,使本来由视听双通道带来的易受性(观众接受信息时的时间支出、精力消耗最小)变成了难受性。笔者曾对150位观众进行调查,结果显示:90%的观众对30字以上的标题一般不看。可见,这样的长标题失去了存在的意义。

(二)要具体忌抽象

新闻片的标题一般只有主题,很少出现引题、副题,即以单式标题为主,这是与报纸标题在形式上的最大区别。因此,新闻片标题一般提倡实题而非虚题,标题中应该嵌入具体的核心事实,而不是抽象空洞的内容。要让观众一看标题就知道新闻的大概内容。

(三)要一致忌矛盾

"一致"指的是新闻片的标题与画面、声音内容紧密相关,即题画相符和题声相符。新闻片是多种符号的有机融合,具体表现为看(画面)、读(屏幕文字)、听(声音)。视听双通道输入同一内容,即可加深观众的记忆。"矛盾"指的是标题与画面、声音内容相反或相离,即题画不符或题声不符。如果标题与画面、声音相互干扰,就会因结构无序而造成整体符号传播功能的衰减,产生"互消效应",降低可信度,弱化传播效果。

(四)要明确忌歧义

"明确"指的是新闻片标题要观点鲜明,事实准确。制作标题要明确的同时,也要注意用词简洁。简称是很必要、很经济的语言形式,也是常用的构词方式,但前提首先是要

"明晰"和"确切",使观众一目了然。① 如"联合国教育科学文化组织"简称为"联合国教科文组织","中国共产党第十八次全国代表大会"简称为"中共十八大",这些简称不但语义明确,而且已为全社会接受,嵌入标题中能起到简洁作用。如果随意生造,要观众去揣测,就违反简称的原意了。为了使标题明确、简洁,除慎用简称外,还要防止产生歧义,误导观众。

三、导语的写作

导语是指新闻的开头,一般独立成段。其作用主要有两个:一是吸引受众,二是突出主旨。在导语写作中,要求用最简洁的语言突出最重要、最新鲜、受众最感兴趣的内容,"立片言以居要"。怎样把导语写好,下面介绍常见的一些写法。

(一)对比法

对比法是指对不同事物或同一事物不同方面进行比较以突出新闻主题的写法,举例如下。

> 导语:进入十月,兵团今年种植的760万亩棉花进入采收旺季,与前几年不同的是,棉田中千军万马大会战的景象不见了,多数棉田只有几台马达轰鸣的采棉机、运棉车在作业。今年兵团六成多棉田实行了机械化采收,让棉农省心、省力、省钱不少。

这是新闻《新疆兵团今年六成多棉花实现机采》(第23届中国新闻奖电视消息三等奖)的导语,通过前几年千军万马采收棉花与今年只有几台采棉机、运棉车在作业的对比,突出了机械化采收棉花的高效率。

(二)设问法

设问法是指导语中通过自问自答方式突出新闻主题引起观众注意的写法,举例如下。

> 导语:人往哪里去?地从哪里来?粮食怎么保?发展怎么办?一直是困扰河南上下的四大难题。在建设中原经济区的实践中,河南以新型城镇化引领,探索出一条破解"河南之难"的新途径。

这是新闻《中原实验:"三化"一盘棋解河南之"难"》(第23届中国新闻奖电视消息二等奖)的导语,一开始从不同方面提出四个问题,紧接着"以新型城镇化引领"来作答。

(三)细节放大法

细节放大法是指导语中通过强化事实细节给观众留下深刻印象、引导观众思考的写法,举例如下。

> 导语:今天下午1点左右,一名老人在上南八村门口突然晕倒在地,危急时刻,

---

① 黄煜,卢丹怀,俞旭.并非吹毛求疵[M].广州:广东高等教育出版社,1998:167.

一名经过的年轻人主动上前伸出援手,不过为了避免纠纷,他在救助老人的同时,也请旁人用手机记录下施救的过程。

这是新闻《老人跌倒众人多围观,小伙救助手机证清白》(第23届中国新闻奖电视消息三等奖)的导语,突出了一个细节:小伙子在施救的同时,要求旁观者用手机拍下视频为其作证,以证其清白。这一细节决定了这条报道可以引发更深层次的社会思考。围观者众却无人敢扶,扶了的还需要证据来证实清白。记者放大了这个细节,也让观众自己去思考这个细节反映出的人情冷暖之现状。

(四)概述法

概述法是指导语中通过概括叙述整体情况让观众及时掌握宏观信息的写法,举例如下。

> 导语:秋收时节,全国产粮第一大省黑龙江省遭遇20年未遇的罕见秋雨,全省干部群众全力以赴抢收秋粮。到今天,秋收工作已经完成了百分之九十,超过了去年的粮食总产量,锁定了粮食"九连增"的目标。

这是新闻《黑龙江:战罕见秋雨 争颗粒归仓》(第23届中国新闻奖电视消息三等奖)的导语,从全省角度来写黑龙江省抢收秋粮所取得的成绩。

(五)现场同期声法

现场同期声法是以记者出镜报道或采访人物的同期声作为导语的写法,举例如下。

> 导语(记者出镜:张宾):观众朋友,现在是5月10号的上午,我们由结古镇前往赛马场采访,在途经扎西科路的时候,我们在路旁见到了这样一个情景:玉树县第二民族中学的孩子们在这里搭起了一个简易的乒乓球台子,他们开心快乐地在这里打着乒乓球。

这是新闻《我们的快乐球场》(第21届中国新闻奖电视消息二等奖)的导语。让记者出镜报道,无异于把观众带进了新闻现场,颇有感染力。

(六)异常数字法

异常数字法是指在导语中把体现事物核心内容、超乎寻常的数字突显出来的写法,举例如下。

> 导语:东莞加工贸易管理服务平台今天正式启动,该平台在全国率先做到外经贸、海关检验检疫与企业的"四方联网",今后,加工贸易企业办理进出口业务最快20分钟可搞定。

这是新闻《东莞首创"四方联网",3天业务20分钟搞掂》(第23届中国新闻奖电视消息二等奖)的导语,突出了"四方联网"办事的高效率:原来3天完成的业务现在20分钟完成。

(七)评论法

评论法是指导语中通过肯定或否定、批评或赞扬的语言表明记者态度、立场、观点的写法,举例如下。

> 导语:今天(12号)上午,东宁县华缘鞋业生产的首批两万双半成品皮鞋准备出口俄罗斯,成为东宁县又一家跨境连锁加工企业。至此,东宁县跨境连锁加工企业突破30家,成功探索出促进对俄加工贸易规范发展的新模式。

这是新闻《跨境连锁加工东宁县探索出对俄经贸新途径》(第21届中国新闻奖电视消息三等奖)的导语,对跨境连锁加工企业这一做法,给予了充分肯定,认为这是"成功探索出促进对俄加工贸易规范发展的新模式"。

(八)悬念法

悬念法是指在导语中设置一个包袱,激发观众好奇心的写法,举例如下。

> 导语:他是一位陕西籍农民工,身高只有1.6米,学历只到高中,但中铁电气化局集团一公司的工友们都亲切地叫他"小巨人"。凭着23年坚持不断地学习和技术创新,这位"小巨人"改写了中国铁路电气化施工的教科书。

这是新闻《巨晓林:陕西"小巨人",改写中国铁路电气化施工教科书》(第21届中国新闻奖电视消息三等奖)的导语,通过设置悬念引起观众的好奇心:身高只有1.6米、学历只到高中的农民工,为何能改写中国铁路电气化施工教科书?

当然,导语的写法远不止上面列举的8种写法,限于篇幅,这里不再展开。文无定法,导语写作也是一样,根据不同的内容、不同的视角与不同的主题可以创造出不同的写法。

四、主体的写作

导语之后便是主体,主体是新闻片的主干和正文部分。如果把导语比作"头",那么主体就是"躯干"。主体必须紧扣导语而写,是导语的展开与深化部分,主体进一步充实导语中的事实,使之具体化;补充导语没有交代的内容,使事实更加丰满。根据上面所介绍的新闻片的结构方式,不同的结构方式,其主体的写法有所不同,下面介绍常见的"倒金字塔"式结构与"金字塔"式结构新闻片主体的写法。

(一)"倒金字塔"式结构新闻片主体的写法

"倒金字塔"式结构新闻片的主体是按照内容重要性递减原则,从重到轻、由主到次来写作,每一个内容独立成段。越到后面,报道的内容越不重要,甚至可有可无。考虑到时长的限制,可从后面删起,也不影响报道内容的完整性。

例如,广东电视台制作的电视新闻《居住证今日首发,广东3000万农民工变居民》获得了第21届中国新闻奖电视消息三等奖,其完整的文字稿如下。

【导语】从今天起,全省近3000万流动人口正式告别暂住证,迈入居住证时代。今天,广东各地200多名外来务工人员首批领到了居住证。

【正文】(字幕)广州

今天上午,广东省居住证首发仪式在广州市人民公园举行。能够在2010年的第一天,领到广东省首张居住证,何小姐表示,这将给像她这样的外来人员在广东的生活工作带来更多的方便。

【同期声】何小姐:以后我打算去考驾照,可以有更好的权益保障。以前没有去过香港、澳门,现在也可以了。

【同期声】陈先生:我们现在最大的好处就是小孩以后入学会方便一点,读书压力没有那么大。

【正文】(字幕)惠州

成为惠州市第一个居住证申领人的黄先生,今天也非常兴奋。

【同期声】黄明主:现在有了居住证,可办理机动车入户(出入境)签证、驾驶证年审。

【正文】

首发的居住证外形看上去和二代身份证非常相似,除了有详细的个人信息以外,更改居住地址和延长有效期都不需要换证。

【记者现场】记者高崴:目前在广东省有接近3000万的外来人口,他们在广东的经济社会建设上,都做出了重大的贡献。这次居住证制度的推行,不但可以有效地保护他们的合法权益,同时也可以大大增强他们在广东的归属感和认同感。

【尾句】广东台综合报道。

上面这条电视消息主体部分就是按照事件的重要程度来安排结构的。第一段(导语部分)报道最重要的事实:全省近3000万流动人口今天迈入居住证时代,200多名外来务工人员首批领到了居住证。第二段(2~8段属于主体部分)报道次重要事实:居住证首发仪式的时间与地点,领到首张居住证的何小姐。第三段报道较重要事实:采访何小姐,谈居住证有何作用(考驾照、权益保障、去港澳)。第四段采访陈先生,谈居住证方便小孩入学。第五段介绍黄先生是惠州市第一个居住证申领人,引出下段同期声。第六段采访黄先生,谈居住证方便办理机动车入户(出入境)签证、驾驶证年审。第七段介绍居住证外形及其所载信息。第八段记者出镜总结居住证的意义。第九段(结尾部分)指出新闻来源。主体部分按照事实先重后轻的顺序来写。

(二)"金字塔"式结构新闻片主体的写法

"金字塔"式结构新闻片的主体是按照事件发展的先后顺序来写,主体内容前后相互联系。这种结构着重于反映事件的过程,让观众了解前因后果。

例如,湖北省荆州电视台制作播出的新闻片《一堆木头与一连串车祸》获得了第21届中国新闻奖电视消息类一等奖,其完整的文字稿如下。

【导语】今天下午4点多钟,在荆州荆监一级公路江北段,一辆满载木头的货车突然冲出公路,一头栽进路边的树林,木头撒落在公路上,天色渐暗,这些木头成为一个个路障,非常危险。

【正文】记者赶到事发现场看到,来往车辆只能从一条狭缝中驶过。那辆运送木头的肇事货车挡风玻璃破碎,前轮也被撞掉,草丛里还留有血迹。受伤的肇事司机已被送往医院救治。记者意识到这些散落在路上的木头就是危险的路障,如不及时清理,很容易发生二次事故,赶紧拨打了"110"报警。

接警的"110"值班民警说出事地在郊外,让记者找辖区派出所。但记者联系当地的窑湾派出所,却被告知:道路故障必须找交警处理。记者随即拨打"122"报警,没料想值班交警还是要记者找辖区派出所。无奈之下,记者只好在离木头50米处设立警示标志,打开采访车的警示灯提醒司机减速缓行。可就在这时候,事故还是发生了。

【同期声】

事故货车司机:吓死了,吓死了。

记者:没看到木头是吧?

事故货车司机:哪里看得到?下雨,哪里看得见?眼睛看到了来不及刹车。这边(又)有车。

【正文】货车挡板被撞坏,油箱受损,幸好人没受伤。在接到记者报警一个小时后,窑湾派出所民警来到现场,他们一边联系交警来清障,一边和记者一起,将散落在路中间的木头抬到路边。不料想,又一起车祸发生了。

【现场同期声】

【同期声】事故面包车司机:没看到,走到眼前才看得到。看到时已经来不及了。

【正文】面包车车门被撞凹了进去,车上一名乘客的眼角被玻璃碎片划伤,鲜血直流。

【现场同期声】记者(对受伤乘客):坚持一下,您坚持一下。

【正文】这边事故还在处理,那边又有车祸发生,一辆摩托车撞到木头上,司机直接飞出了好几米,当即不省人事。

【同期声】医生:这里压着了,脚脚脚,往前推,往前推。帮忙把血止一下。家属,家属!赶紧上来!

【正文】在现场先后发生了四起车祸后,交警终于赶到了现场。由于漆黑一片,木头散落范围较大,交警随即又调来两辆警车挡在公路两头,着手清理木头。

由于夜暗,视线太差,从黑暗中冲来的又一辆摩托车,接连撞上了好几根木头,车上三人当即倒地。

【同期声】伤者:哪个知道这里有树呢?

【正文】为了避免更多的车祸发生,交警喊来了工人搬运木头。直到晚上9点钟,现场的木头才被完全清除,道路通行得以恢复。这起连环撞车祸共计5辆车受损,6人受伤。

上面这条获奖电视消息的主体部分就是按照事件发生发展的顺序来组织的。主体部分叙事语言平实;叙事条理清晰,于准确之中见生动;故事跌宕起伏,节奏张弛有度,层层递进,现场感强,颇有冲击力。

五、结尾的写作

结尾是指新闻片文字稿的最后一段或最后一句话。新闻片有好的导语与主体,也应有给观众留下深刻印象的结尾,如此可强化新闻传播效果。结尾的写法没有定法,或呼应导语,或展望趋势,或评论事件,或提出希望,或概括总结等,根据具体内容与主题需要,自然作结,切忌牵强附会。

(一) 呼应导语

如果新闻片导语中提出了问题,那么结尾处可以考虑呼应导语的写法,回答导语中的问题,使新闻片完整,满足观众的信息需求。

例如,获第20届中国新闻奖二等奖的电视消息《千亿工程启示:超支600万,"绕"出双赢》,

该条新闻的导语是这样写的:

> 广西铁路建设目前已进入全面加速发展期,初步匡算,近几年投资接近3000亿元。"大手笔"如何花出"高质量"?一笔600万元的"超额"支出给了我们启示。

结尾便写道:

> 群众得了实惠,配合铁路工程建设热情高涨,目前,永安乡段的征地工作已经全部完成,是湘桂铁路扩能工程桂林段进度最快的标段。施工方粗算一笔账:进度上的优势,缩短了工期、节省了成本,超支的600万元又回来了。

(二) 展开评论

在主体报道事实的基础上,结尾处可采用评论形式,点明事件意义。

例如,获得第23届中国新闻奖三等奖的电视消息《马背电视走进高原牧场》,结尾这样写道:

> 在草场的帐篷里观看喜爱的电视节目,在互联网上与世界近距离地接触,如果不是眼前一望无际的草原,我们很难想象这里就是过去偏远闭塞的高原牧区。在这里,我们真正感受到了现代文明给藏区群众带来的精神享受和物质生活的巨大变化。

(三) 补充事实或背景材料

新闻片的结尾可以是补充完善新闻事实,也可以是交代新闻背景。

例如,获第20届中国新闻奖三等奖的电视消息《厦门:我国内地第一条海底隧道全线贯通》,结尾这样写道:

> 厦门翔安隧道工程总投资近32亿元,明年春节前后实现通车后,将使厦门岛内到翔安区的车程从一个半小时缩短到15分钟。

（四）同期声结尾

新闻片结尾可以是记者出镜点评，也可以借用新闻人物的同期声来交代事实、表明观点，同期声结尾有利于增强新闻的现场感，直接或间接地表明新闻的观点。

例如，获第21届中国新闻奖三等奖的电视消息《我的地盘我做主，房屋拆迁居民自己"说了算"》，结尾这样写道：

【记者出镜】随着乌海市城市建设步伐的不断加快，拆迁成为老百姓关注的热点和焦点问题。公投表决拆迁，改变了以往由政府主导，政府代民做主的"家长式"的拆迁模式，让民意真正做主，让政府成为助推，使拆迁走向了更加公开、合理、人性化的道路，真正做到了好事办好、实事办实。

其实，新闻片结尾的写法多种多样，记者要根据新闻事实的具体情况，灵活运用写作手法，让结尾水到渠成。

第五节　新闻片后期编辑

文字稿完成后，经过配音（不含同期声）环节，得到了新闻片完整的声音材料，加上前期拍摄的视频材料，为后期的画面编辑与声音编辑做好了充分的准备。新闻片后期编辑就是对已经获得的声音材料与画面材料进行再加工、再创作的过程。在后期编辑中，要把握以下四点。

一、正确处理声画关系

在新闻片后期编辑中，要树立声画"双主体"理念，即既重视对画面的编辑，也重视对声音的编辑，把画面与声音摆在同等地位，不可偏向任何一边。后期编辑要处理好声画关系，满足观众的信息需要。纵观新闻片声画结合方式，主要有下面两种形式。

（一）声画合一

声画合一也叫声画同步，是指声音与画面同时指向同一个对象的结合方式，其特点是声画同步产生，视听高度统一，充分显示内容的真实性，提高了画面形象的感染力。声画合一可分为画内声画合一与画外声画合一。画内声画合一指的是画内声音与画面指向同一个对象，视觉形象及其所发出的声音同时呈现并同时消失，例如采访人物的同期声及其人物画面。画外声画合一是指画外声音与画面同时指向同一个对象，例如，当旁白讲到某人时，画面同时出现这个人物；说到某物时，画面即呈现某物。

（二）声画对位

声画对位是指声音与画面围绕着同一个中心内容或新闻主题，在各自独立表现的基础上又有机结合起来的表现方式。其特点是声音与画面不是同步产生，二者传播的信息看似独立实则有内在联系，若即若离，相互照应，这种结合方式有利于调动观众的想象力，突破现场的制约性，拓展新闻内容的表现力。这又可分为两种情况。

1. 声画并行。声画并行是指声音与画面在两条线上并行发展，二者围绕同一内容从不同方面以各自的方式展开，相互独立但又有机联系，形离而神合，给观众以充分的联想与想象的空间，加深对新闻内容的理解。例如，人物新闻片中，常常用声音叙述人物以前的内容，用画面展现人物眼前正在做的事情，声音与画面都是围绕该人物的事迹展开叙述，共同深化新闻的主题。

2. 声画对立。声画对立也称声画分立，是指声音与画面所体现出来的情绪、气氛、内容、节奏等各个方面在相反或对立的关系中展开，从而表现出更为深刻的含义，深化新闻主题。例如采访某个不秉公执法的法官时，在其说话的同时，配上其办公室墙上的"清廉、公正"画内文字，则极具讽刺意味，从而深化新闻主题。

在新闻片后期编辑中，声画合一、声画并行、声画对立（后两者同属声画对位）是三种处理声画关系的基本形式。要正确理解并准确使用，切忌声画"两张皮"，即声音与画面各自以"自我为中心"，各自自由叙述，令观众不知所云。

在新闻片编辑中如何运用同期声，可参考第五章第五节"专题片编辑"。

二、重视屏幕文字、动画与图表语言

（一）屏幕文字

屏幕文字是指呈现在画面上的文字，包括画面本身具有的文字与后期编辑加上去的文字。画面自带的屏幕文字主要靠现场拍摄时捕捉，这里主要谈谈后期制作时加上去的屏幕文字。准确使用屏幕文字是新闻片专业素养的体现。现在，新闻片中几乎离不开屏幕文字的使用，这与屏幕文字具有的信息传播功能、介绍说明功能、突出强调功能与转场提示功能等密不可分。

屏幕文字的传播功能多种多样，如何合理使用值得每个制作者思考。用得好可使节目锦上添花，达到理想的传播效果；用得不好，则成为节目的噪音，影响观众收看。在运用屏幕文字时，我们要注意以下几点。

1. 屏幕文字要精练、易懂。视听节目中运用屏幕文字不是越多越好，而是要少而精。因此，在后期编辑时，首先要考虑何处内容可用屏幕文字来表达或强化。在具体操作时，屏幕文字语言一定要精练，不要啰嗦；要易懂，不要晦涩；要用短句、短语或词语，不要用长段、长句。精练的文字要击中要害，体现关键内容、主要观点或态度，以此加深观众的记忆。

2. 处理好屏幕文字的出现与退出方式及其停留时间。在后期编辑时，要考虑屏幕文字出现方式是动态还是静态。如果是动态，用哪种运动合适，如左飞、上滚、由小到大等；如果是静态方式，就要考虑在何处出现；同时还要思考以什么方式退出较为合适。此外，要注意屏幕文字的停留时间，许多新闻节目制作者尤其是初学者，常犯停留时间不合理的毛病，观众还没有看完看清，字幕就已消失，这主要是因为制作者对屏幕文字已经高度熟悉，是站在自己的角度来做片，而不是站在观众角度来做片。因此，新闻节目制作者心中要始终装着观众，是为观众做新闻片，而不是为自己做片。

3. 合理设计字色、字号、字体及其在画面中的位置。屏幕文字的颜色要与画面颜色或背景颜色相协调,对不同内容字号的大小与字体的选择要慎重考虑,不能千篇一律没有变化。此外,要考虑好字幕在画面中的位置。由于画面有四条边框,制作者只能在有限的画框内设计其位置。在布局时,要考虑其在画面的哪个位置、占多大面积较为合理;要考虑与画面、声音的配合,不能影响画面的美观,成为画面的一个噪点。

4. 精心制作屏幕小标题或关键词,使新闻层次清楚,便于观众把握新闻要点。在我国台湾地区的电视新闻中,每条新闻除主标题外,还有 2 至 3 条屏幕小标题。小标题何时出现因画面内容而定,小标题的使用,无意中产生一种节奏,不易使观众眼睛疲劳,这与有些电视台每个画面下方都有文字或无文字,效果大不一样。精心制作小标题,可以使新闻内容更具易受性。

(二)动画与图表

在新闻节目的后期编辑中,根据内容的需要适当添加动画,可以起到以下几方面的作用。一是使传播的内容形象直观,增强了新闻的可视性。在突发事件报道中,如果用动画形式把事件过程表现出来,就显得具体、形象。例如,2013 年 7 月 7 日,一架韩国客机在美国旧金山国际机场着陆失事,机尾折断,引发火灾。美国 CNN 在报道时,用动画还原韩国客机降落至坠毁的全过程,极大地增强了节目的可视性。二是改变传播节奏,满足受众审美需求。在实拍的画面中插入虚拟的动画,使传播节奏产生变化,加上制作精良的画面,给观众以视听享受。三是使叙述简洁,内容易懂。作为传播语言的动画,可以化复杂为简单,化抽象为具象。在新闻节目中,对突发事件的报道,在业界有些人采用"情境再现"或"导演摆拍"手法,违反了"新闻必须真实"的原则,容易误导观众;在一些突发事件中,由于没有现场画面,单靠旁白叙述显得抽象、单调,受众仍然难懂。如果改为动画语言展示,传播效果就大不一样。

在新闻片后期编辑时,根据内容需要选用合适的图表语言,既可简洁形象传递内容,又可美化节目版面。在一些新闻片与专题片节目中,在讲到有关统计数字或数据变化时,如果用旁白来表达,不知要费多少言语,浪费多少时间和版面,也达不到图表语言简洁形象的传播效果。如果改用图表,则一目了然。图表可分为曲线图、柱形图、扇形图等不同形式。不管使用何种图形,目的是简明形象地告知观众,达到好的传播效果。因此,在新闻片后期制作中,编辑要开动脑筋,运用合适的图表来传递有关的统计数据;同时在制作图表时,要讲究图表色彩与字体的搭配,做到数字醒目、文字简洁、色彩和谐、画面美观。

三、聚合多方相关新闻素材

聚合手机视频与网络视频,拓宽视频素材来源。在新闻片后期制作中,围绕新闻主题,编辑要充分聚合多方相关新闻素材,提高新闻片的信息含量与可视性。在国内外各种突发事件电视新闻报道中,运用报道聚合方式可以在第一时间内极大地满足受众信息需求,为社会稳定营造一个良好的舆论环境。电视新闻报道以声画兼备、现场感强的优势赢得观众。但是在突发事件中,第一现场的画面对电视从业者来说很难拍摄到。只有借助于拍客提供的手机视频或上传到网络上的相关视频才能满足观众的需求。例如,汶川大地震发生后,各电视台播放地震时的现场画面,就是来自于手机拍客上传到网上的视频。

聚合视频监控影像,可提高新闻片的真实品质。视频监控原本是为维护社会治安而安装的,为侦破案件提供了原始依据。但对新闻报道来说,也有着不可或缺的重要性,即提供第一手的现场影像,确保事发过程的真实性。在街区、社区、商场等地突发事件中,视频监控影像记录着事发现场过程,为新闻报道提供了原始的现场画面,极大地满足了观众的窥视欲望。因此,在新闻片编辑中,要充分利用视频监控影像确保新闻的真实性,杜绝情景再现的画面。

在新闻片中,除了聚合视频素材外,还可聚合报纸上、网络上与报道内容相关的文字信息。在聚合报纸内容方面,新闻片中把主要报纸的相关内容集中起来告诉观众,让观众在短时间内全面了解相关新闻。在聚合网络内容方面,有些新闻片把网友留言、评论、微博内容等与新闻有关的内容编入节目中,以拓展新闻内容或表达某种观点。在新闻片中,运用聚合方式,所聚合的内容不仅要相关,而且要能突出报道的主题,增加信息含量。

四、创新画面表现形式

虽然新闻片报道的内容是客观的,但是表现形式却是主观的,因此,在后期编辑中,要充分发挥编辑的主观能动性,创新画面表现形式,提高新闻片的传播效果。表现形式主要有以下几种。

(一)多视窗切割画面

电视节目画幅之比只有两种,即4∶3与16∶9。制作人员必须在这个固定比例的画框内进行构图,通过对电视屏幕进行多视窗的合理分割,运用多种造型手段与构图法则,引导观众注意力,从而有效传递新闻信息。通过不同视窗的使用与切换,改变了节目的传播节奏,更易引起观众的有意注意,提高传播效果。

(二)时空连线常态化

"时空连线"是指通过电话和电视信号传输渠道(电话连线与卫星连线),把当地电视台演播室,与外地电视台演播室或报道现场跨越空间地连接起来,让观众在第一时间内获取新闻的报道方式。由于"时空连线"能在第一时间把事件现场的真实情况告诉观众,因此,它能极大地满足观众的信息需求。随着4G手机的普及,视频连线变得轻而易举,在日常报道中完全可以做到时空连线常态化。凤凰卫视"时空连线"新闻,大多采用双视窗形式,并且双视窗里的内容是不断变换的,主要有以下五种表现形式:主播+记者;主播+嘉宾;现场画面+记者;地图+记者照片;现场+记者照片。

(三)重视导语画面与主播画面的编辑

在我国台湾地区新闻频道、英国BBC、美国CNN的新闻报道中,特别重视导语画面与主播画面的视觉冲击力与新闻要点提示。新闻开头,在出主播图像的同时,也有不断变换的导语画面出现,且导语画面往往大于主播画面。在 TVBS、东森新闻、非凡新闻中,导语画面占 2/3,置屏幕左边;主播画面占 1/3,置屏幕右边。在中天新闻、民视新闻中,主播画面更小,占屏幕的 1/4 或 1/6,置左;导语画面占 3/4 或 5/6,置右。近年来,我国台湾电视新闻呈现主播画面日益缩小、导语画面不断扩大之势,由此,可以看出台湾电视从业人员的画面理念与众不同:淡化主播画面,强化导语画面。"导语画面+主播画面"同时出现,极大地增加了画面的信息量,改变了新闻的传播节奏,吸引观众的注意力。

当然,在新闻片后期编辑中,根据新闻内容与主题的需要,恰当运用动画、漫画、图表等语言符号来叙述内容,也是创新画面的表现形式,前文有所阐述,这里不再赘述。

本章小结

新闻片是指对新近发生的有价值的事实通过视听符号迅速公开传播的一种节目体裁。与其他类型的视听节目比较,它的特点主要体现在真实性、时效性、短小性。从采访者行为角度来分析,其采访方式主要有:现场采访、谈话采访、观察采访、隐性采访、体验采访等。在新闻片的拍摄中,要求做到:尊重客观事实,确保新闻真实;多拍固定镜头,追求信息含量;变换摄录角度,注重声画细节;重点记录现场,熟练运用"抓拍";讲究画面构图,突出新闻主体。写作新闻片文字稿时,要始终贯穿画面思维。新闻片结构方式主要有:"倒金字塔"式结构、"金字塔"式结构、问答式结构、并列式结构等。新闻片由标题、导语、主体与结尾等部分构成。在后期编辑时,要正确处理声画关系,重视屏幕文字、动画与图表语言的运用,聚合多方相关新闻素材,创新画面表现形式,其目的是达到最佳传播效果。

全媒体时代已经来临,对新闻片制作者来说,既是机遇又是挑战。必须主动迎接,与时俱进,否则,就会被时代所淘汰。新闻片制作者要及时掌握传播新技术,提高传播能力;精通制作的各个工种,成为新闻片制作复合型人才;能为各种媒体作报道,成为全媒体人才;主动改变报道模式,成为媒体创新型人才。在全媒体时代,人们收看新闻的方式多种多样,时间、地点、使用终端各不相同。因此,制作人员要改变传统的报道模式,在报道方式、报道内容、报道工具、报道角度、报道方法等方面努力创新,给观众以耳目一新之感。

思考与练习

1. 什么是新闻片?新闻片有何特点?
2. 新闻片采访中有哪些采访方式?隐性采访中如何防范新闻侵权?
3. 新闻片拍摄中为什么要重视现场拍摄?"情景再现""摆拍"等手法能否用于新闻拍摄中?为什么?
4. 如何写好新闻片的导语?如何理解新闻片中声音与画面之间的关系?
5. 以某一社会活动为题材,制作一部 2 分钟的新闻片。

拓展阅读资源

1. 情系梁家河（获2015—2016年度中国广播影视大奖电视类节目大奖）
   （2016-03-16）[2019-05-09］．https://www.iqiyi.com/w_19rt19hqjd.html

2. 中国笔王贝发小笔尖大制造 杭州G20元首笔撬动高端市场（获第27届中国新闻奖电视消息一等奖）
   （2017-01-09）[2019-05-09］．https://v.qq.com/x/page/x0364tl4w3w.html

3. "FAST之父"南仁东：22年坚持 铸就大国重器（获第27届中国新闻奖电视消息二等奖）
   （2017-11-02）[2019-05-09］．https://tv.sohu.com/20170916/n600162126.shtml

4. 一张规划图调整的背后（获第28届中国新闻奖电视消息二等奖）
   （2017-12-01）[2019-05-09］．https://www.iqiyi.com/v_19rrea1ry0.html

5. 海尔：全球家电巨头的小微化转型（获第28届中国新闻奖电视消息二等奖）
   （2017-12-30）[2019-06-20］．http://news.cctv.com/2017/12/30/VIDEehaqsRRY3Mlmg PHHxgT8171230.shtml

6. 我国实现世界首次洲际量子通信（获第28届中国新闻奖电视消息二等奖）
   （2017-12-30）[2019-05-09］．https://haokan.baidu.com/v?pd＝wisenatural&vid＝9653625142116271432

第五章 专题片制作

> **学习目标**
> 1. 理解专题片概念及其特点。
> 2. 了解专题片选题要求及其类型。
> 3. 熟悉不同类型专题片的拍摄方式与要点。
> 4. 理解专题片的写作要求。
> 5. 掌握如何从"内容"与"形式"两个方面编好专题片。

专题片是视听节目制作中常见的一种节目体裁,由于以深度见长,因此,颇有受众市场。什么是专题片,有哪些类型,业界与学界各有不同的理解。从受众需求及电视业界的重视程度来看,新闻专题片是专题片中最常见的一种。本章着重从新闻专题片的选题、拍摄、写作与编辑等方面,具体阐述其制作要点。

第一节 专题片概述

对任何事物的认识,往往先从概念开始。对专题片而言,也不例外。在学界与业界,对专题片下的定义很多,可见其受重视之程度。专题片的特点有哪些?本节通过与纪录片、新闻片(消息)的比较,让读者进一步加深对专题片的认识。

一、专题片概念界定

什么是专题片?多年来在学界与业界一直没有公认的统一答案。我国电视界对于专题片和纪录片的关系主要有以下四种观点:

第一,等同说:认为专题片即纪录片,纪录片即专题片,同一个片种,两个名称。

第二,从属说:认为二者应该是一种包含关系,认为纪录片从属于专题片范畴,或者专题片从属于纪录片范畴。

第三,怪胎说:把我国的专题片说成是国外纪录片在中国的变种,认为专题片的提法是中国电视出现的一个"怪胎",而应该取消。

第四,独立说:认为专题片与纪录片是分别独立的两个片种,风格手法都有很大区别,二者间存在着明显界限。[①]

[①] 任德强,王健.电视专题摄制[M].重庆:西南师范大学出版社,2010:3.

到底如何界定专题片？根据《中国电视专题节目界定》分类，电视节目可分为报道类、栏目类、非栏目类等。报道类应视为狭义上的电视专题，俗称专题片。即采用无虚构的艺术手法，对事实进行系统分析报道的电视节目——电视专题片。[①] 报道类条目又细分为第二、三级分类条目，如表5-1所示。

表5-1　电视报道类专题分类条目

（第二级）形式分类	纪实型	创意型	政论型	访谈型	讲话型
（第三级）性质分类	新闻性 文献性 文化性 综合性	抒情性 表现性 哲理性 愉悦性	评述性 思辨性 论证性	对话性 专访性 座谈性	报告性 发布性 礼仪性

学者石长顺在此基础上从形式与内容两个方面对电视专题进行了以下两种分类，如表5-2所示。

表5-2　电视专题分类

形式分类	纪实型	写意型	政论型	调查型
内容分类	新闻类专题、社教类专题、文艺类专题			

新闻类专题是专题类新闻中侧重于进行深度报道的一种形式。报道对象必须是新近发生或发现的具有一定社会意义并有深度报道价值的人物、事件、经验和社会现象。新闻类专题往往是多侧面、多视角、多层次地展现有关的新闻事实和相关背景材料，从中说明事实发生发展的来龙去脉、前因后果，并分析其现象与本质、内在条件与外在条件之间的相互关系，从而揭示主题的深刻意义。社教类专题重在社会教育，是以思想和社会教育为主要特征的专题节目，其与新闻类专题的区别在于不强调时效性，而强调思想教育的针对性，虽然有时也采用现场录制的音像，但那只是用来阐明某一观点的论点和论据。[②] 文艺类专题属于电视艺术学讨论范畴，在此不作探讨。

借鉴学界定义，结合本章的写作视角，我们认为，专题片是指综合运用视听传播符号，对某一重大新闻事件或某类典型、某种新生事物或社会现象等题材进行详尽、生动的深度报道的一种视听节目体裁。专题片类似于报纸的通讯，通过运用采访、调查、分析、解释等手段，让观众不但知道发生了什么，而且明白为什么发生、意味着什么、趋势怎样等问题，以便更好地满足观众的"深度"需求。可见，本章所讲专题片主要是指新闻类专题片。

二、专题片特点

虽然专题片与纪录片、新闻片（消息）等都具有真实性特点，但是它们之间的不同之

---

① 杨伟光.中国电视专题节目界定[M].北京：东方出版社，1996：197.
② 石长顺.电视专题与专栏[M].上海：复旦大学出版社，2009：52-56.

处还是比较明显的。专题片特点主要体现在以下几个方面。

（一）有一定的时效性

在新闻界有句俗话："今天的新闻是金子，昨天的新闻是银子，前天的新闻是垃圾。"此话道出了时效性对电视新闻（消息）的重要性，电视台一般要求当天的新闻当天播出，不留过夜新闻。由于电视新闻（消息）只要把新闻的五个要素报道清楚基本就可以了，即告诉观众发生了什么，因此采编录所需时间短。正如美国 CBS 电视新闻主播瓦尔特·克朗凯特（Walter Cronkite）所说，电视新闻（消息）"是报道某件事的第一步，它是当天新闻的大概指标。但我们无法在短短半小时里，对世界的许多新闻作深入报道"。专题片就不同，由于要深入采访调查，查找背景资料，分析事件因果，预测发展趋势，因此，需要时间较长，与电视新闻（消息）相比，它的时效性要弱些。每当重大突发事件发生时，往往是先有新闻（消息），后有专题。与纪录片相比，专题片的时效性又要强些，一般情况下纪录片不讲究时效性，因此，可以等拍，任由事件或事物自然发展，有些纪录片制作可能要几个月、几年甚至十几年。有的纪录片甚至没有时效性可言，例如自然探索类、历史人文类和文献档案类纪录片。社会纪实类纪录片虽然也讲究时效性，但是它的时效性比专题片还是要弱些。总之，专题片要有一定的时效性，即使所选题材没有新闻性，也要找个新闻由头引出所要报道的内容，以新带旧。例如，在"9·11"恐怖袭击事件五周年之际，凤凰卫视制作了专题片《基地组织揭秘》，该片主要是讲述本·拉登基地组织是如何诞生、如何发展、如何壮大以及如何策划"9·11"恐怖袭击事件，全都是过去的事件，但是节目开头以美国总统布什在纪念"9·11"恐怖袭击事件五周年发表讲话为新闻由头，从而带出所要讲述的过去的事情。

（二）观点鲜明性

电视新闻（消息）由于受时间、版面的限制，在节目中告知观众发生了什么事件就可以了，即告知在何时何地发生了什么事，谁参加了，过程怎样，结果如何。往往把观点隐藏在所报事实之中，通过对事件的选择与强调来体现报道者的观点立场，因此，电视新闻（消息）中很少有直接的议论，客观性强。专题片就不一样，作者在节目中从不隐瞒自己的观点，旗帜鲜明地表明自己的态度，肯定什么、否定什么、支持什么、反对什么、倡导什么、批判什么等，因此，节目中可叙述、可议论、可抒情。例如广州电视台制作的专题片《跳桥事件频现，守桥能否奏效？》讲述了海珠桥因为频频发生的跳桥事件登上了各大新闻媒体的版面，同时，还出现了一个新名词——"跳桥秀"。为了防止"跳桥秀"的发生，相关部门在桥上设置治安岗严防跳桥者，但是收效甚微。记者深入采访，用真实的镜头直击"跳桥秀"，与屡次跳桥者郑龙深入对话，试图从他身上了解"跳桥秀"主角的心态，通过剖析"跳桥秀"的深层原因，提出了加强管理的建议，引起了有关部门和社会各方的重视。纪录片中虽然也要表达创作者的思想情感，但是往往把这种思想情感蕴含在纪实之中，很少直接阐明观点立场，即使在表现型纪录片中，创作者也要注意阐述观点的分寸。这样做是为了使纪录片显得更真实，更客观，更可信。

(三) 论述深度性

专题片属于电视深度报道,因此,论述的深度性是其主要特点之一。电视新闻(消息)属于浅层报道,观众在看了新闻(消息)后,感觉还不过瘾,觉得还有很多问题不知道,急于要了解,这时,专题片就有用武之地了。纪录片重在客观记录,当然这种记录并不是记流水账,而是有选择地围绕主题来记录,观点论述不是其主要任务,因此,其深度有限。专题片通过深挖事件背景,让观众知道"新闻背后的新闻",多层次、多侧面、立体化地报道事件,在叙述的基础上一步一步表明作者的思想观点,展示事件或事物的意义及其发展趋势。让观众不但知道"是什么",而且知道"为什么""怎么办"等问题。例如四川广播电视台制作的获奖专题片《高价蔬菜的利益链条》,通过记者历时半个月的走访调查,展现一棵蔬菜从田间地头到市民餐桌所经过的层层环节,对物价这个全民最关心的话题以菜篮子为主线提出了疑问和解决办法。

(四) 主题集中性

专题片主题集中性主要体现在专题片中所有的传播符号(具象符号与抽象符号)都是围绕一个专门的题材来展开以突出节目的主题。例如南方电视台在汶川"5·12"地震发生一个月之际,制作了系列电视专题节目《超越灾难·生死》《超越灾难·精神》与《超越灾难·希望》。该系列专题片,采用记者口述加纪实的表现手法,让观众看到了采访背后的许多故事及其不为人知的细节。整个片子处处闪现出灾难当中伟大的人性光芒。在山路行进时遇到受伤的武警战士;父亲与伯伯都遇难,却在求助站坚持救人的女医生;急救昏厥大娘,立刻做人工呼吸的医生志愿者等,这些故事均体现了人间大爱的温暖。无论是节目中记者的口述、灾难现场的同期声,还是灾难现场的画面、片头片尾的议论抒情,均是为了突出节目主题的三个关键词:生死、精神、希望。

新闻片(消息)虽然也有主题,但是主题往往显得不够深入、不够集中,只是点到为止;纪录片也有主题,但是大多数纪录片常常把主题蕴含在所叙事实之中,需要观众去思考去提炼,更何况有些纪录片的主题是开放性的,呈现多元化。因此,相对于新闻片(消息)、纪录片来说,专题片的主题显得更深刻、更集中。

第二节 专题片选题与类型

专题片选题就是选择适合制作专题片的题材。不是所有的素材都能成为专题片的题材,因此,在专题片制作中,首先面临的一个问题就是选题,确立选题是制作专题片的起点。选题是否得当,关系到专题片能否吸引受众观看。关于专题片的类型,从不同的角度来分析会有不同类型。由于本章重在研讨新闻类专题,因此,对其分类着重于从外在表现形态角度来分析。

一、专题片选题

中央电视台《焦点访谈》栏目记者杨云苏说:"选题好,拍片是种享受,因为好的选题,能点燃创作激情,是成功的一半。"①可见,选题对于做好专题片之重要。专题片题材广泛,新闻事件、典型人物、新生事物、社会现象以及社会上普遍关注的热点和难点问题等都可成为专题片的题材。下面就选题的要求加以探讨。

(一)选题要有典型性

选题典型性主要是指所报道的人物、事件或社会现象既具有普遍性,又具有代表性,能够反映时代的一些特征,具有典型意义。选题典型性可以是正面的,也可以是负面的。云南电视台制作的获奖专题《漂泊的种子》,作者选取的三个11岁到21岁、在昆明读书或打工的"民二代"非常具有典型性,通过记录他们的生活、工作、梦想,反映出正在不断涌入城市的外来务工人员的生存状况,充分展示这个群体的共性和特性,以及他们身上体现出的矛盾和困惑。广东电视台制作的《灾害报告竟可以买卖》,该专题围绕"地质灾害报告"的虚假炮制和非法买卖事件,所揭示的官商勾结骗取国家资金的事件具有典型性。记者经过6个月的深入采访,成功揭露了一个由官商勾结形成的败坏风气、危害环境的不法团伙。

(二)选题要有新闻性

选题新闻性主要是指报道的人物、事件或现象要有新闻价值,这也是专题片具有时效性特点的体现。如果没有新闻性,那就不属于新闻类专题。因此,在选题时,要注重是新近发生的重大事件或出现的社会现象,新发现的重要人物或群众近来关注的热点问题。即使报道的主要内容是过去发生的,也要找个新闻由头,以新带旧。如获奖专题《共和国不会忘记——兵团老战士北京行》,新疆兵团电视台派出了记者跟随老战士进行了为期6天的采访报道,同时,该片在制作的过程中采用了大量老战士生活戍边的真实历史资料,反映了老战士为守卫边疆、发展边疆所作出的贡献。内蒙古电视台制作的专题《富豪自杀的背后》,作品以独家获得、第一时间授权发布的自焚现场切入,以令人震撼的新闻现场带领观众逐步深入事件核心。

(三)选题要有导向性

选题导向性主要是指选题时要注重题材本身所具有的舆论引导性。这就需要作者要有眼光,洞悉题材内涵。导向性的体现主要是通过选取重要的新闻事件或社会上人们关注的热点问题,来实现以正确的舆论引导人,通过详述事实与精辟评论,为社会发展营造一个良好的、健康的舆论环境,充分发挥公众舆论积极正面的作用。佛山电视台制作的获奖专题《顺德缘何要当全国机构改革先锋》,作品选取顺德启动党政机构大部制改革题材,对广东省及全国1700多个县级党政机构具有示范和借鉴意义。江门广播电视台制作的获奖专题《劳资关系也能爽起来》,记者抓住不断爆发的劳资矛盾这个题材做新闻述评,可谓独具慧眼。作品客观生动地反映了江门一些企业在改善劳资关系方面的成功探索和经验,对全国其他地方改善劳资关系具有良好的示范作用。

---

① 周墨. 选题好,拍片是种享受[EB/OL]. (2014-12-11)[2016-11-21]. http://book.sina.com.cn/longbook/1087981255_jiaodianfangtan/21.shtml

(四)选题要有群众性

选题群众性主要是指选题时要站在群众的角度来思考题材是否是群众感兴趣的,是否符合群众利益。要以群众普遍关心的重大事件、社会现象或热点人物等作为题材。也就是说选题要体现"三贴近",即贴近实际、贴近生活、贴近群众。例如目前社会群众普遍关注的强拆迁、高房价、就医难、食品安全、交通事故等,均可成为专题题材。四川电视台制作的获奖专题片《利益下的疯狂》,以成都市区连续发生两起运渣车肇事致人死亡的恶性交通事故为题材,深入调查运渣车屡治屡犯这一现状,引起全社会的关注。中央电视台制作的获奖专题《茅台镇上的强迁之痛》,作品以维护群众利益为出发点,把目前基层政府工作中一个较为典型的现象——一些基层政府为创发展、求政绩,在工作过程中不依法行政、简单粗暴的问题揭露出来。

(五)选题要有深度性

选题深度性是指题材本身所具有内容的丰富性与情节的复杂性。对于重大新闻事件和社会问题,观众不仅仅满足于知道"是什么",更想知道"为什么"与"怎么办"。因此,对这种题材的开掘,作者要多层次、多角度进行采访调查,了解事件的现状与背景,阐明事件的因果关系,分析事件的发展趋势或提出问题的解决办法等。题材本身的深度决定专题报道的深度。中央电视台制作的获奖专题《七年,未完成的拆迁》,报道的是在北京市朝阳区曙光西路,一处平房院落横在交通要道的马路中央,历时七年,拆迁一直陷入僵局,背后的原因究竟是什么?记者对钉子户、拆迁办、开发商等当事各方展开平衡、客观的调查,平等、深入地进行采访,探寻拆迁僵局背后的深刻原因,完整呈现拆迁背后的利益纠葛和法律问题。

上面五点要求是专题片选题时的共性要求。其实在具体实践中,由于栏目的定位各不一样,题材本身所蕴含的主题各不相同,因此,选题的个性化要求也就十分明显。以《新闻调查》为例,该栏目选题要求有五点。其一,选择有影响力的选题,主要是与公众利益相关的,公众十分关注且具有一定时效的事件和现象。其二,选择信息量较大的选题,让公众多角度多方面了解事实真相。其三,选择故事性较强的选题,能满足受众好奇心,吸引受众。其四,选择有命运感的选题,关注事件进程中涉及的人物。其五,选择独家的选题,发现有新闻价值的题材。《新闻调查》栏目选题遴选的标准有三个:第一是调查性,第二是故事性,第三是命运感。并且提出"主题事件化、事件故事化、故事人物化",强调挖掘新闻事实的故事性、曲折性和人物命运,以增强报道的可看性,进而得到观众的认可和喜爱。[①]

二、专题片类型

从题材内容来看,专题片可以分为新闻类专题、社教类专题、文艺类专题、服务类专题等四大类,每一大类下面又可分为许多小类。对于新闻类专题而言,依据其外在表现

---

① 百度文库.有关《新闻调查》[EB/OL].(2014-10-20)[2016-11-20].http://wenku.baidu.com

可以分为报道型专题、情感型专题、理性型专题。

(一) 报道型专题

报道型专题主要是指对重大新闻事件或社会现象运用纪实手法进行深入报道的一种视听节目体裁。相对于情感型专题、理性型专题来说，报道型专题时效性最强。报道型专题以报道事件的深度见长，着重于对事件过程的完整报道，深挖事件的背景以满足观众的好奇心，较多地运用现场同期声，给观众身临其境之感。获奖专题片《生命相髓》报道了来自海峡两岸和香港12对骨髓捐受者真情相见的情况。该片立意积极鲜明、现场生动精彩、笔触细腻深刻，以点带面地讲述了海峡两岸和香港骨髓库的真情互动和中华骨髓库的发展历程。对于新闻事件或社会现象的深度调查也应归入报道型专题之列，可称为调查性报道专题。中央电视台的《新闻调查》栏目所播节目就属于这种类型。《做空中概股》，区区五个字，成为2011年度财经领域众所周知的重磅新闻。作为专业财经媒体，《第一财经周刊》通过一周时间的深度调查和仔细剖析制作的调查性报道专题《谁在猎杀中国公司》，节目独家采访到了浑水公司负责人卡逊·布洛克（Carson Block），并在节目中报道了做空机制在中国的状况。《新闻调查》栏目原制片人张洁明确提出调查性报道将作为《新闻调查》节目发展的终极追求目标，把调查性报道作为《新闻调查》在电视市场上进行竞争的唯一优势。在中国社会发生重大变革的时候，《新闻调查》注重研究真问题，探索新表达，以记者调查采访的形式，探寻事实真相，追求理性、平衡和深入。

(二) 情感型专题

情感型专题是指报道对象的感人事迹或不平凡经历足以引起观众情感强烈震动的一种深度报道形式，人物类专题就属于这种类型。情感型专题常常以人物情感的跌宕起伏来结构全片，所有叙述均围绕人物情感的表现展开。情感型专题往往以"情"来打动观众。例如广东电视台制作的获得第23届中国新闻奖电视专题一等奖作品《老兵，回家》，通过个人命运的沉浮，以穿越时空的真实记录，展示历史与现实的厚重感。该专题片一改以往单纯采访回忆的方式，以纪实拍摄的手法，运用大量真实记录的现场同期声，例如邱联远在妻子坟前与她话别；他乡的亲人们用歌声为他送行；邱联远与佛山亲人久别重逢时，蓄积心底多年的情感爆发；邱联远在70年后再次回到广东的第一感受等，构建节目的亮点。虽然是记录邱联远回家的故事，但并不仅仅局限于邱老个人，记者尽可能在云南腾冲县寻找那些为数不多的还活在世上的远征军老兵，通过他们的故事、他们的泪水，反映了远征军老兵群体真实的生存现状，发人深省。

(三) 理性型专题

在关于电视节目体裁的界定中，学界与业界常常把电视专题与新闻评论分开，在实际操作中却又常常混合在一起，以致有些深度报道既可以说是专题，又可以认为是新闻评论。为了统一认识，方便论述，笔者把电视新闻评论归属理性型专题。理性型专题是指对重大新闻事件、社会现象或群众普遍关心的社会焦点、热点、难点问题进行叙议结合的一种深度报道形式，评论类专题属于理性型专题。这种专题既有对事实的深入报道,也有对所报道事实的精彩评论。理性型专题中叙述事实是基础,精辟言论是节目的灵魂,所有事实都是围绕中心论点来选取,叙述与评论紧密结合,注重论据的形象性与说服力,讲究叙述事实的权威性与典型性,以观点的深刻性、思辨性、哲理性、针对性来赢得观众。中央电视台的《焦点访谈》栏目所播节目大多属于理性型专题。获奖专题《名不副实的"公考"培训班》,该专题敢于向名不副实的"公考"培训机构"开炮"。节目揭露了"公考"培训机构采取无证办学、夸大宣传、假借名师和命题老师名义等恶劣手段欺骗考生,以攫取高昂的培训费。记者用细致的调查、充分的证据,揭开了这个行业的混乱内幕,戳穿了他们的欺骗行为。由于有了前面的充分叙述作基础,节目最后的评论水到渠成:"2010年广西公务员考试泄题事件其实就是培训市场混乱无序、监管缺位所导致的恶果,今年的公务员考试开考在即,我们希望有关部门真正负起责任,净化和规范'公考'培训市场,堵塞权力寻租空间,为国家选拔人才创造一个健康良好的外部环境。"

第三节 专题片拍摄

在确定选题及专题片类型后,接着就是采访拍摄。不同类型的专题片由于其拍摄重点、表现手法及作品主题不一样,因此,拍摄要求与拍摄技巧也有所不同。下面就常见的三种类型的专题片拍摄分别加以阐述。

一、报道型专题拍摄

报道型专题主要包括新闻事件性专题与调查性报道专题。这两种专题片的拍摄手法与要求,虽然很多方面是相同的,但是由于二者题材特点有所不同,因此,拍摄方式与拍摄重点还是有所不同。

(一)新闻事件性专题拍摄

新闻事件性专题主要是指对新闻事件进行深入报道的一种体裁。这种新闻事件往往是公开的、群众十分关注的、对社会产生重大影响的事件。记者常常采用显性拍摄方式,重点记录新闻事件过程,着重于拍摄好事件现场,录好现场同期声,通过镜头多方面多层次展示新闻事件,表现作品的主题。对于新闻事件性专题拍摄来说,要求做到下面几个方面。

1. 重点拍摄新闻事件现场,体现事件过程

对于新闻事件来说,现场的拍摄尤其重要,因为,用现场画面来告诉观众事发过程,远比旁白转述更有魅力,正是"百闻不如一见"。一般来说,要记录好事件过程,合理运用长镜头显得十分重要。长镜头可以保证时空的统一性与事件的完整性,增强节目的真实性,强化观众的参与感。为了保证拍摄效果,摄影师在拍摄前要做足功课,要熟悉与拍摄事件相关的内容,要有较强的画面思维能力,知道重点拍摄什么内容,用哪些内容去表现作品的主题。拍好事件过程的关键是要赶在事件发生之前,而不要等事情发生之后再去拍摄,原汁原味地记录"第一现场"是新闻事件性专题制作人永远的追求。在现场

拍摄中,变化的场景要先拍,相关人物的采访可往后进行。为了防止错失重要的情节,拍摄中要做到提前开机,延后关机,特殊情况不关机。2010年,全球500强企业丰田汽车在召回过程中"中美有别",歧视中国消费者。杭州电视台记者在得知浙江省工商局带领全省丰田车主率先站出来叫板"丰田"时,第一时间介入拍摄,获得了很多独家的新闻素材,例如浙江省工商局和"丰田"的两次约谈,双方激烈的交锋过程。记者通过现场镜头翔实地记录了丰田问题车在浙江获得召回赔偿的来龙去脉,记录了日本"丰田"如何从傲慢拒赔到道歉赔偿的过程。最终制作出专题《傲慢的丰田向浙江车主低头》,获得了中国新闻奖二等奖。

2. 拍摄好事件的亲历者与目击者,深挖事件背景

在拍摄好事件过程的同时,对事件的参与者及目击者的采访也很重要。让当事人解释说明事实的前因后果,便于让观众了解当事人的态度,丰富新闻事实内容。让目击者叙述自己的见闻,可以从另外角度补充并证实事件的过程。对于已经过去的事情的拍摄,让当事人与目击者到事发现场,触景生情地回忆,这样他们会生动形象地讲述事发过程。通过拍摄事件的亲历者与目击者,记者可以挖掘到许多事件背景,从而满足观众的信息"深度"欲望。在以车祸、火灾、空难、地震、水灾等突发事件为题材的专题片中,由于事发时记者、摄影师等并非在现场,因此,事后对亲历者与目击者的采访拍摄尤其重要。例如专题片《生死考验》,该片讲述湖南湘潭某旅行社的一辆大巴在去延安途中突发车祸,车上导游文花枝因为指挥抢救受伤旅客而错过自己抢救的最佳时机导致截肢一事,片中就请当时参加抢救的交警到事发现场讲述抢救情景以及旅客的亲身经历,再现了导游文花枝的感人事迹。

3. 抓拍现场细节,以细节感人

细节是指构成人物性格、推动事件发展、表现社会情境的最小组成单位。细节可以是人物的某个动作与表情,是事物的某个细部,也可以是事件变化最具表现力的精彩瞬间,等等。实践表明:获奖专题往往有许多感人的细节画面,细节画面是通过特写镜头来体现的。细节在叙述事件、表达情感等方面具有非凡的表现力。在事件性专题拍摄中,记者在事发现场要有敏锐的洞察力,迅速抓拍最能说明问题本质的典型细节,用典型细节来突出节目的可视性,提高视觉冲击力,改变画面的节奏,从而达到感染观众、深化主题的作用。一部富有典型现场细节的专题,往往能在观众心目中留下深刻的印象,由此打动观众,产生心灵上的共鸣。例如获得第23届中国新闻奖电视专题三等奖的《苏丹捐肝日记》,详尽记录并报道了苏丹从下定决心为夫捐肝,到复婚,再到经历两次伦理审查委员会审核的波折,直至顺利通过审核,最后完成肝脏移植手术和苏丹夫妇康复出院的全过程,以日记形式展现给观众,通过大量的细节展示了苏丹姑娘的质朴、善良、坚强的美好形象,细节饱满,感人肺腑。

4. 围绕节目主题有选择地拍摄,不干涉事件进程

在新闻事件现场尤其是突发事件现场,要拍摄的事物很多,这就要求记者在复杂的事发现场能立即做出选择,决定哪些内容先拍、哪些内容后拍、哪些内容不拍、哪些内容

重点拍、哪些内容简单拍等,也就是说记者在现场迅速确定"拍什么""怎样拍"。这就要求记者在事发现场能迅速提炼出将要制作专题的大致主题,预测事情发展的趋势。由此,毫不犹豫地确定拍摄的内容及角度。在复杂甚至混乱的场面中,保持思路的清晰和思维的敏捷,立即用镜头记录事件的重点,抓拍精彩的瞬间,围绕节目主题来选择拍摄内容。拍摄中,记者绝不能干涉事件的发展进程,要以旁观者的身份自始至终忠于现场,一丝不苟记录现场,确保拍摄的内容真实可靠,从而保证了专题片的公信力。例如获奖专题《"7·21"生命大救援》以纪实的手法真实记录了当北京市房山区遭受500年一遇特大自然灾害时,房山人民与特大暴雨、山洪抗争,营救生命的惊心动魄大事件。节目中运用了记者摄像机拍摄、当事人手机抓拍、执法记录仪拍摄、马路探头拍摄以及实景照片等方式,记录还原了灾情和大救援全貌。现场感强,真实准确。

(二)调查性报道专题拍摄

调查报道作为一种报道形式,最初起源于20世纪初美国新闻界的"扒粪运动"。1972年,美国《华盛顿邮报》对"水门事件"的揭露,直接导致美国总统尼克松的下台,将调查报道推向高潮。美国哥伦比亚广播公司(CBS)于1968年开设的《60分钟》栏目,奠定了电视在调查报道中的显著地位。1996年中央电视台开设的《新闻调查》栏目,以记者调查采访为主要形式,对社会普遍关注的事件或现象进行深入的电视调查。栏目定位经历了"新闻背后的新闻,正在发生的历史——探寻事实真相——做真正的调查报道"三个阶段,影响广泛。可见,调查性报道已经成为一种独立的电视体裁,日益受到电视人的重视。

什么是调查性报道?中外学者下了许多定义,普利策奖获得者《新闻日报》记者鲍伯格林(Bob Green)认为"调查报道是对某人或某集团力图保密的问题的报道",而且"报道事实必须是你自己发掘出来的"。[①] 复旦大学李良荣认为调查性报道又称为"揭丑"报道,它是西方国家报刊上的一种特殊报道形式,专门用来揭露社会阴暗面、政府的黑幕、大企业的罪恶勾当以及黑社会的内幕等。[②] 甘惜分主编的《新闻学大辞典》把调查性报道定义为:"一种以较为系统、深入地揭露问题为主的报道形式。"[③] 由以上定义可以看出,调查性报道是运用调查手段对群众关注的社会重大问题或事件进行深入的报道。把电视调查性报道归入专题片之列,是因为它具有专题片的特点。对于调查性报道专题的拍摄,摄影师要强化两种意识:揭露意识与质疑意识。在具体拍摄中,要把握以下几个方面。

1. 把握"偷拍"原则,记录调查过程

偷拍是指未征得当事人同意采用隐秘方式进行拍摄的一种行为。一般情况下,偷拍行为应是禁止的,因为,这种拍摄方式容易侵犯个人隐私。当然也有例外,正如《英国新闻投诉委员会的实践准则》第11条所讲"不正当手段"的运用:"只有为了公众利益及

---

① [美]特德·怀特,等.广播电视新闻报道写作与制作[M].温国华,于桓申,译.北京:中国广播电视出版社,1987:294.
② 李良荣.西方新闻事业概论[M].上海:复旦大学出版社,1997:134.
③ 甘惜分.新闻学大辞典[M].郑州:河南人民出版社,1993:153.

材料不可能通过任何其他方式获得时,方可使用计谋手段获取材料。"①也就是说,拍摄者要进行偷拍,必须满足两个条件:其一是为了公共利益,其二是通过正常渠道无法拍摄,只有采用偷拍手段才能获得材料。两个条件,要同时满足,缺一不可;否则,就不得偷拍。对于调查性报道专题,如果采用偷拍方式,就得遵守上面两个条件。

调查性报道主要运用于对社会问题或事件的揭露,往往通过正常渠道拍摄难以获取所需材料。中央电视台制作的专题《假酒真相》,记者历时两个月暗访河北省昌黎县,深入调查,发现当地部分葡萄酒厂用酒精、色素、香精加水勾兑劣质假酒,又贴上假名牌标签,行销全国,数量巨大。从造假酒出发,记者又挖出当地从添加剂销售到假商标制作的一条龙造假酒产业链。另外,节目还反映出当地一些正规的大酒厂用"大厂里套小厂"的方式造假酒,规避监管,而相关执法部门的一些监管措施也形同虚设。

下面片段通过偷拍记录了制造假酒的过程。

……

在记者的追问下,更好酒业公司的销售经理,终于透露了葡萄酒如此便宜的秘密。

记者:是不是全汁啊?

王敬宇:最低档的不是全汁。我们灌的汁是水多酒少。

记者:酒汁少,这个酒汁啊占50%?

王敬宇:占不上。

记者:大概能占百分之多少?

王敬宇:占20%差不多,20%汁。

记者:其他的是啥呢?

王敬宇:其他的是水呗。

【解说】他告诉记者,酒汁里酒少水多自然便宜,但要当真酒卖,仅仅掺水还不够。从外观到口感,还要用特殊的原料调制。

记者:那颜色怎么弄呢?颜色不淡了吗?

王敬宇:颜色用色素嘛。

记者:那味怎么弄?

王敬宇:味嘛,要加辅料,全靠辅料调呗。

记者:啥叫辅料呢?

王敬宇:这就是里面加酒的成分,调酸、调色的往里加。

……

假酒调制好了,想要卖得出卖得火,还需要一个重要的环节。在嘉华酒厂,销售经理从一个立柜里搬出一个纸箱,里面全是假冒的各种国内外名牌葡萄酒的标签。

程和明(昌黎嘉华葡萄酿酒有限公司销售经理):(仿真度)95%以上,一模一样

---

① [法]克劳德-让·贝特朗.媒体职业道德规范与责任体系[M].宋建新,译.北京:商务印书馆,2006:94.

不可能,咱没人家的真软件。谁说做得一模一样,我跟你说,那是谁也做不出来。

记者:一般的消费者?

程和明:消费者看不出来。

【解说】假酒贴上假标签,摇身一变成了名酒,销量自然不成问题。

记者:你这儿一年大概能走多少酒?

程和明:40万箱。

记者:40万箱啊?都是贴标的吗?

程和明:对。

【解说】按照一箱六瓶计算,仅嘉华这么一个小酒厂,一年就能销售240万瓶假冒的名牌葡萄酒。那么这些假商标又是从哪儿来的呢?这里是离昌黎县城不到五公里的抚宁县留守营镇凡南彩色包装公司。车间里机器轰鸣,正在印刷假冒的名牌葡萄酒包装和标签。

像这种以制造假冒伪劣产品为题材的调查性报道,如果采用明访,就不可能得到上述第一手材料。由于制造假酒严重地危及人们的生命安全,而正常拍摄渠道又行不通,因此,采用偷拍方式是合理合法的。调查性报道专题重在记录调查的过程,让观众看清事物的真实面相,还事实以真相。

2. 注重镜头稳定,确保同期声清晰、完整

在调查性报道专题的拍摄中,如果采访对象不配合,就得采用隐秘拍摄方式来获取相关素材。在拍摄中,既要防止对方知道拍摄,又要保证拍摄效果,因此,拍摄前记者要做好各种准备,包括拍摄设备准备、采访问题准备以及自己的心理准备。先试好哪种姿势拍摄既不会让对方知道,又能拍到有效画面。拍摄中尽量不要随意晃动偷拍设备,要注重镜头的稳定性。与此同时,要确保现场同期声既清晰又完整。在许多情况下,由于受偷拍现场条件限制,画面效果并不理想,但是同期声采录完好,同样能保证传播效果。例如黑龙江电视台制作的获奖专题《如此烧烤》节目组提前40多天就开始精心准备,派出多路记者卧底拍摄近一个月,在哈尔滨多家烧烤店展开调查。为了能够相对全面地展现这一行业的现状,卧底记者分别选择了多家大中小型的烧烤店,真实地记录下了表面热闹、繁荣的烧烤市场中存在的惊人内幕和潜规则。再如广州白云区电视台制作的获奖专题《水厂水源严重污染该谁来管》,该专题开头画面具有很强的视觉冲击力:"饮用水源一级保护区界"的石碑与界内乌黑发臭、漂浮着垃圾的河水,画面对比强烈。接着暗访了有关管理部门的负责人,他们相互推诿、不负责的官僚形象在清晰完整的同期声中得到充分体现。

……

【暗访同期声】(环保部门负责人)好多部门以为是由我们承担,实际上不是由我们承担。我们只是对基本的情况去看看,其他不用管。因为它(养猪场)很散,调查取证不知找谁,全部是无牌无证的,散养的嘛,去酒楼收些潲水回来煮,煮完给猪吃,

就是这种情况。

【暗访同期声】(工商部门负责人)我们也想管,但很多东西我们也管不到啊。我们没那么多人,没那么多力量。我们也想管,关键是力量达不到。农业部门也存在这个问题。有一些养殖场成规模的,它要领营业执照。有一些在家养三五头、属于农民致富的问题,你说它是养殖场,可这是农民自己操作的事情嘛,他也没有领执照,你怎么去说?你说不让他养?养十来二十头的,领什么营业执照?所以这个问题很难界定。

【暗访同期声】(城管部门负责人)职责嘛,是要综合治理的。我觉得哪个部门都不好做。养猪的事涉及农业,农田养猪是绝对不行的……一、二级水源保护区,广从路以西,都一律不准养,包括"三鸟"都不能养。下一步我们要一律拆迁。城管办作为职能部门的协调单位,我们依赖的是执法主体,工商、环保、规划、建设,都是这些部门做的,我们负责总牵头、总负责。

……

3. 提倡隐性拍摄与显性拍摄相结合

显性拍摄是指征得当事人同意公开采访目的的拍摄,是与隐性拍摄(偷拍)相对的一种拍摄方式。在调查性报道专题的拍摄中,虽然隐性拍摄可以得到正常情况下拍摄不到的素材,但是如何解读这些材料,有时还需要采访知情者及相关专业人士,这时就可采用显性拍摄。因此,在调查性报道专题的拍摄中,提倡把隐性拍摄与显性拍摄结合起来,使观众可以多层次、多侧面、全方位地认识事物的本质,从而达到舆论监督的效果。陕西电视台制作的获奖专题《揭开钢筋"瘦身"的秘密》,报道了钢筋加工行业泛滥,竞争激烈,建筑施工单位不仅不向他们支付加工费,还向他们索取回扣和好处费的现况。因此,把钢筋拉细"瘦身"就成了这个行业的潜规则。记者通过大量的隐性拍摄,展示了"瘦身"钢筋加工的细节,同时记者也暗访了大量的"瘦身"钢筋加工者和幕后操纵者。在此基础上,记者采用显性拍摄采访了权威的建筑界人士,剖析了问题的严重性,揭露了建筑行业多年暗藏的黑幕。例如对陕西省黑色冶金产品质检站高级工程师张仲儒与陕西省建筑科学研究院顾问总工程师吴成材的采访就是采用显性拍摄。

……

【同期声】(陕西省黑色冶金产品质检站高级工程师张仲儒)光圆钢筋属于咱们国家的强制检验产品,外观尺寸主要有三项强检指标。一个是直径,直径正负不能偏差到0.3以外,要在正负0.3之内。他们送来(检测)的光圆钢筋,它们(钢筋)的直径严重超差,重量偏差更厉害,就是说它的重量偏差将近30%。这样的钢材要是用在工程上去,可以说没有办法保证工程质量。

【同期声】(陕西省建筑科学研究院顾问、总工程师吴成材)从1976年的唐山大地震开始,以后大小地震是不断的,所以我们国家的抗震专家、结构专家都提出来,希望我们国家的钢筋有比较好的延伸,万一这个楼倒了,它会慢慢倒,人还能跑出去,楼突然之间倒,人不是就跑不出去了嘛,就是这样一个道理。

记者:那这种钢筋对建筑的质量安全是有影响的?

吴成材:对,抗震的性能就减低了。

……

上面通过对两个高级工程师的公开采访拍摄,将钢筋"瘦身"对建筑工程的质量造成的危害表达得一清二楚,让专业人士来说,更具权威性与可信度。

二、情感型专题拍摄

情感型专题能否感人,关键在于拍摄的内容是否感人。动人先动己,拍摄者首先要被拍摄的人物所感动,然后才能使拍摄的内容感动别人。情感型专题重在以情动人,拍摄时要抓住人物的感人事迹与曲折经历来作为拍摄的重点,用镜头叙述或佐证人物的事迹,以真情打动观众的心灵,达到引起观众情感共鸣的目的。因此,情感型专题拍摄要求从以下几个方面着手。

(一)正面拍摄人物先进事迹,展现人物精神风貌

正面拍摄在这里不是指拍摄时摄影机相对于被摄人物的位置,而是指直接拍摄所要报道的人与事,可以理解为直接拍摄。一般来讲,人物专题片的拍摄要得到被摄人物的配合,因此,拍摄前要把拍摄的目的告诉对方且得到他的同意。如果对方不想张扬自己的先进事迹,就得通过多种方式做些沟通工作。为了更好地完成拍摄任务,记者要全面了解先进人物的事迹,甚至可以与对方接触一段时间,解除对方在镜头前的紧张感。如果被摄人物先进事迹很多,就要从中选取典型的事迹来拍摄,通过不同场景下做的不同事迹,展现人物的精神风貌。新疆电视台制作的获奖专题《凡人的慈善情怀》,该专题在新疆、贵州、北京三地拍摄,采用正面跟踪报道阿里木的事迹,并用纪实的方式讲述了阿里木朴素的感人故事。阿里木出生在新疆巴音郭楞蒙古自治州和静县,1997年从部队退役回家,怀揣着创业的梦想离开了新疆,2000年,他来到了贵州毕节市,在身陷绝境之时,在一个当地好心人的帮助下,他靠卖羊肉串开始新的生活。滴水之恩当涌泉相报,阿里木也是在这一年开始了他的慈善之路:看到很多的贫困学生上不起学,阿里木主动资助他们。为了能帮助更多的学生,2006年,他在毕节学院开设了阿里木助学金,每年帮助十名贫困大学生。从2000年到2010年间,阿里木将靠卖出40多万串羊肉串攒下的16万元,全部资助给了汉族、苗族、布依族等民族的贫困孩子。2010年9月,阿里木获选"第二届贵州省道德模范"。2011年1月,阿里木荣获"中国网事·感动2010"年度网络人物,2011年7月荣获第六届"中华慈善奖"慈善楷模称号,2011年9月又获得了"全国助人为乐道德模范奖"。2012年2月3日,阿里木荣获"感动中国2011年度人物"。

(二)侧面拍摄相关人与事,衬托人物思想境界

侧面拍摄可以理解为间接拍摄,是指通过拍摄与被摄人物相关的人与事,从另一角度衬托出人物崇高的思想境界。先进人物往往不是孤立生活的,他总是生活在一定的社会环境中,与周围群众有着密切的联系,对社会产生积极的影响,因此,通过选择拍摄

与先进人物有某种联系的有代表性的群众,可以从侧面反映出先进人物的崇高品质。间接采访拍摄可以丰富人物的思想内涵,使人物显得更真实、更亲近,从而提高节目的可信度与亲和力。例如获第 23 届中国新闻奖的电视专题《魂系海天》就是在特殊的背景下完成的。2012 年 11 月 25 日,罗阳同志在顺利完成歼-15 舰载机航母起降飞行训练任务后,突发急性心肌梗死,经抢救无效,以身殉职。《魂系海天》专题片是全国范围内大面积宣传罗阳事迹中的精品节目。由于主人公罗阳已经故去,加上他所在的中航工业沈飞集团属于特殊的保密单位,罗阳生前承担的重要工作更是涉密行业。因此,只能从侧面采访罗阳生前航空战线的战友,以此来展现人们心中的罗阳形象及罗阳的贡献对国家安全的意义。

（三）拍摄人物闪光点,刻画人物性格

人物闪光点是指人物身上存在的优点。一滴水可以反映太阳的光辉,一处闪光点可以反映一个人的思想性格。虽然每个人身上都有闪光点,但是闪光点仍然需要去挖掘,去发现,去捕捉。情感型专题片中的人物具有许多的闪光点,因此,拍摄中要紧扣人物工作、生活、学习或成长过程中的闪光点来拍摄,通过人物闪光点来表现人物的心灵境界,感染观众。专题片中要把人物性格鲜明地表现出来,这就需要记者、摄影师在现场细致地观察人物的行动、言语、表情、心理活动等。及时抓拍最能体现独具个性的闪光点,平凡之中见伟大,细微之处见真情。一部好的情感型专题片往往离不开被摄人物身上随处散发出来的闪光点。重庆广播电视集团制作的获奖专题《一个人的路》,通过报道患有先天性成骨不全症的苏相宜的坎坷遭遇,摄录她身上的闪光点,体现她坚强乐观的性格以及积极向上的思想。苏相宜从小被父母遗弃,全靠养父母细心的照顾和教育,她从来没有进过一天学校,11 年来没有出过一次家门。在如此艰难的环境中,她身残志坚,刻苦自学,不但学习了英语专业的大专课程,还有多篇原创文学和翻译作品,在报纸杂志上发表。而隐藏在这些成绩背后的,除了女孩和养父母超乎常人的付出,还有一段夹杂着悲欢离合的坎坷命运。养父母因病先后离世,她成为一个孤儿,但仍然顽强地生活,生活的磨难并没有使她灰心丧气。所有这些引起观众心灵的震撼。

（四）记录人物心路历程,以情动人

情感型专题要通过记录人物的心路历程,反映人物所思所想,以此展现人物的个性特点与精神品德。记者要做到轻松自如地拍摄到人物的心路历程,事前就得熟悉拍摄对象,与被摄人物交朋友,用真情换取对方的真心,使对方愿意向你倾吐心中的喜怒哀乐,乐意向你讲述自己的非凡经历,在这种状态下,就能拍摄到许多有用的素材。内蒙古赤峰电视台制作的获奖专题《七旬老人还债记》,讲述了内蒙古赤峰市松山区庆昌德村村民田祥曲折感人的还债经历。他从 50 岁开始在乡间经商创业,从乡亲处筹款用于资金周转,后因谣言而致使生意横遭变故,田祥一夜之间破产倒闭,蒙受冤屈。为了还债,60 岁的田祥只身前往陌生的沈阳,捡破烂攒钱。期间,遭遇了失去亲人等种种挫折,但田祥始终没有放弃还债的信念。终于,在 77 岁时,他攒够了欠下的 17 万元,亲手送还到了乡亲们的手中。在全社会都在呼唤诚信回归的时代大背景下,田祥老人无疑是为当今的时代树起了一根诚实守信的道德标杆。记者在采编过程中介绍,他们用了三天时间与田祥老人同吃同住,经过20多个小时的聊天,拍摄了900多分钟的人物同期声,了解了老人从经商到欠债再到还债的整个经历。由于老人是在完全放松的状态下讲述的,所以十分真实可信。其中的一些细节生动感人,令人难忘。

三、理性型专题拍摄

理性型专题是叙议结合的一种深度报道形式,是形象思维与抽象思维结合的产物,往往集叙事、采访和评论于一身,以精辟的言论来打动观众,赢得观众。理性型专题中叙述是基础,评论建立在事实之上,因此,在拍摄实践中,重点是拍好主要事实,围绕中心论点来拍摄,用事实来证明观点。事实服务观点,观点统帅事实。有鉴于此,理性型专题拍摄要求注意以下几个方面。

(一)拍摄能体现观点的事实,用事实说话

事实胜于雄辩。中央电视台的王牌评论栏目《焦点访谈》的制作理念就是"用事实说话"。在实践中,要抓住最能体现观点的事实来拍摄,用事实说话更有说服力,更有可信度。如果事实不够,只用观点来凑,这种理性型专题就显得空洞无物,难以服众。依据所摄事实来表明自己的观点立场,肯定什么、否定什么、赞扬什么、批判什么等,旗帜鲜明地表明自己的态度,就能体现评论的力量。在拍摄中,要注重画面的表现力和事实的形象性,以此增加专题片的可视性。佛山电视台制作的获奖专题《顺德缘何要当全国机构改革先锋》,通过大量的事实论述了顺德为什么要实施大部制改革,把41个党政部门整合成16个。为了使评论有深度、有力度,记者之前随时关注大部制的进展,做了大量准备工作。为了将主论点阐释清楚,记者花了大量时间,精心组织人员,多次走访市民、政府机关、大部制改革实施者及专家。尤其是针对大部制改革前后,顺德部门面貌发生了什么变化,给市民带来什么样的实惠,以大量的新闻事实、群众意见作为论据,以专家学者的观点来论证。本专题围绕中心论点来采访拍摄有关人与事,充分论述了顺德为什么要改革、如何改革、为何要这样改、改革的成效怎样等问题,令人信服。

(二)拍摄各方当事人,用同期声佐证事实

在理性型专题拍摄中,记者要采访涉事各方,让当事人在镜头面前讲述事情的经过与缘由。通过采录当事人的同期声,佐证事实,从而为节目的言论增添事实论据。只有拍摄到各方当事人,才能把事实交代清楚。乐山广播电视台制作的获奖专题《政策性农业保险为何理赔难》,记者通过深入采访与政策性农业保险有关的各方,让他们在镜头面前讲述各自的情况,从而明白政策性农业保险为何理赔难这一问题。从2007年开始,乐山市政府在全市范围内开始政策性农业保险的试点和推广工作,但是,因其理赔难,引起群众强烈不满。许多群众表示,这样下去,他们不再愿意买政策性农业保险了。记者调查了解到,理赔难既有保险公司从事这方面的人财物力投入少、勘察理赔程序较烦琐等表面现象,更有政策性农业保险目前运行的机制很难调动保险公司的积极性、法律法规缺失等深层次的原因。所有这些缘由均是通过村民、村主任、保险公司经理、政研室

副主任、律师、农工办领导等的同期声加以印证。

（三）摄录相关人物访谈，作为观点的论据

理性型专题拍摄中，如果是明拍，就要选择知情人物、权威人士、专家学者等，让这些人在镜头面前发表自己的看法，可以为节目的论点提供直接的论据，从而增强节目的评论力量。因此，拍摄前要先确定好采访对象，可把要谈的话题告诉对方，让他们有所准备地发表自己的观点。如果是暗拍，就要注意摄录被摄人物的言行，以证明节目的观点。无论明拍还是暗拍，拍摄中要保证同期声的质量，既要清晰又要完整，这样有利于后期制作的选用。例如天津电视台制作的获奖评论《东方白鹳被毒杀——谁之过》，节目以记者调查天津滨海新区北大港湿地管理现状为明线，以警方破案和救治东方白鹳为暗线，用事件进展推动论证，通过明访滨海新区大港水务局渔苇管理所、农业服务中心、公安局、管委会等单位的负责人以及市民，了解到湿地管理混乱，人们环保意识不强；通过暗访大港港起饭庄与胜利饭庄经营者，了解到捕杀盗猎产业链猖獗的现实问题。明访与暗访得来的第一手材料都是支撑节目观点的论据。再如获奖专题《强扭的"枣"能甜吗》，采用记者调查的方式，通过村民与干部的大量同期声对事实进行了展示，作为节目评论的依据。并采取"新""旧"对比、"收""种"对比的方式，反映了地方政府不顾老百姓利益，只重视完成任务追求政绩的错误做法。

第四节 专题片写作

在选好题且采访拍摄完后，接着就进入专题片文稿的写作阶段。写作前，作者必须先熟悉整个素材，包括人物访谈、背景资料、事件现场、已有报道等直接或间接得到的材料，把握整体，从中提炼出节目的主题，精心设计节目的结构。在具体写作中，要求做到以下几点。

一、主题要突出

主题是节目的中心思想，是节目的灵魂。在从收集的大量材料中确立了节目的主题之后，作者在专题片的写作中要精选材料及运用各种表现手法来突出节目的主题。

（一）围绕主题精选材料

一般来讲，在视听节目制作过程中均要受到时间版面的限制，专题片也不例外。虽然专题片时间长度比电视新闻（消息）要长，但是由于其报道的事情复杂，采访的人物众多，收集的背景材料丰富，因此，制作者必须从所掌握的材料中加以精选。如何精选？即围绕主题来精选。在专题片的采访中，材料越多越好，但是在专题片的写作中，材料越典型越好。写作中，作者要选择最能揭示事物本质的有个性的材料，要选择能体现创作者观点、思想、情感的事实材料，要选择能佐证事发过程的现场材料，要选择具有说服力和权威性的现场同期声材料，要选择揭示事情来龙去脉的背景材料等。例如由广西电视台制作的获奖评论《名不副实的"公考"培训班》，节目围绕"名不副实"，通过采访当事人、现场取证、寻访知情人和向权威职能部门核实等调查手段,最终将那些非法办学机构的谎言一一戳穿,将真相告知于天下。

(二)调用各种视听表现手法突出主题

电视文字稿写作不像报纸文字稿写作,由于有了画面的加入,因此,在写作中,要运用画面思维,即在写作中要考虑如何通过视听形式的表现手法来突出节目的主题。视听节目是用来看与听的。节目要做得好看、好听,还得从形式上讲究制作手法,以此来突出节目的主题,提高节目的可视性。例如通过图表、动画的运用,使节目内容的表达更为简洁,更加直观;通过现场音响的加入,使节目显得更加真实,更具感染力;通过编配恰当的音乐,使节目传递的情感更加丰富,更加感人;等等。在保证专题片真实的前提下,能突出节目主题的视听表现手法在写作过程中都要有所考虑。

二、事实要详尽

如果说电视新闻(消息)以"快"取胜,电视专题则以"深"取胜。观众在看了电视新闻(消息)的报道后,往往对事实的来龙去脉并不是很清楚,这时,专题片的作用就体现出来了。前面所讲在专题片选题时要注重题材的深度性,也就是题材要有可掘性。通过运用各种调查采访手段,创作者要把报道的事实详详细细地弄清楚;通过对所占有材料的分析,把握事物的本质及发展趋势;要分清报道中主要事实与次要事实、概括事实与具体事实。对于能突出节目主题、展现人物性格的事实要充分叙述。美国学者特德·怀特(Ted White)认为:"新闻专题不能简单地报道事件结果,简单地介绍事件过程,简单地进行某种是非判断,简单地传达某种结论,而要着重于过程和原因的分析,要再现生活的复杂性和矛盾性,要展现生活的丰富性和种种出人意料又在情理之中的一些特性。"[①]例如珠海广播电视台制作的获得2011年度广东省广播电视节目一等奖的电视新闻评论《国有土地不是唐僧肉》,作者敏锐地抓住了违法占有使用国有土地的两个典型事件:一是陈××三兄弟违法占地抢种树木并在身为市公安局处级干部的哥哥陈××的支持下暴力抗法;一是南屏镇居民"跑马占地",私建房屋,酿成房屋倒塌事故。创作人员通过对违法占地现场事实与背景事实、具体事实与概括事实的详细叙述与分析,揭示了珠海市违法占用国有土地问题的普遍性、严重性,给人们敲响了警钟。

三、背景要充分

专题片中报道的人物或事件总有与它形成有机联系的一定的环境和历史条件,有它产生的原因,这些就是背景。现实生活告诉我们,任何新闻人物和事物的产生,都不是孤立的,都有它产生、成长、发展、变化的原因,都与周围的人与事产生某种联系。因此,在专题片的写作中必须把事实的来龙去脉挖掘出来,让观众明白其中缘由,认识它的意义和作用。背景材料多种多样,主要有对比性材料、说明性材料、注释性材料等。在专题

---

① [美]特德·怀特.广播电视新闻写作与报道[M].吴风,等译.北京:新华出版社,2000:285.

片中,恰当使用背景材料,不但能解答观众心中的疑惑,而且能深化节目的主题,使节目内容更显深度。例如新疆生产建设兵团电视台制作的获奖专题《共和国不会忘记——兵团老战士北京行》,叙述的是在中国共产党成立90周年之际,北京市委、市政府专门邀请兵团各师直属机构以及曾经在兵团工作过的31位老战士赴京参加北京市委庆祝建党90周年系列活动。本片在重点纪录这些老战士在北京行程的同时,还插入了他们当年解放新疆、屯垦戍边的往事,例如由三五九旅七一九团改编的中国人民解放军第一兵团第二军五师十五团到达新疆哈密后,步行十六天,行程近千公里,走到了南疆重镇阿克苏。正当他们与各族人民欢庆阿克苏解放之际,突然接到一项特殊的命令——消灭和田的国民党残余势力,阻止民族分裂势力武装叛乱的步伐。于是,十五团横穿荒无人烟的塔克拉玛干大沙漠直奔和田,成功进驻和田,粉碎了反动分子暴乱的阴谋。十五团进驻和田,冒天寒地冻,风餐露宿,创造了史无前例的进军纪录。1950年1月,新疆军区下达生产命令,要求驻疆部队以集体劳动、集体经济的优越性,示范于新疆人民,全体官兵驻守新疆,不吃地方,一律参加劳动生产,等等。专题中通过这些背景材料,让人们进一步认识这些平均年龄82岁的31位代表是中华人民共和国屯垦戍边事业的开拓者和建设者,为解放新疆、建设新疆、保卫边疆做出了不可磨灭的贡献。试想如果没有这些背景材料来支撑,仅仅是记录他们在北京的活动,主题就会显得肤浅,内容就没有深度。广州花都区广播电视台制作的获奖专题《王明健的奇特人生》,讲述了20世纪50年代,大学毕业生王明健受组织派遣,从北京来到广东下庄这个山沟里,克服重重困难,发明了简易炼铀法,终于为中国第一颗原子弹提炼出急需的核原料的感人故事。节目中,作者恰当地运用了大量的历史资料作为背景材料,如刘少奇签署命令,为新组建的309队选调干部;1958年,二机部召开秘密会议,要解决原子弹的原料问题;八一电影厂的新闻影片《土法炼铀的一面旗帜》;1964年,我国成功爆炸第一颗原子弹;等等。这些背景材料的运用,为表现主人公王明健的崇高道德品质起到了很好的衬托作用,也展示了中华人民共和国成立以后人们普遍具有的革命激情。

四、细节要感人

专题片中的细节包括画面细节、声音细节与屏幕文字细节等。在文字稿的写作中,要抓住那些具有感染力、能突出节目主题的细节,加以放大,引起观众的注意力,达到情感的共鸣。获得第21届中国新闻奖电视新闻专题奖的《水愿》,片中通过现场画面与旁白,把2009年下半年至2010年5月中国西南大地遭遇百年罕见大旱、人畜饮水告急的状况形象地展示出来,尤其令人难忘的是片中的许多细节。例如:"库底没有了一滴水。整个库底,就是一片连绵不绝的'土林'了,比距离它不远处的石林,绝不逊色。林立的红土柱矗在一个平面上,间隙是大地裂开的伤口。伸出一只拳,或一脚踩空,胳膊和脚都会深深地陷进裂隙中。土林漫延着,在裂缝中,或是在干泥柱中,嵌着已经晒干的蚌壳,还有泛着白光的鱼儿。鱼儿不大,但那游动的姿势依稀可见。"声音与画面把林立的红土柱、裂缝、晒干的蚌壳、干死的鱼儿游姿等细节一一再现,干旱之严重令人震撼。在专题片中用文字(声音)叙述细节,用画面证实细节,声音与画面围绕同一个事实细节来叙述,容易引起观众心灵的共鸣。在写作中,作者还要考虑哪些内容需要通过屏幕文字细节来强化,达到最佳传播效果。

五、叙述要生动

在叙述、说明、议论、抒情等表达方式中,专题片文字稿写作常常以叙述为主要表达方式,节目内容主要靠叙述方式来传播。美国电视深度报道的叙述方式主要有三种:调查式叙述方式、分析式叙述方式和白描式叙述方式。调查式叙述方式一般用于犯罪新闻和事故新闻的调查取证与推理归纳。节目往往以记者(或主持人)概述新闻事件为开端,然后根据掌握的资料和证据询问罪犯或当事人。在结尾部分向观众交代事件发展的结果与影响,告诉观众当事人的结局或下场。在分析式叙述方式中,记者的角色相当于社会评论家。他根据新闻事实来分析社会中存在的某种现象、新闻本身所造成的影响以及对未来做出某种预测等。白描式叙述方式的目的在于通过记者近乎"纯客观"的描述与记录,反映现实生活中的原生态新闻事实,让观众自己从中得出合理的判断与结论。[①] 无论采用哪种叙述方式来撰写专题片文字稿,都要求做到叙述生动。叙述生动主要是指叙述语言既要具体形象,又要精练准确。例如电视新闻评论《国有土地不是唐僧肉》,在片中写道:

> 如果说"陈××暴力抗法事件"是不法者与公职人员勾结成利益链条的话,×××村圈地盖房出租赚钱或卖地得钱,就是一些普通村民通过违法买卖建楼出租的致富方式。
>
> 【字幕入】据统计,自2009年以来,我市通过动态巡查发现土地违法立案237宗,已结案193宗,目前仍有44宗还在查处中。【字幕出】
>
> 违法占地的现象不降反增。一边是大肆侵占国有土地,一边是土地的严重不足制约着经济转型。在"珠三角",深圳的土地开发强度已经到了47%,东莞超过40%,而国际公认土地开发强度超过30%的已经到警戒线、临界点。珠海,目前的土地开发强度也已经达到30.44%,同样无法回避"成长中的烦恼"。

这段叙述既有对上文的精辟总结又有对下文的引导过渡,既有概括事实又有具体事实,既有现实材料又有背景材料。用"成长中的烦恼"生动地表达了珠海发展与土地保护之间的矛盾。

六、评论要点睛

无论是报道类的专题、人物类专题还是评论类的专题,节目中的评论必须建立在叙事的基础上。没有叙事作为基础,评论就显得无病呻吟,空洞无物,因此,事实清楚是评

---

① 姚治兰.电视写作教程[M].北京:中国传媒大学出版社,2010:162-164.

论的前提。适当进行评论,可以表明作者的态度和观点立场;可以引导观众深刻地认识事物、明白事理;可以升华节目的内涵、突出主题;等等。评论切忌空话、套话,评论要精辟,要富有哲理,要击中要害,要起到画龙点睛的作用。例如上海广播电视台制作的获得第22届中国新闻奖电视评论一等奖的节目《聚焦医患"第三方"》,完整记录了一起医患纠纷的调解全过程,充分采访了医院、患者家属对立的双方,对专家咨询会的全过程进行了放大,以客观报道有力地阐明观点,最后节目记者出镜加以评论:"采访中,患者家属告诉记者,医患纠纷人民调解让他们体会最深的是沟通方式的不同,和医院谈往往是直奔主题,目的就是分清对错,但是医调委介入后,往往首先是互相倾听,纾解情绪,消除误会,看似多了一道程序,其实是以柔化刚,以退为进,让矛盾双方回归理性,让调解得以继续。我们不能说第三方的出现就能马上治好医患纠纷中的种种顽症,但至少它提供了一个沟通的新渠道,一个重建信任的新平台,一个社会管理的新角度。"由于有了前面深入的采访调查得来的事实材料为基础,因此,这样的评论显得具体充实。

再如中央电视台焦点访谈播出的获奖专题《假酒真相》,节目紧扣民生,首度揭露了整个假酒产业链条。基于扎实深入的调查,节目最后主播对昌黎假酒泛滥、监管失力的状况进行了犀利的质疑和评论:

在昌黎县,一些葡萄酒厂的老板造起假来似乎已经没了什么顾忌,您听这话"我都不怕你怕啥",表面看起来是那些安装在造酒车间里的探头成了摆设,可是实际上是当地各个部门的监管成了摆设,成了空壳,这就纵容甚至催生了一条造假酒的产业链。大量假葡萄酒就这样源源不断地被制造、被销售,坑害着消费者。那么造假者为什么不害怕?监管体现在哪儿?昌黎县的监管部门如何面对着这样的问题?

如此评论与质疑一针见血,击中要害,说出了观众心中想说的话,颇有力量,酣畅淋漓。

第五节　专题片编辑

在采访拍摄、文字稿写作及录音完成后,接下来进入节目制作的最后一个环节——编辑。对新闻性专题片来说,编辑任务往往由记者来完成,这样安排既可以保证专题片的质量,又可以保证专题片的按时播出。因为,记者对节目素材高度熟悉,可以节省大量的时间;同时记者对专题片的主题、结构、同期声的选用、声画的配合等,在前期工作中已有充分考虑,编辑起来就会得心应手。不管是编辑报道型专题、情感型专题还是理性型专题,均要从内容与形式两个方面下功夫,总的编辑原则是:内容上求深,形式上求活。下面分别加以阐述。

一、内容上求深

新闻性专题不同于一般的电视新闻报道(消息),其最大特点就是内容的深度性,这也是吸引观众的最大卖点。虽然在前期采访拍摄中深挖了许多材料，在文字稿写作中也注意了事实的详尽与背景的充分展示，但是这些还不是成品，至多算是半成品。准确地说它们是属于后期制作的材料，只不过这些环节所做的工作为专题片后期制作打下了坚实的基础。如何在后期编辑中开掘出专题片的深度，需要从下面三个方面着手。

（一）精选同期声，处理好同期声与旁白的关系

在新闻专题片中，同期声是指在拍摄人物讲话时录下的讲话声和背景声，包括现场效果同期声（新闻现场的各种音响）和现场采访同期声（新闻现场人物说话的声音）。用好同期声是视听新闻从业者具有专业理念的充分体现。

但是，在制作专题片时，电视新闻从业人员对同期声的运用往往存在两种错误观念。

第一种错误观念是：同期声占用时间较多，影响传播的信息量。由于存在这种观念，以致有些专题片中不用或少用同期声。原因有二。其一，视听从业者误解新闻性专题中的"时间节约"含义。认为新闻性专题中运用同期声，浪费时间，减少了传播的信息量，不如旁白传递的信息多。其实不然，同期声和旁白作为一种有声语言符号，担负着新闻专题的逻辑叙事功能，专题片内容的准确传播，在很大程度上讲要依赖这两种语言符号。新闻性专题的时间节约主要是指把采访中的废镜头、废话、无效同期声（不含信息量的同期声）等删去，以保证同期声的信息含量。其二，认为同期声中的方言、外语，观众听不懂，不如让旁白来代替。其实这是一种懒惰的表现，难道不能用屏幕文字来体现同期声内容吗？要知道，不管多么流畅的旁白也不能取代被采访者谈话的权威性，和被采访者所处的特殊地位而带来的真实性。

第二种错误观念是：同期声多比同期声少要好。由于存在这种观念，以致滥用同期声。主要表现在两个方面。其一，无效同期声过多。无效同期声是指偏离节目主题、不是观众"欲知而未知"的内容、不含信息量的同期声。无效同期声的拖沓冗长，致使观众心理时间放大，产生厌倦情绪。因此，对于无效同期声要毫不留情地删除。其二，同期声运用不当。主要表现在人为地制造同期声，要被摄人物按记者的意图背稿甚至念稿的"导演同期声"与"表演同期声"，势必将因呆板的照本宣科而令人生厌。在新闻性专题中运用方言、外语同期声而又没有屏幕文字，也是运用不当的表现。产生滥用同期声的原因主要是某些视听从业者认为：新闻性专题中同期声多比同期声少要好。其实不然，同期声的运用必须精当；否则，物极必反，收不到预期的效果。

鉴于以上认识，在专题片制作过程中，要准确运用同期声。一般来说，在前期采访中，往往录制了大量的同期声，不可能都可用进节目中，因此，对同期声要加以精选。如何精选同期声？其一，要选择能突出节目主题的同期声。主题就是节目的中心思想。表现主题有多种方式，同期声是其中主要的一种。通过同期声可以表现节目的思想观点，或肯定，或否定，或批评，或赞扬，等等。其二，要选择能突出人物个性的同期声。新闻性专题中人物鲜明的个性，在同期声中可以得到充分的体现。由于每个人的成长经历、教育背景、生活环境、职业习惯等方面各不相同，因此说话时表现出来的语气、语调、快慢、情感等方面也不相同。在后期制作中，编辑要把最能突出人物个性的同期声编入节目

中,使人物形象显得更为真实。其三,要选择能够交代事态关键内容的同期声。虽然可以用旁白叙述事件,但是如果把能交代事态关键内容的同期声编入节目中,则传播效果大大加强。因为,用亲历者或目击者的同期声来叙述事态关键内容,可以增强节目的权威性与真实性。例如,记者暗访河北昌黎县制造假葡萄酒事件,专题片在叙述假冒的各种国内外名牌葡萄酒的标签时,用了一位销售经理的同期声:"(仿真度)95%以上,一模一样不可能,咱没人家的真软件。谁说做得一模一样,我跟你说,那是谁也做不出来。"这处同期声道出了假名酒的来源,不容置疑。

在编辑同期声时,要处理好同期声与旁白的关系。其一,处理好同期声与旁白各自功能的关系。在专题节目中,虽然也有同期声与旁白有机结合共同完成节目主体内容的叙述,但是在大多数情况下,抽象的理念、评论往往用旁白来体现,同期声则更多地用于叙述事件,同期声直接构成新闻事件的核心事实,可以表达现场气氛和人物的思想感情。不过,当人物同期声表达不清晰、不准确或现场录音效果差的情况下,可以考虑用旁白转述同期声的内容,但要注意不能让同期声与旁白重复叙述同一内容,以免啰嗦。其二,处理好同期声与旁白占用专题片时长的关系。由于受节目时长的约束,因此,同期声与旁白各自占用多长时间在后期制作中要有所考虑。一般来讲,同期声语速比旁白要慢些,在单位时间内传递的信息量比旁白要少些,这就要求后期编辑中避免拖沓冗长的讲话,适当把握同期声的长度,尽量淡化记者的"上镜"意识,删除记者的提问过程,只将被采访者重要的同期声编入节目中,从而有效提高传播质量。后期编辑要根据节目内容的容量以及前期采录同期声的质量及其重要性来决定节目中同期声占用时间的多少。其三,处理好同期声与旁白之间的先后顺序关系。运用同期声时应从实际出发灵活安排好其在新闻专题中的位置,要注意同期声与旁白之间的衔接,力求做到过渡自然,因此,必要的过渡词、过渡句或过渡段不可或缺。

(二)用好背景材料,处理好背景材料与事实材料的关系

在新闻专题中,采访得来的第一手事实材料是构成节目的主体,也是观众急需知道的新闻事实。新闻事实的发生离不开一定的环境,总有其内在的原因。要向观众交代好新闻事实发生的来龙去脉,回答观众心中的疑惑,离不开背景材料的合理运用。用好背景材料可以拓展专题的深度与广度,满足观众对新闻专题的深度需求。在前期采访中积累的各种背景材料,在后期制作中要从突出节目主题及叙述事实需要角度加以精选,处理好背景材料与事实材料之间的关系。在新闻专题中,事实材料处于主体地位,背景材料处于从属地位,背景材料围绕事实材料展开,补充、说明、深化事实材料,因此,要精选背景材料,不可喧宾夺主。

在专题片编辑过程中,要把背景材料与事实材料有机融为一体,防止生硬脱节,牵强附会。背景材料必定是与新闻事实、新闻人物有内在联系的,因此,何时编入背景材料,没有硬性规定,要根据节目主题及叙述事实的需要,灵活运用,把背景材料恰当地嵌入节目中。例如获奖专题《生命相髓》,节目重在叙述骨髓捐献双方见面这一特殊节点,通过两对捐受双方的人物命运来展现海峡两岸和香港的同胞情,以点带面讲述了海峡

两岸和香港骨髓库的真情互动和中华骨髓库发展历程。由于记者从活动筹备期就开始搜集素材、熟悉背景,因此,专题并不拘泥于活动本身的宣传报道,而是力图对事件进行更深刻的挖掘。在后期编辑中,由于恰当地运用了海峡两岸和香港骨髓捐受的有关背景,使观众更全面更深入地看到了海峡两岸和香港骨髓捐受的历程。专题开头通过屏幕文字来体现海峡两岸和香港骨髓捐受的背景材料:"1997年4月18日,台湾首次向大陆捐献骨髓。捐者,杨秀霞;受者,刘金权。2007年7月20日,大陆首次向台湾捐献骨髓。捐者,杭彬;受者,容容。截至2010年10月,已有近1000例骨髓跨越海峡,数百人得以重生。"节目之中,当叙述内地配对成功的章莹与台湾的林碧玉见面时,就自然地插入了10年前林碧玉捐献骨髓给章莹的故事。节目中现实见面的欢乐与过去捐献骨髓的情景有机整合一起,给观众以完整的视听信息。

(三)聚合相关内容,处理好叙述节奏与观众接受信息节奏的关系

报道聚合是指一种媒体在报道新闻时吸取其他类型媒体相关内容以提供更多更深的信息来满足受众需求的一种媒体报道方式。[①] 随着网络与手机等新兴媒体的迅速发展与日益普及,人人都可成为信息的采集者、发布者、接受者与评论者。在专题片后期编辑中,为了全面深入地报道新闻事实或新闻人物,往往把报纸、网络、手机等媒体上报道的相关内容汇聚在一起,以满足观众的信息需求,例如聚合网络视频、手机视频、博客与微博上的文字与图片等相关内容。

在聚合网络内容方面,有些新闻专题把相关的网友留言、微博信息、网络视频等内容编入节目中,以增加信息含量或表达某种观点。汶川大地震期间,《焦点访谈》制作的几期专题把许多网友沉痛哀思的留言编入节目中,例如:"有网友说,今天,我无法凝视,因为双眼满是泪水;今天,我不会悲痛,因为心早已破碎。"江西卫视《传奇故事》,播出的QQ视频婚礼,甚是感人。该传奇讲的是辽阳市公安消防支队的郎孟在婚礼前三天奔赴重灾区青川县,女友常芳决定不改婚期,要把自己的婚姻与祖国的命运联系在一起,于是两人通过QQ视频,举行了短短18分钟的婚礼。这些网上视频内容编入专题中,极大地突出了节目的主题,增添了节目的可视性。在台湾地区电视台及CNN、BBC的新闻专题中,常见把网络视频或视频监控影像内容聚合到节目之中,拓展了专题的深度与广度。当然,在后期编辑中,也可以聚合报纸与手机媒体上的相关内容,关键看是否需要。选择标准有三:一是所聚合的内容与专题内容紧密相连;二是所聚合的内容可以更好地突出主题,增加信息量;三是所聚合的内容在节目中处于从属地位,对节目的主要内容起着补充、深化的作用。

在专题片编辑中,聚合其他媒体报道的相关内容,必定会引起叙述节奏的变化,这种变化更能引起观众的有意注意,增强传播效果。但是,如果聚合的内容过多、节奏过快,就会与观众观看时接受信息的心理节奏脱节,使观众应接不暇,容易产生视觉疲劳,达不到应有的传播效果。反之,如果聚合的内容过少、节奏过慢,就会使观众感到厌倦,

---

① 周建青.媒体报道聚合现象探析[J].现代传播,2013(5).

难以保持观看的注意力。因此,在专题片后期编辑时,一定要注意把握好节目内容叙述节奏与观众接受信息节奏之间的关系,力使二者和谐统一,给观众以完美的视听享受。

二、形式上求活

专题片要编得好看,除了内容上以"深"满足受众需求外,还要求做到形式上的"活"——生动活泼,吸引观众的注意力。在后期编辑中,如何加强形式上的活,编辑要处理好以下三个关系。

(一)精选现场画面,处理好现场画面与旁白的关系

在前期拍摄中,要注重拍摄现场画面;在后期编辑中,就要注重精选现场画面。因为,现场画面能体现事件的过程,确保事件的真实性,突出节目的主题。由于受节目时长的限制,在编辑时要精挑现场画面。一般来说,精选现场画面要注意三点:一是所选现场画面要能交代事件的关键过程;二是所选现场画面内容是观众最想知道的内容;三是所选现场画面能突出专题的主题。专题片后期编辑中常患的毛病是毫无选择地把大量的现场画面编入节目中,使得节目拖沓冗长,达不到应有的传播效果。现场画面中的现场细节是最生动最精彩的画面,因此,编辑时要重视选用现场细节来表现人物性格,突出节目主题,感染受众。在街区、社区、商场等地突发事件中,视频监控影像记录着事发现场过程,为专题制作提供了原始的现场画面,极大地满足了观众的窥视欲望,因此,在编辑中,要充分利用视频监控影像确保专题的真实性,杜绝情景再现的画面。

在目前许多专题片中,现场画面与旁白的关系处理欠妥。主要表现在该用现场画面时,却用了很多旁白,导致旁白成为噪音,干扰受众正常观看。何时用现场画面、何时用旁白,二者谁先谁后、谁主谁次等问题,在后期编辑中,要认真思考,具体情况具体分析。在专题片后期编辑中,有些制作人员喜欢用旁白来叙述事件现场,不重视把体现事件变化过程的现场画面编入节目中,结果导致专题报道不生动,叙述节奏缺乏变化,传播效果大大减弱。处理好现场画面与旁白的关系是编辑人员业务素质良好的表现。

(二)精心制作动漫图表,处理好事过境迁的内容与表现形式的关系

在编辑新闻性专题时,对于已经发生过的新闻事件,若没有事件现场画面与资料可用,能否用情境再现来补拍呢?答案是否定的。情境再现是指将事过境迁的新闻事实通过导演摆拍,重演事件发生的过程。目前,无论是专题片、纪录片还是谈话节目,均大量存在情境再现内容,且有愈演愈烈之势。纪实影像的本质是真实,其魅力也在于真实,而"情境再现"再生动、再逼真,也是对纪实影像的严重伤害,是对受众极不负责的表现。现在许多电视台与网络视频频道推出的演绎真实故事的栏目剧,正是适应"情境再现"之潮,受到大众欢迎。因为是"剧",所以就要"演","情境再现"在栏目剧中完全可以。栏目剧与其他剧没有本质区别,只是其剧情来源于现实生活,由于冠名以"剧",所以受众能完全接受。而新闻性专题的本质在于真实,对于事过境迁的事件要制作成专题片,不能运用"情境再现"手法。弥补方法有二。一是请目击者或亲历者到事发现场,让其身临其境讲述事发过程,后期编辑中把目击者或亲历者的同期声编入专题中,同时借助新闻资

料、照片等手段来辅助报道。二是运用动漫形式来表现事件发生的过程。在一些突发事件中,由于没有现场画面,单靠旁白叙述显得抽象、单调。如果改用动漫形式把事件过程表现出来,就显得具体、形象,增加节目的可视性。① 例如"7·23"甬温动车追尾事件发生时没有现场画面,有的记者在专题中运用动画演示动车追尾过程,大大增强了传播效果。

在专题片后期编辑中,根据传播内容的需要,除了运用动漫语言外,还可考虑运用图表语言来传递有关内容,加深观众的印象。例如获奖专题《会说谎的作文》,记者用饼状图直观显示小学生写撒谎作文的原因:43.3%的学生认为题材不好找;26.7%的学生说是缺少生活实践的缘故;另有20%觉得是因为题目范围太窄,局限在"难忘的""感动的"一件事;还有10%认为作文有标准化倾向,只能写正面不能写负面,成了八股文。该部专题片用饼状图简洁形象地告诉观众要点,加上字形字色的美化,画面可视性极佳。电脑作图、电子动画、图表语言为补充专题新闻中的有效画面创造了条件,是新闻专题语言中极富叙述力的非语言符号,在实践中应充分重视。

动画与图表是对新闻专题内容的形象叙述和抽象细节的说明,是丰富视觉信息的一种表现技巧。它可以使抽象复杂的事理简单化、抽象的概念形象化、突发的事件直观化,从而易于传达信息,方便观众接受。

(三)适当选用背景音响与音乐,处理好多种声音的主次关系

从是否真实角度来看,音响与音乐可以分为两大类:一是指前期拍摄中采集到的来自现场的音响音乐,二是指后期制作编辑加上去的音响音乐。在专题片后期编辑中,强调采用现场的音响音乐,以确保新闻专题的真实性。但是也有一些新闻专题,因为营造情绪氛围的需要,适当加入少量的音响或音乐,更能强化专题的传播效果。在编辑专题片时根据需要适当编入背景音响与音乐,可以突破画面容量的限制,扩大节目的信息容量,延伸画面空间,调动观众的想象,达到"听声见景"的效果。在新闻专题中如果出现两种以上的声音,就需要编辑处理好多种声音的主次关系。此时,编辑要把握好三个原则:(1)在同一时间里,只能有一种声音为主;(2)在两种以上声音出现时,主次声音的音量比例要控制好;(3)在一般情况下最好只控制两种声音,如出现两种以上声音,次要声音不要控制时间太长。②

一般来说,专题片中同时出现两种以上的声音有以下几种情况:(1)同期声+音响或音乐;(2)旁白+音响或音乐;(3)旁白+同期声+音响或音乐。前两种情况较为普遍,后一种情况极少出现。因此,在后期制作时,编辑一定要区分好主要声音与次要声音,主要声音音量要高些;次要声音作为背景声,音量要低些。至于音量高低到什么程度合适,要以编辑试听效果为准,千万不能让每种声音音量相同,彼此干扰,成为影响观众观看时的噪音。从专题片制作实践来看,常以同期声或旁白为主声,音响或音乐为次声。后期编辑关键是要控制好音响或音乐背景声的音量大小,既不能让它们音量过大掩盖了主声,也不能使它们音量过小影响了传播效果。

---

① 周建青.全媒体时代电视新闻报道如何异彩纷呈[J].中国出版,2013(11).
② 黄著诚.实用电视新闻编辑[M].北京:中国广播电视出版社,2000:136.

本章小结

专题片是指综合运用视听传播符号,对某一重大新闻事件或某类典型、某种新生事物或社会现象等题材进行详尽、生动的深度报道的一种视听节目体裁。专题片具有一定的时效性,同时还具有观点鲜明、论述深入且主题集中等特点;专题片选题要有典型性、新闻性、导向性、群众性与深度性;依据外在表现专题片可分为报道型专题、情感型专题与理性型专题。

不同类型的专题片由于其拍摄重点、表现手法及作品主题不一样,因此,拍摄要求与拍摄技巧也有所不同。在写作专题片文字稿时要求做到:主题要突出、事实要详尽、背景要充分、细节要感人、叙述要生动、评论要点睛。在后期编辑时,要把握好"内容上求深、形式上求活"原则,处理好六种关系:精选同期声,处理好同期声与旁白的关系;用好背景材料,处理好背景材料与事实材料的关系;聚合相关内容,处理好叙述节奏与观众接受信息节奏的关系;精选现场画面,处理好现场画面与旁白的关系;精心制作动漫图表,处理好事过境迁的内容与表现形式的关系;适当选用背景音响与音乐,处理好多种声音主次关系。

思考与练习

1. 什么是专题片?专题片有哪些特点?
2. 专题片选题与写作各有哪些要求?
3. 什么是偷拍?举例说明什么情况下可以运用偷拍手段?
4. 在编辑专题片时,如何做到"内容上求深,形式上求活"?
5. 选取所在城市某一热点话题,摄制完成一部10分钟的专题片。

拓展阅读资源

1. 假酒真相

   (2010-12-23)[2019-03-26]. http://tv.cntv.cn/video/C10326/8bab89c036ae4a1264d3b08247982ef5

2. 假酒真相

   (2015-12-25)[2019-05-09]. https://v.qq.com/x/page/f0142f0qsrl.html

3. 刘桂珍:四副担子一肩挑(获第28届中国新闻奖电视专题一等奖)

   (2017-06-23)[2019-05-09]. https://www.iqiyi.com/v_19rr7vlkuc.html

4. 第五空间——隐秘的威胁(获第28届中国新闻奖电视专题一等奖)

   (2018-11-02)[2019-05 09]. https://tv.sohu.com/20170916/n600162906.shtml

5. "僵尸企业"重生记(获第27届中国新闻奖电视专题一等奖)

   (2017-06-02)[2019-05-09]. https://www.iqiyi.com/w_19ru2dro2l.html

6. 黑暗中的风景(获2015—2016年度中国广播影视大奖电视类节目大奖)

   (2015-10-07)[2019-05-09]. https://www.iqiyi.com/v_19rrkn7h40.html

第六章 纪录片制作

> **学习目标**
> 1. 了解纪录片的概念与特点。
> 2. 了解纪录片的选题标准、方法和纪录片分类。
> 3. 掌握纪录片的拍摄技巧。
> 4. 掌握纪录片的编辑流程和方法。

从人类历史上第一部真正意义上的纪录片《北方的纳努克》算起,世界纪录片已经走过了近一百年的光辉历程。百年之中,大师辈出,名作迭现,纪录片以其独有的艺术魅力获得各国观众的喜爱,成为影视舞台上不可或缺的重要角色。随着新媒体、新技术的发展,纪录片的创作手段和传播途径业已发生巨大变化,"人人都可成为纪录片导演"已经不再是一句空话。

本章将立足前沿,介绍纪录片基础理论,并结合国内外纪录片史上的经典作品,探讨纪录片选题、拍摄、编辑的具体方法和技巧,旨在为有志纪录片创作的学习者提供理论上的借鉴和实际操作的指南。

第一节 纪录片概念及其特点

纪录片是什么？这是每个纪录片爱好者都要面对的首要问题。然而,对这个事关纪录片理论根基的元命题,迄今也没有一个尽善尽美的回答。原因之一是纪录片始终处在不断的发展变化之中,技术手段和创作观念的不断革新使得纪录片的艺术形态呈现出丰富的多元性,导致人们对纪录片的内涵外延有着不同的认识。

只有深入纪录片的发展历史,我们才能准确把握纪录片的内涵和本质特征。

一、纪录片概念的提出

1895年12月28日,法国人卢米埃尔(Auguste Lumière)兄弟在巴黎正式公映他们摄制的《工厂大门》《火车进站》等十二部影片,这些影片均是日常生活"片断式客观实录",是纪录片最初的雏形。

世界纪录片历史上的第一座里程碑是美国人罗伯特·弗拉哈迪(Robert Flaherty)拍摄的《北方的纳努克》。1922年6月11日,这部再现因纽特人原始生活场景的影片在纽约首都剧场上映,大获成功。弗拉哈迪由此成为真正意义上的纪录片开创者,《北方的纳努克》也被视为世界上第一部真正可以称为纪录片的经典之作。

历史上第一个提出纪录片概念的是英国人格里尔逊(John Grierson)。1926年,他看了弗拉哈迪拍摄的作品后发表文章,首次提出了纪录片(documentary)的概念,并对"纪录片"一词作出了这样的解释:纪录片是"对现实的创造性处理","纪录片是指故事片以外的所有影片,纪录片的概念是与故事片相对而言的,因为故事片是对现实的虚构、表演或再构成"。

格里尔逊后来又发表文章,对纪录片的创作特点做了进一步阐释。他认为故事片"极大地忽略了银幕敞向真实世界的可能性,只拍摄人工背景前表演的故事",而纪录片拍摄的则是"活生生的场景和活生生的故事",这比通过表演创作出来的电影更富魅力。

格里尔逊高度赞赏弗拉哈迪的创作方法。弗拉哈迪在拍摄《北方的纳努克》时,为把握第一手素材,曾用一到两年时间深入实地,和拍摄对象朝夕相处,直到故事"脱颖而出"。这种与被拍摄者长期共处,借以掌握其真实面貌的拍摄方式,至今仍是纪录片创作的重要方式。

二、众说纷纭的纪录片概念

格里尔逊虽然提出了纪录片的概念,但并未对纪录片的内涵外延进行严格界定。此后,人们一直尝试给纪录片下一个确切的定义,但由于纪录片的创作观念一直处在不断地发展之中,基于不同的创作理念,人们至今未能就"什么是纪录片"达成共识。各式各样的概念层出不穷,争鸣不断。以下是被广泛引用的观点。

(一)国外观点

1. 荷兰导演伊文思(Joris Ivens):"纪录片把现在的事记录下来,就成为将来的历史。"

2. 直接电影学派:纪录片应该是对现实的纯粹记录,在被动状态中捕捉真实,反对使用虚构手法。

3. 真实电影学派:纪录片不应是纯粹地记录现实,而应是主动地挖掘真实,且不排斥在其中采用虚构策略。

4. 新纪录电影学派:纪录片不是故事片,也不应混同于故事片,但是,纪录片可以而且应该采取一切虚构手段与策略以达到真实。

5. 1979年美国《电影术语词典》:纪录片,纪录影片,一种排斥虚构的影片。它具有一种吸引人的,有说服力的主题或者观点,但它是从现实生活中汲取素材,并用剪辑和音响来增进作品的感染力。

6. 1991年法国《电影辞典》:具有文献资料性质的、以文献资料为基础制作的影片称为纪录电影。

(二)国内观点

1.《中外广播电视百科全书》:(纪录片是)通过非虚构的艺术手法,直接从现实生活中获取图像和音响素材,真实地表现客观事物以及作者对一事物的认识与评价的纪实性电视片。

2.《中国电视专题节目界定》：电视纪录片，是以摄像或摄影手段，对政治、军事、文化、历史事件等做比较系统完整的纪实报道，并给人以一定审美享受的电视作品。

3.《中国应用电视学》：纪录片是直接从现实生活中选取图像和音响素材，通过非虚构的艺术表现手法，真实地表现客观事物以及作者对这一事物认识的纪实性电视节目。

4. 钟大年：(纪录片是)通过非虚构的艺术手法，直接从现实生活中获取图像和音响素材，真实地表现客观事物以及创作者对这一事物的认识与评价的纪实性电视片。

5. 董小玉："真实与艺术是纪录片的内涵与外延。"①

可以看出，无论在国外还是在国内，人们对于"什么是纪录片"的认识不尽相同，不同的论述各有侧重，有的观点甚至针锋相对。人们争论的焦点集中在：纪录片创作如何才能达到真实，创作中能否有主观色彩，能否采取虚构手段？

按照常识上的理解，真实性、客观性是纪录片的范畴，虚构性、主观性是故事片的范畴：故事片的镜头对准的是虚构的世界，通过表现/表演性的手段演绎出来的，具有强烈的主观创作色彩；而纪录片创作对准的是真实的世界，并通过摄影(像)机的"物质现实的复原性"来记录世界，具有明显的客观再现性。

但问题的复杂性在于，作为纪录片与故事片的分界点，不论是"真实性"还是"客观性"，不同的人有着不一样的理解。

就真实性而言，我们常说眼见为实，但眼见为虚的情况比比皆是。莱妮·里芬斯塔尔(Leni Riefen stahl)的《意志的胜利》记录了希特勒参加纽伦堡帝国大会的场景，镜头展示的却是一个慈父和神一样的希特勒。画面本身是真实的，但与事实的真相有着天壤之别。对创作者而言，哪些画面是真实的，哪些画面又是在说谎，哪种创作方法能使作品最接近现实本来的面貌？不同的立场会得到不同的答案。

就"客观性"而言，直接电影学派曾主张摄影师要像墙壁上的苍蝇一样做一个旁观者，排斥任何主观的介入，但实际上，纪录片策划、拍摄、剪辑等各个环节都需要发挥创作者的主观能动性，没有主观的介入，也就没有纪录片创作可言。既然主观色彩无法排除，那主观应该介入多深？采取何种方式介入才不至于损害真实性？对这些问题，不同的人有着不同的认识。评判标准的模糊，必然导致纪录片概念本身的模糊。

诚如有学者指出的，想给纪录片下一个普遍性的定义是徒劳的，"其根本原因就在于纪录片内涵的复杂性与外延的扩张性使然"②。尤其是近年来，随着影视数字技术的发展和创作者艺术观念的更新，处于"真实"和"虚构"两极的纪录片和故事片出现了相互借鉴、相互渗透的趋势，虚构的元素从局部到整体、从形式到内容、从手段到策略越来越多地出现在纪录片作品之中。这种现实的创作趋势全然打破了真实与虚构、客观与主

---

① 董小玉.纪录片"真实性"的再解读[J].现代传播,2008(6).
② 谭天,陈强.纪录片制作教程[M].广州:暨南大学出版社,2011:2.

观、再现与表现之间的藩篱。在这种背景下,我们与其为纪录片下一个非此即彼的定义,不如以一种开放多元的心态看待纪录片。

三、纪录片的主要特点

国内外学者、创作者虽然对纪录片界定观点不一,但分别从不同角度、不同层面揭示出纪录片的内在特质,纪录片的主要特点可以概括为以下四点。

(一) 真实性

真实性是纪录片的本质属性,是纪录片的基石和魅力所在。纪录片之所以能得到广大观众的喜爱,主要因为纪录片能真实地反映历史和现实。人们观赏纪录片,多半是带着探寻真实世界、了解事实真相的心理预设去观看影片的。对纪录片创作者而言,追寻真实、追问真相也往往是他们创作的最初动因。导演段锦川就曾说:"做纪录片的人都有共同的初衷,就是找到一种能够表现真实世界的做法,也是想表现真实世界的冲动。"[1]

纪录片的真实性是纪录片首要的创作原则。这要求创作者必须以现实或历史的真实素材为基础,以客观事实为准绳,真实记录存在于真实时空中的真人、真物、真事。真实的反义词是虚假。创作者可以对客观事物进行选择、概括、提炼、综合,甚至可以采取扮演、情景再现等手段达到"结果真实"的目的,但绝不能把凭空臆造、毫无现实根据的虚假事物以纪录片的名义强加给观众。

(二) 审美性

纪录片是一门艺术,相信没有人会对这一点产生怀疑。新闻和纪录片一样,都以真实性为理论基石,但我们不能说创作新闻,却可以说创作纪录片,原因在于纪录片的真实不仅是事实的真实,更是具有审美价值的艺术的真实。纪录片所要展示的也不只是"现实之真",更是"艺术之美"。

情感是纪录片审美性的首要因素。纪录片最终打动观众、与观众产生共鸣的正是作品表达出来的情感。纪录片的情感表现不一,有的纪录片如《话说长江》情感充沛,感染力十足;有的纪录片如《夜与雾》情感内敛,十分克制;有的纪录片如《英与白》隐藏自我,冷静客观。但再冷静客观的画面,都折射着创作者的情感,不带情感的纪录片是不存在的。

纪录片的审美性更突出地体现在其纪实风格上。纪实性是纪录片特有的美学特征。纪实"是一种美学风格,是一种与真实的关系"[2],它强调生活的原生态,是一种"用生活表现生活,用现实表现现实"[3],以此凸显真实之美的美学手法。

(三) 文献性

文献性是纪录片至为重要的功能属性。从文献性的角度看,纪录片是一种以影像

---

[1] 陶涛,林毓佳.纪录与探索——访纪录守望者段锦川[J].现代传播.2002(2).
[2] 钟大年.纪实不是真实[J].现代传播,1992(6).
[3] 欧阳宏生.纪录片概论[M].成都:四川大学出版社,2004.

为载体、以纪实为手段,具有历史价值和研究价值的视听资料。格里尔逊提出纪录片概念,就是基于纪录片的文献性价值(documentary value)。法国《电影辞典》对纪录片的定义同样基于文献性:"具有文献资料性质的,以文献资料为基础的影片称为纪录片。"

历史的真实总是包裹在鲜活的生活之中。作为和现实"最像"的艺术,纪录片不只有审美的功能,更是担负着记录历史、传承历史的社会功能。如荷兰导演伊文思拍摄的《四万万人民》至今仍是关于中国抗战的最为珍贵的影像资料,文献价值不可估量。

文献性是对纪录片社会功能的静态描述,更是创作实践的指针。伊文思曾说:"纪录片把现在的事记录下来,就成为将来的历史。"在史学的视野中,每一部作品都是为现实画像,为历史作传。创作者要始终胸怀一颗责任之心、真诚之心,认真负责地对待每一次创作,使之经得起历史的考验。

(四)人文性

人是纪录片永恒的主角。不管镜头对准的是人类社会、自然世界还是茫茫宇宙,纪录片的中心始终是人。

人文的核心内蕴是重视人、尊重人。纪录片始终注重关注人的存在价值和生存意义,关切人的生存状况和未来归宿,贯穿对人类痛苦、困惑、追求等问题的思索。20世纪90年代以来中国纪录片人创作的《沙与海》《神鹿呀,我们的神鹿》《最后的山神》等无一不关切人的命运,呈现出底蕴丰厚的人文之美,显示出经久未衰的艺术魅力。

纪录片常被视为一种承载人类良知与道义的艺术形式。创作者要勇于担当,肩负起引导人们关切社会问题、关注弱势群体、探究人类发展走向的历史使命。

第二节 纪录片选题与类型

选题是纪录片创作的开始。行话说:"题材选对头,成功就有了一半。"一个好的选题意味着一个好的开端,相反,一个不好的选题让人事倍功半。本节中,我们重点探讨什么是好选题、选题的原则方法和纪录片的题材分类。

一、好选题的标准

大千世界包罗万象,万事万物都可以纳入纪录片创作的视野,理论上说纪录片的选题是无穷无尽的,但事实上,不是所有的选题都称得上好的选题,一个好的纪录片选题往往可遇而不可求。著名纪录片导演孙曾田在接受采访时说:"纪录片和故事片不一样,故事片如果有好剧本,有钱,一年能拍出一个作品来。纪录片不一定一年能够找着一个好题材,它就相当于一个木雕,树根正好合适,能够雕出一个好东西来。如果这个树根材料不怎么好,估计也就雕一个一般的,这也没有办法。还有一种情况,就是连树根也找不着。"

他的这段话,道出了题材策划对纪录片创作的极端重要性,也道出了好的纪录片题材并非唾手可得,而是需要创作者用心去发现。

那么,一个好的纪录片创作题材应该具备哪些条件?什么样的选题才算得上好选题呢?一般说来,好的纪录片选题应该具备以下四个方面的品质:时代性、新颖性、故事性、可视性[①]。

(一)时代性

时代性是指对特定时期社会主流倾向和社会生活的反映。纪录片选题首先应该紧扣时代脉搏,反映时代真实面貌,关切时代深层矛盾,揭示时代本质特征。

每个时代都有大事件、大主题,纪录片的选题首先要紧跟时代,记录重大事件,体现纪录片的主流性。如《大国崛起》选取的是国家发展这样一个重大题材,回顾500年来世界大国发展的历程,探究大国崛起的原因,进而思考中国发展问题。"新中国60周年"献礼片《复兴之路》选取的则是民族复兴这一重大题材,展现了近代以来中华民族振兴图强的历史。

创作者不仅要关注宏大题材,更要把目光投向时代变革中富有典型意义的生命个体。如孙曾田导演的《最后的山神》镜头对准的是鄂伦春的最后一位萨满(巫师),展示的是现代社会人们传统生活方式的日渐消逝。王兵导演的《铁西区》以东北老工业基地的产业工人为拍摄主体,记录的是国企改革中人们的痛苦、困惑与迷茫。

好的题材必定要与时代的精神相呼应。没有时代感的题材无法引起共鸣,更不可能打动观众。

(二)新颖性

好奇是人类的天性,人们总对未知的事物保持兴趣。对纪录片而言,题材的新颖性是吸引观众的重要手段,也是选题策划的重要尺度。

选题的新颖性包含两层意思。

一是指选题策划要着力寻找新鲜的人、新奇的事。纪录片《走钢丝的人》讲述一位法国人冲破重重障碍,在世贸中心双子大厦间偷偷搭建钢丝,最终实现钢丝表演的伟大梦想。《寻找小糖人》讲述一位在本土默默无闻的美国歌手,却在数千公里外的南非成为超级偶像的故事。这些选题独一无二,光看题材本身就能诱发强烈的观赏欲望。

二是指从新视角对人们熟悉的事物或题材做出新观察、新纪录,以启发新认识,引发新思考。独一无二的题材毕竟属于少数,更多的题材来源于日常生活,创作者要有一双独具匠心的慧眼,从平凡中看出"不凡"。如纪录片《幼儿园》以一种独特的视角对幼儿园中的小朋友进行细致观察,挖掘到一个个啼笑皆非的小大人故事,给人们深深的警醒。

(三)故事性

纪录片是叙事的艺术。故事是纪录片的价值和主题最生动的载体,缺少故事的纪录片难以成功。会讲故事是一个创作者成熟的标志。很多初学者拍的影片冗长乏味,味同嚼蜡,一个重要原因是故事性不强。国外制作机构如BBC、Discovery等高度重视纪录片的故事性,他们对故事的处理甚至到了程式化的地步,哪里设置悬念,哪里要有冲突,

---

① 谭天,陈强.纪录片制作教程[M].广州:暨南大学出版社,2011:92.

多久一个兴奋点,多久一个小高潮,都有着明确的规定[①]。

要提高纪录片的故事性,选题把关尤其重要。那些本身有着生动故事的人物和事件最能吸引观众。如在纪录片《邓小平》中,邓小平艰难曲折的革命之路和"三起三落"的人生经历牵动人心,环环相扣的故事化叙事引人入胜,极具观赏价值。

创作者不仅要善于发现戏剧性的故事题材,更要懂得戏剧化重组,让那些看似平淡的题材变得有高潮、有起伏,如《迁徙的鸟》《小宇宙》虽为自然题材纪录片,但故事性一点都不弱。

(四)可视性

纪录片是一门视听艺术。一个好的纪录片题材除了要有好的故事,还要有丰富、生动的画面表现元素。选题时必须考虑题材本身的可视性。不同题材的视觉表现力是不同的。一般来说,现在的事物比过去的事物更富视觉表现力,动态事物比静态事物更富视觉表现力,行为动作比情绪心理更有视觉表现力。创作者应优先选取最具视觉表现力的题材进行创作。

追求视觉上的艺术享受是当今世界纪录片创作的潮流。为实现极致的视觉效果,超大广角、显微镜头、水下摄影、延时摄影、高速摄影等新技术得到了广泛使用。但我们不能因此陷入唯视觉论的误区,一味追求视觉效果而排斥视觉表现性相对不是那么强的题材。我们意在强调,要善于发现拍摄对象有表现力的视觉元素,让拍摄客体的形象更立体、更丰满。

二、选题的原则方法

选题策划就是解决"拍什么"的问题。面对纷繁复杂的大千世界,不同的人会选择不同的选题,选题策划的方式方法也不尽相同。一般而言,创作者要根据自身实际情况(综合能力、生活阅历、艺术修养及知识储备等因素)选择适合自身创作的题材。

对初学者而言,掌握以下几条原则方法,对选题策划大有帮助。

(一)选熟悉的题材

拍摄纪录片和其他艺术创作一样,是创作者对客观事物的感悟和思考进行艺术化表达的过程,表达的效果如何,很大程度上取决于创作者对客观对象的认知水平。很难想象一个对拍摄对象毫无感觉和缺乏了解的人能拍出什么好的作品。好的纪录片一定是创作者对拍摄对象长期观察、深入思考的结晶。因而创作者首先要立足自身,从自己熟悉的生活、专长的领域或长期思考的问题中寻找纪录片选题,这样的选题做起来才会心中有数,得心应手。

(二)选兴趣所至的题材

对选题光熟悉还不够,还要有足够的兴趣。兴趣往往能使创作者在某一特定的领域发现常人不能发现的东西。兴趣也是创作的动力源泉,没有兴趣,创作激情无从谈起。

---

① 谭天,陈强.纪录片制作教程[M].广州:暨南大学出版社,2011:2.

现实中,纪录片创作周期长达数月甚至数年的情况屡见不鲜,无法预料的困难数不胜数,创作者如果不是出于兴趣,很难葆有持久的创作激情,一旦遇到困难,就会退缩,困难一多,就可能半途而废,前功尽弃。

（三）选有价值的题材

确定一个选题前,要思考:拍这个选题的目的何在？它有什么意义？选题是创作者思想的尺度,它从一开始就决定了作品视野的宽窄、境界的高低。创作者在选题策划时就要有担当意识,致力拍摄有思想、有价值的纪录片作品。

（四）选可行性大的题材

有了好的选题,还要思考该选题的现实可行性。要周全考虑选题是否符合国家法律？有无侵犯他人隐私？相关人物是否愿意接受采访拍摄？预算资金能否到位？摄制团队可否顺利组建？……如果没有可行性,再好的选题都只是镜中花、水中月。前期策划对可行性考虑得越周全,困难预估得越充分,后期的实施就会越顺利。

（五）选观众爱看的题材

纪录片作为一种文化产品,只有在传播中才能彰显价值,离开了观众,价值无从谈起。尤其在激烈竞争的媒体环境中,如果不能赢得观众的喜爱,纪录片节目的生存都会受到挑战。因此,在选题策划时务必要有受众意识,把观众是否喜闻乐见作为选题的重要标尺。

三、纪录片的分类

根据题材的不同,纪录片分为社会人文类纪录片和自然科技类纪录片两个大类。两个大类下又有若干不同的子类。常见的类型有以下几种。

（一）新闻纪录片

新闻纪录片指的是以纪录片的形式对新近发生的有新闻价值的人物或事件进行有深度、有过程性的记录和反映。它兼具新闻和纪录片的一些基本因素,与新闻既有联系又有区别。

1. 从时效性上看,新闻对时效性要求很高,它要求必须是新发生的新闻事实,而新闻纪录片并不一味求快,在时间上有一定的滞后性,很多新闻纪录片如《华氏9·11》《天启》等都是在数年甚至数十年后才回溯当年的新闻事件。

2. 从目的性上看,新闻侧重传达的是结果,即何时发生了什么事,而新闻纪录片侧重对事件过程和细节的完整展示。

3. 从视听元素上看,新闻纪录片比新闻更强调画面的叙事功能,更重视同期声的运用。

（二）历史文化纪录片

历史文化纪录片是指以影像的形态记录历史遗迹、历史文物、文化景观,刻画历史事件、历史人物,反映一个地区、一个时期的历史文化,并以此来表达当代人对民族历史文化的认识、体验与反思。《话说长江》《望长城》《圆明园》《故宫》等就属于这一类型。

时间不会倒流,历史不可复现。历史文化纪录片由于在材料上的时间与空间的局限,不可能对过去的事件与人物进行现场记录,为解决这一难题,三维动画、情景再现、扮演等成为历史文化纪录片常用的表现手段。

（三）理论文献纪录片

理论文献纪录片指的是"利用以往拍摄的新闻片、纪录片、影片素材以及相关的真实文件档案、照片、实物等作为素材进行创作,或加上采访当事人或与当时的人物和事件有联系的人,来客观叙述某一历史时期、历史事件或历史人物的纪录片"[①]。纪录片《毛泽东》《邓小平》《周恩来外交风云》《伟大的历程》《大国崛起》《复兴之路》等都属于这一类。

理论文献纪录片特点明显：一是政论色彩浓厚,选取的多是近现代以来党史、军史上的领袖人物和历史大事件,注重主流意识形态的表达,思想性较强；二是主题先行,创作者在外出拍摄前一般先有了比较成熟的立意、构思及创作文稿；三是风格严肃厚重,为保证严肃性,极少采用扮演的手段。

（四）社会现实纪录片

社会现实纪录片是指以现实生活中的普通人或社会事件为拍摄对象,通过纪实手法反映人们的思想感情和生存状态,以引发人们关注民生、关注社会的一种纪录片类型。

社会现实纪录片题材最广,关注的是普通人和社会现实的方方面面,无论是重大社会事件,还是平凡的日常生活,社会现实题材纪录片都同步记录和表现。从表现三峡工程的《大三峡》到展示美食文化的《舌尖上的中国》,从反映国企下岗潮的《铁西区》到揭示农民工生存状态的《归途列车》,社会现实纪录片与时代同步,与百姓同行,为当下存像。

社会现实题材纪录片一直有着责任担当的传统,重发现、重纪实、重思索、重反省,往往于平常人平常事的纪录中,蕴含着社会观察的敏感和人文关怀的热度。这类作品如关注农村教育的《龙脊》、聚焦艾滋病儿童的《颖州的孩子》和水资源短缺的《水问》等,无不凝聚着创作者直面生活的巨大勇气,给人以深刻的思考与启迪。

（五）人类学纪录片

人类学纪录片是人类学与纪录片相结合构成的片种,指的是聚焦人类全体或特定民族、种族、族群的生存状态、生活方式、生命轨迹和精神状态,并借此探寻人类文明原生状态及历史嬗变的纪录片样式。

人类学纪录片有着悠久的创作历史,世界纪录片的开端弗拉哈迪的《北方的纳努克》就是一部人类学纪录片。人类学纪录片创作特点如下。

1. 科学性和人文性并重。从纪录片角度来看,旨在展示不同民族的生命轨迹和心路历程,探寻人类文明的差异性和融合性。从人类学的角度来看,记录的是可供研究的科学素材,比一般纪录片多了一种科学求真的意识。

2. 热衷边缘题材,记录的多是远离现代社会和主流文化的边缘群体。

---

① 单万里.纪录电影文献[M].北京:中国广播电视出版社,2001:486.

3. 创作上多采用"直接电影"式,即最大限度隐藏拍摄主体,对拍摄对象进行直接记录。

（六）自然科技纪录片

自然科技纪录片是指以宇宙自然、动植物世界、生态环境、科技成果为拍摄对象的纪录片。

人与大自然、人与野生动植物、人与生态环境的关系是关涉地球与人类根本生存的永恒话题,也是纪录片创作领域长盛不衰的主题。世界上优秀的自然纪录片都有着共同的核心价值,即在发现和展现自然之美的同时,启示人类要珍惜大自然,珍视动植物生命,保护好自然环境。

自然科技纪录片兼具知识性、观赏性的特点,具有很强的跨文化、跨语言传播能力,是当今纪录片中市场化与工业化程度最高的纪录片类型。

第三节 纪录片拍摄方法与技巧

题材选定后,如果资金和人员都已到位,就可以进行拍摄了。拍摄是纪录片创作最为重要的环节,因为后期制作所需的素材均来自于前期拍摄,拍摄质量直接决定影片的质量。因此,创作者务必高度重视拍摄环节,熟练掌握各种镜头语言和拍摄手法,在实践中提高创作能力。本节除了介绍拍摄技巧,还将探讨纪录片采访、录音、扮演的具体方法。

一、前期调研和现场采访

（一）前期调研

前期调研是指拍摄前对拍摄对象、拍摄环境等进行"摸底"。拍摄者选定某个选题,还只是确定了大致的拍摄方向,具体到"拍谁""在哪里拍""何时拍""怎么拍"等实操问题,务必在拍摄之前就要了解清楚。前期调研必不可少,而且要尽可能做透做细,只有这样,在实际拍摄时才能做到心中有数,有的放矢。前期调研的主要内容有如下几个方面。

1. 熟悉拍摄对象,传达拍摄意图。提前熟悉所要拍摄的人物和事件是拍摄前必做的一项工作。创作者要广泛接触当事人和相关人员,从不同侧面了解事情的来龙去脉,同时向主要受访者表达拍摄采访的意愿,力争获得他们的理解和支持。

2. 确定拍摄重点,拟定拍摄方案。纪录片虽然是对生活的真实记录,但绝非纯自然主义的盲目记录。拍什么、不拍什么,哪些事要重点拍,哪些人要重点采访,这些问题在调研中就要初步确定。有了重点,拍摄就有了针对性,就可以据此拟定拍摄方案,统筹安排拍摄日程。

3. 考察拍摄条件,做好拍摄保障。不同的拍摄环境对摄影器材的要求是不同的,要提前考察拍摄地的天气、环境、光线等情况,进而列出所需的器材清单。还要了解清楚进入某场地拍摄是否需要什么证件,要得到哪些方面的许可,是否存在安全隐患等,以便提前做好准备。

4. 掌握背景资料，构思手法立意。有些选题如历史文化纪录片、文献纪录片等需要创作者掌握大量图片和影像资料，前期的资料收集整理就是一项很庞大的工作。在掌握相关资料的基础上，就可以初步构想影片的主题、结构和表现手法。

在前期调研中，增进与当事人的相互了解，建立融洽的关系是工作的重中之重。如果得不到当事人的允许，拍摄就很难进行下去。而且，受访者往往对镜头有一种天然的戒备，如不能赢得他们的信任，他们在镜头前的言行就会失真。为解决这一问题，常用的创作方式是"交友拍摄法"，即创作者在正式拍摄前深入受访者生活，通过长期相处，成为他们的熟人，直至成为彼此信赖的朋友，以此打消他们对拍摄的戒备，甚至忘记摄像机的存在。弗拉哈迪的《北方的纳努克》就是交友拍摄法的典范之作，我国导演拍摄的《最后的山神》《幼儿园》等也都是采用这一创作方法。

(二) 现场采访

纪录片要记录客观的事实，也要展示人物的情感，这一切都离不开对当事人的采访。

1. 采访对象的选择。事件的当事人无疑是采访的主要对象。除了采访当事人，还要尽可能多地采访事件的其他亲历者、参与者、目击者，包括采访专家学者，他们的描述能给观众提供多种不同的观察视点，形成多层次、多声部的叙述话语，为后期剪辑提供足够的选择空间。

2. 采访地点的选择。纪录片采访的地点应选在让受访者感到轻松和亲切的情境中进行，而且最好就是事件的发生地。经验证明，与事件相关的特定环境能够促使人物更好地回忆和思考，从而挖掘出更深层的谈话内容。如纪录片《船工》中对91岁老船工谭邦武老人的采访。老人领着记者来到三峡纤夫古栈道，头顶是万仞悬崖，脚下是汹涌激流，在这样的情境中，老人一下子感动起来，动情地回忆起过去。特定的环境与老人的回忆相呼应，船工不屈不挠的生存意志和顽强坚韧的精神魂魄由此烘托出来。

3. 提问技巧。现场提问通常有直奔主题、迂回提问、启发式提问三种方式，要根据受访者特点和问题的特点选择不同的提问方式。不管选择何种提问方式，要注意以下几点。

(1) 问题要短、准、少。短是指问题要简单明了，切忌漫无边际，无中心、无侧重地提问。准是指提问要提在点子上，让回答者有话可说。"谈谈你的感受""你的体会是什么"等问题显然太过宽泛，让人一时语塞，无从下手。少是指问题要尽量少而精，避免连珠炮式的提问，防止给受访者造成太大心理压力。

(2) 避免闭合式提问。"当时的情况是不是这样""你觉得她做得对还是错"等问题引出的答案多半为"是"或"不是"，"对"或"错"。闭合式提问所得的答案必然是缺乏信息含量的。因而，尽量提开放式问题，为受访者留足自由表达的空间。

(3) 采取递进式提问。问题的顺序也很重要，要由表及里，从简单到复杂。通常把最尖锐的问题放在最后问，这样因为有了前面的层层递进，尖锐的问题会显得自然而然，受访者回避的可能性就小。

(4)预留"透气处"。所谓透气处,是指受访者说话前、中或结束后常会有情感的表露,如一个叹息、一个微笑,或是沉默等。采访者不宜一个一个提问接得太紧,要预留足够时间,让摄像机拍到受访者的情感反应。

(5)确保受访者陈述的连续性和完整性。后期剪辑往往会去掉采访者的提问而只保留受访者的回答。因此,要提前向受访者做出说明,回答问题时一定要有头有尾,确保完整性。

(6)"第一遍原则"。面对镜头,受访者的反应第一遍往往是最好的。尤其是一些动情、尖锐的问题,不能因为感到效果不理想而多次重复拍摄。受访者的重复回答虽然更加流畅,但往往失掉了个性,变得套话连篇。

(7)弱化摄像机的在场。采访者要和摄像师之间心存默契,采访时不要喊"开始",以免增加受访者的紧张感。采访前,在摄像师布光架机器时,采访者可以和受访者随便谈,等准备工作差不多了,就把话题转向正式采访,采访者用眼神示意摄像师,拍摄也就开始。

二、固定镜头和运动镜头

根据镜头的"动"与"不动",镜头可以分为固定镜头和运动镜头。固定镜头是指摄像机的机位、镜头的光轴、镜头的焦距都不发生变化。运动镜头是指摄像机的机位、镜头的光轴、镜头的焦距有其中一个发生变化,运动形式表现为推、拉、摇、移、跟。

固定镜头和运动镜头有着不同的功能和表现力,在纪录片创作中,这两类镜头分别有着独特的美学意蕴和造型作用。

(一)固定镜头

固定镜头是影视创作中应用最广泛的镜头形式,在纪录片创作中更是镜头语言的中坚力量。入门的纪录片创作者往往被告诫,尽量不要"推拉摇移",镜头能不动就不动。更有人宣称"纪录片可以没有运动镜头,但绝对不能没有固定镜头"。这些提法虽然极端,但道出了固定镜头对纪录片创作的极端重要性。固定镜头之所以如此被重视,缘于其美学功能与纪录片审美特质的内在契合。

1. 固定镜头的美学意蕴

(1)客观与冷静。纪录片最显著的美学特征是真实性,创作者要还原真实,就要尽可能隐藏自我,消解主观意志,要像"趴在墙上的苍蝇"一样记录生活的原生态。而固定镜头恰恰因为没有镜头画面外部的运动,减少了人为加工、参与的痕迹,不会像运动镜头那样让人感到明显的主观倾向和主观故意,因而给人以客观真实之感。同时,由于"锁住"了镜头,固定的画框往往与人物动作及情感冲突形成鲜明对比,固定镜头常呈现出"不动声色""波澜不惊"的冷静效果。纪录片名作《英和白》就是大量使用固定镜头的典范之作,熊猫"英"和饲养员"白"幽处斗室,向往外面世界,又无力推开现实之门,大量的固定镜头让潜隐的强烈情感"冷却"下来,彰显出人类生存的无奈。

(2)专注与深沉。固定镜头的画面效果很像人驻足"凝视",它唤起的注意力是专注的、集中的,能引导观众对事物细节的注意,这契合了纪录片关注特定对象,注重细节记录的创作要求。"静方能有思",固定镜头的"静"常意味着独特的意义存在,能诱发观众深入思索,这与纪录片对人文性、思想性的追求也是一致的。如在纪录片《最后的山神》中,导演拍摄孟金福数次祈神,一律采用固定镜头,仪式更显庄严神圣,大量固定镜头的使用让全片获得一种肃穆、深沉的意味。

2. 固定镜头的功能

固定镜头由于具有视点固定、画框不动的特性,为我们强化主体形象、表现环境空间提供了有力手段。固定镜头的主要功能有如下几种。

(1) 营造静的氛围。运动镜头虽然也能表现静的内容,但运动的形式很难让观众集中注意力,而固定镜头能让观众驻足凝视,营造出一种与内容相一致的"静"的氛围。如《沙与海》以固定镜头为主表现沙漠的粗粝和荒凉,揭示出恶劣环境中人们生活的沉重、寂寞和板滞。

(2) 构造静态之美。固定镜头画面具有摄影作品和绘画作品的造型美感。在纪录片《美丽中国》中,固定镜头拍出的画面像光线考究的明信片一样,极富艺术感染力,让人赏心悦目。

(3) 表现久远历史。运动镜头重在对"现在进行时"的表现,固定镜头更多表现"过去时"。一组圆明园遗迹的固定镜头有利于表达厚重的历史感;一组长城、故宫、兵马俑的固定镜头往往用来表现中华文化的灿烂历史。

(4) 衬托动态事物。固定镜头还常用来表现运动对象,利用静止的画框和背景为参照物,以静衬动,使运动主体的动感、动势得以强化。

3. 固定镜头的拍摄技巧

(1) 注意保持画面的稳定。固定镜头的第一要求就是要"稳",因为固定镜头画面一旦出现抖晃,会比运动镜头更容易被眼睛所察觉,引起视觉干扰和心理上的反感。为确保稳定,一定要养成使用三脚架的习惯。

(2) 注重画面的构图美。固定镜头常被视为检验拍摄者构图水平的试金石,因为其画面的稳定性,构图上任何的瑕疵都会暴露无遗。因而拍摄固定镜头时尤其要注重构图,力求拍出的画面有张力、有韵味。

(3) 注意捕捉动态元素。固定镜头如果没有画面内部运动,会显得呆板、沉闷,因而拍摄固定镜头时,要着力捕捉活跃的因素、动感的因素,让画面"活起来",以增强固定镜头的表现力。

(4) 注意画面视觉的连贯性。固定镜头进入后期剪辑后,与前后镜头在衔接上存在诸多要求。因此在拍摄时就要有后期剪辑意识,注意前后固定镜头的景别、方向、角度、影调、色彩的一致,确保画面内在的连贯性。

(二) 运动镜头

固定镜头具有稳定性好、客观性强的优点,但缺点也很明显,固定的画框很难表现运动轨迹和活动范围较大的事物,难以展示复杂曲折的时空变化,过多的固定镜头容易造成画面的零碎和死板。运动镜头恰好可以补足这些缺陷,变化多样的镜头运动让画面多姿多彩,赋予了创作者更大的自由。

从纪录片创作的角度来看,如果说固定镜头是"趴在墙上的苍蝇",那运动镜头则是"飞在空中的苍蝇",通过连续的镜头运动记录动态的生活,这种运动是对人眼视觉的模拟,体现出人们流动的视点和视向,这无疑让纪录片更接近真实生活。

运动镜头包括推、拉、摇、移、跟等几种,不同的运动方式有着不同的画面特征。纪录片运动镜头的造型功能与其他影视作品没有本质区别,但由于审美上的特殊性,纪录片对运动镜头的拍摄有着独特的要求。

1. 拍运动镜头时既要有预见性,又要有"抢拍"意识。运动镜头具有很强的主观性和指向性,采用何种运动方式无不体现着编导的构思和创意。拍摄者要领会创作主题和表现内容,结合现场情况,提前考虑镜头的运动变化。只有事先有预判、有预案,镜头的运动才能做到指向明确,意义清晰。但同时,纪录片拍摄的常是"现在进行时"的人和事,谁也无法准确预知下一秒会发生什么。一旦有突发情况,拍摄者就要抓住时机,用最合适的运动镜头,把最典型、最感人、最富表现力的场面抢拍下来。如六集纪录片《震撼——汶川大地震纪实》中的大部分画面都是在抗震救灾的现场抢拍出来的,为抓拍救援现场的突发情况,很多镜头来不及构图,甚至抖动厉害,但鲜活的现场画面足以震撼人心。

2. 拍运动镜头要考虑叙事的前后连贯性。纪录片是叙事的艺术,运动镜头最大的功能就在于叙事。叙事的完整性是第一要求。一般来说,单一的镜头很难完整展示一个事件的过程。经验显示,只有连续使用三个以上的运动镜头才能把一个过程叙述清楚。因此在拍摄时,既要确保单个镜头的运动指向明确,还要确保前后运动镜头在景别、方向、构图上具有连贯性,以便构造完整的叙事流。有经验的导演常常从不同角度、采取不同运动方式对同一拍摄对象反复拍摄多次,以便在后期剪辑中找出最合适的画面。

3. 镜头的运动方式要与影片的情绪、节奏紧密结合。苏联导演爱森斯坦曾说:"画面将我们引向感情,又从感情引向思想。"只有充分把握运动镜头的思维方式和画面语言,才能让纪录片表达出深刻的感情和思想。一个成熟的拍摄者懂得把镜头运动方式和画面内容的情绪特征对应起来。动点、动向、动速是影响运动镜头的三个因素。通常做法是,选择情绪最激烈、节奏最快的时刻为镜头的起幅,情绪和节奏停止或消失为镜头的落幅;当画内情绪激昂紧张时,镜头推上使情绪更饱满,当画内情绪放松缓和时,镜头拉开来,把紧张压抑的情绪和气氛散发出去;展示快节奏的紧张气氛时,镜头运动的速度要快,展示抒情画面时,镜头运动的速度要慢且均匀。

4. 要敢于打破常规,善于选择独特视角。艺术贵在创新,不能盲目照搬某种形式。一些四平八稳的运动镜头,看起来无可挑剔,然而视觉效果却平平淡淡,对观众没有吸引力。那些打破常规、突破自然视角拍摄的镜头往往给人留下深刻印象。如纪录片名作《迁徙的鸟》,动用无人机跟踪拍摄或把微型摄像机捆绑在鸟身上,让观众首次从飞鸟的视角欣赏到鸟类翱翔蓝天、跨越大陆和海洋的激动人心的场景。

三、长镜头与过程表现

纪录片重在记录过程,过程是纪录片的内容主体。事件的"全过程"常常是由许多的"小过程"累加而成的。从整体上看,创作者要完整记录一件事情从发生、发展到结束的全部进程,从局部看,创作者要及时捕捉重要时间节点上影响事件进程的动作、对话等"小事件""小过程"。对每一个"小过程"的记录也是情感不断累积的过程。纪录片《俺爹俺娘》之所以带来巨大的情感冲击,正是缘于对一个个充满亲情、乡情、爱情的小故事精细入微的记录。

在纪录片创作中,展现事件发展的具体过程,往往通过长镜头。长镜头指的是用较长的时间对某个场景和过程进行连续不断的拍摄。长镜头的长度并没有硬性规定,一般超过10秒的镜头就可以称为长镜头。

在影视理论中,长镜头是一种和蒙太奇相对立的理论。长镜头理论认为,蒙太奇按照主观意愿把完整的时空、事件随意分解组合,造成极大的不真实和欺骗性,容易误导观众。而长镜头通过连续、完整的记录,排除了蒙太奇剪接拼凑新空间的可能,确保了影像的真实。长镜头理论代表人物法国巴赞(André Bazin)总结了长镜头的三大优点:一是遵循了现实时空的完整性、连贯性,让观众看到现实空间的全貌;二是通过事物的常态和完整的动作揭示动机,保持了过程的真实;三是符合观众关注事件演变发展过程的心理状态,有更强的现实感。由于长镜头的这些特点契合了纪录片客观、完整展现事件真实发展过程的要求,因而在纪录片中得以广泛运用。甚至在很长一段时间内,长镜头几乎成了纪录片的代名词。

纪录片中成功使用长镜头的比比皆是。我国很多优秀纪录片如《最后的马帮》《望长城》《话说运河》《梯田边的孩子》中,长镜头就有很多精彩的表现。如纪录片《话说长江》,表现扬州旧式庭院时,镜头从高墙夹缝中长满青苔的小巷进去,走过一道道门,走进一个院落又一个院落,扬州深宅大院的神秘感一步步向观众展开,这长达三四分钟的一组长镜头如同观众自己在大院里一步步走过,给人带来强烈的现场感。

长镜头虽然具有鲜明的纪实特点,但要记录较长的事件,表现场景的丰富性,仍然无法离开蒙太奇手段。20世纪八九十年代,国内一些纪录片创作者奉长镜头为圭臬,对长镜头的认识和使用一度走向极端,滥用长镜头的现象比比皆是,冗长乏味的镜头语言让人不忍卒看。

优秀的纪录片作品都是多种镜头手段综合的结果,要根据实际需要合理运用长镜头,切忌"为长而长"。正确运用长镜头,以下两条原则应该遵循。

第一,要确保足够的信息量,镜头长度应该和信息量成正比,起幅落幅之间应该不断呈现新的画面元素。

第二,长镜头的视点、角度、景别、构图要随着拍摄对象和拍摄空间的变化而变化。这是因为长镜头时间较长,如果没有景别、构图等变化,一是观众的注意力很容易分散,二是观众无从把握画面重点,无从了解镜头的意图。

四、空镜头与意境表现

空镜头又叫景物镜头,指的是画面中没有人物的镜头。一部纪录片是各种镜头的集合体,其中最不起眼的也许要算是空镜头了,因为没有人物的参与,空镜头往往被一带而过,但就是这不起眼的空镜头,往往是纪录片起承转合、抒情表意的重要手段。有的创作者由于不重视空镜头拍摄,后期剪辑时才发现环境交代不清、转场不流畅、节奏不好调节,想补救时已错过此情此景,追悔莫及。

"空镜头不空",在纪录片创作中,空镜头的主要作用有以下几个方面。

（一）交代环境和时代背景

空镜头常用来展现事件发生的大环境、大氛围。获奥斯卡金奖的长纪录片《寻找小糖人》讲的是落魄歌手罗德里格兹（Sixto Rodriguez）的故事,影片中多次穿插底特律城市的空镜头,生锈的城市、弥漫的浓烟、湿淋淋的街道,意在告诉观众本片的主人公就是在这种压抑环境中开始他的音乐之旅,为后来叙述罗德里格兹音乐事业的受挫埋下伏笔。

（二）压缩或转换时空

"云卷云舒""阴阳变化"的快进空镜头常用来表现时间的流逝;"草木葳蕤""花开四枝""果实累累""大雪纷飞"的空镜头则常用来表现季节的变化。纪录片《最后的山神》记录的是鄂伦春萨满孟金福从冬天到夏天再到下一个冬天的狩猎生活,影片前半部分用了大量冷灰色调的空镜头展现兴安岭冬天的寒冷和枯寂,进入夏天后,翁郁如绿色油画般的空镜头构成了影像的基本色调,前后颜色鲜明对比的空镜头起到了结构全篇的叙事功能。

（三）转场过渡,调控节奏

当纪录片一段内容叙述完后,通常插入一个与下一段内容相关的空镜头来转场,以顺利引出下一段的内容,这种转换在视觉观感上比较流畅。空镜头还可用来调节影片的节奏:舒缓、稳定的空镜头,能使节奏变得稳定起来;短促、动荡的空镜头,能给观众心理上造成某种紧迫感。

（四）抒情表意,营造意境

纪录片中最常见的写意镜头是空镜头。"景语"皆"情语",景物是情感的外化,空镜头往往能起到渲染情绪的效果,带有极强的写意性。纪录片《龙脊》中,山冈上那棵孤零零的大树在影片中反复出现,让人感受到龙脊人顽强的生命力。纪录片《山里的日子》中多次出现的落日镜头,展示出山村的宁静和历史的沧桑。虚实相生是中国纪录片独有的审美意蕴。如纪录片《神鹿啊,神鹿》开篇用几个固定镜头表现大兴安岭,群山绵延,河流蜿蜒,波光山影,水天一色,犹如一幅幅留白的水墨山水画,由实入虚,虚实相生,极富质感。

空镜头是影视艺术塑造形象、表现思想情感的重要手段。创作者要对空镜头的虚与实、声与画、抒情与叙事、时间与空间等诸多因素融会贯通,力图开创深邃的意境,使空镜头成为手中一枝饱蘸浓墨的画笔。

五、特写与细节表现

如果说情节是纪录片的筋骨,那么细节就是纪录片的血肉。生动的细节胜过千言万语。《北方的纳努克》中小女孩品尝蓖麻油的表情、《三里冢》里妇女用铁链把自己与树捆在一起的情景、《英和白》中英和白隔着铁栅栏紧紧相拥的镜头、《沙与海》中打沙枣的场景等无不给人留下长久而深刻的印象,引发观众深度的情感介入,这正是细节的魅力所在。

细节是一部纪录片成功与否的关键元素,但细节又多半潜藏在不易被发现的地方,并且常常转眼即逝。这需要创作者具备出色的辨别能力,能从纷繁复杂的现象中找出最具表现力、最能打动人的细节。

在纪录片中,表现细节往往用特写。特写镜头无疑是表现细节的重要手段。《沙与海》中有一段对牧民刘泽远开垦沙地播撒种子的采访。刘泽远说就怕刮风,一刮风就把苗打死了,打死了就得再种,最后长这么高就不怕了。在这里,编导用的是一个特写镜头,突出表现刘泽远黧黑的脸、深深的皱纹、杂乱的胡子、粗糙的大手,形象刻画出一个长期生活在沙漠中的农民形象。谈到风把苗打死,打死再重新种时,刘泽远的表情出奇平静,这种平静让观众看到他坚毅的性格和不屈的意志。导演抓住了这些细节,使刘泽远的形象变得鲜活生动。

特写不单是指景别意义上的特写镜头,更是指"刻意地关注和强调"。纪录片《乌蒙赤子——赵春翰》讲述六盘水铁路医院院长赵春翰关爱残疾人和流浪儿的故事。赵春翰并不富裕,但十几年中共收养一百多名残疾人和流浪儿,组织他们开荒种地,自食其力。片中很多感人的细节。其中有一个情节,讲赵春翰寒冬腊月给一个流浪儿送去了一双新买的皮鞋。镜头跟着赵春翰进了流浪儿们住的屋子,流浪儿高兴地穿上赵春翰送来的新皮鞋,紧接着,镜头转向赵春翰的脚下,赵春翰脚上穿的却是一双旧胶鞋。尽管这时没有解说词,但这个生动的细节直接诉诸观众的视觉,让观众在这个细节中真正感受到赵春翰崇高的精神境界。

好的细节就是这样,它可以深入观众心灵,产生强烈的震撼力,引导观众去联想、去思考,从而实现主题的挖掘与深化。

六、录音

在纪录片中,声音不是画面的附件和陪衬,它和画面具有同等重要性。如果把画面比作人的眼睛的话,那么声音就是人的耳朵,只有两相配合,才能呈现一个立体、完整的客观世界。

《望长城》常被视为中国纪录片发展的分水岭,是中国纪录片走向成熟的标志,其首要原因就在于它对同期声的高度重视。在《望长城》中,主持人焦建成和小孩一起穿过麦田走向农家,小孩一路小跑的碎步声、村庄的鸡鸣狗叫声,甚至人的大声喘息声都完整地记录下来,使观众随着摄像机走进了片中人物的生活情境之中。如果没有了同期声,现场的情况就不可能如此生动地展现出来。同期声在烘托作品主题、渲染现场气氛、展示人物个性等方面发挥着画面无法替代的作用,能给人以强烈的现场参与感、感染力和说服力,在拍摄中尤其要高度重视同期声的录制。

纪录片现场录音通常有有线话筒、无线话筒、随机话筒三种不同的录音方式,它们各有优劣:有线话筒录音质量高,抗信号干扰能力强,在现场有磁场和信号屏蔽等因素时,有线话筒是最好的选择,但其缺点是成本较高,需要配备专门的录音师、举杆助手;无线话筒在演播室中的静态采访用得较多,在公共空间跟踪拍摄时活动空间更自由,但对无线话筒的信号灵敏度要求较高;随机话筒(摄像机自带的话筒)最大的优点是无须配备额外的录音人员,压缩成本,但缺点在于声音质量完全取决于摄像机与拍摄对象的位置,录音质量很难满足声音高清晰度的要求。拍摄者要根据环境和需求的不同,选择具体的录音方式。

纪录片拍摄中的录音,主要难题在于三个方面:一是拍摄对象常是变动的,录音位置很难固定;二是纪录片的录音是"一次过"的,不能"叫停"或"重来";三是纪录片的拍摄环境多是现实生活中的场景,无法"清场",很难消除噪音。破解这些难题,需要拍摄者在拍摄前做足功课,提前熟悉拍摄对象和拍摄环境,尽早做出录音预案。在现场拍摄时,录音师要反应迅速,准确地把握人物走向,提前预判并选择站位,快速找到生动的声音细节。面对偶发事件,要及时调整话筒和声源之间的距离,提高主体声音收音音量,降低干扰因素影响,消除杂音。

录音的基本要求是声音要清晰,不失真,观众能听清。纪录片拍摄中一定要养成佩戴监听耳机的习惯,同步监控声音质量,发现问题及时纠正。如碰到采访对象表达含糊、录音效果不佳的情况,可考虑在后期制作中利用字幕的方式来补救。

七、扮演与情景再现

纪录片中的扮演指的是通过演员表演的方式把拍摄对象的行为动作、语言对话、神态情状演绎出来。情景再现指的是通过现实再造或电脑特技的手段还原或部分还原故事发生时的环境和场景。

纪录片之父弗拉哈迪的代表作《北方的纳努克》中的很多场景都是"演"出来的:为表现因纽特人原始的生活状态,弗拉哈迪要求纳努克表演用鱼叉去捕捉海象,而当时的因纽特人捕海象时早已不使用鱼叉,而是使用步枪;影片中纳努克一家人起床,其实是在被削去一半的特制冰屋里表演出来的。结果要真实,为了真实不惜扮演,这是弗拉哈迪的信条。弗拉哈迪的这种创作方法一度被视为造假而为人诟病,即便在今天,理论界依旧对扮演和情景再现的"合法性"存在诸多争议,但扮演与情景再现已经成为纪录片创作的重要手段并被观众普遍接受已是不争的事实。由于扮演和情景再现弥补了时间不可倒流、事件不可重来的缺陷,能让创作者自如地穿梭在现实和历史之间,拓宽了创作题材,丰富了艺术手段,因而得到了大部分纪录片创作者的认同。事实证明,20 世纪 90

年代以来,扮演和情景再现的大量使用大大增强了纪录片的可视性和观赏性,使纪录片真正走进了千家万户。

使用扮演和情景再现时,要坚持以下三个原则。

一是要以真实为基础,以事实为准绳。真实性是纪录片的生命,扮演和情景再现一定要建立在客观事实的基础之上,绝不允许天马行空,随意虚构。在一些关键细节的处理上尤其要注意,如扮演选用的演员,外形和气质上要尽量接近所记录的人物,在场景的三维再造上同样要尊重历史事实,切勿出现道具穿帮等现象。

二是能少勿多,能局部勿整体,脸部尽量模糊化处理。"能少勿多"说的是使用扮演和情景再现要慎之又慎,能不用就尽量不用,能少用就不要多用,最大限度上保证影像的真实客观性。"能局部勿整体""脸部尽量模糊化处理",意在强调拍摄时要重在拍摄局部细节,尽量避免脸部特写,要尽可能多地通过光影变化,使表演者整体形象既模糊但又具有鲜明的表意效果。当然,这个原则不可一概而论,近年来很多纪录片如《圆明园》通片采用扮演,对扮演者的拍摄清晰而完整,但这种表现手法对编导和演员都提出了更高的要求。

三是扮演和情景再现的画面应该明确说明。在使用扮演和情景再现时,一个严谨的做法是,在画面上文字标明"情景再现"等字样。基于观众的观影常识,大部分扮演和情景再现的画面无须文字提示,观众也能把纪实画面和表演的画面分开。但也有例外,当扮演和情景再现的画面和纪实画面很难区分时,观众极易混淆,把表演当作真实,这时就务必在画面上做出明确标记。

第四节 纪录片编辑

纪录片是拍摄的艺术,也是选择的艺术、编辑的艺术。编辑是纪录片制作的最后一个环节,却是极其关键的一个环节,前期拍摄所得素材及各种影像资料只有通过编辑的环节才能有机融合,构成一部完整的纪录片作品。

在前期拍摄中,对拍摄对象的认识和理解往往是零碎而模糊的,很多拍摄是即兴的发挥,感性的因素占了上风,而编辑是一个充满理性思维和创造性思维的创作过程,创作者要从大量庞杂的素材中选择和提炼最有价值、最具视听表现力的镜头,通过最佳的排列组合方式,组接成一个有主题、有思想、有力量的纪录片作品。

纪录片编辑的一般流程是:①审看素材,去芜存精,标记分类;②构造故事,谋篇布局;③撰写编辑剧本、解说词及脚本;④粗剪、精剪画面与声音;⑤配字幕;⑥片头制作和特效包装;⑦合成输出。

下面重点介绍故事构造、解说词撰写、声画剪辑这三个关键环节。

一、故事构造与叙事方法

纪录片是叙事的艺术,这个"事"指的就是"故事",只不过这里所讲的"故事"具体是指曾经发生或正在发生的真实的故事。

"讲一个好故事"和"讲好一个故事"是当今纪录片创作者的共同追求。"讲一个什么样的好故事"在选题阶段就已确定,"如何讲好一个故事"则是进入编辑环节后创作者应该思考的第一要务,因为只有等故事情节、叙事视角、叙事结构等确定下来,解说词撰写、画面和声音的编辑才有可能有序进行。

要讲好一个故事,创作者需要熟知叙事技巧,对情节铺设、设置冲突和悬念、叙事视角、叙事结构有较深了解。

(一)情节铺设

情节是纪录片的脉络,铺设好情节,纪录片的内容主体也就确立了。纪录片的情节可以分为主要情节、次要情节、碎片式情节三种不同的类型。

主要情节又叫主线,是纪录片的筋骨。创作者首先就要从纷繁庞杂的素材中把情节主线梳理出来,有了主要情节,就像树有了树干,枝枝叶叶的细节就有了依附之所。

次要情节又叫副线,辅助主要情节说明故事,有时甚至干扰主要情节以凸显矛盾。如在《海豚湾》中,与日本渔民血腥猎杀海豚这一主线形成鲜明对比的是驯兽师奥巴瑞(Richard O'Barry)忏悔这一次要情节线。

除了主次要情节,还有一种碎片化的情节。这种情节并不贯穿始终,而是像一个个点缀出现在一个或几个片段中,叙述上和情节主线若即若离,呈现出碎片化的特征。如《英和白》中不断出现小女孩娟孤独地坐在动物园里等父母的镜头,娟与英、白没有必然联系,看似可有可无,是一个游离于主要情节的碎片化情节,但正是这一情节的引入,孤独与异化的主题变得更加深刻。可见,碎片化情节虽然零碎,但依然是服务于主要情节的。

仅有单一的情节线索的纪录片并不多见,主副情节、多线情节是纪录片常见的情节组合样式。主副情节指的是一条主线加一条或多条副线,如《寻找小糖人》,主线是找罗德里格斯,副线则是南非民族解放运动的发展。多线情节指的是纪录片中设有两条或多条或平行或交叉情节,它们具有同等重要性,如《远在北京的家》讲的是三个安徽籍女孩在北京发展的故事,《流年》讲述的是多位民间艺人的剪纸故事,他们的故事无所谓主次,而是相互呼应,共同推动故事发展。

在叙事过程中,创作者要让故事内容按照与主线、副线的紧密程度得到不同程度的彰显。主线的叙述要充分,副线的叙述要简约,做到疏密相间,重点突出。

(二)设置冲突和悬念

戏剧性叙事是当今纪录片叙事风格的主流。冲突和悬念则是构成戏剧性叙事的两个核心元素,运用好这两个元素,将大大增强影片的吸引力。

1. 冲突设置

矛盾冲突是形成戏剧张力的必要条件。我们常说某个故事一波三折、跌宕起伏,就是因为各种矛盾力量此消彼长所致。

创作者首先要善于发现矛盾冲突。矛盾冲突有显性和隐性之分。显性的冲突是指依附于人物和事件自身的矛盾冲突,这种冲突往往显而易见,如《在日本留学的日子》中留日学生现实与理想的冲突,《进退两难》中空难幸存者生存与死亡的冲突。隐性的冲突则是指潜隐在事件表象下的矛盾冲突,它自身并不显现,只有通过创作者通过影像的并置组合才能使其凸显出来,如《激流中国·富人与打工者》中贫困和穷奢极侈的冲突,《华氏9·11》中公权与私利的冲突。隐性矛盾是创作者对事件及其所处的社会背景整体把握和深度思考的结果。构建故事时,创作者既要着力找出显性的矛盾冲突,又要充分挖掘隐藏在表象之下的隐性矛盾冲突。

其次要合理安排矛盾冲突。在自然时空中,事物何时发生了矛盾冲突是固定的,不容更改。但为了让故事讲得精彩,可以通过倒叙、插叙等手段把矛盾冲突挪前或挪后。好看的故事常常是"一波未平一波又起",在设置矛盾冲突点时,要做到环环相扣、错落有致、急缓相宜。

需要强调的是,我们这里所说的设置矛盾冲突,不是指人为地制造矛盾冲突,而是强调创作者要致力找出客观事物中显性或隐性的矛盾冲突,并把它作为叙事的重要节点凸显出来。

2. 悬念设置

悬念指的是创作者在处理情节、设置冲突、展现人物命运时,利用受众对未来发展不确定的、怀疑的、神秘的情形所持有的兴奋、期待、焦虑、好奇心理而做出的一种悬而未决的处理方式。悬念的作用就在不断激发观众的观赏欲望。

纪录片中悬念设置最通用的方法是"设问法"。即利用"这是为什么呢""到底发生了什么"等提问的方式吸引观众进入情境,叙述者带着观众发现问题,然后解决问题,之后又发现问题,继而又解决,一环一环地解扣。如《复活的军团》第五集《举国之战》中,围绕云梦楚简中的一封家信,设置一个又一个疑问:秦国到底有多少军队?秦军如何保障后勤补给?喜是一个什么人?他曾参加过哪些秦军的战斗?伴随这些问题的一个个解决,一幅秦王朝征战四野、百姓生活水深火热的历史画卷逐渐展示在观众面前。

另一个设置悬念的常用方法是"卖关子",类似于俗语中的"话说半句,留半句","欲知后事如何,请听下回分解"。这种引而不发的叙事技巧,在长篇或多集纪录片中很常见。

悬念设置还可以运用音效、光线、镜头闪回、倒放、跳切等手法实现。如危急关头,一声巨响,紧接着一个长时间的黑场镜头,这无疑会让观众一惊,引发究竟发生了什么事的好奇和思考。又如在一个滂沱大雨的夜晚,画面上一双双脚急匆匆地踩过泥泞的路面,观众无疑会好奇"他们是谁""急着去干什么"。通过对视听语言的综合运用,纪录片悬念效果将增色不少。

(三)叙事视角

叙事视角指叙述者讲述故事的角度。不同的视角具有不同的叙事效果。故事主体一旦确定下来,创作者就要选择用哪种视角去讲述故事。

叙事视角包含四个层面:全知视角和限制视角;内视角和外视角;第一人称叙事和

第三人称叙事;单一视角和多重视角。

全知视角的优点在于视野开阔、能自由地转换观察点,善于表现时空跨度大、矛盾复杂、人物众多的题材,叙述上显得权威、可信。宏大的纪录片题材通常采用全知视角,《话说长江》《大国崛起》《复兴之路》都是用全知视角进行叙事的。限制视角叙事中的叙述者或者是个只知道部分情况的旁观者,把他所了解的那部分叙述出来,或者就是故事中的某个人,以故事中人物的视角讲述故事。全知视角的叙事通常具有不可置疑的权威性,限制视角则是对这种叙事语态的反拨。我国很多独立纪录导演为区分与主流媒体纪录片创作风格,往往力求还原真实时空,降低主观干预,较多使用限制视角的叙事方式,《老头》《铁西区》《公共空间》就属于此类。

内视角叙事指的是叙述者本身就是故事中的人物,以一种局内人的角度观察和叙述故事。由于叙述者就是故事中的人物,这个视角能为观众提供心理层面的真实感和信任感。《百年小平》和法国纪录片《浩劫》等口述历史纪录片就主要采用内视角叙事。外视角指的是叙述者与故事本身没有任何关系,他对内情毫无所知,对发生的故事不做任何评价,不解释任何显性或隐秘的关系,只做客观记录的局外人。外视角能产生冷静、客观的叙事效果。张以庆的《幼儿园》《英和白》就属于外视角叙事。

第一人称叙事中的叙述者是"我",以一种亲历者的视角讲述故事,纪录片《俺爹俺娘》就属第一人称叙事。第三人称叙事是指叙述者讲述他人的故事,这个"他"在纪录片中通常用具体的人名来替代。纪录片中,第三人称叙事最为常见。

不同层面的叙事视角有不同的组合方式,纪录片通常采用的叙事视角有:第三人称全知视角、第三人称限制视角、第一人称限制视角等。而且,很多纪录片中往往不止一种叙事视角,常常几种视角综合使用。创作者要立足题材特征和叙述立场选择不同的叙述视角。

(四)叙事结构

叙事结构指的是创作者围绕主题思想,有主次、有层次地安排各部分的内容,使之成为一个有机的整体。

结构的过程就是谋篇布局的过程。纪录片的前期拍摄通常是零散、片段化的记录,缺乏明显的逻辑关系,结构的作用就是形成一个叙事框架,把片段化的影像依次嵌入,组合成一个有意义的影像序列。

一部纪录片能否取得成功,结构起着举足轻重的作用。一堆有缺陷的素材,如果有了好的结构也有可能大放异彩,一堆拍摄得再好的镜头,如果没有好的结构也会让人觉得索然无味。

纪录片中的常用结构是递进结构和平行结构。

递进结构指的是按照某一特定事件发展的时间先后顺序进行编辑组合,从先到后,从因到果,由表及里,按照事件进程,依次讲述。它的优点是使整部纪录片看上去有清晰的时间脉络,有利于循序渐进地讲述人物命运和事件发展。纪录片名作《走钢丝的人》《音乐人生》《德拉姆》《西藏一年》《最后的马帮》的叙事结构都是递进式的。

平行结构是指纪录片的各个叙事部分体现为一种相对独立的平行关系。采用这一结构的纪录片往往呈现为板块叙事,各板块间相对独立,既可以单独进行一段信息传递的叙事,又可以在板块间交织对照,进而凸显某个主题。根据叙事段落之间的关系的不同,平行结构可以分为板块并列式平行结构、连续式平行结构和交织对照式平行结构。

并列式平行结构指各板块分别从不同的方面展示同一个主题,板块之间独立性较强,没有明显的时间先后和因果逻辑关系。如 BBC 纪录片《人类星球》共有《海洋》《沙漠》《丛林》《极地》《草原》等 8 集,8 集其实就是 8 个板块,各板块单独成篇,从不同侧面展现出人类和自然的关系。

连续式平行结构指的是前后两个板块之间存在一定的时空顺序和逻辑关系,通常是前一个叙事在结尾处做一个交代或埋下一伏笔,以引出下一个叙事板块。它与递进结构的区别是,递进结构围绕的是同一个叙事中心(同一件事或同一个人),前后逻辑关系很强,而连续式平行结构中,叙事的中心和重心被转移了,前后板块间联系较松散。纪录片《二十世纪中国女性史》采用的就是连续式平行结构,该片阐述了中国女性的解放和社会角色的嬗变,全片分为《天足运动》《兴办女学》《家的围城》《新的女性》等十个主题,前后各集间虽有时间先后顺序,但叙事重心显然各不相同。

交织对照式平行结构指的是将同一时间内不同人物的不同生活表现出来,在相互对照中彰显纪录片的主题。如《沙与海》通过生活在沙漠中的居民和生活在海岛上的渔民的生活交叉展开叙述,来表现人的生存意识。又如《流浪北京》通过对 5 位流浪艺术家的访谈的相互穿插,表现了现实与理想的矛盾冲突。

二、解说词撰写

进入编辑环节后,创作者需要撰写三个前后关联的文本:编辑剧本、解说词和编辑脚本。

编辑剧本是初剪开始前为剪辑者提供的剪辑指南,包括影片的叙事架构是怎样的,各段落分别讲什么内容,画面、声音素材有哪些,分别在哪些段落出现,剪辑时要注意哪些事项,这些都要在编辑剧本中体现出来。如果说编辑剧本是初剪的蓝图,那么编辑脚本则是纪录片精剪的依据。粗剪完成后,创作者已对作品的结构、细节有了完整深刻的把握,解说词的撰写就可以开始了。与此同时,还要对同期声、音响、音乐等视听元素进行更为精细化的处理。编辑脚本就是完整、详尽地体现影片中声画元素组合序列和组合方式的指南,为精剪提供最终的依据。编辑脚本通常采取列表分栏的方式说明,画面要素(画面、字幕)放在左边一栏,声音要素(解说、同期声、音响、音乐)放在右边一栏。

解说词是纪录片的重要组成部分。和其他电视作品语言一样,准确生动、通俗易懂、顺口顺耳、语调悠扬是纪录片解说词的基本要求,但纪录片的解说词又具有纪录片视听语言的个性特点,有着独特的写作特征。

(一)纪录片的解说词不是独立的文体,必须和画面、音响、音乐等相互配合,相得益彰

纪录片是视听合一的艺术,解说词是不能独立于画面及其他声音元素而存在的,它

的出现是为了配合画面和其他声音元素更好地记录生活。著名电视人陈汉元曾说:"一篇再妙的解说词,往往并不是一篇比较像样的散文。因为,它不仅前言不搭后语,甚至有些文字看起来不知所云,莫名其妙。因为它不是纯粹地解释画面,也不独立于画面之外。"《最后的山神》中有这样一个片段,见表6-1所示。

表6-1 《最后的山神》解说词片段

画面	解说词
远景:翁郁碧绿的森林 近景:河流、船	北方的夏季来得很晚
孟金福夫妇帐篷	在夏天来临的时候,孟金福夫妇搬到了靠近河岸的林中
孟金福对着镜子用刀刮胡子 妻子帮孟金福清理胡须	孟金福要让自己年轻些,他觉得这样才和夏天的美丽相般配
猎狗 孟金福搬船、下河	黄昏和清晨,是孟金福出去狩猎和捕鱼的时候

光看解说词,"孟金福要让自己年轻些"这句解说词会让人觉得很费解,但配合画面,就很容易理解其中的意思了。

纪录片声画元素的功能性各有侧重:画面重在形象展示,解说词重在串联、叙事、阐述、深化,同期声重在准确传递人物语言,音响重在营造现实氛围,音乐旨在营造气氛。各个元素之间要紧密配合,发挥优势,协同作战,当画面和其他声音元素能更好地展示纪录片的内容时,解说词要让位于画面和其他声音元素,当画面和其他声音元素不能较好地展示时,解说词就要担当重任。

(二)解说词不是对画面的简单重复和描述,而是对画面的说明、补充和深化

纪录片中,镜头展示的画面虽然直观,但常常不能完整、准确地传递画面中包含的重要信息,这时就需要解说词进行补充说明。例如《中国神秘宝藏之谜》中的一个片段,见表6-2所示。

表6-2 《中国神秘宝藏之谜》解说词片段

画面	解说
山丘、秦始皇陵遗址	秦始皇陵的布局和结构,完全仿照秦都咸阳设计建造。高大的封土丘之下的地宫,象征着富丽堂皇的皇宫。经探测,陵园范围有56.25平方千米,相当于78个故宫的面积,引起考古界不小的震动

画面中的秦始皇陵遗址仅是几座山丘,如果没有解说词的补充说明,观众就无法知道其内部的构造和面积的大小。

解说词更能起到深化画面内容的作用。如《舌尖上的中国》第5集《厨房的秘密》最后一段解说词:"厨房的秘密,表面上是水与火的艺术。说穿了,无非是人与天地万物之间的和谐关系。因为土地对人类的无私给予,因为人类对美食的共同热爱,所以,厨房的

终极秘密就是——没有秘密。"这段解说词不包含任何画面的内容,而是直接阐述画面蕴含的文化意义,提升了内涵,升华了主题。

(三)纪录片解说词具有补足缺省画面的叙事功能,能使叙事和画面衔接更加流畅

受时间和空间限制,纪录片的画面不可能完整展示事件全貌和原始进程,而是择取关键情节、关键画面、关键细节组接而成。为了降低镜头段落之间的断裂感,就需要充分运用解说词的叙事作用,使画面之间的衔接、过渡、转场流畅自然。

韩国KBS电视台拍摄的《面条之路》从中国出发,横跨亚欧十几个国家,揭示面条——这一承载人类三千年文明的古老食物所走过的奇妙旅程。该片的时间、空间跨度非常大,解说词起着关键的时空转场作用,如"最早的面条是如何制作的呢?在火焰山附近的一个市场里,我们或许能找到线索""并非只有维吾尔族人吃拉条子,丝绸之路上的中亚国家,比如塔吉克斯坦、乌兹别克斯坦和吉尔吉斯斯坦也有这一传统""在中国新疆发现的小麦粒就是来自这里——伊朗南部"……正是这些带有明显叙事功能的解说词,让叙事瞬间跨越巨大时空罅隙,流畅地过渡到下一个叙事空间。

(四)纪录片解说词要具有深厚的人文性和思想性

人文性和思想性是纪录片突出的审美特征,纪录片的解说词也应具备人文之美和思想之美。纪录片解说词的美感并非指辞藻上的华丽、修辞上的精巧,相反,优秀纪录片的解说词大多朴实无华的。但深沉的内涵、深厚的情怀、深度的思考和精警的哲理就蕴含在这些质朴的解说词之中。如阿伦·雷乃(Alain Resnais)拍摄的重返奥斯维辛集中营反思第二次世界大战的纪录片名作《夜与雾》,在现实与历史的镜头交替中,解说看似平静,却十分深沉。开篇解说:"一块祥和的土地,或是乌鸦盘旋、杂草茂盛的牧场,或是汽车和农民夫妇们走过的路,或是拥有尖塔和集市的度假村,都可通往集中营。"一字一句,看似直白,丝毫不带一点感情,却有一种直击人心的力量。

三、画面与声音的剪辑

蒙太奇理论大师爱森斯坦(Sergei Eisenstein)曾说:"影片真正的完成还是在剪辑台上。"剪辑是纪录片后期制作的核心工作,作品只有通过剪辑才能最终成型。

(一)两种剪辑类型

在进入剪辑前,创作者要确定好作品的结构形式和叙事风格,据此选择合适的剪辑方式。纪录片的剪辑根据其功能和风格的不同分为两种类型:叙事性剪辑和表现性剪辑。

叙事性剪辑又叫叙事蒙太奇,其目的就是为了叙事,即通过最直接、最简单的画面组接方式,按照时间顺序和因果逻辑的关系,把一件事的来龙去脉、发展经过讲清楚。叙事性剪辑重在展现事件发展的进程性,是形成纪录片纪实风格的主要手段,其主要的优点是:线索清晰、逻辑连贯、明白易懂。

表现性剪辑又叫表现蒙太奇,其目的在于表达创作者的主体意识,它不是以事件的发展顺序,而是以创作者个性化的认识及镜头的内在逻辑组织素材,把本不相干的镜头

组接在一起,以营造一种氛围,酝酿一种情绪,表达一种立场、观点和思想。表现性剪辑具有很强的表意性,与叙事性剪辑的纪实性形成鲜明对照,它通常采用的手法有对比、象征、比喻、重复等。

(二)画面的剪辑

画面剪辑就是把不同角度、不同景别、不同构图的镜头画面连接组合,以实现流畅的叙事和完整的表意。

1. 画面剪辑的逻辑依据

纪录片的画面剪辑要符合四个逻辑。

(1)事实逻辑。事实逻辑指的是画面剪辑要忠实于所记录的事实的发展进程,绝不能歪曲、更改事件原本的发展进程。

(2)生活逻辑。生活逻辑是事物发展变化的自身逻辑。调色、铺纸、作画、盖章,这是一个作画的完整动作;发现问题、分析问题、解决问题,这是认识事物的过程。画面的剪辑就要符合这样的生活逻辑。

(3)心理逻辑。心理逻辑是指画面的组接要符合观众的观赏心理。如当人物讲到动情处激动落泪时,观众的情感也在起伏,镜头就不宜频繁切换;又如,人物朝着镜头外欢呼,镜头就要尽快转移到欢呼的对象身上,以满足人们想知道谁这么受欢迎的好奇心理。

(4)视觉逻辑。视觉逻辑指的是画面组接要符合人们观察事物的视觉特点。如记录一座古宅,先是大全景展示古宅所处的地理环境,接一个中景清晰展示古宅整体轮廓,再用特写展示古宅的牌匾,这种景别变化才符合人们观察事物的视觉规律。

2. 剪辑点的选择

要想纪录片的画面既流畅生动,又富有艺术节奏,就要选择适当的剪辑点。画面的剪辑点主要有动作的剪辑点、情绪的剪辑点和节奏的剪辑点。

(1)动作的剪辑点,指的是对人物动作进行剪辑时,要以人的形体动作为基础,以实际生活中的活动规律为参照。动作剪辑有三种类型。①一个动作从动态到静态结束后,再接一个从静态开始的动作,这叫"静接静"。这种剪辑优点在于完整展现动作的全过程。②一个正在进行中的动态动作接另一个动态动作,这叫"动接动"。如《舌尖上的中国》中的这组固定镜头:油下锅、菜下锅、辣椒下锅,快速翻炒,四个动态镜头就把一道美味湘菜如何做成的表现出来。"动接动"优点在于简约经济地串接不同动作,并形成一种动势。③在动作之间插入其他画面,回到动作时,动作已临近结束。如书法家写字,镜头从落笔开始,中间穿插观众观看、笔蘸墨的镜头,镜头再回到写字,字已经快写完了。

(2)情绪的剪辑点,指的是以人物的心理情绪为基础,根据人物外在表情选择的剪辑点。其功能是强调或渲染人物情绪、刻画人物心理。在具体剪辑时,人物情绪的镜头长度一般要放长一些,以"宁长勿短"的原则来处理。如在一部纪录片中,一个罪犯谈他对犯罪行为的忏悔和对家中亲人的思念,谈话停止时,恰好到动情处,创作者特意将画面作延长处理,罪犯谈话结束两秒钟以后,眼泪夺眶而出,接着便是伤心地抽泣,抽泣后再切出。这样选择情绪剪辑点，其根据是人物的动作(谈话)停止了，但人物的心理活动仍然在继续，情绪仍在延伸，把剪接点选择在人物情绪的抒发基本完成之后，可以把人物的心理活动展示得淋漓尽致，从而调动观众情绪，增强全片感染力。

(3) 节奏的剪辑点，指的是根据影片内容强度的不同，为实现或紧张或舒缓的气氛而选择的剪辑点。对节奏的调节通常是通过一组短镜头或一组长镜头来实现。节奏的剪辑点在群众性场面或激烈冲突、情绪高涨的场面中起着特别重要的作用。如新闻纪录片《欢庆十年》，为展示人们庆祝中华人民共和国成立十周年的喜悦心情，用多组快切的"笑脸镜头""劳动镜头"，营造出兴奋、激动的"欢庆"氛围。画面节奏剪辑的选择还要与解说词、音乐、音响等声音元素的节奏结合起来，以达到画面与声音节奏的统一。

(三) 声音的剪辑

声音剪辑主要包括解说词、同期声、音响的剪辑和音乐的运用。

1. 解说词的剪辑

解说词剪辑的第一要求就是解说词要与相应画面对位准确，不能出现解说和画面两张皮的现象。

纪录片的解说不是描述画面，而是说明、补充、阐释、深化画面的内容，因而长度上往往要小于画面。在具体剪辑中，为避免造成生硬的感觉，解说一般不和对应画面的第一个镜头同时上，也不和最后一个镜头同时下，通常的做法是，解说要比画面的第一个镜头出现得晚，比最后一个画面结束得早。

2. 同期声的剪辑

同期声是画面中人物的同步话语，它直接传递人物真实的声音，还原真实情状。充分利用同期声，是当今纪录片创作的主要潮流。

前期拍摄采访中所获得的画面和同期声素材往往是大量而庞杂的，在对同期声剪辑时，剪辑者的第一要务是从庞杂的素材中找出最适合、最生动、最具表现力的同期声和画面来塑造作品。同期声应流畅、清晰地传递人物的心声，但在实际创作中，受访者的教育背景、语言表达能力千差万别，含糊不清、语义断裂、重复啰嗦等情况比比皆是，剪辑者要在不违背人物话语原意的基础上，对同期声进行修补，把含糊不清、重复啰嗦的语言剔除，把断裂的语义衔接起来，使同期声语义清晰，表述流畅。同期声的"修复"必定会造成画面的跳格，一个通用的解决办法是，用与人物所说内容相关的画面覆盖跳跃的采访画面，这样做既能掩饰跳格的作用，还可以丰富画面的信息。

同期声剪辑有三种方式：直切式、渐入式、重叠式。直切式指声音与画面同上同下，这种切入让人感觉生硬突兀。常用的是渐入式和重叠式两种。渐入式指声音从无到有、从低逐渐过渡到正常，这种切入方法能消除听觉上的突兀感。重叠式是指声音先于对应画面而出现在前一个画面的末尾，这种切入方法的目的在于用声音衔接前后两个画面段落，使叙事更加流畅。

3. 音乐的运用

音乐是增强纪录片感染力的重要手段。在纪录片中，音乐能起到渲染情绪、激发情感、深化主题、强化叙事的重要作用。

纪录片中的音乐分为有源音乐和非有源音乐(配乐)。有源音乐是画面中的人和物发出来的,又叫客观音乐或画内音乐,如纪录片《英和白》中白播放的意大利歌剧就属于有源音乐。非有源音乐与画面中的人或物没有任何关系,因而又叫画外音乐,又因为这种音乐是创作者对纪录片作品的情感的主观投射,所以又叫主观音乐。

不管主观音乐还是客观音乐,都是纪录片整体的一部分,都应该和作品主题相融合,和画面相协调。纪录片中的音乐使用要注意以下几个方面。

(1) 音乐的选择要恰当、准确。不仅音乐的情绪、节奏、风格要和纪录片相吻合,音乐的年代、内涵也要和纪录片一致。如果纪录片讲述的是20世纪50年代的事,用的音乐是80年代的,显然就很不恰当。

(2) 音乐与解说、同期声之间关系的处理要主次分明。不能喧宾夺主,音量过大,以免观众听不清解说和同期声。

(3) 音乐的使用要适量。纪录片中,音乐只能起到辅助性的作用,因为纪录片重在纪实,音乐重在表意,音乐过多、过满都会损害纪录片的纪实性和真实感。

本章小结

真实性是纪录片的本质属性,是纪录片的基石和魅力所在。除了真实性,纪录片还具有审美性、文献性和人文性等特征。时代性、新颖性、故事性、可视性是好选题的评判标准,要根据自身情况选择创作题材。纪录片分为社会人文类纪录片和自然科技类纪录片两个大类,常见的子类有:新闻纪录片、历史文化纪录片、理论文献纪录片、社会现实纪录片、人类学纪录片。

前期调研必不可少。采访时要注意问题设置和提问方法。拍摄中要熟悉各类镜头的作用和拍摄技巧:固定镜头善于营造静态美;运动镜头善于展示复杂的时空;长镜头是记录过程的重要手段;空镜头起着转换时空、抒情表意的重要作用。拍摄中要高度重视同期声的录制,力求声音清晰不失真。使用情景再现与扮演时,要以真实为准绳,不允许随意虚构。

纪录片是拍摄的艺术,也是编辑的艺术。创作者要熟知叙事技巧,掌握情节铺设、悬念设置的方式方法。不同的叙事视角具有不同的叙事效果,创作者要立足题材特征和叙述立场选择不同的叙述视角。纪录片中常用结构是递进结构和平行结构。解说词是纪录片的重要组成部分,起着串联、说明、补充和深化画面的作用。剪辑分为叙事性剪辑和表现性剪辑。画面剪辑要符合事实逻辑、生活逻辑、心理逻辑、视觉逻辑。要选择适当的剪辑点,注意动作的剪辑点、情绪的剪辑点、节奏的剪辑点。同期声剪辑分为直切式、渐入式、重叠式三种方式。音乐的选择要准确、恰当、适量,不可随意,不可喧宾夺主。

思考与练习

1. 如何理解纪录片的真实性和客观性？纪录片的本质特征是什么？
2. 纪录片的选题标准是什么？选题的原则方法有哪些？
3. 纪录片中的固定镜头、运动镜头、长镜头、特写镜头、空镜头分别有什么作用？拍摄时应注意哪些事项？
4. 如何正确处理解说词与画面的关系？
5. 纪录片画面剪辑的逻辑依据是什么？画面与声音的剪辑分别有哪些技巧和方法？

拓展阅读资源

1. 人类首次登月

    (2016-06-18)[2019-03-26]. http://v.sohu.com/20090618/n264609158.shtml

2. 德国高铁惊魂

    (2017-03-17)[2019-03-26]. http://www.iqiyi.com/w_19rtztjvax.html

3. 迁徙的鸟

    (2015-03-12)[2019-03-26]. http://www.iqiyi.com/w_19rryhxvtt.html

4. 追风部队

    (2014-09-07)[2019-03-26]. http://www.iqiyi.com/w_19rsk8sdut.html

5. 美国，我们的故事：繁荣

    (2016-04-13)[2019-03-26]. https://v.qq.com/detail/k/k2les63vchl4jmf.html

6. 舌尖上的中国

    (2018-02-19)[2019-03-12]. http://www.iqiyi.com/v_19rrbpg6rs.html

7. 归途列车

    (2016-05-06)[2019-03-26]. https://www.iqiyi.com/w_19rt5o8k5l.html

8. 本草中国

    (2017-02-24)[2019-03-12]. http://www.iqiyi.com/v_19rrls1gdc.html

9. 非洲

    (2016-11-14)[2019-05-09]. http://www.iqiyi.com/a_19rrh9ux8t.html?vfm=2008_aldbd

10. BBC：蓝色星球

    (2015-01-14)[2019-03-12]. http://www.iqiyi.com/w_19rsbil5wx.html

11. 最早纪录短片：工厂大门

    (2013-08-16)[2019-03-26]. https://www.iqiyi.com/w_19rrmgm76d.html

12. 最早纪录短片：火车进站

    (2017-12-07)[2019-03-26]. https://www.bilibili.com/video/av17013953/

13. 我在故宫修文物

(2018-04-20)[2018-12-20]. https://www.iqiyi.com/v_19rrl77dq4.html

14. 航拍中国

（2019-03-03）[2019-05-09]. https://v.qq.com/x/cover/nmklgfekwjfe793/g002681qg14.html?ptag=baidu.aladdin.doco.vip

15. 绝壁长廊

（2019-03-03）[2019-05-09]. http://www.docuchina.cn/2016/11/18/VIDECZ2dp4XgDgpUgHrPTurF161118.shtml

16. 海上丝绸之路

（2019-03-03）[2019-05-09]. http://www.docuchina.cn/2016/11/18/VIDAVCkx84emSpiYk7Q77fat161118.shtml

17. 人间世

(2018-12-28)[2019-05-09]. https://v.qq.com/x/cover/tfqd11jcg4z7tze.html

18. 西南联大

(2018-11-11)[2019-05-09]. https://v.qq.com/x/cover/fw4hh6seulgqm3k.html

19. 沙漠

(2019-04-30）[2019-05-09]. https://v.qq.com/x/cover/qedmcr36hxong5d/q0030k3xs1u.html

20. 黑洞：来自宇宙的信息

（2019-04-11）[2019-05-09]. https://v.youku.com/v_show/id_XNDEzMzk5NTkyNA==.html

第七章 动画短片制作

> **学习目标**
>
> 1. 理解动画的"运动"原理。
> 2. 熟悉动画分类和2D、3D动画制作软件。
> 3. 熟悉3D动画短片的艺术表现与制作过程。
> 4. 掌握2D动画短片设计过程中的关键要素。
> 5. 掌握2D动画短片后期艺术处理的应用技巧。

"动画"一词的英文名称有多种,例如"animation""cartoon""animated cartoon""cameracature"。其中,最为常用的且比较正式的"animation"一词源自拉丁文字根的"anima",意思为灵魂;而动词"animate"则是赋予生命,引申为使某物活起来的意思。因此"animation"可以解释为经由创作者的设计与编排,使原本不具生命的东西像获得生命、灵魂一般地活动。从这种创作手法上来说,动画是一种人造的艺术形式。

在众多涉及"动画"的历史、文献、资料里,我们经常会看到这样的评介或论述:"动画是一门幻想艺术,更容易直观表现和抒发人们的感情,可以把现实不可能看到的转为现实,扩展了人类的想象力和创造力。""动画是一种神奇的艺术形式,它能够进入观众的心灵和精神世界。"在动画带给我们美轮美奂的视觉感受和超现实的精神交流之时,笔者想要提醒动漫爱好者们及动画从业人员,勿忘这一切对于"动画(艺术)"的美好认识与感受都是人们自己创造的。从这种意义上来说,人们是通过动画这种艺术形式来展现与表达自身对于现实生活、内心世界里的"真、善、美",以及"幻想""欲望""失落"甚至是"愤怒",人类的想象力、展现力、创造力以及好奇本能在动画艺术形式中得到了充分的发挥。由此我们可以认识到,动画创作的难度来源于人本身。如果创作者没有"使原本不具生命的东西像获得生命、灵魂一般地活动"这种欲望或想法,那么创作的动画作品则很难呈现出"生命""灵魂"。因为"使原本不具生命的东西像获得生命、灵魂一般地活动"这本身就基于人类的想象力,而没有想象力,又何来创意呢?

第一节 动画"运动"原理

什么是动画?根据维基百科上对于"动画"一词的定义:动画是指由许多帧静止的画面,以一定速度(如每秒16张)连续播放时,肉眼因视觉残像产生错觉,而误以为画面活动的作品。为了得到动画效果,每个画面都会有细微的改变。画面的制作方式最常见的是手绘在纸张或赛璐珞片上，其他的方式还包括黏土、模型、纸偶等。由于计算机科技的进步，现在可以直接在电脑上制作出动画，例如二维动画、三维动画、动画广告等。

根据百度百科上对于"动画"一词的定义：动画是通过把人、物的表情、动作、变化等分段画成许多画幅，再用摄影机连续拍摄成一系列画面，给视觉造成连续变化的图画。医学证明，人类具有"视觉暂留"的特性，就是说人的眼睛看到一幅画或一个物体后，在0.34 秒内不会消失（如图 7-1）。利用这一原理，在一幅画还没有消失前播放下一幅画，就会给人造成一种流畅的视觉变化效果。因此，电影采用了每秒 24 幅画面的速度拍摄和播放，电视采用了每秒 25 幅（PAL 制）或 30 幅（NTSC 制）画面的速度拍摄、播放。如果以每秒低于 10 幅画面的速度拍摄播放，就会出现停顿现象。

综上所述，什么是动画呢？我们可以这样简单地理解：动画是基于人类具有的"视觉暂留"特性，将静态画面素材放在时间轴上，当时间轴开始以每秒 24 幅画面的速度运转时，即产生了视觉幻象，同时也产生了动画。由于动画在设计与制作过程中涉及文学脚本、手绘制图、摄影摄像、数字编辑、音乐音效、后期处理等一系列多门类的技术形式与艺术表达，因此，动画是具有视听语言特性的一种综合性艺术门类。

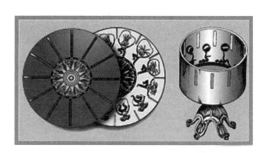

图 7-1　根据视觉残留原理制作的动画"手动操作装置"——走马圆盘

第二节　动画分类与制作软件

本节根据动画的制作技术和手段把动画进行分类。动画可分为以下几种：一是以手绘为主的传统动画（Traditional Animation），也被称为赛璐珞（Celluloid）动画，是 20 世纪时一种较为流行的动画形式和制作手段。二是以计算机为主的电脑动画（Computer Animation），是借助电脑来制作动画的技术形式。电脑动画大致可以分为二维（2D，Two Dimensional）动画和三维（3D，Three Dimensional）动画两种。三是基于摄影技术的定格动画（Stop Motion），是一种以实物为对象，同时运用摄影技术来制作的一种动画形式。定格动画根据实物所使用的材质可以分为黏土动画（Clay Animation）、剪纸动画（Cutout Animation）、图像动画（Graphic Animation）、模型动画、实体动画、木偶动画（Puppet Animation）等类别。还有其他动画制作技术，例如：胶片绘制动画、玻璃动画、针幕动画、沙动画等。在本节中，我们将着重为大家介绍二维（2D）动画、定格动画和三维（3D）动画。

一、动画制作手段分类

（一）2D 动画

2D 动画，也称为二维动画。目前，2D 动画在前期制作上仍然使用手绘或数字手绘板制作（但考虑到节约制作成本问题，大部分 2D 动画公司会采用铅笔手绘的制作方式），然后在计算机上对作品进行加工及处理，而动画特效、音乐音效、数字渲染等后期制作则几乎完全使用计算机来完成（如图 7-2）。

2D 动画有如下发展历程：传统的二维动画是将水彩颜料画在赛璐珞片上，再由摄影机逐张拍摄记录从而连贯起来的画面，而计算机时代的来临让二维动画在技术与艺术两方面得以改进与升华。在制作电脑动画的过程中，通过计算机可以：完成输入和编辑关键帧；计算和生成中间帧；定义和显示运动路径；交互式给画面上色；产生一系列特技效果；实现画面与声音的同步；由计算机控制运动系列的记录工作。无论利用计算机创作动画还是制作动画，其表现效果较之传统动画都更加具有动作表现力强、视觉冲击力高、应用领域广泛等特点。

图 7-2　2D 动画作品《如意兔之红晶石》

（二）定格动画

定格动画有别于传统动画和电脑动画，具有非常高的艺术表现性和非常真实的材质纹理。制作时，先对对象（实物）进行摄影，然后改变拍摄对象的形状位置或者是替换对象，再进行摄影，反复重复这一步骤直到这一场景结束。最后将这些照片（胶片）连在一起，形成动画。这种动画的制作技术也被称为帧到帧或者位到位。接下来，我们介绍几类使用不同材质制作而成的定格动画。

1. 黏土动画

使用黏土或橡皮泥等可塑形素材来制作的定格动画。一般这种类型的动画是利用黏土的可塑性，直接在黏土上进行变化操作来达到动画效果，但有时也会在已经做好形状的黏土角色中加上铁丝的骨架，以便角色能够方便地做出一些造型或者姿势。黏土动画在前期制作过程中，很大程度依靠手工制作，手工制作决定了黏土动画具有淳朴、原始、色彩丰富、立体、梦幻般的艺术特色（如图 7-3）。比较著名的黏土动画作品如英国阿德曼动画公司制作出品的《小鸡快跑》等。

图 7-3　黏土动画作品《神奇海盗团》

2．剪纸动画

使用纸或布料为素材来制作的定格动画。剪纸动画以平面雕镂艺术作为人物造型的主要表现手段，吸取皮影戏装配关节以操纵人物动作的经验，制成平面关节的纸偶。环境空间则由绘制的纸片及贴在玻璃上的前后景构成，玻璃板之间相隔一定的距离以便分层布光。拍摄时，将纸偶平放在玻璃板上逐格拍摄。由于剪纸片中所有角色和道具、场景均为片状，以平面的方式制作，所以剪纸片中的动作少有转体或以透视的视角运动。中国的剪纸动画代表作品有《渔童》《葫芦兄弟》等。该类型的国外动画代表作品有《奇幻星球》《故事里的故事》。动画连续剧《南方公园》在影像的风格上对这种类型的动画进行了模仿（如图 7-4）。

图 7-4　剪纸动画作品《南方公园》

3．木偶动画

以立体木偶为素材来制作的定格动画。木偶动画中使用的木偶在制作时就会被赋予可以活动的关节，或者是类似于骨骼一样的骨架，因此可以比较方便地制作动画中所需要表现的各种动作。随着科技的发展，目前也有用瓷质、金属材料制成的木偶。拍摄时将一个动作依次分解成若干个环节，用逐格拍摄的方法拍摄下来，通过连续放映还原为活动的形象。中国的木偶动画代表作品有《阿凡提》《神笔马良》《曹冲称象》《崂山道士》《八十天环游地球》等。该类型的国外动画代表作品有《圣诞夜惊魂》《僵尸新娘》（如图 7-5）。

图 7-5　木偶动画作品《僵尸新娘》

4. 图像动画

使用非绘画类型的平面图像制作的定格动画。材质可以是报纸或者杂志上的各类图画、照片、剪报等。该类型的动画经常被混合到其他的动画或者是电影中。在制作图像动画时,既可以利用一帧帧变化的图像来制作运动效果,也可以保持图像不动而移动摄像机来制作屏幕上的运动效果。该类型的动画代表作品有奥斯卡获奖短片《弗兰克影片》(Frank Film)(如图 7-6)。

图 7-6　图像动画作品《弗兰克影片》

5. 真人电影动画(Pixilation)

以真人作为动画素材(角色)的一种定格动画。真人电影动画在以人作为动画中的素材的同时,也经常会配上一些无生命的物体,以达到一些超现实主义风格的效果。这些效果包括人物突然地消失或者出现在画面中,或者是使人看起来像是在路上滑行等。在早期的电影制作过程中,为了得到一些特殊的视觉表现效果,定格动画是最好的解决办法之一。早期的实验性电影中经常可以看到该类型的动画。真人电影动画代表作品有由加拿大人诺曼·麦克来恩(Norman Mclean)制作的《椅子》《邻居》(如图 7-7),以及他在加拿大电影局(NFBC)制作的一些实验短片。

图 7-7　真人电影动画作品《邻居》

(三) 3D 动画

3D 动画,也称为三维动画,是随着计算机软硬件技术的发展而产生的一门新兴技术。三维动画软件在计算机中首先建立一个虚拟的世界,设计师在这个虚拟的三维世界中按照要表现的对象的形状尺寸建立模型以及场景,再根据要求设定模型的运动轨迹、虚拟摄影机的运动和其他动画参数,最后按要求为模型赋上特定的材质,并打上灯光。当这一切完成后就可以让计算机自动运算,生成最后的画面。3D 技术有别于以前所有的动画技术,它拥有比一般传统技术手段更为广阔的表现范围,可以制作出非常逼真的特殊效果,从而提供给动画制作者更大的创作和想象空间。3D 动画可以通过计算机渲染来实现各种不同的最终影像效果,包括逼真的图片效果以及 2D 动画的手绘效果。三维动画主要的制作技术有:建模、渲染、灯光阴影、纹理材质、动力学、粒子效果(部分 2D 软件也可以实现)、布料效果、毛发效果等。著名的 3D 动画工作室包括皮克斯、蓝天工作室、梦工厂等。

三维动画制作是一件艺术和技术紧密结合的工作。在制作过程中,一方面要在技术上充分实现动画创意的要求,另一方面,还要在画面色调、构图、明暗、镜头设计组接、节奏把握等方面进行艺术的再创作。与平面设计相比,三维动画设计多了时间和空间的概念,它需要借鉴平面设计的一些形式美法则,但更多的是按照影视视听语言的规律来进行创作(如图 7-8)。

图 7-8　3D 动画作品《料理鼠王》

二、动画制作软件介绍

(一) 2D 动画制作软件

当前制作 2D 动画的软件有:Animo、Moho、Flash、Retas Pro、Soft、Toon Boom Studio、USAnimation 等。接下来,笔者将主要为大家介绍以下几个 2D 动画制作系统(软件)[1][2]。

Animo 是由 Cambridge Animation 公司开发的运行于 SGI O2 工作站和 Windows NT 平台上的 2D 卡通动画制作系统,也是世界上最受欢迎、使用最广泛的 2D 动画制作系统之一。为广大观众和动漫迷所熟知的动画片《小倩》《空中大灌篮》《埃及王子》等都是应用 Animo 的成功案例。Animo 具有面向动画师设计的工作界面,扫描后的画稿保持了艺术家原始的线条,且具有多种特技效果处理包括灯光、阴影、照相机镜头的推拉、背景虚化、水波等,并可与二维、三维和实拍镜头进行合成。

Retas Pro 是由日本 Celsys 株式会社开发的一套应用于普通 PC 机和苹果机的专业二维动画制作系统。日本著名的动画制作公司如 Toe、Sunrise、TokyoMovie 等,日本著

---

[1] 邵文红.动漫概论[M].南京:东南大学出版社,2013:95-101.
[2] 二维动画软件简介[EB/OL].(2010-12-03)[2015-12-12].http://bbs.jcwcn.com/thread-16307-1-1.html

名的动画学校 Yoyogi 以及著名的游戏制作师 Hudson、Konami 均使用了该系统进行 2D 动画的设计与制作。Retas Pro 不仅可以制作 2D 动画,而且还可以合成实景以及计算机 3D 图像。

Toon Boom Studio 拥有广泛的系统支持,可用于所有 Windows 系统及 Mac 苹果系统,是唯一具有唇形对位功能的 Flash 动画平台,且具有灵活且极易掌握的绘画手感等特性。在该平台中可以导入镜头、灯光、场景、3D 等对象,也可以导入图片、声音和动画文件,而且所有的一切都是基于 SWF 格式,这意味着我们完成这些作品后可以把当前的全部或部分动画导出为 SWF 格式,且在导出时将自动建立符号库,这样可以减少下载负荷量,使得下载变得更为快速。

（二）3D 动画制作软件

当前制作 3D 动画的软件有：3ds Max、LightWave 3D、Maya、Soft XSI、Zbrush 等。接下来,笔者将主要为大家介绍以下几个 3D 动画制作系统（软件）[1][2]。

3ds Max 是基于 PC 系统的 3D 动画渲染和制作软件。3ds Max 是一款具有强大、完美三维建模功能的 3D 动画制作软件,被广泛用于角色动画、室内效果图、游戏开发、虚拟现实等领域。在 3D 动画的设计制作过程中,3ds Max 的应用范围包括角色、道具、灯光、场景等方面,以及后期配音、摄影机镜头模式、镜头的剪辑与合成等。3ds Max 具有以下几个突出特点：①基于 PC 系统的低配置要求；②安装外挂"Plugins"可提供新增功能,例如"毛发功能",同时增强原有功能；③强大的角色动画制作能力；④可堆叠的建模步骤。

LightWave 3D 是一款高性价比的 3D 动画制作软件。该软件被广泛应用在电影、电视、游戏、网页、广告、动画等各领域。LightWave 3D 具有以下几个突出特点：①在生物建模和角色动画方面功能异常强大；②基于光线跟踪、光能传递等技术的渲染模块,令渲染品质几尽完美。电影《泰坦尼克号》中逼真的船体模型,《达·芬奇密码》《明天过后》《加菲猫》《蜘蛛人 2》等电影中的 3D 特效,以及《恐龙危机 2》《生化危机之代号维洛尼卡》等经典游戏均大量应用 LightWave 3D 的软件技术来完成动画制作与视觉特效。

Maya 具有世界上最强大的整合 3D 建模、动画、效果和渲染解决方案,并且可以极大提高制作效率和品质,调节出仿真的角色动画,渲染出如电影一般的真实效果。作为 3D 动画软件的高端产品,Maya 集成了 Alias、Wavefront 最先进的动画及数字效果技术。它不仅包括一般三维和视觉效果制作的功能,而且还与最先进的建模、数字化布料模拟、毛发渲染、运动匹配技术相结合。

第三节　2D 动画短片设计

本节着重介绍 2D 动画短片制作之初前期必要的设计准备工作,以及动画短片脚本

---

[1] 乔晶晶,卢虹.动画短片创作[M].上海：上海人民美术出版社,2011：21-23.
[2] 邵文红.动漫概论[M].南京：东南大学出版社,2013：102-106.

在构思与定位之时应考虑的设计问题。本节主要内容包括:动画视听语言的特征与表现;动画制作步骤;动画创作团队组成;动画脚本的创作过程;动画美术风格设定等。

一、前期设计准备

动画短片在前期设计时应对其画面造型、人物动作以及声画关系等视听语言进行仔细研究与充分准备,旨在令动画画面更具艺术意味,从而强化出动画短片的视听思维,让观众更容易置身于动画的虚拟梦幻世界,这也是一部优秀动画作品所具备的重要特质之一。接下来,将着重介绍关于动画视听语言、动画制作步骤以及动画创作团队三方面的内容。

(一)视听语言基础

动画作为影视艺术,是由美术和影视两个基本要素构成的。它是以电影的视听方式作为基础内容,以美术手段塑造角色、情境,它具有造型艺术和影视艺术的基本特征。正因为动画电影具有这些特性,便决定了它除了具有造型和视觉思维,还具有电影的语言与听觉思维。动画影片必须重视电影视听语言,将电影视听思维融入动画影片的创作中[1]。动画的语言特征表现在如下四个方面[2]。

1. 画面造型语言

不论是2D动画还是3D动画,都离不开画,也就是美术造型艺术,可见画面造型语言是动画语言的基础。在动画的画面中包含场景、画面所构成的符码,其中由场景、灯光、角色造型、色彩构图等元素组成。由于动画是人工创造的艺术,所以,这些元素的创建又与造型艺术有着密切的联系。随着近百年来动画技术的不断发展成熟,动画与造型艺术结下了不解之缘,无论是古典的还是现代的艺术,无论是油画、版画、水彩、水墨还是雕塑或民间艺术等,它们都被运用到了动画的表现形式中,更加丰富了动画造型语言。即使是随着数字科技兴起的3D动画,它也是由创作者创作的一个完全虚拟的影像空间,其角色造型、场景设计、色彩搭配等也都与造型艺术有关。所以说正是因为各类造型艺术在动画中的应用,为动画增添了更多的形式和手段,同时也加强了动画的吸引力。

2. 动作表演语言

动画中的影像是在动作表演中产生出了自己独特的表现语言。首先,动画表演是一种虚拟的假定性的表演,动画角色本身没有生命,通过动画师的艺术加工被赋予了生命,因此其表演本身就是一种虚拟和假定的艺术创作。动画人物的运动性既有模拟现实状态的物理运动,也有创作者为服务主题而构思的艺术性夸张的运动,这些运动构成了动画中富于表现力的语言。其次,动画表演是一种概括和夸张的表演。动画角色是经过概括提炼出来的艺术形象,因此它的表演就是对它独特个性的夸张概括。通过对真实世界事物的某些动作特征进行强调和夸大,来强化效果制造出幽默和趣味的氛围,是

---

[1] 白洁,苗腾辉.动画片中的视听语言[J].神州,2012(18):185.
[2] 薛珂.浅析动画的艺术语言[J].大众文艺,2013(10):211-212.

在动画角色运动中最常见的手法(如图 7-9、图 7-10)。

图 7-9　动作表演示例

资料来源:选自《花木兰》

图 7-10　动作表演示例

资料来源:选自《功夫熊猫》

3. 蒙太奇(镜头)语言

蒙太奇在影视艺术中指镜头与镜头之间的衔接与转化,也就是我们通常所说的剪辑,即将拍摄好的一系列镜头按照剧本大纲、导演意图和运动规律等各项要求,创造性地重新组接成完整的故事(如图 7-11)。动画是具有视听语言特性的一种综合性艺术门类,因此在叙事时必然遵循影视蒙太奇语言的规律,当完成所有镜头制作后,也同样需要剪辑工作来完成动画片的视觉流畅感与情节节奏感等,否则动画片也许会成为一个没有逻辑、含混不清的故事。

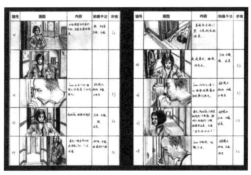

图 7-11　蒙太奇镜头分镜图

资料来源:选自电影 *Léon*

4. 声音语言

动画中的声音主要用于烘托、补充和丰富画面的造型效果,增强动画的视听魅力,交代故事情节。动画声音一般采用先期录音或后期录音的方法,即先根据分镜头剧本录制好音乐与对白,然后根据录音来绘制动作画面以控制画面节奏;或先绘制动画,然后进行音乐和对白的录制。在动画的设计与制作过程中,为了配合角色口型以及表情变化,对白一般都是采用先期录音的方式,而后期录音则多用于效果音和环境音等音效的录制。在实际工作中,动画创作者需要精心考虑声音与画面之间的关系,然后根据创作的需要,对动画片中的声音做艺术构思和处理,才能营造出无比优美的艺术境界。

(二)动画制作步骤

动画制作通常分为前期制作、中期制作、后期制作等。前期制作又包括了企划、作品设定、资金募集等;中期制作包括了分镜、原画、中间画、动画、上色、背景作画、摄影、配音、录音等;后期制作包括剪接、特效、字幕、合成、试映等。然而对于不同的创作者或创作团队,动画设计与制作的方法可能有所不同,但其基本制作步骤是无差别的。动画的制作过程可以分为总体规划、设计绘制、具体创作和拍摄制作四个阶段,每一阶段又有若干个步骤[①]。

1. 总体规划阶段

(1) 策划

动画制作公司、发行商以及相关产品的开发商,三方共同策划如何开发预选动画片,并预测该种动画片有没有市场,研究动画片的开发周期、资金的筹措等多个问题。

(2) 剧本

开发计划订立以后,就要创作合适的文字剧本,这项工作一般由编剧来完成。编剧可以创作原创剧本,也可借鉴、改编他人的作品。但需要注意的是,动画片的剧本与真人表演的故事片剧本有很大不同,在编写时应尽可能避免复杂的对白。动画片尽量用画面来表现视觉动作,由视觉创作激发人们的想象。

案例 7-1　　动画剧本选自某天动画工作室创作的《故事》

(对白脚本)

1. 男:你昨天为什么没有来?
2. 女:你明知我昨天没来,为什么今天还要在这儿等我?
3. 男:也许今天你会来。
4. 女:要是我今天也不来呢?
5. 男:也许明天。
6. 女:为什么要等我?
7. 男:因为我想告诉你一个故事。
8. 女:你在这么大的雨里坐着,全身淋湿透了,只是为了告诉我一个故事?
9. 男:我在这么大的雨里,全身湿透,是因为我没有可以遮雨的东西。
10. 女:你想在这里给我讲你的那个故事,还是去我家喝点什么?

……

---

(3) 故事板

根据剧本,导演要绘制出类似连环画的故事草图(分镜头绘图剧本),将剧本描述的动作表现出来。故事板由若干片段组成,每一片段由系列场景组成,一个场景一般被限定在某一地点和一组人物内,而场景又可以分为一系列被视为图片单位的镜头,由此构建出一部动画片的整体结构。故事板在绘制各个分镜头的同时,作为其内容的动作、对白的时间、镜头转换、画面衔接等都要有相应的说明。一般 30 分钟的动画剧本,若设置

---

① 邵文红.动漫概论[M].南京:东南大学出版社,2013:73-76.

400个左右的分镜头,将要绘制约800幅图画的图画剧本——故事板。我们以《故事(前篇)》故事板为例(如图7-12)。

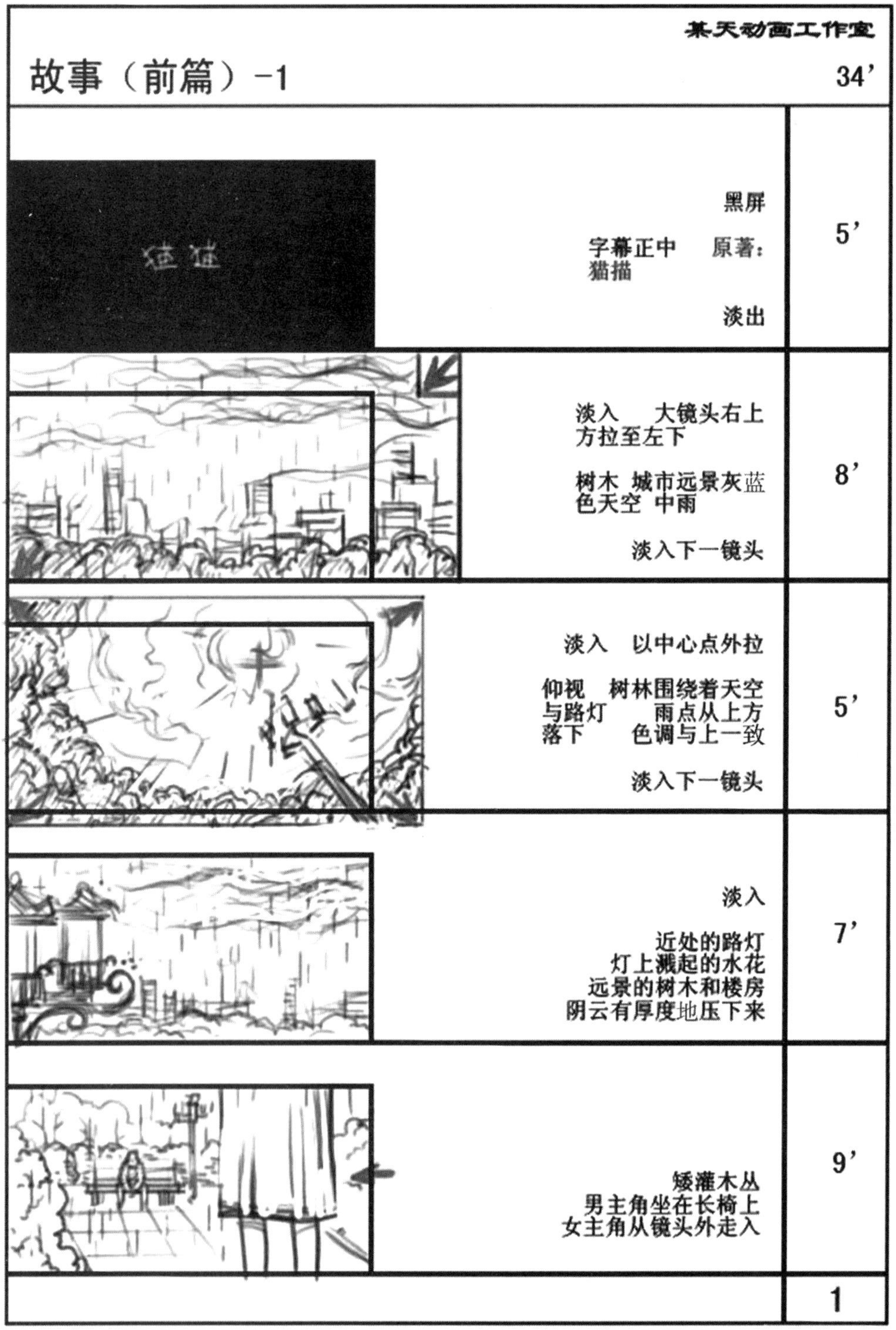

故事(前篇)-1	某天动画工作室 34'
（黑屏，字幕"徘徊"）	黑屏 字幕正中 原著： 猫描 淡出 5'
（城市远景，中雨）	淡入 大镜头右上方拉至左下 树木 城市远景灰蓝色天空 中雨 淡入下一镜头 8'
（仰视树林天空与路灯）	淡入 以中心点外拉 仰视 树林围绕着天空与路灯 雨点从上方落下 色调与上一致 淡入下一镜头 5'
（路灯近景，远景楼房）	淡入 近处的路灯 灯上溅起的水花 远景的树木和楼房 阴云有厚度地压下来 7'
（公园长椅场景）	矮灌木丛 男主角坐在长椅上 女主角从镜头外走入 9'
	1

故事（前篇）-2		37'
	淡入　黑屏 字幕正中　演出： 双鱼座　一叶小舟	5'
	近处的树叶　长椅后的灌木丛和灯 俯视　女主角走近长椅上的男主角　站住	7'
	男：你昨天为什么没有来？ 低头不看对方　没有太明显的表情 全身淋湿　头发上滑下的水珠	6'
	女：你明知道我昨天没有来，为什么今天还要在这等我？ 男：也许今天你会来 男人背影　女人的伞很低遮住了脸	10'
	女：如果我今天也不来呢？ 俯视　伞遮住半个脸　只看到嘴在说话　水从伞上流下来	9'
		2

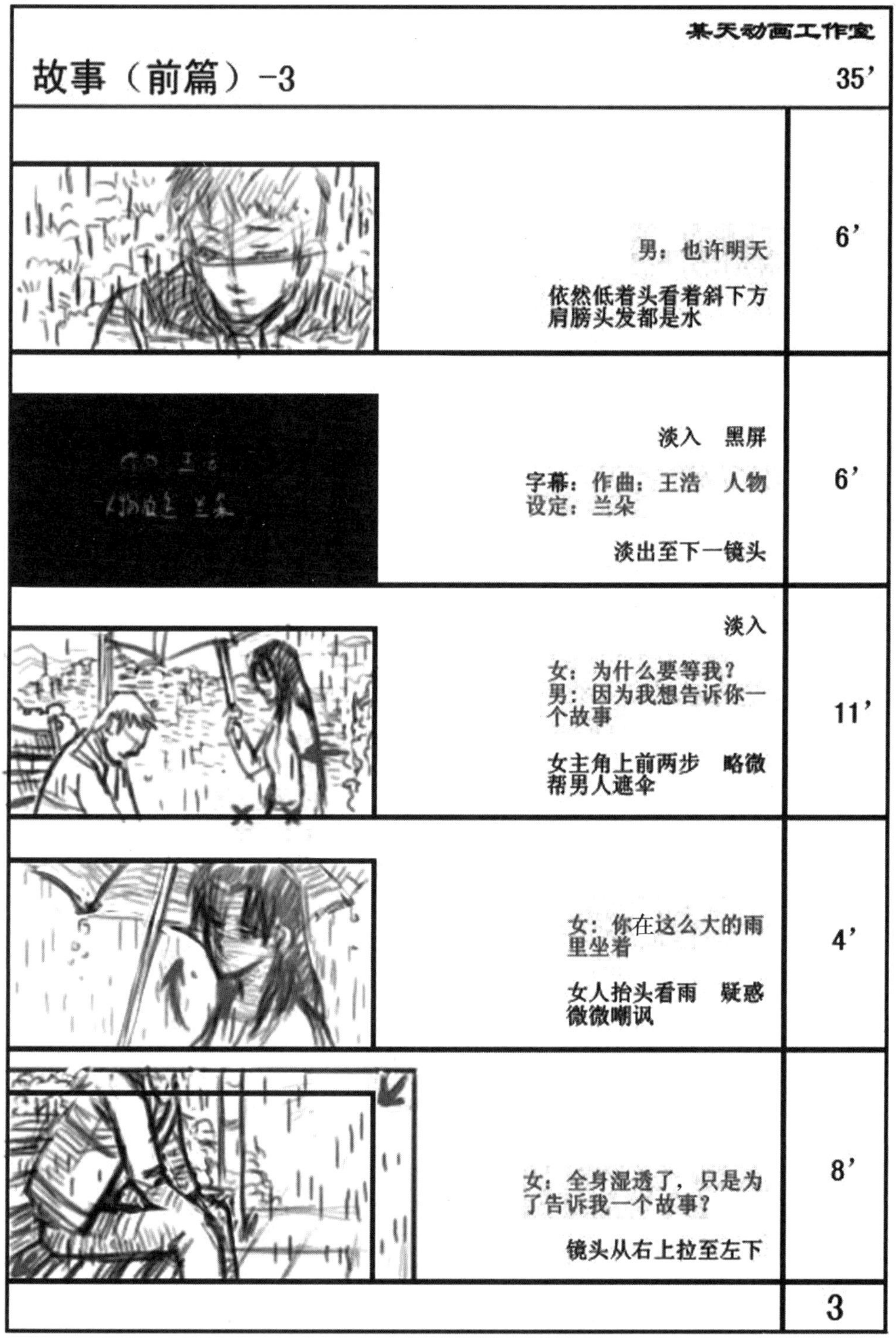

图 7-12　动画故事板 1-2-3,选自某天动画工作室作品《故事(前篇)》

（4）摄制表

由导演编制的整个动画影片制作的进度规划表,以指导动画创作团队各方人员统一协调地工作。

2. 设计绘制阶段

（1）场景环境设计

场景设计侧重于人物所处的环境（包括室内、室外、地区、地域、国家等），要一次性将动画片中提到的场所设计出来。并且确定背景、前景以及道具的形式与形状，完成场景环境和道具的设计与制作（如图 7-13）。

图 7-13　动画场景环境设计
资料来源：选自《马兰花》

（2）角色造型设定

对主要角色及其他人物进行造型设计，并绘制出每个造型的几个不同角度的标准画，以供其他动画创作人员参考（如图 7-14）。

图 7-14　小喇叭动画形象征集案例
资料来源：选自视觉中国网

（3）音效设计

在动画制作时，由于动作必须与对白、音效相匹配，所以录音工作需在动画制作之前进行。录音完成后，编辑人员还要把录制的声音精确地分解到每一幅画面的位置上，即第几秒（或第几幅画面）开始对白，以及对白持续时间等。最后要把全部音响历程（即音轨）分解到每一幅画面位置与声音对应的条表，以供其他动画创作人员参考。

（4）分镜头设计稿

动画的每一帧基本上都是由上下两部分组成。下部分是背景，上部分是角色。背景和角色的制作分别由两组工作人员来完成。

（5）动画作业图

作业图内容详细而具体，既要体现出镜头之间蒙太奇的衔接关系，也要指明人物的位置、动作、表情等信息,还要标明各个阶段需要运用的镜头号码、背景号码、时间长度、机位运动等(如图7-15)。

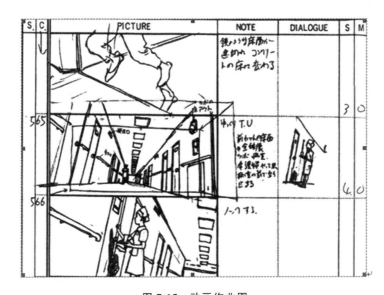

图 7-15　动画作业图
资料来源:选自《阿基拉》故事板

3. 具体创作阶段

(1) 绘制背景

背景是根据分镜头设计稿中的背景部分绘制成的彩色画稿。

(2) 原画

原画师将人物、动物等角色的每一个动作的关键动作及表情绘制出来。

(3) 中间插画

中间插画是指两个重要位置或框架图之间的图画,一般就是两张原画之间的一幅画。助理动画师制作一幅中间画,其余美术人员再内插绘制角色动作的连接画。在各原画之间追加的内插的连续动作的连接画,要符合指定的动作时间,使角色的动作连贯、表现自然。

4. 拍摄制作阶段

这个阶段是动画制作的重要组成部分,任何表现画面上的细节都将在此制作出来,可以说是决定动画质量的关键步骤。该制作阶段的具体步骤包括:摄影与冲印,将拍摄好的底片送到冲印公司冲洗;剪接与套片,将冲印过的拷贝剪接成一套标准的版本,此时可称它为"套片";配音、配乐与音效,一部影片的声音效果是非常重要的,好的配乐与配音可以为影片增色不少;试映与发行,在动画作品正式上映前,邀请影视媒体、文化圈、娱乐圈、评论圈等相关人士来欣赏与评价影片,试映的反响与影评的高低会影响动画片发行量的多少与版权价值的高低。

(三) 动画创作团队

动画片创作是集剧作家、导演、动画师、美术师、剪辑师、配乐师等各类专家的一项集体创作活动。动画创作团队一般包括以下人员[①]。

1. 动画制作人

在前期策划阶段,制片人要撰写制片企划书,阐述影片的创作目的、目标观众、制作进度、制作预算、盈利方式等,对外吸收投资、对内向工作人员说明制作概况。在中期制作阶段,制片人应与动画导演保持良好的沟通,监督制作流程的进度,并且控管预算资金的流向与流量。在后期制作阶段,制片人负责安排影片的发行与推广。

2. 动画编剧

无论是原创故事还是改编自小说、传说,编剧都要将文学性的描述转化为适合用视听语言来表现的动作、场景,即以影像思维模式来创作剧本。在撰写剧本时,编剧还要考虑各故事段落用何种类型的音乐来辅助叙事。

3. 动画导演

在前期策划阶段,导演必须给予各创作部门意见和建议,包括对视觉风格、造型设计、动作设计、分镜头、音乐风格等工作逐一检查。在中、后期制作阶段,导演要监管各项工作的品质,并解决制作时遇到的技术困难。

4. 分镜设计师

分镜设计师有时候由导演亲自担任,因为分镜头是将文字剧本转换为影像的第一道工序。分镜设计师需要有丰富的想象力和绘制多种姿势、背景的能力,并且掌握视听语言的基础,能够在理解剧本的基础上创造出影片的图画情境。

5. 原画师

原画师要按照导演的意图与设计稿的指示设计角色的关键动作,并且填写摄影表。原画师首先要具有高超的画面描绘能力,还必须了解动作的运动规律与力学原理,并且有能力带领、指导助理动画师与中间动画师工作。

6. 中间动画师

中间动画师的工作是在原画之间加上中间画。中间动画师要依据原画的创作意图,创造出富有韵律、动感的中间动作。

7. 动检师

动检就是"动画检查"的简称,动检师必须确认动画的正确性并控制动画质量,责任重大,因此动检师需要具备良好的绘画能力和绘制经验。

8. 美术指导

在确立影片的美术风格前,美术指导根据剧本轮廓,收集符合要求的参考资料,包括时代背景、场景建筑、服装道具、人物姿态、色彩气氛等。这些资料将被建立成资料库,以供选择利用。美术指导绘制设计稿的能力在某个程度上决定了影片的视觉质量。

9. 造型设计师

造型设计师要理解角色的背景、性格、习惯动作及在故事情节中的遭遇与情绪等。

[①] 韩斌生.动画艺术概论[M].北京:海洋出版社,2013:114-116.

造型设计师还应了解多种绘画风格,并且有意识地收集各种造型资料作为参考,例如从电影、戏剧中得到造型轮廓、形态设计的灵感。

10. 背景设计师

背景设计师需要具备良好的透视、空间构成能力,并且了解各时代的建筑风格及地域风貌。

11. 剪辑师

动画剪辑师的工作主要是根据声轨来做视频编辑。动画剪辑师的艺术构思应该在分镜头阶段就充分体现出来,后期的剪辑工作只是将影片片段进行转场衔接与逻辑整合。

12. 后期总监

后期总监的任务主要是统筹后期合成与特效制作的工作,包括调整影片的整体色调、加强特定场景的气氛,并通过各种技术手段制作画面的特殊效果,例如云雾、电光、爆炸等。

13. 音响总监

动画片中的声音设计包括配音、音效和音乐。声音设计是一项在前期筹备时就要开始着手的工作,甚至在剧本编写时就要考虑使用的音乐风格、各角色的声音特色等。在完成各项声音效果的制作后,由音响总监进行整体的混录。

二、动画短片脚本设计

在动画短片脚本创作时应对故事选题、篇幅长度以及叙事方式等进行构思与定位,旨在令动画作品更加符合市场的操作要求。与此同时,我们还要确定动画作品的美术风格与绘画形式,它包括角色造型设计、场景造型设计及分镜头设计等内容,旨在令动画作品更加符合大众审美需求与观影期望。接下来,我们将着重为大家介绍关于动画脚本构思与定位、工作计划制订以及美术设计三方面的内容。

(一)构思与定位

即动画脚本创作。一部动画影片的创作是从剧作者编写文学剧本开始的。文学剧本是影片的基础,因为它是动画创作的第一步,也是导演再创作的重要依据。如果说动画是一种产业,那么它的创作与生产就要符合市场的操作要求,即在编剧这一个环节中应当把市场因素充分考虑进来。

动画脚本的创作过程一般包括以下几个构思与定位阶段[①]。

1. 选题设定阶段

动画脚本选题之初,若有现成的脚本,一般情况下是由绘画主笔提出选题,这种故事往往是作者本人酝酿已久或者有较深感触的题材,与作者自己的风格能够比较完美地配合,在修改过程中也可以很好地提供各种设定,使文字创作者获得直观感受。若无

---

① 漫画是这样合作[EB/OL].(2010-11-12)[2015-12-11].http://www.doc88.com/p-903850050519.html

现成的脚本,则要求创作团队在一起创作出适合市场需求的故事。另外,脚本选题的确定往往涉及世界观、道德观、价值观和文化、地域差异等问题,比如剧中人物生活在什么样的年代与地点对于故事的发展起着至关重要的影响,因此剧本的设定与创作既要别出心裁也要合乎逻辑。

2. 篇幅设定阶段

不同篇幅的作品有不同的创作规律。短篇动画作品往往不能展现完整的线索,主要精力在于完成桥段、突出创意;中篇动画作品可以呈现完整的故事线索,主要精力在于交代故事情节;长篇动画作品是大量中篇和短篇的结合,主要精力在于塑造人物和多角度叙事、完成桥段。可以说,短篇动画是小品,中篇动画是电影,长篇动画是连续剧。

3. 叙事线索设定阶段

叙事线索是故事逻辑性铺陈的关键,是故事能够合理存在的基础。叙事线索可分为主线索、次线索、支线索、隐含线索。剧中主人公虽然能构成主线索,是观众始终关注的焦点并引领故事发展,但不一定是推动情节的线索。有时剧中的配角、道具等为推动情节、辅助叙事构成次线索、支线索和隐含线索,这些线索是纷繁复杂且互相盘绕影响的。有的线索可以构成情节的推动力,并且是情节发展不可或缺的,这种线索就是次线索,比如通过反面角色构成次线索来塑造正面角色;而支线索,它可以更好地阐述主题且丰富内容,比如剧中主人公的朋友们,通过他们来进一步刻画主人公的形象;有的线索始终不被明确交代,但却对情节具有影响力,就构成隐含线索,比如犯罪工具、停摆的时钟、开启的酒瓶等剧情要素。

4. 视觉效果设定阶段

这里所说的视觉效果主要是指动画画面的总体视觉感受,例如色彩色调偏向高调还是低调,人物所使用的画法,故事剧情是否需要宏大的场面,镜头风格是朴实叙事还是个性化表达,等等,这些需要对脚本进行一一设定,必要时可借鉴已有的成功、成熟的动画作品进行比较与参考。

(二)工作计划制订

不论是商业电影还是动画短片(电影),电影制作的工作计划大致可分三个阶段。一是拍摄前期,包括提构想、写故事、分场(分镜)大纲、找导演、列预算、编剧本,以及决定制作小组的成员。二是拍摄中期,即在导演的指挥下以密集作业方式进行,并由执行制片监督经费开销、拍片进度和一切行政事宜。三是拍摄后期,包括剪接、配音、配乐、设计字幕、制作预告片,以及广告宣传等。在摄制过程中,导演应有详尽的分镜计划,并拟定拍摄顺序,以便得到最快的拍摄进度。对于镜头设置、视觉效果、剪接编排、配乐安排等工作,则须团队工作人员与导演密切配合,以达到所需之最佳效果。动画电影制作进度表,即具体工作计划如表7-1所示。

表 7-1 动画电影制作进度表

阶段划分		工作内容	进度(按月计)													
			1	2	3	4	5	6	7	8	9	10	11	12	13	14
筹备期		启动资金到位；讨论剧本；参考资料(文字论著、图像资料、实物复制品)收集整理；场地整备(动画摄影车间)；材料、设备联络(逐格摄影机、动画摄影台)；前期设计人员(造型、场景、背景氛围)到位	→→→													
制作期	前期设计	前期资金到位；分镜头设计；造型设计(含色指定)；场景设计；背景氛围设计			→→→											
	前期制作	故事板绘制；角色动态实验；镜头动态实验；角色、背景合成实验；拍摄样片				→→→										
	中期制作	中期资金逐步到位；中期设计(设计稿、原画、原画作监)人员逐步到位；设计稿绘制；原画绘制、修型；中期制作(动画、动画作监)人员逐步到位；动画制作；拍摄、洗印					→→→→→→→→→→→→→									
后期		后期资金到位；作曲；配音准备；动效准备；剪接；录音、配乐；编辑合成；修改、最后完成						→→→→→→→→→						→→	
宣传发行		宣传销售资金到位；本片宣传、销售；周边产品开发；送审；发行						→→→→→→→→→→→→→→→→							→→

(三) 美术设计

在动画美术风格确定后，就需要对美术设计的各个部分进行格式化的设定，所谓格式化是指标准化与规范化。美术设计的格式包括以下内容：整部影片所采用的美术风格与绘画形式；所有角色的造型比例设定；所有场景的设定；场景与角色比例的设定；角色服饰及色彩的设定；道具的设定；背景风格及绘制方法的设定等。接下来，我们将着重介绍角色造型设计、场景造型设计和分镜头设计。

1. 角色造型设计

角色造型是指动画角色的身形、容貌、发型以及表情。通常从漫画或剧集改编的动画工作较原创容易，因为角色设计的工作可以依照原著来绘画造型，而原创动画则要从剧本、原著或者其他文字资料中找出相关资讯，再结合导演与监制的意图、要求来创造动画角色。角色造型是一部动画作品成功的关键所在，甚至能够决定整个作品的命运。

角色就好像是动画艺术家创造的演员,担任着演绎故事、推动情节发展以及揭示人物性格、命运和影片主题的任务。

动画角色造型的艺术特征可概括为以下四点[①]。

(1) 形象的虚幻性与主观想象。想象与创造是动画的生命,动画造型具有极大的创造发挥空间,它可以不受自然规律、时空等因素的限制,也可以突破局部造型、位置与比例的关系,随意调整夸张、奇妙、诡异的视觉形象。

(2) 形象的简单化与符号化。单纯而简洁的造型会使得视觉信息传递得更为直接、明确,因此有时角色造型会以很简洁的符号来表现丰富的内容。符号化设计能使角色造型有明显的个性特征,也有利于对动画片整体造型风格的统一。

(3) 形象的幽默趣味与夸张性。为给人以深刻印象,角色形象往往对其典型特征进行夸张变形,具有幽默诙谐的效果但又不失真实。不论人物、动物还是精灵,既有幽默趣味的内在灵魂,又有鲜活灵动的外在美感,从而博得不同年龄段观众的喜爱与欣赏。幽默趣味与夸张变形是动画角色形象最主要的特点,也是其最主要的表现手法,它们增加了动画的娱乐性,也是动画设计的灵魂。

(4) 形象的地域联想与民族性。例如,当人们看见蓝精灵、白雪公主的形象就会联想到欧洲,看见阿拉丁的形象就会联想到阿拉伯,看见超人、蝙蝠侠的形象就会联想到美国,看见蜡笔小新、花仙子的形象就会联想到日本,看到孙悟空、熊猫的形象就会自然而然地联想到中国的神话传说等(如图7-16、图7-17)。不同地域、不同国度、不同民族的历史背景与传统文化是有所区别的,当然也就决定了动画片的主题风格、故事架构、情节安排、角色设计也是有所区别的。

图7-16 动画角色造型
资料来源:选自《阿拉丁》

图7-17 动画角色造型
资料来源:选自《蝙蝠侠之子》

2. 场景造型设计

动画场景设计通常以剧本为依据,为动画作品中的角色活动和剧情发展的背景空间进行有框架要求的设计。在电影电视的拍摄中,场景设计主要体现在选景和布景上,而在动画场景设计中则体现为对景与物的造型设计多方面的综合。动画场景即主体所处的环境,包括背景(内景和外景)和道具(场景中出现的物体),它为导演提供了镜头调度、运动主体位置、镜头构图、景物透视与光影及空间想象的依据。场景不但是衬托主体、展现内容不可缺少的要素,更是营造气氛、增强画面的艺术效果和感染力、吸引观众

---

① 房晓溪. 动画角色设计[M]. 北京:印刷工业出版社,2008:3-5.

注意力的有效手段,同时场景设计直接影响着整部作品的风格和艺术水平。

动画场景的样式因故事题材的多样而丰富多彩,其造型设计风格大体可分为:写实风格;装饰风格;超现实风格;民族风格[①]。

(1) 写实风格

写实风格是对客观现实的记录与再现,且较符合人们的日常心理、生理习惯(如图7-18)。写实风格场景须遵循的设计原则:第一,造型样式要充分考虑各历史时代的要求和各地域的特色,且符合科学发展的规律;第二,场景中所涉及的自然材料和肌理质地的造型与展现要符合自然法则;第三,光影关系,画面中物体被光照射后所产生的投影效果和投影角度要符合科学和自然的光学规律;第四,画面中的色彩要符合自然条件下物象色调的色彩形式,即蓝天白云、绿草红花等。

图 7-18　场景造型写实风格
资料来源:选自《蒸汽男孩》

(2) 装饰风格

装饰风格是将生活中物象的形象、色彩、比例、运动和变化规律进行提炼,并做概括化、装饰化和风格化的艺术处理(如图7-19)。装饰风格场景须遵循的设计原则:第一,通过将生活中的自然形体进行一定的删减、归纳、夸张,去粗取精,从而得到具有秩序感、概括化的形体;第二,通过对场景中装饰因素的概括与强化,得到具有装饰风格的形体与景观,例如变形、变位、变色等装饰处理。装饰风格场景的最大特点就是块面化的装饰效果能更好地突出主体与空间环境。

图 7-19　场景造型装饰风格
资料来源:选自《丹麦诗人》

---

① 赵前,何嵘.动画片场景设计与镜头运用[M].北京:中国人民大学出版社,2009:79-124.

(3) 超现实风格

超现实风格是通过放弃逻辑、有序的经验记忆为基础的现实形象,而呈现人的深层心理中的形象世界,尝试将现实观念与本能、潜意识与梦的经验相融合(如图7-20)。超现实风格更多体现了创作者的主观意念,画面具有非常强烈的艺术性和个性化效果。超现实风格场景的特点有:第一,造型、用色极其夸张、大胆和新奇,且超出人们日常审美心理和欣赏习惯;第二,通过"超现实""超理智"的场景、梦境、幻觉等激发人类的潜意识心理。

图7-20　场景造型超现实风格

资料来源:选自《阿凡达》

(4) 民族风格

民族风格是通过吸纳民族文化、宗教文化、民间艺术的造型语言、构成规律以及风格特征,并结合动画作品要求进行带有地域性、民族性以及时代性的创作风格。中国书法、篆刻、京剧、皮影、武术、传统乐器、古代纹饰等民族的艺术元素被广泛应用于中国动画的制作之中,充分地体现出中国动画的民族性特点(如图7-21)。中国民族动画在题材方面,注重从民族民间造型样式和材料中借鉴汲取营养,探索和实验动画艺术的新材料和新品种;在美术设计方面,人物造型上广泛吸收中国民间木刻、剪纸、京剧艺术装饰风格以及古人绘画表现手法,更加着重于形象的装饰性和性格的典型性刻画,手法大胆夸张且想象力丰富;在场景设计的整体风格方面,吸收了古代壁画、建筑等民间艺术的优良传统,又充分地发挥想象创造能力,使得场景不仅具有极强的装饰性特点,与人物造型相得益彰,同时营造了一个梦幻十足的神话世界;在音乐音效方面,在中国动画影片中浓缩了非常多的民族戏曲精髓。

图7-21　场景造型民族风格组图

资料来源:选自《骄傲的将军》

3. 分镜头设计

分镜(Storyboard)是指电影、动画、电视剧、广告、音乐录像带等各种影像媒体在实际拍摄或绘制之前,以故事图格的方式来说明影像的构成,并且标注镜头方式、时间长度、对白、特效等信息。通常分镜脚本会用插图来说明情节结构,并且附带简要文字说明来叙述、解说该场景的内容。信息量少的场景可以用一个画格来解释说明,而信息量丰富的场景则需要多画格为一个场景作解说。

分镜头脚本的作用主要表现在:一是前期拍摄的脚本;二是后期制作的依据;三是长度和经费预算的参考[①]。动画分镜头剧本绘制要求:充分体现导演的创作意图、创作思想和创作风格;分镜头运用必须流畅自然;画面形象须简洁易懂;分镜头间的连接即切换方式须明确,例如淡入淡出、化入化出、划像、翻页、定格等方式;对话,音效等标注需明确。

分镜头设计包括以下内容[②]。

(1) 镜头时长

指运用分镜头模式来记录和控制时长,即在绘制时根据剧本内容来标注对应镜头的时间长度,如用时3秒钟则标注为3″,以便制作中期加入动画时的绘制。

(2) 关键动作

在分镜头设计中我们会着重绘制剧中角色,因为角色的运动(动作)是整部动画片的关键所在,即角色动作的设计以及流畅程度直接决定了整片的动画效果和制作水平。不论是主角还是配角,剧本中都会有其具体动作的描写,而在分镜头设计中,则是要把这些文字描写转化为直观画面。

(3) 场景(背景)

在剧本中描述角色动作的时候,必定会有相关场景的描述,因此在分镜头绘制时,我们不但要绘制出每个镜头中的角色动作,还要把剧本中所描述的场景直观地展现出来,以便统一场景与角色的绘画风格。

(4) 景别

景别的合理运用是动画片风格展现和叙事合理的保证。景别分为如下几种:

远景:展现空间环境或气氛性镜头画面为主,且所表现出来的叙事信息较多。

全景:用来展现角色全身或者场景全貌,在分镜头设计中常用来描绘人物及其背景(空间环境)的关系。

中景:展现角色膝盖以上或局部场景的画面,也常用于角色表现和情感表达。

近景:展现角色腰部以上或者物体局部的画面,观众能清楚看见角色喜怒哀乐的面部表情,讲话时口型变化及局部手势动作。

特写:展现角色肩部以上的头像或某个细节的画面,主要用于呈现角色表情的细微

---

① [美]温迪·特米勒罗.分镜头脚本设计[M].王璇,赵嫣.北京:中国青年出版社,2006.
② 魏鹏.分镜设计在动画制作中的重要性[J].城市建设理论研究(电子版),2012(21).

变化和刻画角色性格,比如说话时的口型、眼神、动作等。特写镜头十分富于戏剧化,有较强的视觉冲击力和艺术表现力。

(5) 镜头

根据镜头运动方式的不同,将运动镜头分为以下几种。一是推拉镜头。推拉镜头是对图像进行大小(远近)的缩放。二是摇镜头。摇镜头拍摄时摄影机的位置基本不动,但是镜头与被摄物之间的俯仰角度、空间距离发生了变化。三是移镜头。移镜头是跟着被摄对象来回移动的过程,多表现为跟镜头,即镜头随着角色的移动而移动,且摄像机与被摄对象之间的角度一般不发生变化。

(6) 对白与音效

如果角色有对白或者背景有特殊音效出现,一般来说在剧本中会有所描写,我们在进行分镜头设计的时候也需要把对白或者音效作为备注,标注在我们的分镜头画面本中,并在后期合成阶段,针对每场戏的每个镜头进行对白的配音以及音效的创作。

综上所述,分镜头设计在动画片制作中是非常重要的,如果没有分镜头的设计,我们就无法准确把握整部动画片的时间节奏,以及角色与背景绘画风格的统一,也无法使用合适的景别以及镜头形式来准确表达剧本中所描述的信息,准确制作出合适的音乐音效以及对白。

第四节 2D 动画短片制作

本节将着重为介绍 2D 动画短片中期绘制创作和后期艺术处理的相关内容。本节主要内容包括关键动画、人物动作、场景绘制等方面的创作要领,以及动画后期配音、剪辑、合成等艺术处理方面的相关技巧。

一、中期制作环节

动画短片中期制作阶段的创作,其中第一步就是根据分镜头台本绘制出设计稿,为之后的原画绘制工作铺垫一个良好的开始。重点绘制内容分为动作设计稿和场景(背景)设计稿两个部分。接下来,本节将从原画绘制与动画制作、场景制作及动作检测等方面入手,进行逐一讲解,以便大家能够理解原画与动作之间的关系,以及场景制作中如何形成个性化的图像表现。

(一) 原画绘制与动画制作

1. 原画

原画也叫作关键动画,是指对物体在运动过程中若干关键动作进行规定的设计及其形成的画面。换句话说,原画的基础就是动作分析。原画能有效控制动作的幅度,准确且具体地描述动作的特征和运动轨迹,其中包括整个镜头内部动作和外部动作设计。原画上要写清楚号序,标注出加动画的密度标尺、活动主体的关键动作以及前后动作关系线索提示等。原画决定了动画片中动体的动作幅度、节奏、距离、路线、形态变化等以及角色的动作是否具有表现力和感染力。

2. 修形

当原画绘制结束后需要进行修形工作,其主要内容就是清稿。由于原画画稿多为草图,动作准确但不够精细,所以须有专业动画人员依照造型蓝本将线条正确清晰地整理出来,以便进行后续的动画制作工作。

3. 动画制作

动画制作不意味着简单劳动,它需要配合原画设计去完成一个复杂的动作制作过程。动画制作除了包括中间画的基本技法之外,还必须具有一定的艺术创作要求,必须掌握动作过程的形态结构、透视变化以及运动规律等各种技巧。动画本身是连接原画之间的变化关系的过程画面,因此要将顺序号码填写准确,同时要认真读解摄影表的具体要求,尤其是多层动画互相交换层位的动画镜头。

4. 摄影表

摄影表是将原画用数字形式加以排列组合填写在书面上,以表达原画的创作意图的方式。摄影表是整个动画生产流程的控制表,其中记录了全过程的所有资讯,如胶片的层次、画框的大小、动作指示、对白、摄影指示、特效、背景等内容。它跟随着动画制作的各个阶段,直至影片完成。摄影表分电视和电影两种,电视摄影表25格/秒,电影摄影表24格/秒。摄影表范例如表7-2所示。

表 7-2 动画摄影表

TITLE		SCENE		NAME		TIME		SEQUENCE	
ANIMATION	DIAL	5	4	3	2	1	BG	CAMERA	
		2							
		4							
		6							
		8							
		10							
		12							
		14							
		16							
		18							
		20							
		22							
		24							
		26							
		28							
		30							
		32							

（二）场景制作

场景制作在动画制作过程中是极为重要的一个阶段。场景在设计过程中必须根据文字剧本需要来营造特定的意境与情绪基调。场景设计重点是要把握整个影片主题，因为主题是导演思想的最终反映，所以场景设计必须围绕故事主题来进行，且主题反映于场景的视觉形象中。由此可见，场景设计的关键在于探索与主题完美结合的独特造型风格。

场景制作包括影片中各个主场景色彩气氛图、立体鸟瞰图、景物结构分解图等。它提供给导演场景调度、镜头运动、视点变化、角度安排的选择以及画面构图、景物透视关系、光影变化、空间想象的依据，同时也是镜头画面设计和背景绘制的直接参考，起到控制和约束整体美术风格、保证叙事合理性和情境动作的准确性的作用。场景制作中要形成个性化的图像表现，可依循以下几个构图（视觉造型）的形式美法则进行创作：①对称构图，即在画面结构上下、左右视觉元素的分量形成相对称的形式，给人稳定、安定、庄严、和谐的感受，但也会形成压抑、没有生趣的气氛；②对比构图，即善用近大远小的透视特性，以及位置、形状等对比来拉出视觉上的立体感、画面上的故事性；③均衡构图，即以画面中心为支点，使被摄对象在画面上下、左右所表现的影调、明暗、色彩、深浅、冷暖、形状大小、位置高低、远近、疏密、影像虚实等布局上求得视觉重量的平衡为均衡；④集中构图，即画面中利用人物的运动、视线方向、光线的明暗分布、色彩的搭配和呼应，把观众的视觉注意力、兴趣点集中到主要对象上，使重要内容突出并能引导观众的心理。

由此可见，在场景设计与制作的过程中遵循构图的形式美法则，可以使画面构图准确传达形象特征、形式感、美感，即达到画面造型性的诉求；可以合理处理主体与陪体、主体与环境的关系，同时排除不相关元素，突出主体形象，即完成画面叙事性的要求；还可以制造画面的隐喻效果，即表现画面象征性的想象。

（三）动作检测

在动画制作完成后，动检师需负责检查动作是否连贯、线条是否符合标准、人物形象是否准确，更重要的是是否达到导演的制作要求。目前，动画公司或团队通常使用动检仪来完成动画检测工作。

二、后期艺术处理

动画短片后期制作阶段的创作，主要是对动画作品进行配音配乐、镜头剪辑以及合成输出等后期加工处理工作。虽说是后期处理，但对于动画画面的观赏性、故事情节的逻辑性，以及整片的艺术性等方面起着极为重要的定调作用。接下来，我们将详细介绍2D动画后期艺术处理的关键要素和应用技巧。

（一）配音配乐

1. 动画配音

导演为动画角色选择配音演员，再由导演指导配音演员根据剧本需要用声音来塑造角色以及表达感情和动作。配音演员反复观摩样片进行口型对位的练习，以求与角色融为一体,画面动作与对白声音配合得越精确,动画效果就越好。

2. 动画配乐

动画音乐要与动画题材、造型风格、人物性格、运动节奏、音响等条件相结合,使动画音乐的听觉形象和画面的视觉形象完美融合,从而突出动画的想象力、表现力和感染力。音乐在动画中的作用大致归纳为四点:随,衬,琢,推[1]。①"随"就是指音乐紧紧跟随动画影片,音乐形象与画面内容保持高度的一致,形成比较精确的音画对位。这种对位有两种:第一种是音乐伴动画,音乐在后期根据动画的节奏、内容等因素来写作;另一种是动画伴音乐,动画制作者们完全按照音乐提供的形象展开丰富的想象设计画面。②"衬"是指音乐在动画片中起着营造气氛和衬托画面的作用。动画片的画面往往美轮美奂、赋予幻想。③"琢"是指动画音乐可以通过自身的魅力来加强动画的真实感,赋予动画人物以细腻的感情,雕琢他们更加鲜明的个性。④"推"是指在故事情节紧张的时候,往往用快速的音乐节奏和紧张的音乐情绪推动画面,使得影片的效果更加扣人心弦并且推动着故事进入高潮。

(二) 镜头剪辑

构成电影的最小单位是镜头,若干个镜头连接在一起形成的镜头序列叫作段落。段落是电影最基本的结构形式,影片在内容上的结构层次是通过段落表现出来的,而段落与段落、场景与场景之间的过渡或连接,就叫作转场,它关系着整部影片的节奏与叙事的流畅性。转场一般可分为技巧剪接和无技巧剪接两种。技巧剪接是指用一些光学技巧来达成时间的流逝或地点的变换,主要有淡出淡入、叠化、划、帘与圈等。无技巧剪接是指无须光学技巧的直接切换,一般都会巧妙地利用前后镜头在内容或意义上的关联来加以连接,实现场景和段落间的转换。那么如何实现场景、段落之间的自由转换且巧妙地交织在一起,而又让人不感到突然或生硬呢?答案是充分利用各种视听元素的内在联系,如视觉的连贯性、声音的相似性、意义的承接关系以及感觉的相同性等来进行转场,可以简称为利用相似性转场[2]。

1. 利用动作的相似性进行转场

即以人物或物体相同或相似的运动为基础进行的衔接,可以是不同运动体的相似运动之间的连接,也可以是先后出现两次的同一运动体的相似运动。

2. 利用声音的相似性进行转场

即借助前后镜头中对白、音效等声音元素的相同或相似性来进行连接。

3. 利用具体内容的相似性进行转场

即以镜头中形象或物件的相似性为基础进行衔接。需要注意的是,由于连接的前后两个画面内容十分相似,又处于相对静止状态,为了防止画面相连时出现跳跃感,用这种方式转场时往往是与技巧剪接中的叠化结合使用的。

---

[1] 刘飒.论音乐在动画片中的作用[J].电影评介,2007(20):32.
[2] 彭俊.今敏动画的镜头语言分析(上)[J].影视制作,2010(3):28-31.

4. 利用心理内容的相似性进行转场

即前后镜头衔接的依据并不是画面和声音内容的相似性,而是由观众的(心理)联想而产生的相似性。

综上所述,运用相似性进行转场主要有以下三种作用:①过滤不必要情节,有效降低制片成本;②加快影片节奏,并使错综的叙事更加流畅;③打破过去和现在、梦境与现实、虚幻与真实的时空界线,令时空交错且转场自然。

(三)合成输出

1. 二维动画后期合成的基本原则[①]

动画作品的后期合成,是通过影视编辑设备并运用各种编辑技巧,来对所采集的动画素材进行模拟仿真的艺术特效的制作,并通过剪辑合成技术使整个动画作品达到视觉上的流畅性与真实性。在对动画作品进行后期合成时,首先需要根据导演的要求,参考剧本与分镜等,对准备的图像素材进行整理,通过相对应的专业软件中的各种功能,将图像素材合理地组合在一个个镜头画面里。这个过程是对前期影像进行艺术再加工的过程,也应该遵循一定的艺术设计原则,即在视觉上达到一定的真实感及在画面处理上有一定的艺术性。后期合成的真实主要是指人主观的视觉与心理感受上的真实。二维动画大部分都属于故事影片类型的作品,不管它是模仿真实的风格,还是带有一定的装饰性的作品,都需要在一定的程度上尊重生活的真实感和一定的生活逻辑,哪怕是非常夸张的动画影片,也必须在这个原则下进行艺术夸张和幽默。

(1)合成画面的真实感原则,包括:比例、透视与空间关系的协调;光影关系的协调;运动与时间的协调;虚实关系的协调。

(2)后期合成的艺术创造原则,包括:艺术风格与影片主题的协调原则;艺术风格的整体协调与前后一致原则;前后镜头之间的连贯与协调原则。

2. 二维动画后期合成、输出[②]

动画作品的后期合成,是通过影视编辑的设备并运用各种编辑技巧,来对所采集的动画素材进行模拟仿真的艺术特效的制作,并通过剪辑合成技术使整个动画作品达到视觉上的流畅与真实。进行后期合成时,要调用各种影视语言使二维动画作品摆脱单一、平面的束缚,跨越到具有真实空间和多种艺术形式的展现中去,从而把观众带到美的视觉享受中来。而后期合成软件的应用在整个二维动画制作流程中起着提高效率、添加效果等尤为重要的作用。

二维动画制作中影视后期合成软件可以分为面向流程的合成软件和面向层的合成软件。面向流程的合成软件的主要特点即节点式的合成方式,软件在合成过程中把合成画面所需要的一个个步骤作为节点,通过把若干个节点连接起来,形成一个流程,从而使原始素材经过种种处理,最终得到合成结果。目前市场上流行的面向流程的合成

---

① 万延.二维动画后期合成的基本原则[J].美与时代(中旬),2011(12):64-65.
② 黎泉,刘云花.二维动画制作中的影视后期合成软件[J].计算机光盘软件与应用,2013(13):181-182.

软件有 DigitalFusion、Shake、Chalice 等。面向层的软件的主要特点即层叠加的合成方式。通过对每一层进行操作,如增加滤镜、抠像、调整等,使每一层画面满足合成的需要,最后把所有层次按一定的顺序叠合起来,就可以得到最终的合成画面。如 Discreet Logic 公司的 Inferon/Flame/Flint 系列软件,以及 AfterEffects、Combustion 等就属于此类。

第五节 3D 动画短片制作

本节将着重介绍 3D 动画短片制作的相关内容,全面讲述关于 3D 动画的技术原理、材质光影、造型建模及特效渲染等层面上的技术与表现,以及 3D 动画制作的一般性流程。本节主要包括 3D 动画基本技术、3D 动画艺术表现、3D 动画制作过程等三方面的内容。

一、3D 动画基本技术

计算机软硬件技术水平的飞速提高,使得 3D 动画为视觉内容的表达提供了更多可能性;3D 数字技术应用于动画作品中,也使得 3D 电影(短片作品)产生了前所未有的身临其境的梦幻视觉效果。这些 3D 动画特有的技术与标志性特点,既是区别于 2D 动画的显著性特征,也是 3D 动画技术展现出其经济价值、实用价值和艺术价值的重要依据。接下来,将介绍 3D 动画技术的应用原理及其标志性特点的具体内容。

(一)三维动画技术的应用原理

三维动画技术原理主要包含四个部分:造型、动画、绘图和着色输出[①]。造型(三维建模)就是利用三维造型软件在电脑上绘制三维物体。在造型之前需要设计好各个三维物体的形状以及它们在整个场景中的位置。动画就是使各种造型运动起来。首先定义关键帧,接着在计算机上逐幅画面地绘制,然后在这些画面中间再插入中间帧,直至将这些画面按顺序播放出来时能连续、连贯。动画绘图的重点是美学和视觉效果。绘图包括贴图和光线控制等,目的是保证制作的动画逼真。着色输出是指将连续的若干画面连接起来并且进行着色渲染,最终形成一个动画视频文件,观看时播放这个文件就可以了。

(二)三维动画技术的标志性特点

三维技术能够逼真地模拟现实环境或创造常规拍摄所无法实现的场景和事件。从微观世界到宏观世界,从真实空间到想象空间,三维动画都可以出色地表现。三维技术可以展现项目、产品、设计成果、场景真实的形态或功能,投入较少时间和费用就可以看到成果,使我们可以优化流程、完善设计、提前展现等,进而节约成本提高效率。三维技术能够帮助我们在体验中传达难于解释的信息;再加上互动功能,赋予图像以生命力,

---

① 彭国华.浅析三维影视动画中的数字技术[J].电影评介,2009(3):75.

使图像和影像能够与人产生"对话"和交流,一个简单的交互和查看,常常就能使抽象和复杂的概念得到深层次的理解。在这个同质化和极度传播的时代,对一个新产品而言,"差异化"意味着成功的一半。三维技术的出现带来了一个新的创作空间,以耳目一新的手法帮助企业塑造产品差异化①。

现阶段随着三维动画与计算机软硬件技术相结合的快速发展,三维动画技术可以概括为以下五个特点:一是适于表现真实物体的纯技巧的拟人手法,从而表现出趣味性和诱惑力;二是材质更加真实生动逼真,可以构造自然界中很难创造的光线条件,任意地设计理想光源;三是更加有效地利用现有的图像,达到编辑机、特技机所无法达到的视觉效果;四是充分与其他学科相结合,并为电视画面提供更加丰富的内容;五是实现真人与真景的结合,可以有效地增强动画结构的真实感和可信感。②

二、3D 动画艺术表现

数字技术给动画片本身及其产业带来了重大变革,也促使动画的艺术表现力得到了极大的丰富。3D 动画艺术表现力主要在光影表现力、空间表现力、镜头表现力、细节与质感表现力、3D 技术的传统艺术表现力、动画特效表现力等方面。接下来,我们将从造型、材质、特效三个层面为大家逐一分析 3D 动画的艺术表现形式③。

(一) 造型

1. 空间与动感表现力

在传统的二维动画设计中,角色与背景的绘制是分开的,角色与背景的结合是通过叠放实现的,这就使得角色与背景缺乏互动,或者有互动,也比较吃力,久而久之便形成了传统动画轻背景重交流角色的习惯。而且,对于一些激烈复杂的动作,传统动画制作者往往需要从各个不同的角度去进行表现,这些都造成了传统动画的困境。而在三维技术当中,空间本来就是一个虚拟的空间构架,角色可以实现任意角度和任何方式的运动。它还可以结合其他动作捕捉系统来实现更逼真的模拟,配合虚拟摄像机的运动,从而形成十分真实的立体动画画面(如图 7-22)。

图 7-22　3D 动画空间造型表现
资料来源:选自电影《飞屋环游记》。

---

① 睿全视觉. 三维动画技术的标志性特点[EB/OL]. (2010-11-20)[2016-12-21]. http://www.ravee3d.com/blog/472.html
② 彭国华. 浅析三维影视动画中的数字技术[J]. 电影评介,2009(3):75.
③ 戴梅萍. 论三维动画技术的动画艺术表现力[J]. 重庆科技学院学报(社会科学版),2010(22):150-152.

2. 镜头表现力

与传统动画联系最为紧密的艺术是美术,而与三维动画最接近的是电影。三维动画技术高度结合了电影艺术的渲染手法,将电影语言进行了扩展,利用虚拟空间的纵深和虚拟摄影机的制作方法,实现了现实摄像机不容易实现的场景拍摄效果,从而使动画技术成为电影拍摄的一种补充形式。三维技术中的镜头成为现实电影拍摄的重要补充,可以实现现实中高难度的镜头效果,从而大大节约拍摄成本,实现从未有过的视觉体验,其在镜头表现力上产生了极大的突破(如图 7-23)。

图 7-23　3D 动画镜头表现

资料来源:选自《电影放映机》

3. 传统艺术表现力

水墨画是中国传统绘画艺术中的重要一笔,悠远的意境、温和的视觉感染力,使水墨画具有浓郁的东方文化色彩,它曾经通过手绘的方式为中国动画发展做出了应有的贡献。但是,因水墨绘画者必须有较高的修养、投入较高的成本等一些难以克服的缺点,水墨动画片不得不退出了历史的舞台。但是在三维动画出现之后,中国水墨动画又可以走上荧幕,制作者可以通过三渲二①的技术性渲染和虚实搭配留空式的场景设计来达到十分接近水墨的视觉效果,虽然与真实的水墨效果尚有一定的差距,但是这种技术实现了水墨动画的市场化和高产量化,从而有利于水墨艺术的推广与传播(如图 7-24)。我们相信,随着科学技术的进一步发展,三维动画技术可以更好地与水墨艺术结合在一起,从而将中国的传统水墨文化推向世界。

图 7-24　3D 动画传统艺术表现

资料来源:选自《夏》

---

① 三渲二,即三维渲染二维的简称,也可称为卡通渲染技术,是一种基于 NPR(Non-Photorealistic Render,非真实渲染)的渲染技术。三渲二继承了二维以平涂写意的方式描述对象和简洁明快的风格,有着二维动画的亲切感,在镜头方面又最大地发挥了三维的优点,这使它具备了独特的艺术吸引力和视觉风格。

（二）材质

1. 光影表现力

动画片通过光影的变幻从而实现对场景气氛的掌控，可以将人物内心情感与场景充分地烘托出来。在传统的二维动画当中，手工绘画者即使在光影设计中下了很大的功夫，也很难把想要表现的光影效果绘出来，更别说实现场景与角色的光影互动。而在三维技术当中，制作者可以通过直接调节虚拟灯光来实现光影互动，通过图层的叠加和明暗度的调节，实现场景的艺术表现力（如图7-25）。

图7-25　3D动画光影表现

资料来源：选自《无敌破坏王》

2. 质感表现力

三维技术最初主要是通过图形图像学中对各种材质的着色研究开始的，因此在质感渲染上面与传统动画艺术相比有着得天独厚的优势，许多经典之作中的材质表现力都是二维动画所不能表现的，如经典动画电影《冰河世纪》里那些晶莹的冰山、火红的熔岩，以及各色动态的动物皮毛；法国动画电影《阿祖尔和阿斯玛》中主角骑着的狮子，其从头至尾的每一根鬃毛都有着多重颜色（如图7-26），且伊斯兰教堂墙壁上的花纹也是精雕细琢、凹凸有致；西班牙动画电影《深海》中的角色皮肤贴图由彩铅绘制，色彩艳丽。这些都是传统动画手法所不能达到的效果。

图7-26　3D动画质感表现

资料来源：选自《阿祖尔和阿斯玛》

（三）特效

三维动画技术的特效制作是通过对每一个像素的定义和建立模型的方式，规定像素的运动路径,从而创造出模拟现实的真实环境,并且通过对角色的定义与环境实现互动,使周围环境随角色的动作而发生变化,产生动态的真实效果(如图7-27)。这种模拟成为动画中不可或缺的视觉特效,如爆炸、燃烧等。在动画特效表现力方面,三维动画技术更具有独特魅力,给动画增加了更多的戏剧性。

3D动画特效与合成的主要内容包括:三维建模、灯光材质、高级渲染、动画、粒子特效、金属特效、流体特效、布料仿真、毛发仿真、烟火和建筑物崩塌、各种自然景观特效模拟(爆炸、烟雾、星辰、光环、浪花、瀑布、沙尘等)、群集技术、后期胶片调色、抠像合成、变形特效、时间扭曲、实拍影像与三维场景的跟踪合成、全息仿真渲染、MEL脚本语言等。

图7-27　3D动画特效表现

资料来源:选自《神偷奶爸》

三、3D动画制作过程

3D动画前期工作与2D动画前期流程非常接近,都需要有文字剧本、分镜头脚本、二维概念设计图、美术造型风格等。在确定了满意的预视动态脚本、美术风格和二维设定(包括角色设计、场景设计、道具设计等)之后,要做的工作就是围绕前期做好的设计和理念进行中后期制作了。下面将按照前、中、后期三个步骤来介绍三维动画制作的过程。

(一)前期准备

3D动画前期制作一般包含以下几个环节。

1. 角色建模

建模指动画师根据前期的造型设计,通过三维建模软件在计算机中绘制出角色模型。目前,大多数3D动画软件均提供两种建模方法:Nurbs曲面建模和Polygon多边形建模。Nurbs曲面建模,是由曲线组成曲面,再由曲面组成立体模型,曲线有控制点可以控制曲线曲率、方向、长短。简单地说,Nurbs就是专门做曲面物体的一种造型方法。Nurbs造型总是由曲线和曲面来定义的,所以要在Nurbs表面里生成一条有棱角的边是很困难的。也正因为这一特点,我们可以用它做出各种复杂的曲面造型和表现特殊的效果,如人的皮肤、面貌或流线型的跑车等。而Polygon多边形建模,则首先使一个对象转化为可编辑的多边形对象,然后通过对该多边形对象的各种子对象进行编辑和修改来实现建模过程。多边形从技术角度来讲比较容易掌握,在创建复杂表面时,细节部分可以任意加线,在结构穿插关系很复杂的模型中就能体现出它的优势。

2. 骨骼绑定

在角色骨骼模型初步创建之后,我们须通过三维软件所提供的骨骼绑定方式(骨骼蒙皮)来实现角色的动态变化。骨骼绑定就是把骨骼与角色模型联系在一起,使骨骼对角色模型产生支配作用。当骨骼创建起来并与模型绑定成功之后,我们就可以通过改变控制参数来为角色调节动作了。骨骼与模型的匹配程度将直接关系到后期模型动作的调整,以及角色做出动作时对皮肤牵动的正确性。

3. 动画测试[①]

一般来说,动画测试可以按照以下几点进行:首先,利用调节各种控制器、约束力来保证模型符合基本的生理运动方式,比如,人的头部是不可能做360度转动的;其次,拉动控制器观察身体各个部分是否产生重叠、交叉现象,如果出现这种现象就要及时通过调节骨骼约束面积的范围加以避免,或是先解除骨骼绑定,调整骨节点后再进行观察。

4. 材质贴图

材质即材料的质地,赋予模型生动的表面特性,具体体现在物体的颜色、透明度、反光度、自发光及粗糙程度等特性方面。贴图是将二维图片通过软件的计算贴至三维模型上,形成表面细节和结构。将具体的图片贴到特定的位置上,三维软件使用了贴图坐标的概念。一般有平面、柱体和球体等贴图方式,分别对应于不同的需求。

(二)中期制作

3D动画中期制作一般包含以下几个环节[②]。

1. 3D故事板

3D故事板是在3D动态故事脚本的基础上进行的延展工作。我们将角色模型、场景、道具、服装、画面色彩色调等再次按照分镜头规划方案运行一遍,对动画中的每一个细节进行检查与调整。虽然3D故事板仍然是一个低分辨率的可视状态,但它是保证我们发现问题和解决问题的一个重要环节,它能够保证导演和制片方的意图得以实现。

2. 动画

动画是根据分镜头剧本和动作设计要求,为角色、部分道具、摄影机进行关键帧的设定工作。关键帧的确立意味着动画产生了,我们的故事人物也就真正"活"起来了。可以说,三维动画的动是一门技术,其中角色说话时的口型变化,喜怒哀乐的表情变化,走路、跑步时的姿态动作等都要符合自然规律,制作要尽可能细腻、逼真,因此动画师要专门研究各种事物的运动规律。

3. 灯光

灯光是指为一个镜头添加灯光,镜头中一般包含了角色、道具、背景环境、运动状态、空间比例和特效光源等元素。添加的灯光应最大限度地模拟自然界光源和人工光源,使画面看起来自然、真实或具有艺术感、戏剧性。三维软件中的灯光有:泛灯光(如太阳

---

① 乔晶晶,卢虹.动画短片创作[M].上海:上海人民美术出版社,2011:44-52.
② 同上。

光、蜡烛光等向四周发射光线的光源)和方向光(如台灯、手电筒等的光源,有限的照明范围且有明确的方向性)。灯光起着照明场景、投射阴影以及营造氛围的作用。

4. 特效

特效一般是指像火焰、水雾、瀑布、烟尘、闪电、雨雪等可以通过粒子系统、动力系统和表达式等创建出来的形态不确定的事物。特效在三维动画软件中是无法实时观看的,必须经过渲染后才能看到最终的效果。三维特效技术具有虚拟现实的功能,为各种视觉效果的实现提供了可能,也为画面、情节增添了超现实的空灵与震撼。

5. 渲染

渲染是指根据场景的设置、赋予物体的材质和贴图、灯光、特效等,将一个静止的场景或一段连续的画面生成最终的三维动画效果。渲染是由渲染器完成的,渲染器有线扫描方式、光线跟踪方式,以及辐射度渲染方式等,其渲染质量依次递增,但所需时间也相应增加。

(三)后期合成

3D动画后期制作一般包含以下几个环节[①]。

1. 剪辑

非线性剪辑与合成是三维动画制作流程的后期环节。在最终成片之前,我们要进行剪辑与合成的工作,剪辑分为粗剪和精剪。

粗剪的工作是将所有渲染出来的镜头按照剪辑表的规划置于视频轨道上,并将声音素材放置于音轨上,并依据故事情节、叙事逻辑进行音画对齐衔接,然后完整地观看一遍,掌握影片的主题与内涵,感受影片的节奏和韵律,观察角色的情绪、动态等,将一目了然的错误和冗余的部分剪除。精剪则是在粗剪的基础上,以两个镜头为一组,逐组地进行检查与雕琢,将影片进行优化处理。

2. 合成

合成技术是指将多种素材混合成统一复合的画面。与传统合成技术相比(如"抠图""叠画"等早期影视合成手段),数字合成技术是利用先进的计算机图像学的原理和方法,将多种源素材采集至计算机里,由计算机混合成单一复合图像,然后输入磁带或胶片上的系统而完整的处理过程。

3. 输出

在设定好输出分辨率、文件名称、文件输出地址等一系列数值后,进行最终成片的输出。

---

① 乔晶晶,卢虹.动画短片创作[M].上海:上海人民美术出版社,2011:44-52.

第六节 "二次元"文化

近年来,随着"90后"与"00后"的成长,移动互联和网络游戏的迅速发展,再加上社会资本不断涌入"二次元"市场,"二次元"经济、"二次元"文化频繁受到关注,促使"网生代"文化、"二次元"文化在中国快速传播与发展壮大。从动漫类弹幕式视频分享网站Acfun(简称A站)、Bilibili(简称B站)的爆红,到各类动漫电影、古风音乐的广泛传播,基于"二次元"文化的动漫作品井喷式涌现于国内互联网和电影市场。"二次元"作为一种新兴文化现象,近年势头越发强劲,从2014年开始,"二次元"的百度搜索指数便一路攀升。接下来,本节中将为大家分析"二次元"及"二次元"动画到底是怎样一个"世界"。

一、"二次元"概念

什么是"二次元"? 按照在2015年11月19日腾讯动漫行业合作大会上腾讯集团副总裁程武的解释,"二次元"就是基于精品动漫IP产生的超现实的想象力、审美观和趣味。下面我们将从"二次元"的相关定义、发展背景及其生产内容等层面来解析与认识"二次元"。

(一)相关定义

1. 根据百度百科的定义[①]:"二次元",来自于日语的"二次元(にじげん)",意思是"二维",引申为在纸面或屏幕等平面上呈现的动画、游戏等作品中的角色。由于早期的日本动画、游戏作品都是以二维图像构成的,其画面是一个平面,所以被称为是"二次元世界",简称"二次元";而与之相对的是"三次元(さんじげん)",即"我们所存在的这个次元",也就是现实世界(见图7-28)。

2. 根据艾瑞咨询发布的《2015年中国二次元行业报告》中的定义[②]:"二次元"指二维平面的世界,主要指动画(Animation)、漫画(Comic)、游戏(Game)、轻小说(Novel)构成的平面的世界。

"2.5次元"指在ACGN领域中介于"二次元"和"三次元"之间的一种状态,主要包括两类:一类以"三次元"来表现"二次元",如手办(即人形figure,指现代收藏性人物模型,以ACGN角色为原型而制作的人物模型类动漫周边)、COSPLAY(指动漫爱好者利用服装、饰品、道具以及化妆来扮演动漫作品、游戏中的角色)、声优(指为动画及电玩游戏里的角色配音的专业人员)等(如图7-29);另一类以"二次元"来表现"三次元",是指恋爱游戏、动画等,例如人物脸孔是以3D建模、具有像真人一样的外貌、动作、表情,则此类游戏、动画及其角色、服饰,被称为"2.5次元"。

[①] 百度百科.二次元[EB/OL].(2018-04-18)[2019-04-20].https://baike.baidu.com/item/%E4%BA%8C%E6%AC%A1%E5%85%83/85064?fr=aladdin

[②] 艾瑞咨询.2015年中国二次元行业报告[EB/OL].(2016-06-30)[2019-06-20].http://www.199it.com/archives/366638.html

"三次元"则指我们所生活的现实世界。由现实世界的人物、事物所诞生的影像、图像作品,例如真人版电影与电视剧、真人照片等。

图 7-28 "二次元"图例
资料来源:选自《你的名字》

图 7-29 "2.5 次元"之手办(左)及 COSPLAY(右)图例
资料来源:选自百度百科

3. 根据相关报道文章中的定义①:苏州大学新媒介与青年文化研究中心陈霖教授表示,"二次元"作为一种文化现象,从空间来看,早期的动画、漫画作品都是以二维图像构成的,在二维空间内创作,与"三次元"即现实世界形成对比,这是基本区别。从手段来看,"二次元"是虚幻、理想的,通过与"三次元"现实世界、成人社会做出区隔而形成一种自身能够认同的文化。从审美层面看,通过二维空间创作形成一种独特"画风",即独有的题材、风格形成的审美特征。

综合以上对"二次元"的定义与表述,我们可以概括为"二次元"即虚拟想象空间,"三次元"即现实存在世界。"二次元"与"三次元"的关联则体现在,"二次元"是指人类幻想出来的超现实世界和唯美视觉体验,其本质还是"三次元"世界的人类对心中模糊的美好想象的塑造与构建。根据《2016 年中国游戏产业报告》中的定义,在以 ACGN 为主要载体的平面世界中,由"二次元"产品所形成的独特的价值观与理念,称之为"二次元文化"。需注意的是,这里的"二次元文化"不限于 ACGN,还包括从 ACGN 向外延伸出的

---

① "二次元"究竟是种啥文化?[EB/OL].(2017-07-26)[2019-01-20].天津日报.http://www.ce.cn/culture/gd/201707/26/t20170726_24458732.shtml

手办、COSPLAY、翻唱、跳宅舞等衍生产物。

(二) 发展背景

第二次世界大战后,伴随日本经济20世纪60年代飞速发展的同时,文化消费需求也迅速膨胀,日本民众将对文化的诉求体现在了漫画上。庞大的读者群刺激了日本动漫产业的飞速发展,于是出现了以漫画为基础进行媒介融合的梦幻工业。动画、游戏等多种媒介的介入,反过来又吸引和培养了更多的漫画读者。共同爱好聚集起的大量读者,构建起一个"二次元"的"架空世界"(指艺术作品中虚构的世界观,也可以理解为多元宇宙),只有成员可用动漫语言进行沟通。以"二次元"为核心,"二次元"用户形成了一个一定规模的亚文化群体,"二次元人类""二次元世界"和"二次元文化"就这样逐渐形成并发展壮大起来了。[①]

目前,"二次元"以动画片(非低幼)、漫画、游戏、轻小说、声优、手办、COSPLAY及动漫周边等形式,通过电视、电影、网络、手机等终端进行传播推广其文化与产品。在我国,"二次元"用户大部分是"90后"和"00后",同时,易观智库发布的《"二次元"产业研究报告》也显示,"二次元"作为文化产业的分支,已进入了可消费的非必需消费品范畴。据统计,在"二次元"动漫周边产品上,用户每年平均花费超过1700元,活跃"二次元"内容消费者规模达到近570万人,边缘活跃"二次元"内容消费者规模则达到8028万人。那么,为什么"二次元"行业发展会如此迅猛呢?(见图7-30)接下来,我们将通过PEST分析来看该产业的发展背景与生长环境。

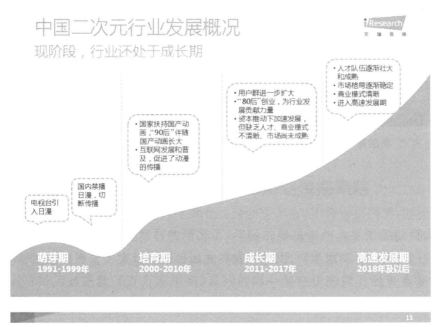

图7-30 我国"二次元"行业发展概况图

资料来源:选自艾瑞咨询网

---

① 张力,王秋婷,刘鹏飞.新兴的文化现象:"二次元"文化与精品 IP[J].新闻与写作,2016(6):36-38.

1. 政治环境

近年来,国家高度重视文化创意产业发展。从2002年开始,国家就出台了一系列扶持国产原创动画的政策,尤其是在2012年,文化部发布《"十二五"时期国家动漫产业发展规划》,这是动漫产业首次单独列入规划中,意义重大。与此同时,国家"十二五"发展规划纲要提出推动文化产业成为国民经济支柱性产业;新闻出版总署制定的新闻出版业"十二五"发展规划更进一步明确"以原创创意为重点,快速提高国产动漫出版产品的数量和质量,加速发展动漫游戏出版产业"。正是由于国家大力推动文化创意产业发展,令我国的动漫行业及"二次元"产业在政策及发展方向上得到了扶持与指引。

2. 经济环境

一方面,伴随中国经济的高速发展,在物质生活需求已经得到了较大满足的同时,人们对精神文化方面的高需求也开始显现出来。另一方面,由于商业市场的关注,资金的不断注入,使动漫行业在原创、内容、制作、服务及动漫周边等领域得到了非常大的发展与进步。可以说,开放的国家政策、丰厚的资金支持等为作为文化创意产业新生力量的"二次元文化"产业的孕育和发展提供了温床。

3. 社会环境

随着"二次元"的标签不再是"非主流"和"边缘化",取而代之的是"青春流"和"消费潜力军",这意味着人们对"二次元"群体看法的逐步转变和对"二次元"文化的逐渐接纳与认同。"二次元"用户群体了解动漫基本知识,会观看热门漫画或动画改编的大电影,且经常浏览动漫网站、贴吧上的"二次元"相关内容,并为此花费较多的时间和财力。根据公开资料显示,我国"二次元"用户人数逐年递增,规模接近一亿。那么,我们可预测,如此庞大的用户规模对"二次元"产品及动漫周边的需求势必持续增加。

4. 技术环境

文化的传播发展与互联网行业的发展是具有高度关联性的。一方面,我国4G网络的大规模基础建设的完成,移动网络带宽的持续改善,以及WiFi热点的普及和其性能的提升,都有效带动了移动互联网络用户数和访问量的持续增长。另一方面,手机、平板电脑等移动设备的普及,促使与"二次元"相关的各类手机APP、网站、论坛、游戏以及弹幕功能在短时间内就得到大量生产,大力推动了ACGN在各领域的传播与发展。

综上所述,我们可以看出,在当前的社会背景下,"二次元"似乎已经找到了适合自己生根发芽的土壤环境,基于网络热点与移动设备的普及,在与电影、音乐、综艺、展会等产业深度结合后,"二次元"逐步进入主流视野,并能够越来越深入地影响主流文化。

(三) 生产内容

在以社交平台为代表的Web3.0时代,动漫内容(作品)创作被细分出PGC(Professionally-Generated Content,专业生产内容)和UGC(User-Generated Content,用户生产内容)两大内容群块(见图7-31)。一个作品的PGC和UGC会有交集,表明部分内容生产者,既是该平台的用户,同时又以专业身份创作设计出具有一定水平的内容(作品),如漫画平台插画爱好者、COSER(动漫角色扮演者)原创大咖、同人图人气绘手或动漫贴吧楼主等。

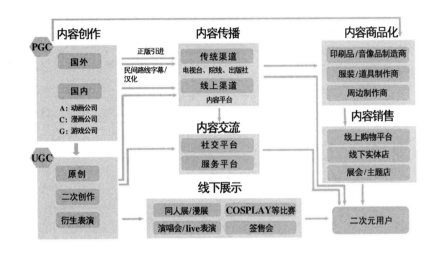

图 7-31　PGC&UGC 横向、纵向生产图例

资料来源：选自艾瑞咨询网

1. PGC 层面

根据《2015 年中国二次元行业报告》显示，动漫分级制度、受众群体、版权归属、产业链建设等因素影响中国动漫内容产出的数量与质量。目前，中国的动漫产业还处在成长期，虽有资本市场推动下的加速发展，但仍然缺乏动漫专业人才（即缺乏专业或职业生产内容，大部分的内容处于用户生产层面，属个人兴趣爱好下的自由创作，致使内容创作质量参差不齐），且商业模式不够清晰，动漫市场也尚未成熟。

国外对动漫有详细的分级制度，且已形成非常完善的分级管理体系。而中国尚缺乏该动漫分级制度，令创作者、从业者、参与者都无据可依。分级制度未有确立，使中国动漫行业的专业性降低，也使动漫文化在主流文化与亚文化之间游离。缺少分级制度，也必然使生产内容未能细分。在日本，动画大致可分为青少年动画和成人动画两大块，然后根据各自的受众群体将动漫作品进行版本（如电视动画、剧场动画、OVA/OAD 原创动画录影带、网络动画）与题材（如战斗冒险、美少女、刀剑、魔法、超能力、情感、校园、超能力等）上的细分，人人都能找到属于自己的动漫天地。而中国目前仍以儿童为主要目标受众，动漫作品教育性过于"明显"且过于低龄化，这不利于动漫文化"全民化"的发展。

动漫产业链的完善程度和体系化程度越高，越能激发优质内容的诞生；与之相反，未完善的产业链和不清晰的商业模式，会阻碍高品质内容生产和影响动漫从业人员的职业发展。PGC 环节见图 7-32。

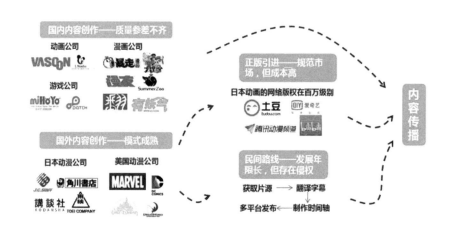

图 7-32　PGC 环节图例
资料来源：摘自艾瑞咨询网

2. UGC 层面

在用户生产内容为主的漫画市场，"二次元"群体因喜欢 ACGN 作品或作品中的某个人物或某种审美/情趣，从而产生创作的行为。他们通常以 ACGN 作品为蓝本，进行文字、图像、音乐、舞蹈等方面的二次衍生创作（如同人本、MMD/MAD 视频、COSPLAY、跳宅舞、翻唱等），但其情节与原作基本无关。二次创作亦有自己的盈利模式，比如优质创作内容可制成印刷品（同人本/同人图）、微视频、动漫周边等，并通过各类展会或线上渠道售卖，实现一定的营收同时吸引众多粉丝；而以个人形式存在的大众创作则无盈利，只为满足个人兴趣爱好同时结交朋友。

众所周知，版权问题一直存在于同人市场。一方面，由于同人作品没有知识产权，故不受版权法保护，其作品只能在网络上及同人展上进行传播和售卖，无法大规模地市场化发展，属于版权领域的灰色地带；另一方面，优秀同人作品能够提升原作的知名度，扩大原作的影响力，可以有效地延长 ACGN 作品的生命周期，从而间接增加作者的收益[①]。

在 UGC 领域有两个特色文化（或两种文化实践方式），即 COSPLAY 文化（"直接参与"方式）和弹幕文化（"即时互动"方式）。COSPLAY 世界里的顶尖 COSER 可实现商业化发展，他们与专业经纪公司签约后，出品个人 COS 画册，为品牌/平台做广告代言或为游戏做推广大使等。而其他 COSPLAY 玩家则是出于对某个动漫作品或其中某个人物的喜爱，通过角色扮演形式表达自己的热爱之情。弹幕，指视频屏间实时飘过的点评/

---

① 艾瑞咨询. 2015 年中国"二次元"行业报告［EB/OL］.（2016-06-30）［2019-06-20］. http://www.199it.com/archives/366638.html.

吐槽,因大量评论从屏幕飘过时效果看上去像是飞行射击游戏里的子弹而得名(如图7-33)。互联网络超越了时空限制,弹幕作为新奇的观影体验和新型的互动工具,在提升观影参与性和娱乐性的同时,也满足了动漫迷对二次元"架空世界"的幻想。

图 7-33　弹幕图例

资料来源:选自百度百科

二、"二次元"动画

(一)动漫 IP

什么是动漫 IP？动漫 IP(Intellectual Property),我们可以理解为动漫知识产权。产权持有者(作家、漫画家、动漫平台、动画公司等)可以通过授权或售卖其动漫作品 IP 来获得市场盈利,例如 IP 衍生产品、商品贴标、出版游戏、改编电影、动漫周边等版权交易活动。北京新影联影业有限责任公司总经理周铁东曾在搜狐网撰文表示,按照好莱坞的定义,IP 指的是可被改编为电影的"文学财产"。

网络评论员阑夕曾说:"判断一个内容是不是 IP,只看一个标准:它能否凭自身的吸引力,挣脱单一平台的束缚,在多个平台上获得流量,进行分发。"可以说,优质 IP 支撑着整个"二次元"文化产业链的产值。不论是以漫画为核心,向影视、游戏及动漫周边辐射的经营模式,还是通过知名网游来推出影视作品、衍生产品的经营模式,本质上都是围绕着优质 IP 进行的创作与开发,在经过产业链上其他环节的加工与推广后,逐步将 IP 的无形价值转化为有形价值,即文化变现,再将有形价值反哺于动漫作品创作,最终形成"二次元"文化产业闭环。

动漫 IP 产业链布局经典案例,如成立于 1993 年的奥飞娱乐,该公司最早是以玩具制造起家,坚持打造自主品牌。在不断探索中,2003 年奥飞加速布局动漫产业,形成"动漫＋玩具"的商业模式。2009 年奥飞成为中国第一家动漫上市企业,并积极整合资源成功升级为动漫全产业链运营商。从培育打造优质 IP 作品《超级飞侠》《铠甲勇士》《巴啦啦小魔仙》,到买下《喜羊羊和灰太狼》相关动漫形象的商标和版权,再到收购中国最大互联网原创漫画平台"有妖气"(该平台拥有多个热门 IP,其中点击量过十亿的有 5 个,过五亿的有 14 个,代表作品包括《端脑》《黑瞳》《镇魂街》《十万个冷笑话》等。其中《十万个冷笑话》已经开发成电影作品,其制作费用约为 1500 万元左右,但票房过亿元),奥飞形成了以 IP 为轴心,集玩具、动漫、游戏、影视、媒体等为一体的泛娱乐生态系统,一个"以动漫 IP 为核心"的泛娱乐帝国呼之欲出(如图 7-34)。

图 7-34　奥飞娱乐公司产业链布局图
资料来源:摘自界面新闻网

综上所述,我们可以清楚地认识到,网络传播与科技发展带动了文化产品的连接与融合,文学、动漫、影视、游戏、音乐、展会等文娱形式不再孤立发展,而是可以协同打造同一优质 IP。优质 IP 培育核心"粉丝"群,再通过影视剧、动漫、游戏等泛娱乐形式的改编挖掘出 IP 的衍生价值,最终实现文学、动漫、游戏、影视等的交叉融合,构建出一个泛娱乐产业新生态,进一步推进"二次元"文化产业的发展与壮大。[①]

(二)动画电影

当前,以动漫 IP 改编的作品越来越多,例如影视作品《西游记之大圣归来》《秦时明月》《十万个冷笑话》(如图 7-35)等,甚至部分综艺节目也参考"二次元"模式进行了脚本开发与创作。目前已经面世的改编网络剧《鬼吹灯》《仙剑客栈 2》《幻城》《全职高手》……除了都是超级 IP 外,也都是与"二次元"相关的改编作品。改编网络剧《花千骨》破亿的点击量,电影版动画《西游记之大圣归来》近十亿的票房,"二次元"蓬勃发展背后,不仅仅因为网络剧迅速扩张的推动力,也因为泛"二次元"用户集中的"90 后"逐渐成为主流消费群体,令"二次元"文化悄然兴起,从小众文化逐步变成大众文化,从亚文化逐渐走向主流文化,动画电影也势必成为电影产业的重要落脚点之一。

---

① 中国产业信息.2017 年中国"二次元"行业发展现状分析及市场发展前景预测[EB/OL].(2017-04-27)[2019-06-20].http://www.chyxx.com/industry/201704/517767.html

图 7-35 《十万个冷笑话》(左)、《西游记之大圣归来》(右)

资料来源:选自百度百科

当动漫 IP 与电影产业融合发展之后,动画(动漫)电影便有了诸多"二次元"文化印记,与传统文化电影相比有了很大的区别,接下来,我们就动画电影在受众、营销、审美、内容生产等方面的不同之处逐一探讨一下。[1][2]

1. 受众

中国动画电影产业消费调研数据显示,10～40 岁人群是正在或即将"泛二次元"化的主要群体,毫无疑问他们将成为动画电影的主要受众群体。根据猫眼电影售票数据,电影《西游记之大圣归来》的观众群体中低于 20 岁的仅占 14%,21～30 岁的青年观众占到了 68%,而 30 岁以上的观众也占到了 18%。由此可见,"泛二次元"用户的出现,宣告了动画电影受众群体已经开始了更新换代,也正是由于受众群体向"泛二次元"转化,令中国动画电影行业变革呈现出"泛二次元"化趋势。那么,如此庞大的观影群体创造出多少票房呢?根据智研咨询发布的《2017－2022 年中国动画电影行业市场运营态势及发展前景预测报告》显示,2016 年我国进口动画电影 23 部,电影票房达 45.1 亿元(票房前三分别为:《疯狂动物城》15.3 亿元、《你的名字》5.66 亿元、《愤怒的小鸟》5.14 亿元),票房同比增长 105.4%,每部电影平均票房为 1.96 亿元。与此同时,2016 年国产动画电影 42 部,电影票房达 23.8 亿元(票房前三分别为:中美合拍片《功夫熊猫 3》10.02 亿元、《大鱼海棠》5.65 亿元、《熊出没之熊心归来》2.88 亿元)。2016 年国产动画电影平均票房为 0.567 亿。

2. 营销

将"二次元"概念作为电影营销的重点正成上扬态势发展,例如影片《美人鱼》虽不是一部"二次元"电影,却将目标受众锁定在青年群体,线上推出与电影相关的漫画创作和视频作品,用"二次元"的概念营销,成功实现了"三次元"电影的宣传发行计划。虽不是

---

[1] 陈晓萌,陈一愚.泛二次元:中国动画电影发展新趋势[J].当代电影,2016(10):189-192.
[2] 王冠."二次元"与电影:媒介性文化场域和策略性产业图景[J].当代电影,2016(8):140-142.

典型的"二次元"电影,但将"二次元"概念(思维)与影片及"泛二次元"用户对接,不仅能找准影片的核心观众从而保证票房,还能增添影片的总体活力,也使得"二次元"文化成为电影创新的重要来源之一。

可以说,"泛二次元"带来了营销渠道的拓展和发行方式的创新。根据调研结果显示,不少"泛二次元"用户会去影院"二刷"乃至"数刷"同一部作品以表喜爱之情,甚至以次数多为荣;部分"泛二次元"用户还会以众筹方式参与投资电影项目。由此可见,过去以低幼儿童及其家长作为单一目标受众,以电视媒体和阵地营销作为主要渠道的营销模式已经暴露出了其局限性。现在动画电影宣发团队会针对"泛二次元"用户的消费心理和消费特点,通过线上线下相结合、"空中宣传"和影院阵地互动等方式,来达到观影动力转换的目的,可谓"精准营销"。目前,新媒体营销、电商预售、网络众筹已成为迎合"泛二次元"用户的重要宣发模式。

3. 审美

在远离现实生活的网络虚拟世界里,"二次元"电影创造了另类审美和言语体系,在与"三次元"世界的对立中以萌化、少女化、拟人化和社群化表达自我的抽离与反抗,用超验性的体验感改写现实规则,带有强烈的游戏感和青春乌托邦色彩。当下动画电影在审美上倾向于唯美主义,在消费趣味上奉行娱乐至上,带有网络传播特性的"宅系"作品和搞笑吐槽类作品最受用户追捧(如图7-36-1、图7-36-2)。这些另类审美与传统审美有很大差异,例如电影《十万个冷笑话》上映时,就打出了"四十岁以上观众请由青少年陪同观影"的旗号,影片中深具"二次元"意味的笑点让"泛二次元"用户会心一笑,但让"三次元"用户不知所云。

上海大学影视学院副教授葛颖在《文汇报》撰文表示,异世界本质上是一个容纳少年烦恼与无因反抗的桃花源,其审美核心是由互联网的虚拟属性与青春的特质共谋的一种世界观,因此"二次元"审美是一种关于逃避的文化。"二次元"审美主要通过形象生产路径(即将ACGN作品中的经典人物形象和空间气氛拆分成各种造型元素,使之成为"三次元"真人的个性符号和空间标示)和关系生产路径(即通过类似微信、陌陌等基于移动互联网的社交媒体对人群进行重组)对现实世界的审美趣味和人群划分等细节进行改变与重塑。

图 7-36-1 "二次元"审美观动漫图例

资料来源：摘自暴走漫画网

图 7-36-2 "二次元"审美观动漫图例

资料来源：摘自百度图片

4．内容生产

随着《喜羊羊与灰太狼之羊年喜羊羊》票房相较过往出现断崖式下降，主打成人观众的《十万个冷笑话》《西游记之大圣归来》却先后创造票房奇迹后，市场上陆续出现了一批探讨成人世界话题并兼顾儿童观影取向的动画电影，如《小门神》《大鱼海棠》《摇滚藏獒》等，动画总票房递增而低幼动画体量缩减，标志着国产动画电影格局向青年化、成人化方向的转型，低幼动画主导的市场格局一去不复返。"泛二次元"用户青睐于符合青少年、成年人审美的动画电影作品且需求多元，这一倾向使动画电影的内容生产出现了成人化趋势。纵观近年来的动画电影作品，从题材选择到情感表达乃至艺术手法的处理上都引入了许多青少年和成年人感兴趣的元素和话题，例如当银幕上的光头强顾不上收拾满地狼藉累极而睡时，引发了影院中初为父母的"80后"观众集体的情感共鸣，尤其是光头强遭遇父母催婚的细节，更是令观众会心一笑。

"泛二次元"用户对视效奇观的期盼与追逐，使动画电影在制作方式上发生了从二维平面到三维立体的转变。三维动画已经成为国产动画电影普遍的制作方式，同时动画电影的制作技术和艺术水准都有显著的提升。当前 AR/VR 虚拟技术的发展与应用为用户观影提供了新体验，也为动画电影带来了新商机（如图 7-37）。

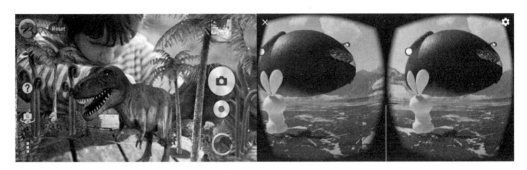

图 7-37 AR/VR 动画图例

资料来源：摘自百度图片

综上所述，"泛二次元"用户的需求与追捧，促使创作者和相关投资机构对"二次元"文化资源的不断汲取和广泛应用，使之成为动画电影文化转型的内生动力。随着低幼动画在动画电影市场中的快速退出和成人动画的迅速兴起，动画电影行业生态链及产业格局正经历着翻天覆地的变革，预示着中国动画电影将迎来多元的新发展局面。

本章小结

本章我们通过对动画的"运动"原理、制作手段分类、常用制作软件，以及 2D 动画短片设计与制作、3D 动画短片制作"二次元"文化等内容进行了较全面的探讨，由此我们可以认识到动画是具有视听语言特性的一种综合性艺术门类，它汇集了美术、电影、摄影、音乐、文学、数字技术等各专业领域的特色与技巧，将诸多学科门类集于一身，从而形成了自己独一无二的艺术表现形式。动画是一个人造的"梦工场"，人们给予了动画"梦幻""生命"与"灵魂"，动画从业人员也就成为"造梦者"。若想创作出优秀的动画作品，"造梦者"们除了要具备熟练的动画制作技术，更为重要的是，要有编织"美梦"的想象力和创造力；要善于观察与发现内心世界、外部世界和虚拟世界三者之间的微妙关联，能将现实生活中人们的期许、欲望和思考通过超现实的艺术方式表达出来，即在虚拟世界里为现实"灵魂"构建栖息地。

伴随着进口动画电影的冲击、媒介技术的新发展和受众的"泛二次元化"，中国动画电影正经历着前所未有的转变。动画电影的主题、制作、营销、审美等各个层面在"泛二次元"趋势下转型转轨，并引起动漫行业生态链上各个环节的全方位变革。低幼动画时代慢慢退出，成人或多元动画时代正在来到，诚如《西游记之大圣归来》出品人路伟所言，"以用户为中心的电影产品设计和投资的时代已经到来"，由此可见，"泛二次元"用户的需求才是动画电影变革的最大变量和根本动因。

根据新媒介与青年文化研究中心的研究表明，"二次元"世界与真实世界的"真实"性不同，既反映出了青少年对社会关系的乌托邦想象，更映射出他们处理现实生存压力、建构社会关系以及如何获得存在感和创造性的努力。网生代是伴随着动漫、游戏及外国文化输入等因素成长起来的一代，对虚幻理想有较高的期待，又恰逢互联网高速全面发展时期，这就为"二次元"文化在中国盛行创造了内外部条件。"二次元"带着完美理想和另类审美区隔着现实困境和大众审美，不论"二次元"文化能否成为主流文化，它都是青少年成长阶段的一种文化需求,所以我们应当正确认识并包容该文化的存在与发展,给予青少年成长更多的空间和想象力。

思考与练习

1. 动画的"运动"原理是什么?
2. 动画根据制作手段可分为哪些种类?
3. 2D动画短片制作的基本步骤包括哪些?
4. 3D动画技术的标志性特点有哪些?
5. 2D动画与3D动画在艺术表现方面有哪些区别与联系?
6. 什么是"二次元"及"二次元"文化?
7. 我们如何理解动漫IP?

拓展阅读资源

1. 神奇海盗团

   (2012-06-01)[2019-03-12]. http://v.youku.com/v_show/id_XNDQ2NTg2NTg0.html

2. 渔童 时间?

   http://v.youku.com/v_show/id_XMjk0NzY2ODQ4.html

3. 南方公园

   (2015-09-16)[2019-03-12]. http://www.iqiyi.com/lib/m_208733114.html

4. 阿凡提

   (2014-07-28)[2019-03-12]. http://www.iqiyi.com/v_19rrmudgzk.html

5. Frank Film

   (2015-01-30)[2019-03-12]. http://v.youku.com/v_show/id_XODgyODc0ODky.html

6. 料理鼠王

   (2007-10-19)[2019-03-12]. http://www.iqiyi.com/v_19rrifmczd.html

7. 花木兰

   (2016-05-06)[2019-03-12]. http://www.iqiyi.com/v_19rrh8q4mj.html

8. 马兰花

   (2011-05-17)[2019-03-12]. http://www.iqiyi.com/v_19rrjb2dpc.html

9. 阿拉丁

   (2014-09-04)[2019-03-12]. http://www.iqiyi.com/a_19rrhc0o0x.html

10. 蒸汽男孩

    (2014-03-15)[2019-03-12]. http://www.iqiyi.com/w_19rr0u9qxd.html

11. 丹麦诗人

    (2013-12-10)[2019-03-12]. https://www.vmovier.com/39947/

12. 骄傲的将军

    (2016-09-22)[2019-03-12]. https://v.qq.com/x/cover/6uq11z9ep4fj3vl.html

13. 无敌破坏王

    (2019-01-30)[2019-03-12]. http://www.iqiyi.com/v_19rrlhk2fg.html?vfm=2008_aldbd&fc=828fb30b722f3164&fv=p_

14. 神偷奶爸

    (2016-08-22)[2019-03-12]. http://www.iqiyi.com/w_19rswifbrl.html

15. 你的名字

    (2019-01-30)[2019-03-12]. http://www.iqiyi.com/v_19rr7p4m3k.html

第八章 视频广告制作

> **学习目标**
> 1. 了解视频广告的概念和发展现状。
> 2. 了解常见视频广告的类型及特点。
> 3. 掌握常见视频广告的创作策略。
> 4. 掌握常见视频广告的拍摄技巧。
> 5. 掌握常见视频广告的后期制作技巧。

当代信息社会的互联网化已成为不可逆转的发展潮流,移动互联网、云计算、可穿戴智能设备、物联网等网络技术正不断将信息接收终端延伸至各个领域,人们对信息传播的需求正发生深层变革。在终端日益多元化的今天,视频广告的播发渐趋跨媒体化,除了电视、电影屏幕,户外、交通、营销现场等公众场所,更多出现在智能电视、智能手机、平板电脑等接收终端上,其传播方式与传播特性也都发生了一定的变化。视频广告的制作者需要研究新媒体环境下视频广告制作的新变化,以期在激烈的竞争中立于不败之地。本章主要介绍视频广告的概念与特点,概述视频广告的发展历程及主要形式,并结合具体案例分析视频广告的制作流程,总结视频广告策划创意、拍摄及编辑的常用技巧。

第一节 视频广告的概念与特点

网络视频的发展为视频广告的发展提供了广阔的空间,视频广告伴随着网络新媒体技术的发展也产生了很多新的形式,因而对视频广告的研究大多停留在实务运作的阶段,对视频广告的概念尚无具体的定义。本节主要阐明本书对视频广告的定义,并分析其特点。

一、视频广告的概念

在大众媒体时代,影视广告是最为受众熟知的一种广告形式。它主要出现在电视、电影的屏幕上,采用视听一体的传播形式,因而被称为影视广告。但是,近年来,伴随网络技术、数字技术、移动技术的发展,影视广告开始越来越多地出现在手机、平板电脑等新媒体上,其传播方式与传播特性均发生了一定的变化,因此人们称这种主要通过网络传播的影视广告为视频广告。

对视频广告的概念界定也是众说纷纭。在 2007 年举办的第一届中国视频广告年会上,有人指出:视频广告是运用网络视频流媒体技术,以网络视频内容为载体来表现的所有广告形式,包括平台的网络视频软件广告、网络视频游戏广告和户外视频广告等。较早研究视频广告的学者石心竹认为:视频广告是采用先进数码技术将传统的视频广告融入网络中,构建企业可用于在线直播实景的网上视频展台。它应用面广泛,视频广告主要指两种表现形式:在网页上投放的视频广告和在网络视频流媒体上投放的视频广告。① 传播学研究专家宋安认为:视频广告包括两个层面,狭义上是指在网络视频媒体上投放的广告,广义上是指视频形式的广告,包括贴片、画中画、剧情植入等广告形式。② 艾瑞网专家曹军波在其《视频广告机会的新发现》一文中阐述视频广告概念:"视频广告应该包括两个层面:一是狭义上是视频形式的广告,二是广义上是视频媒体上的广告。这两个应包括视频广告通常涵盖的内容。"③ 曹军波总结的这两个方面是在以互联网为平台的基础上分别从广告形式和媒体形式的角度来对视频广告进行鉴定,具有较高的借鉴意义。

综上所述,我们可对视频广告作如下界定:视频广告是以视频网络终端的屏幕为载体,利用屏幕上的任何视频形式进行的广告活动。它包括两大类:一是广告主根据网络视频具体特性、视频形式和网站形式制作的视频广告;二是广告主将在传统视频媒体上发布的广告采用先进的数码技术融入互联网上播发的视频广告。

二、视频广告的特点

视频广告采用先进的流媒体技术并结合Flash、Java等程序,提高了广告的互动性,提供更广阔的创意空间。对广告主而言,更具吸引力的是用户在广告界面上直接留下数据,从而有效地促进了用户与广告主的互动。视频广告有以下三个特点。

(一)覆盖面广、目标精准

视频广告传播范围广泛,不受时间和空间限制,并且可以在任何时间将企业、产品、服务等信息传播到世界各地。同时,在网站的大数据支撑下,可以分析出受众的观看习惯及视频类型,以及依据地区、职业、年龄等要素确定用户属性,从而能够比较精确地找到企业所定位的潜在消费者。

(二)广告成本低、传播速度快

传统影视广告,若要请明星代言,要放到黄金时段播出,要放到收视率高的节目中播出,其成本是非常大的,十几万甚至是上百万元都有可能,且需要大量的工作人员。相比较而言,视频广告的人力、设备、资金成本一般都在几千元到几万元,所达到的效果也非常好,性价比极高,而且可以直接使用已有的影视广告,实现广告的二次利用。在播放成本上,视频广告与传统影视广告相比,前者的CPM(广告每千人成本)远小于后者。同

---

① 石心竹.数字化进程中的网络视频广告研究[J].现代商贸工业,2008(12).
② 宋安.网络广告媒体策略与效果评估[M].厦门:厦门大学出版社,2008:172-176.
③ 曹军波.网络视频广告机会的新发现[EB/OL].(2007-05-28)[2016-10-20].http://media.people.com.cn/GB/40628/5787116.html

时,视频广告通过微博、微信等社交平台的传播,不受时间和空间限制,传播速度极快。

(三)交互性强、用户体验程度高

视频广告采用数字多媒体技术,融合视频、音频、图像、动画及文本于一体,表现力丰富,感官性极强。同时,视频技术不仅可以实现广告与用户之间的互动,让广告主直接接收用户的反馈,还可以通过虚拟实景等方式,将企业的产品、服务、品牌更好地为客户呈现,有助于提升客户体验。而受众可以自行控制广告播放时间、位置、频率等,还可以参与到广告的创意、制作、传播等活动之中,用户体验度极高。

视频广告的创新性和互动性提高了广告的点击率,视频广告的参与性和可测性推动了品牌建设。视频广告正是有了上述特点和优势而越来越受广告主青睐。

第二节 视频广告发展现状

广告行业往往是先有平台和受众,后有广告。视频广告同样如此,其发展略滞后于网络视频的发展。本节主要介绍视频广告的发展历程及当前视频广告的主要类型。

一、视频广告的发展历程

广告的发展历程与大众传播工具的发展息息相关。平面广告是因报纸、杂志等传播工具的出现而发展起来的,广播、电视等传播工具的出现将广播影视广告的发展推向了更高的层次,视频广告则是在网络流媒体技术的基础上不断发展成熟起来的。目前,视频广告俨然成为最具传播魅力的广告类型,其发展大致经历了培育—成长—成熟的过程(如图8-1)。

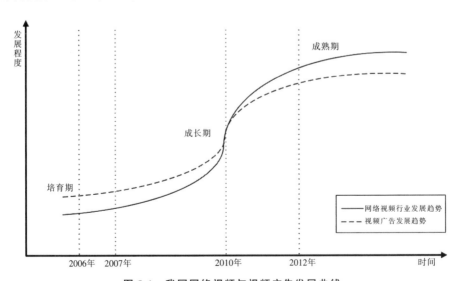

图 8-1 我国网络视频与视频广告发展曲线

(一)培育期(2006年之前)

2005—2006 年,国内出现了以用户需求为驱动的网络视频商业网站,主要有 PPLive、PPStream、土豆、优酷、酷 6 等,但网络视频网站还未成为国内互联网的主体。

这个阶段我国的视频广告处于萌芽阶段，由于流媒体技术、网络宽带的限制和网络视频网站不成规模等因素，视频广告发展缓慢，数量极少。

（二）成长期（2006—2011年）

2006年是我国网络视频发展元年。一些发展较早的视频网站，分别进行各具特色的视频广告的实践探索。土豆网与2006年3月发布"Toodou Ad"计划，土豆网民申请"Toodou Ad"业务，在上传传播有广告内容的原创视频之后，所获的广告利益与网站分享。

2007年是我国视频广告发展元年。这一年，中国第一届视频广告年会召开，一条包括品牌广告客户、互动广告代理、内容提供商、网络视频平台、技术及解决方案提供商、监测机构、风险投资商等各环节的视频广告产业链形成。根据艾瑞咨询统计，网络视频收入从2006年的1.7亿元增至2007年的4.1亿元，且2007年下半年增速达90.5%，有25%来自视频广告，国内视频网站的风险投资已达20亿元。

2008年是我国视频广告的营销年。这一年网络视频网站将运营的重点从流量和受众转到网络视频的盈利上来，视频广告的无缝对接能力也受到众多广告主的青睐。特别是2008年北京奥运会视频直播的成功，极大地改变了受众收看奥运赛事的收看方式，对视频广告的发展有巨大的推动作用。

2009—2010年是视频广告发展的关键期。如图8-1所示，视频广告行业的发展与网络视频的发展相交于2010年，这一时期视频广告呈现出多种形式，内容丰富，网络视频群体数量持续增长，视频广告价值和商业价值也得到普遍认可，受众的接受程度也比较高。

（三）成熟期（2012年至今）

2011年10月11日，广电总局下发了《关于进一步加强广播电视广告播出管理的通知》，11月28日，又下发《〈广播电视广告播出管理办法〉的补充规定》，自2012年1月1日起，全国各电视台播出电视剧时，每集电视剧中间不得再以任何形式插播广告。从此，视频的广告应用更是得到井喷式发展。

2012年以后，我国视频广告行业逐渐走入成熟，已经形成了四大视频营销阵营：

一是以广电系统布局为代表的视频营销阵营，如中国网络电视台、芒果TV、凤凰宽频等，量大质优的节目内容资源是其最大的优势。

二是以门户网站为代表的视频营销阵营，如新浪、搜狐、网易等，该阵营拥有强大的品牌优势和稳定的受众群体。

三是以P2P直播为主的视频营销阵营，如QQlive、PPStream、PPlive等，这类网站运营成本低，能为用户提供很好的使用体验。

四是以视频分享为主的视频营销阵营，如优酷、爱奇艺、土豆等，这类网站通过丰富的视频内容吸引用户，凝聚了大量的人气。

二、视频广告的分类

按照不同的划分依据，视频广告有不同的分类形式。

（一）根据网络流量分类

视频广告可分为窄带类和宽带类两种形式。窄带类视频广告是指在视频内容周边投放的文字广告、图片链接等，占用带宽少，网络视频媒体平台通过统计页面流量、点击率来评估平台的广告价值。宽带类视频广告是指在网络视频内容中投放的广告，主要包括冠名广告、产品嵌入、节目定制、视频贴片等形式。

（二）根据投放位置分类

视频广告可分为核心性视频广告与附加性视频广告两大类。核心性视频广告是处于视频主体播放区中的广告，包括植入式和贴片式两类；附加性视频广告是在视频主体播放区以外所呈现的广告，包括前置式广告、后置式广告、角标广告等。

（三）根据实际投放的类型分类

视频广告可分为五种：前置式广告、视频贴片广告、视频浮层广告、播放器背景广告、植入式广告。

1. 前置式广告

前置式广告是指在视频内容播放之前插播的视频广告。这是一种视频区域内的强制性广告形式，它很好地利用了视频下载缓冲的时间，一般持续数秒钟，因而不会使用户产生反感。前置式广告面积较大，视觉冲击力也较强，且能反映出广告主想要跟踪的几乎每一项指标，如持续观看时间、点击率、人均观看成本等。因此，它是最受客户欢迎的广告形式之一。其不足之处在于，无法充分利用互联网独有的互动性特点。

2. 视频贴片广告

视频贴片广告是把广告内容打包到网络视频内容中，利用网民观看视频内容的缓冲时间播放广告，如企业品牌广告、影视类节目预告、片花等。其盈利方式根据千次展示、点击次数或广告时长来进行收费。视频贴片广告也是一种在视频区域内的强制性广告形式，一般分为前、中、后三种插播形式。用户在网上观看一个节目或一段视频之前，将会看到一段数秒钟的广告，即前播广告，有时候广告插播在节目中间等待缓冲的时间（中播广告）和节目播放完毕后（后播广告）。其优点是广告主通过这种广告可以获得客观、全面的广告受众数据，但弱点是互动性不强，在一定程度上容易招致视频用户的反感，导致部分受众转移。

3. 视频浮层广告

视频浮层广告是指当播放视频内容时广告会短时间内浮现在视频窗口顶端或底端。这种广告是一种非强制性的广告。只有当用户将鼠标指向或点击广告时，才会弹出更大的广告幅面，或者打开新网站。其优点是，广告与视频内容可以同步进行，不会打断用户的观看过程，因此被很多网站采用。其不足之处在于：部分用户会将广告误认为是视频节目的一部分，或直接将其视作一种打扰。

4. 播放器背景广告

播放器背景广告是指当视频播放时，播放器页面的背景变为产品或品牌宣传图片。这是一种视频区域外的广告形式，当用户打开视频节目时，广告会以图片或文字的形式展现在视频区域外围,作为视频页面的背景。其优点是视频内容播放的整个过程都在传达广告中产品的信息,并吸引受众点击广告链接,访问广告主的网站。该种模式的受众具有很强的自主性,在视频全屏播放时无法为这些广告保留足够的位置,但视频区域外的广告仍然能影响到潜在的受众。

5. 植入式广告

植入式广告是指把广告元素巧妙地嵌入有情节、可看性较高的视频中,使广告与视频内容融为一体,成为剧情发展的一部分。其优点是视频内容本身可能就是广告。这种广告形式具有很高的可看性,并且容易通过上传而得以在互联网上大量扩散,从而较好地体现了 Web 2.0 时代的用户互动性。

(四)根据视频广告的制作方式分类

视频广告可分为四种:视频贴片广告、植入式视频广告、病毒式视频广告、品牌定制视频广告。内容详见本章第三节,此处略。

第三节 视频广告的创作

无论哪种类型的视频广告,其制作的流程都可大致分为前期创作和后期制作两个阶段。这两个阶段均需要由广告主、广告公司、制作公司三个单位共同协作,才能圆满达成视频广告的营销效果。本节主要介绍视频贴片广告、植入式视频广告、病毒式视频广告、品牌定制剧视频广告等四类常见视频广告在前期创作阶段中的创意策略,创作设计等关键环节的创作技巧。

一、视频贴片广告的创作

(一)视频贴片广告的形式

视频贴片广告是互联网主流的广告形式,是传统影视广告在网络视频媒体上的移植。根据贴片的时间切入点,视频贴片广告可分为以下几种。

1. 前置式视频贴片广告

该类广告片利用视频内容缓冲等待的时间播出,目前一般单个广告片的时长是 15 秒,总体长度一般不超过 45 秒。由于这个时候用户的注意力一般比较集中,广告传播效果较好,是目前网络视频贴片广告的主要形式。

2. 后置式视频贴片广告

该类广告片在视频内容播放完成之后,利用用户对视频进行思考、回味的时间出现。一般该类广告片的内容多为与视频内容相关或者推介新的相关视频。

3. 暂停式视频贴片广告

该类广告片在用户暂停视频内容播放时弹出,一般有图文和视频两种形式。

(二)视频贴片广告创作策略

1. 广告时长:15 秒原则,信息量少而精一般来说,一则视频前置贴片广告的长度不宜超过15秒,过长则容易引起用户反感。来自艾瑞网、DCCI、明略行三家权威数据调研机构发布的报告显示,15秒前贴片广告的用户体验最好,对比45秒前贴广告在用户接受度上提高了17倍;用户点击率提高了44%;用户正确回忆率提高了58%。

视频贴片广告比电视广告更加短小精练,信息的传播需更注重针对性和吸引力,信息量少而精。如果用户对广告内容感兴趣,则可以直接点击广告画面进入相关的链接网页,进一步深入了解广告商品。因此,对于网络视频贴片广告而言,信息量越是简单纯粹,越能引起用户的关注,越能提高传播力。

2. 广告内容:与贴片视频的内容正相关

在创作视频贴片广告时,要考虑该广告与所依附的视频之间的联系,也即考虑收看该视频的观众,是否会对该广告的内容产生兴趣。创作时要考虑的相关性主要包括:审美趣味的相关性、故事情节的相关性、影片风格的相关性、人物及事物的相关性。

3. 广告形式:提高娱乐性,适应网络用户的需求

视频广告的主流受众群年龄在15岁到35岁之间,出于娱乐和交往的诉求,他们喜欢将广告视频通过微博、微信等分享给其他社交圈人士。因此,既融合广告信息又具有娱乐价值的广告能准确地触动这些主流受众的感情诉求点,进而能充分利用移动终端社交工具的传播特性,实现广告信息裂变式的几何增长。在进行贴片广告创作时可以通过幽默、搞笑、夸张、另类、设置悬念、名人代言与"粉丝"营销等创意形式提升广告的娱乐价值。

4. 广告效果:强化互动,提高用户的体验度

与传统影视广告相比,视频广告的最大特色之一就是受众的主动参与。因此在创作视频广告时必须有"互联网思维",摒弃传统影视广告的"传—受"线性思维,增加受众的参与机会,充分发挥PC、手机、平板电脑等不同终端的特性,设计用户与视频之间的交互行为,让视频广告产生了无限的互动可能。

案例 8-1　　　上海通用首款小型SUV昂科拉前贴视频广告[①]

配合上海通用别克品牌旗下的首款小型SUV昂科拉上市,上海通用投放了一组由5段视频组成的关于"80后"的广告(如图8-2)。通过优酷土豆的联合贴片平台,昂科拉在北京、上海、广州、深圳、宁波、成都、长沙等19个重点营销城市,以地域定投的方式投放30秒或15秒的前贴广告,精准投放目标人群。该视频广告的创作充分考虑小型SUV本身带有浓厚的个性色彩,定位那些有着肆意青春资本的年轻人,而不是被生活束缚,对实用性斤斤计较的家庭用户,所以在昂科拉的视频广告处处强调着"80后",甚至"85后"的人生哲学。

该视频广告在2012年10月11日至11月21日共42天的投放期间里,30秒广告

---

① 优酷土豆助力昂科拉新品投放[EB/OL].(2013-03-22)[2018-10-12]. http://www.damndigital.com/archives/85308#more-85308

共覆盖超过 2000 万独立用户,15 秒广告覆盖数更是达到惊人的 5000 余万人次。与此同时,通过优酷土豆先进的广告投放系统,进行了准确的频次控制,有效地扩大了人群覆盖。上海通用别克的数字媒体负责人表示:"契合年轻受众的媒介接触习惯变化,昂科拉的上市传播没有进行大规模电视广告投放,而加大了视频媒体的贴片投放,根据相关广告效果追踪测试反馈,目标受众对于广告的总体认知度结果不错,品牌主张的信息通过视频广告得到了有效传递,这无疑鼓励我们对视频营销进行更深入的研究和更丰富的尝试。"

图 8-2 昂科拉系列贴片视频广告

案例 8-2　　　　　　　　　　**保时捷 Crazy 前贴互动广告**[①]

该视频广告结合保时捷新款 Panamera "理智与情感" 的主题,将视频画面设计成赛道和城市马路两种不同的动态路面(如图 8-3),用户左右拖动鼠标可以使它在动态路面中来回切换(如图 8-4、图 8-5)。凭借全新的视频互动技术,使用户通过与视频广告互动,充分体验保时捷 Panamera 带来的视觉与听觉惊喜。

图 8-3　前贴视频开始播放,画面中呈现一辆保时捷分别在赛道和城市马路两种不同的动态路面上行驶

图 8-4　将鼠标向右拉,行驶在赛道的画面增大同时配合汽车马达加速的声音,传达驰骋激烈的"情感"主题

---

① 优酷土豆创意互动广告盘点[EB/OL].(2013-09-05)[2016-10-20]. http://www.damndigital.com/archives/101359

图 8-5 将鼠标向左拉，行驶在城市马路的画面增大同时配合汽车马达减速的声音，传达城市休闲的"理智"主题

二、视频植入式广告的创作

植入式广告，也称置入式广告、植入式营销，是指将产品或品牌及其代表性的视觉符号甚至服务内容策略性地融入媒介内容之中，通过与场景的有机结合，让观众随着情节对产品及品牌留下印象，从而达到推广产品的目的。所以，植入式广告也被称为隐性广告、软广告。由于植入式广告对广告商品或品牌的表达较为含蓄和隐蔽，高明的植入式广告能够将广告商品或品牌与节目内容天衣无缝地融合在一起，使受众在观赏内容的审美过程中潜移默化地接受广告信息，因此，植入式广告在欧美也被视为营销美学。

（一）视频植入式广告的形式

视频植入式广告是将产品或服务中有代表性的视听觉符号或者品牌理念策略性地融入网络视频内容之中，构成受众真实观看或通过联想所感知的情节的一部分，是在受众关注的状态下将产品或服务信息传递给受众，让受众留下品牌印象，从而达到营销目的的广告形式。

根据广告植入的手法不同，植入式广告可以分为道具植入、台词植入、剧情植入、场景植入、音效植入、题材植入、文化植入几种。

1. 道具植入

这种方式是产品作为影视作品中的道具出现。这种植入方式略显生硬，有时会让观众明显感觉到是广告，与传统媒体广告的差别仅仅是从节目外移到了节目内。

2. 台词植入

这种植入方式通过主人公的台词把产品的地位、特性、特征直白地告诉消费者，很容易得到消费者对品牌的认同。

3. 剧情植入

剧情植入包括设计剧情桥段和专场戏等方面。

4. 场景植入

在画面所揭示的、容纳人物活动的场景中，布置可以展示产品或品牌信息的实物。

5. 音效植入

通过旋律和歌词以及画外音、电视广告等的暗示，引导受众联想到特定的品牌。

6. 题材植入

为某一品牌专门拍摄影视剧，着重介绍品牌的发展历史、文化理念等，用来提升品牌知名度。

7. 文化植入

这是植入广告的最高境界，它植入的不是产品和品牌，而是一种文化，通过文化的渗透，宣扬在其文化背景下的产品。

（二）视频植入式广告创作策略

1. 视频植入式广告的创作原则

（1）适应原则

适应原则，就是指植入广告商品或品牌的植入时机、品牌定位、消费群体等应与影视作品保持协调。具体来说，植入式广告必须服务于人物性格塑造的需要；植入式广告必须符合剧情的自然发展。广告应恰如其分地融入剧情，提高广告产品与情节的关联度；植入品牌形象必须与剧中展示的形象相匹配。

（2）适度原则

适度原则，是指植入广告的曝光度要适可而止。受众对于符合剧情的隐性植入广告并不排斥，但一部影片中广告植入的数量太多，又不能很好地将产品或品牌及其有代表性的视觉符号甚至品牌理念策略性地融入媒介内容之中，那么植入的广告就会引起受众的逆反心理。

（3）整合原则

植入式广告只是整个营销传播中的一个环节，应该结合各种线下公关活动将植入广告的传播效应发挥到最大。

2. 视频植入式广告的植入技巧

（1）选择优质内容

要让广告得到广泛传播，首先需要让视频内容得到传播，而受众往往也对拥有优质内容的植入式广告有较高的容忍度。因此，植入式广告应是在优质内容的基础上进行创作。

（2）深内容浅广告

视频广告的主流受众喜欢传播的是好故事、好内容。制作好内容，淡化广告而非大面积突出广告是视频广告得到传播的要诀。而适度是标准，创意是关键。好的植入式广告不能冲击内容的观赏性，而是要使用巧妙的方法融入作品之中，与情节、人物、场景和道具等进行深度结合。

（3）隐性宣传无打断

植入式广告是一种"环境式"传播形态，广告和内容融合在一起，不可分离，不影响受众正常阅读和视听，是一种"润物细无声"的隐性方式。其最大目的便是在不打断观众的情况下传播品牌或产品，如果在植入的内容中大量、反复地强调植入的品牌或产品，那么这种广告方式便是本末倒置，而这样打断观众的结果也必然导致观众的不满。

案例 8-3 《失恋 33 天》的植入式广告(场景植入)：顺理成章的品牌植入
(美薇亭婚礼顾问)；不留痕迹的品牌植入(乐凯胶卷)

这部堪称小成本电影营销典范的电影，从上映前数月就开始了自己的营销之路，先是借助社交媒体炒作"剩女""失恋"等热门话题，后又通过微电影花絮、虚拟人物设置微博、相关 APP 应用等方式为影片进行全方位推广，而这部影片中的植入式广告让其再次成为被广泛热议的焦点。

《失恋 33 天》整个背景设置即是在婚礼顾问中心工作的男女发生的一段感情故事，那么最顺理成章的植入莫过于"美薇亭婚礼顾问"了，完全符合故事情节。而在黄小仙同学的婚礼现场，王小贱设计了一个圈套，让小仙前男友当众出丑，而就在三个人的背景大屏幕上，打出来的正是"美薇亭婚礼顾问"，这个情节更是让"美薇亭婚礼顾问"不仅仅作为品牌露出，还策划了整个电影的婚礼现场布置，实现品牌与情节融为一体。

看过此片的观众也不难发现，主角们聊天时喝的汇源果汁、王小贱玩的安卓手机游戏、大老王带黄小仙吃饭的地方则是相对明显的品牌植入(如图 8-6)，有些刻意之嫌。而影片中一个不留痕迹的品牌植入，便是文章扮演的王小贱房间里出现的乐凯胶卷。由于不甚明显，很多观众以为这只是片中一件普通道具，但这依然是一处非常彻底的广告植入，也可视为场景植入的成功之举。

图 8-6 《失恋 33 天》中的植入式广告

三、病毒式视频广告的创作

病毒式营销，是网络营销中一种常见而又非常有效的方法。1997 年，风险投资家史蒂夫·乔维斯顿(Steve Iurvetson)在描述 Hotmail 电子邮箱的时候首次提出了"病毒式营销"的概念。病毒式营销是利用传播源与传播载体节点在潜在需求上的相似性，将传播源或企业传播信息价值用一种像病毒一样以倍增的速度进行扩散并产生的群体分享传播过程。

(一)病毒式视频广告的形式

病毒式视频广告是病毒式营销的最新形态，是广告主以互联网中的视频为传播载体，将广告信息通过有吸引力的表现形式传递给目标受众，刺激他们将广告信息主动、迅速、有效传递给他人的一种网络广告形式。根据病毒式视频的创作手法，可将其分为恶搞类、剧情类、技术创新类三种类型。

1. 恶搞类

恶搞类病毒式视频广告是以各种经典影视作品为母本,以社会事件和现存文化为素材,对母本画面、声音重新剪辑、拼贴、组合,或是对母本作品进行戏仿而进行全新拍摄的病毒式视频广告。大部分病毒式视频广告都采用这种方式,一方面是广告主接受,另一方面既有的一些热点也很容易让网友理解。

2. 剧情类

剧情类病毒式视频广告是在拍摄手法、情节上有电影特征的病毒式视频广告,或是带有"病毒元素"的微电影广告。

3. 技术创新类

技术创新类病毒式视频广告对制作者的创意和技术均有较高要求,主要利用新奇的视觉效果、高超的特效包装技术吸引受众。

(二)病毒式视频广告的创作策略

一个成功的病毒式视频广告的标准是使广告信息在短期内快速传播,使品牌信息以非广告的形式传递给消费者,获得消费者认可。不恶俗,不降低品牌形象,创意与执行效果符合品牌传播的诉求,获得广告主的认可。

1. 让视频广告带上"病毒元素"

对于病毒式网络视频广告来说,在准确定位受众的基础上,找准病毒式视频广告的创意策略,使"病毒元素"与广告信息自然契合是关键核心。所谓"病毒元素"是指病毒式视频广告中最能激发共鸣,引发传播的元素。

(1)人性与情感

在创作视频广告时,可将人性中的某些特点作为"病毒元素",而当某些情感元素激发起受众的心理共鸣和情绪变化,也会使人产生分享和传播的欲望,从而成为"病毒元素"。常用的人性与情感"病毒元素"有以下几类。

一是好奇。病毒式视频广告之所以流行,很大一部分原因是人们对于新奇事物的好奇心理。好奇是人类与生俱来的心理品质和思维形式,人们对一些明显违背常识的东西总是希望一探究竟。相对于报刊、电视、电影的"限制性",互联网的"自由"为人们的好奇心提供了更多的释放与满足的空间,更能满足人们的好奇心。因此,视频广告带有新奇元素,能够满足用户的好奇心,从而像病毒一样被疯狂地传播。

二是幽默。幽默是生活和艺术中一种特殊的喜剧元素,它能打破沉闷的情绪,创造出戏剧性、游戏性的视觉沟通效果,使人产生轻松愉悦的心情,深受当下快节奏、高压力背景下的受众欢迎。可以通过比喻、夸张、象征、嘲讽、戏弄、模仿、寓意、双关、谐音、谐意等手法,运用机智、风趣、凝练的语言或表演来产生幽默病毒,使其快速广泛传播。

三是同情。对于某种苦难或心酸往事的回忆,总能激发人们的情感共鸣进而引发大量围观和参与。

除了上诉常用的"病毒元素"外,还有贪婪、窥私、美色、游戏、恐惧、怜爱、比较等均是可以利用的"病毒元素"。

（2）焦点人物或事件

公众焦点是非常优质的"病毒元素"，这个焦点可以是一个明星，可以是一个知名的公司，可以是话题人物，当然，也可以是热门话题，如"甄嬛体""穿越剧""舌尖2"。只要它具有极高的关注度，拥有将公众的目光聚向自己的能力，那么包含这个焦点元素的视频广告就会很快传播广泛。

2. 让视频广告看起来不像广告

病毒之所以会传播，很大程度上是因为传播者对病毒所要产生的作用毫不知情。一旦病毒被发现，再次传播的可能性就小了很多。因此在创作时应该隐藏或淡化广告痕迹。当然，也要避免受众在观看视频的过程中，只是关注病毒式视频广告给他们所带来的娱乐效果而忽略广告中产品或者品牌信息。

案例 8-4　　　诺基亚"病毒"式视频广告《张震岳神兵天降》[①]

视频点击达到每小时1万人次，优酷一家的完整播放次数为400万，被冠以《被惊吓！张震岳突袭北京德胜门地下通道》的题目，即使这视频清晰度不高，拍摄手法初级，仍迅速在各大视频网站和社交网站流传开来。张震岳还没沦落到摆地摊的地步，这场出人意料的拉阔音乐会其实是诺基亚的一支"病毒"视频广告，除了几个潜伏者，大部分喜出望外的观众都不自觉地成了演员（如图8-7）。通过这个广告，诺基亚想告诉那些年轻的消费者，要玩就玩真的，音乐随处可享。

这一"病毒"广告在北京德胜门附近的一处地下通道拍摄，和常规的公共地点拍摄艺人广告的流程一样，诺基亚找了城管、区政府还有相关文化部门进行批准，选取了人流较少的地段，并请了保安后备，万一有情况可用保安来维持秩序。拍摄当天凌晨，工作人员就在地下通道架好了摄像头，从早上七八点钟开始拍，想赶上班上学的人流。大概两三个小时拍完，现场有不到10名工作人员，入画的全都是路人。大家在网上看到的视频其实是由摄像头拍摄，晃动的效果是后期做出来的。拍摄现场工作人员发现了一位歌迷，他当时在现场一直没离开，还打电话叫朋友来，在张震岳唱歌中间还和张震岳聊天，但当时他始终认为是COSPLAY，拍摄之后工作人员把他留下来向他说明了情况，希望他协助发帖，并从他自己手机里拍摄的照片中帮他选择了一些。当天这位歌迷就发了帖子《我看到了一个很像张震岳的歌手在地下通道唱歌》。同时配上照片，为"病毒"视频的投放热身。第二天诺基亚才把完整的视频放到优酷去。一开始没有放在首页，只是放在音乐频道，但因为点击量实在太高了，把视频顶到了首页。点击速度达到每小时1万人次，光优酷一家的完整播放次数就为400万次。

诺基亚这个"乐随享"的广告邀请了张震岳、莫文蔚、羽泉、方大同＋萧敬腾4组艺人，导演是李蔚然。诺基亚中国区市场活动及营销总监杨伟东觉得既然用导演、艺人拍了电视广告，在艺人来北京拍摄电视广告的时候能不能顺便拍一些适合网络媒

[①] 婷婷. 玩转病毒视频营销——诺基亚病毒视频营销案例集萃[J]. 中国广告，2011(1).

体的广告。于是他和导演商量拍一个有"病毒"力量的互联网视频。杨伟东想到了国外的一个例子,小提琴演奏家书亚·贝尔(Joshua Bell)曾在华盛顿地铁里了演奏了6支巴赫的曲子,当时是上班高峰,但是只有大约20个人给了一共32美元。但就在前两天,书亚·贝尔在波士顿剧场的演奏会的票全部售光,平均票价100美元。这其实是一个实验,用来观察人们能否在普通的公共环境中也能注意到美的东西。杨伟东认为类似的事情在中国没人做过,另外在地下通道这样一个看似普遍的环境里一个人可以去玩自己的音乐,比较符合张震岳本身的形象,和"无处不玩"整个营销定位(乐随享,无处不玩乐)也很符合,同时还很有积极意义,音乐之美和艺术之美就在每个人身边。张震岳本人也非常乐意拍摄这支"病毒"视频,称自己很早就有玩这个的想法,但是一直没有什么机会。这支"病毒"视频整个创意用了三周时间。据诺基亚统计,视频投放之后"乐随享"的搜索量上升了100倍。

图8-7 诺基亚病毒式视频广告《张震岳神兵天降》组图

四、品牌定制视频广告的创作

品牌定制视频广告区别于其他类型的视频广告,有着自己独特的形式与特点,是一种全新的视频广告模式。品牌定制视频广告是广告主投资,专业的团队进行制作和发行,以品牌理念或品牌信息为核心进行创意,具有制作体系系统、故事情节完整的特点,适合观众在碎片时段休闲观看,单独成片或成系列的广告短剧。

(一)品牌定制视频广告的形式

按照视频广告的内容属性,可以将品牌定制广告分为连续剧(系列剧)、微电影、综艺节目。

1. 连续剧(系列剧)

这类视频广告由两集或者两集以上的片子组成系列视频,故事内容衔接完整,视频分期分集在网络平台上投放。特点是单集时间不长,一般在20~40分钟,剧集较多,并且前后剧情由一个线索连接而成,故事连续。如由贵人鸟运动服饰投资拍摄,以优酷网为传播平台的《天生运动狂》,以及康师傅绿茶的品牌定制剧《嘻哈四重奏》等。

2. 微电影

微电影,又称微型电影,或短视频。这类视频广告时长一般在3~15分钟,在创作中一般遵循影视艺术的基本规律,具有故事情节的完整性、视觉的审美性以及情绪的感染力。通过讲述复杂完整的故事,塑造丰富的人物形象,进而阐释深刻的品牌内涵。如凯迪拉克的品牌微电影《一触即发》《66号公路》等。

3. 综艺节目

这类视频广告主要是广告主与视频网站合作,独家定制综艺节目,在节目过程中穿插产品信息和品牌理念。如新周刊和优酷网合作的《话题社》。

(二)品牌定制视频广告的创作策略

1. 强调独占性

与电视剧、电影、综艺节目不一样,品牌定制视频广告强调广告主信息的"独占性",即几乎没有其他品牌广告信息的干扰,属于特定品牌信息的"定制"与专享。

2. 注重艺术性

与传统影视广告片相比,品牌定制广告的商品或品牌的表达更为间接和隐晦,更强调视频内容本身的艺术价值,刻意隐藏商品和品牌的直接表达,以冲突起伏的故事情节或者感人至深的人物形象来阐释与广告品牌相一致的理念或价值观。

3. 追求观赏性

品牌定制视频广告的主要传播目的是阐述品牌理念或者展示商品、企业形象。因此,在内容上讲究故事性、情感的感染力,在制作上讲究艺术性、观赏性,与强调新奇、幽默、夸张等感官刺激的病毒式视频广告有明显差别。当然,制作精良的品牌视频广告也会因具备人性中对美的追求这一"病毒元素",产生被用户主动复制、快速传播的"病毒式"传播效果。

案例 8-5　　　　　　　　品牌定制剧《女儿帮·妞儿》

《女人帮·妞儿》是2012年由乐视网出品,金琛指导,应采儿、甘薇、熊乃瑾、刘芸领衔主演的网络剧。《女人帮·妞儿》主要讲述的是四个现代都市"80后"女人,在面对工作、爱情、友情中勇敢做自己的故事(如图8-8)。在《女人帮·妞儿》第一季中,四位女主角年轻、时尚、美丽、敢作敢为,她们雅致的厨房不仅仅是妙语连珠吐槽的场所,还是会客厅、议事堂,金牌橱柜作为厨房主体,不仅实现了产品高度曝光,更体现了"厨房生活中心"的品牌理念。而且装潢时尚的餐厅,更有带入感,有效提升了观众对产品的好感度。

事实上,乐视网在执行金牌橱柜《女人帮·妞儿》案例时,从一开始就彻底打破了简单粗暴式的品牌植入思维,而是力求落实"品牌化内容",追求品牌信息与内容的完美结合,承认内容的主导地位,并且尊重剧情的发展。

例如,金牌橱柜的首次亮相,是在应采儿扮演的女主角之一——广告公司创意总监Soso在为客户——金牌橱柜的负责人韩坤做提案的时候,在展示品牌信息的同时，她简洁准确地强调品牌的理念和主张。见识过 Soso 过人才智的韩坤，让金牌橱柜顺理成章地成为其客户。此后的四集剧情，韩坤与 Soso 的感情发展一直是重头，金牌橱柜也就成为最美丽爱情故事的见证者。

在金牌橱柜和乐视网看来，不露痕迹、不被观众所排斥是品牌植入的基本要求，如何植入得巧妙，这需要掌握制作主动权的平台方更多地为品牌着想，从场景、台词甚至剧情，从创作源头抓起，为品牌提供定制化服务，往往效果更好。总之，无论是平台方还是广告主，好好利用手中的制作主动权，才能将营销效果最大化。

图 8-8　品牌定制剧《女儿帮·妞儿》

案例 8-6　　　　《益达——酸甜苦辣》微电影广告系列

从 2010 年开始，历时 3 年，一部由新生代人气偶像彭于晏、桂纶镁担纲主演的微电影广告系列《益达——酸甜苦辣（Ⅰ、Ⅱ）》以制作精良和曲折浪漫的情节被广为称道，它用连载的方式向我们展示了男女主角酸甜苦辣、令人回味的纠结恋爱之旅，让人在每一个精彩的片段故事结束之后都欲罢不能。

这部微电影广告叫好又叫座，除了斩获亚洲实效营销金奖、艾菲实效营销金奖外，还拿下了微电影金瞳奖等诸多奖项。其中的广告词"兄弟，加满！"更成为家喻户晓的流行语。广告中深情款款的彭于晏不仅因此广告大赚人气，更被网友戏称为"益达胸肌侠"——"八块腹肌就是嚼益达嚼出来"。

在男女主角有情人终成眷属有了尘埃落定的结局之后，越来越多的人开始期待"益达——酸甜苦辣"系列能够推出全新的故事，毕竟那些酷似电影故事的情节所带来的回味多少有些让人意犹未尽。不负众望的《益达——酸甜苦辣（Ⅲ）》在 2013 年由炙手可热的新一代青春片教主白百何接力，与曾获"最具魅力内地男影星"实力派男星郭晓冬合作，继续演绎另一场荡气回肠的爱情故事。故事分为酸甜苦辣四个部分，体现了两个人生活中的酸甜苦辣。而在这个过程中总有益达相伴，保护着他们的牙齿。将其"关爱牙齿，更关心你"的产品理念和微电影完美结合，通过情感诉求的方式将产品的信息和品牌的内涵融合到剧情当中，通过较强的故事性吸引受众的注意，给受众留下深刻的印象，使品牌的内涵和企业的价值观不断被受众了解和接受，对受众形成潜移默化的作用。

第四节 视频广告的拍摄

上一节,我们讲述了视频贴片广告、视频植入式广告、病毒式视频广告、品牌定制视频广告等四类常见视频广告在创作阶段需要注意的策略。本节将结合具体案例,介绍视频广告在制作阶段的视音频素材获取的常用技巧,确保视频广告的后期制作阶段能制作出高质量的视频内容。

一、拍摄前的工作

一个优秀的视频广告要有好的创意,同样需要完善而缜密的执行和制作。传统的电视广告、平面广告的制作,已有一套公认的较为普遍的操作流程与标准。而视频广告作为一个全新的领域,整体的行业规范尚未形成,行业的工作流程与从业方法也有较大欠缺。因此在开始拍摄前,我们有必要了解拍摄前要完成的主要工作及关键步骤,如知识小卡片 8-1 所示。

知识小卡片 8-1 数字广告制作流程及行业规范参照样本 & 交流协作平台 Stndrd_@[①]

1. 关于 Stndrd_@

Stndrd_@是一个针对数字互动广告制作与执行领域的开放型资源共享与协作的平台,该项目由 B-Reel 主要发起,联合数家全球顶级的数字广告制作公司共同建立的关于数字广告制作工作流程规范与管理经验的在线分享平台。旨在通过数字广告制作行业各家经验交流分享,共同探讨出针对数字互动广告行业的制作规范、流程与审核管理标准的协作项目。

参与此项目的公司目前包括了业内鼎鼎大名的大制作公司,包括创始者 B-Reel,以及参与的 ACNE、UNIT 9、North Kingdom、Perfect Fools、Stink Digital、Worm Law、LessRain、Resn、RehabStudio。大家通过此平台开放分享自己团队在广告制作方面的经验方法,摸索成果与实践总结,并且通过平台进行开放的交流与协作。尽管这里并没有所谓的行业公认的科学标准与执行模板,却是来自于业界杰出的广告制作公司共同探讨出的迄今为止较为合理和适用的数字广告制作从业规范与流程管理参考,对于行业同仁具有相当大的参考与借鉴的价值。

2. Stndrd_@ 内容构成

该平台共包括三大部分:Wiki Site, Discuss Site 在线交流社区,几个重要的基础流程规范文档分享——数字广告制作流程、数字广告制作具体工作事项清单(RFP, Request for Proposal),以及重要流程节点(Digital Production Milestones)的文档下载。其中,前两部分内容需要通过注册成为 Stndrd_@ 的注册用户或者项目

[①] Stndrd_@ [EB/OL]. (2012-07-07)[2016-08-30]. http://www.digitaling.com/articles/10617.html

团队公司所属的员工/成员才能参与。最后的参考文档是开放下载的。

起初,Stndrd_@提供行业内人士关于数字广告制作领域相关的基本操作方法和信息介绍,以及一个问答交流社区。而后,提供所有数字广告制作从业人士/公司关于从事数字广告制作服务所需的协议范本,帮助数字广告制作同行清楚地区分自己的职责、权益,以及与代理商、甲方客户之间各方工作权益与职责的具体划分与陈述。

此外,平台还提供数字广告制作工作所需要的最基本的三个方面——制作工作具体内容清单、作业流程参考(Digital Production Process)与重要流程节点的参考内容文档。

以下是具体内容与相应文档的链接:
- Wiki Site:http://stndrd.org/wiki
- Discuss Site 在线交流社区:http://stndrd.org/discuss

基础参考文档下载分享:
- Master Services Agreement(International)
- http://stndrd.org/files/Stndrd_Master_Services_Agreement_INT_WIP.doc
- Digital RFP Checklist
- http://stndrd.org/files/Stndrd_RFP_Checklist.pdf

(一)视频广告的主要制作流程

视频广告的主要制作流程可以参考 Stand_@对于数字互动广告制作规范流程的表述(如图 8-9)。

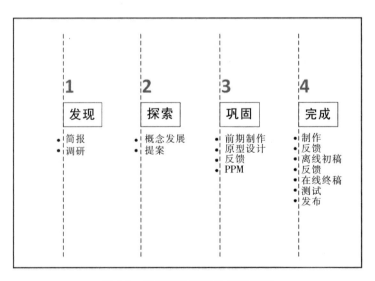

图 8-9　数字制作项目的制作流程

1. 发现

发现阶段是项目初始阶段,客户会向制作方提供简单完整的简报。而制作方在简报的基础上进行一个短期的调研是非常必要的,调研能够有效帮助理解简报,明确客户的需求。而一些关于视频广告服务的具体内容清单(Digital RFP Checklist)则有助于建立项目要求。

2. 探索

探索阶段主要研究简报和调研所得到的信息,从而提出创意性、艺术性与技术性兼具的方案。制作方会提出一份全面的建议,其中阐述他们的想法及所需的相关费用。

3. 巩固

巩固阶段的主要工作是全面探讨所提出的概念和创意执行。本阶段需要进行大量的规划、准备及样本测试,以便在开展最终制作前了解其中的重要注意事项。而制作前会议则确保在最终制作开始前,客户与制作方之间的信息同步,达成共识。

4. 完成

完成阶段需要探讨不同的制作方式,从实景、3D 渲染、音效和可视化等不同方面进行考量测试。根据反馈的信息,继续加以完善。Offline(离线初步完稿作品)会被提交给客户以此获得进一步的反馈和核准。Online(线上最终完稿作品)则要求进行上线前的最终审核。在最终交件之前进行必要的测试。之后,产品会完整地呈现于客户面前。

(二) 视频广告制作流程中的关键节点

1. 前期制作

此阶段不仅包含了进一步的概念发展、创意执行、技术研究和原型设计,同时也囊括了视频广告的创意、文案、分镜头脚本等,以建立一个准确的制作方向。

2. 制作前立项会议(PPM,Pre-Product Meeting)

本次会议要求客户与制作方之间对各方面合作进行完整的概述及探讨。在前期制作中使用到的材料必须得到出席制作前立项会议的客户的审核批准。

3. 离线初步完稿作品

完成初步制作后的视频广告(离线的初步完稿链接)会被提交给客户,从他们的反馈和核准中获得更进一步的制作细节及重要信息。大多数情况下,一个基本的点击站点会与视频广告一起被列入最终结果。

4. 线上最终完稿作品

Online 被视为是最终的完稿作品审核。所有的客户都会出席,由制作方完整地介绍产品。所有调试都已完成并进入测试阶段。测试成功之后,产品最终发布标志着项目的完成。

(三) 视频广告拍摄前的工作

1. 完成脚本说明

当视频广告的创意完全确认并获准进入拍摄阶段时,形成的主要文档有如下几种。

(1) 创意文案

创意文案主要以文字的形式来表达视频广告创意的概念和故事情节。它通过对创意概念和故事情节的初步表达,来向客户展示视频广告的创意思路,争取客户的认同。

(2) 项目说明

项目说明主要是对视频广告的长度、规格、交片日期、目的、任务、情节、创意点、气氛和禁忌等作必要的说明。并阐明该广告片的创意背景、目标对象、创意原点及表现风格等。

(3) 画面说明及提案给客户的故事板

在向客户提案时,按照文字脚本的时间长度和节奏,将文字描述视觉化,形成画面说明。故事板是在画面说明的基础上,为了更形象生动地展示创意想法,通过手绘或软件制作视觉草图的形式将文字图像化,从而提高向客户展示和说服的效果。

(4) 报价单

制作公司根据对视频广告创意的理解,将对制作方案及相应的价格呈报客户确认。一般而言,一份合理的估价应包括拍摄准备、拍摄器材、拍摄场地、拍摄置景、拍摄道具、拍摄服装、摄制组(导演、制片、摄影师、灯光师、美术、化妆师、服装师、造型师、演员等)、音乐、剪辑、特技、二维及三维制作、配音、调色、合成等制作费和税金等各个方面,并附上制作进度表。

2. 获得客户确认

制作公司的报价呈报给客户,当客户确认后,由客户与制作公司签订具体的制作合同。然后,根据合同和最后确认的制作日程表,制作公司会在规定的时间内准备接下来的第一次制作准备会。在此期间,制作公司将就制作脚本、导演阐述、灯光影调、音乐样本、勘景、布景方案、演员试镜、演员造型、道具、服装等有关视频广告拍摄的所有细节部分进行全面的准备工作,以寻求将广告创意呈现为视频广告的最佳方式。

3. 第一次 PPM(PPM1)

在 PPM1 上,将由制作公司就视频广告拍摄中的各个细节向客户呈报,并阐明理由。通常制作公司会提报不止一套的制作脚本以及导演阐述、灯光影调、音乐样本、勘景、布景方案、演员试镜、演员造型、道具、服装等有关视频广告拍摄的所有细节部分供客户选择,并最终一一确认,作为拍摄阶段的基本依据。如果某些部分在此次会议上无法确认,在时间允许的前提下则会安排另一次制作准备会直到最终确认。

4. 第二次 PPM(可选)

经过再一次的准备,制作公司将就第一次制作准备会上未能确认的内容提报新的准备方案,供客户确认。如果全部确认,则不再召开最终制作准备会(Final PPM),否则,在时间允许的前提下将再安排另一次制作准备会直到最终确认。

5. 最终制作准备会

这是最后的制作准备会,为了不影响整个拍摄计划的进行,就未能确认的所有内容,客户和制作公司必须共同协商出可以执行的方案,待双方确认后,作为之后拍片的依据。

6. 正式拍摄前的准备

在进入正式拍摄之前,制作公司的制片人员对最终制作准备会上确定的各个细节,进行最后的确认和检视,以杜绝每一个细节在拍摄现场发生任何状况,确保视频广告的拍摄完全按照计划顺利执行。其中尤其需要注意的是场地、置景、演员、特殊镜头等方面。另外,在正式拍片之前,制作公司会向包括客户、摄制组、灯光组、道具组、音响组等在内的相关人员,以书面形式的"拍摄通告"告知拍摄地点、时间、摄制组人员、联络方式等。

二、视频广告拍摄中的技巧

视频广告的现场拍摄是一项极为复杂的工作,导演要在拍摄现场将各部门、各岗位的人员协调起来,共同完成拍摄任务。拍摄视频广告的设备和方法与传统影视广告有一定的差别,以下介绍一些视频广告拍摄的基本方法,目标是用稳定的拍摄技巧迅速捕捉具有吸引力的内容。

(一)如何选择摄像机

摄像机的选择,主要是为了取得拍摄的硬件需求与视频广告预算之间的平衡。现阶段而言,虽然各大设备商都在为4K摄像机发力做宣传推广,同样可以预见3D摄像机也必将成为广告制作公司的常规选择,但是,高清标准还是当下主流,而在视频广告的制作过程中,微电影广告对于摄像机的要求是最高的,因此,以微电影广告拍摄的要求来选择摄像机就可以满足其他类型视频广告的拍摄需求了。

1. 摄像机的指标要求

微电影广告的主要播发平台是电视媒体、网络媒体,因此画面指标只要符合高清电视电影的标准就可以了。

(1)分辨率

微电影广告需要展示细节,所以摄像机最少要达到2K的分辨率,也即1920×1080。

(2)清晰度

清晰度就是分辨细节的能力,摄像机一般采用"线数"这个概念。微电影广告的清晰度要求是1000线以上。

(3)信噪比

信噪比反映摄像机成像的抗干扰能力,反映在画质上就是画面是否干净无噪点。

(4)低照度

低照度是指在较低光照度的条件下仍然可以摄取清晰图像的表现。

(5)景深

景深镜头是微电影广告拍摄的常用手段,主体实而背景虚化,能展现画面美。

(6)码流

码流指视频文件在单位时间内使用的数据流量,也叫码率,是视频编码中画面质量控制中最重要的部分。同样分辨率下,视频文件的码流越大,压缩比就越小,画面质量就越好。

2. 建议选用的摄像机

结合上述指标,根据业界的大量实践经验,佳能在 2008 年发布的全画幅单反数码相机 5D MarkII 因其极高的性价比和性能表现,成为拍摄高清视频广告的首选。根据《2013 中国互联网影视行业报告》显示:"佳能所占的比例遥遥领先于其他品牌,其次使用数量最多的品牌是索尼和 RED,这一部分用户来自于对产品质量要求较高且预算有限的团队,毕竟索尼和 RED 在性价比方面做得不错。相比之下,ARRI 的用户量略低于 RED,甚至比尼康还要低一些,可见虽然有着非常优秀的画质,但是成本依然是一个明显的制约因素。BlackMagic 由于新产品的普及度不够高,国内货源滞后,以及相关配件不够完善等原因,让大多用户对 BMD 的产品热情不够,但是随着强氧科技的推动,国内购买 BMD 产品逐渐便捷,并且其 BMCC 系列采用兼容佳能的 EF 卡口,性价比也非常高,所以 BMD 在中国的市场还有很大发展空间。大部分团队都使用了专业摄像机,可见专业摄像机并不会被数码单反所取代,但几乎所有的专业拍摄团队都同时使用了数码单反,作为副主机位或者花絮拍摄。对于航拍领域,单反的使用则不够普遍,由于高载重的飞行器租金及价格高昂,所以携带的航拍机器大多为微单和 GoPro,型号集中在松下 GH2、索尼 NEX-5 和 GoPro 3。"[①]

当然,全画幅单反数码相机进行拍摄也有负面影响,如照相机移动不便、不能迅速对焦,在表现移动和捕捉稍纵即逝的画面时都不如手持摄像机便捷等。因此在实际使用中通常会配合单反套件(包括支撑系统、遮光斗、跟焦器、监视屏、怪手、取景器等)、斯坦尼康、小型稳定器、摇臂、轨道等辅助拍摄设备来解决上述问题。

(二)如何选择照明工具

拍摄视频广告时,如果因为时间和预算的限制,而忽视对照明的投入,总想依靠后期技术来补救的话,那么结果只会让人沮丧。为了避免出现失败的结果,在拍摄时需要了解清楚拍摄现场的光照条件,包括:拍摄场地的现有照明条件;拍摄现场光线的色温是否可控;拍摄现场的色温是多少等。在此基础上配合适当的照明工具和灯光师来对光照条件进行设计、调整,获得高质量的画面。

拍摄视频广告的照明灯具型号繁多,功能和价格各异,我们应该根据拍摄的视频广告类型以及预算的实际情况进行选择。适用、经济、灵活是选择照明工具的原则。

1. LED 灯

LED 是一种新型的摄像灯具,这些灯的发光元件是发光二极管,具有价格低、色温准、个头小、发光量大、持续时间长等优点,是拍摄视频广告的常备首选灯具。可从以下几个方面来进行选择。

(1)体积外形

一般来说,LED 摄像灯的灯珠在 120 颗以上才能达到最低的基本要求。外形线条看上去要流畅,最好是流线型,在 10cm 左右比较合适。

---

① 2013 中国互联网影视行业报告[J].数码影像时代,2014(1).

(2) 布光指标

色温:正常情况下,最合适的色温应该是 5400K。

亮度:具体参数值,光强 600cd(600000mcd)以上,光照度 900lux 以上。

布光角度:小功率 LED 摄像灯的布光角度应在 75 度左右,这是实现宽幅拍摄的必要条件,也是小功率 LED 摄像灯能够做到的最大值。

布光均匀度:通过观看产品视频可以发现接拍出来的广角视频画面有没有中间亮、四周黑的现象。

布光距离:指能够拍摄到完美画面的距离。

(3) 电源设计

目前,LED 灯的主要供电方式有:摄像机原装电池供电、专用锂电池供电、18650 电池供电、5 号电池供电甚至 7 号电池供电、外接电源供电。在选择时应该尽量选择一种供电方式而不是多种供电方式的供电设计,其中 18650 电池供电比较理想一点。18650 电池是一种通用的高容量电池,既简单方便,又经济实惠。准备几对电池、一个充电器就可以解决 LED 灯的供电问题。

(4) 适用功能

有些 LED 灯设计了许多新功能,但是这些功能以牺牲产品使用寿命和性能为代价,因此我们只需要操作性好、有实用价值的新功能。一般来说,LED 具有电量显示、可调亮度功能就可以了。

目前,比较理想(各种参数能够达到要求)的 LED 灯价位在 300～500 元。

2. 白炽灯照明工具套装

一套专业白炽灯照明工具组是拍摄视频广告,特别是拍摄微电影广告必备的。常见生产厂家有德国 ARRI,国内有金贝、神牛等。

钨丝灯照明工具套装组主要包括:三到四盏灯,包括一盏可以安装柔光罩或灯笼的敞口灯,作为主光源,用于大范围的柔和照明;几盏不同亮度的聚光灯,可以通过调整镜头来改变灯光的照射范围,辅助照亮被拍摄对象,将前景和背景分离开来,或者用来照亮背景或场景的其他部分;可以固定灯头位置以及调整高度的灯架;用于为光线塑形的遮扉;用于柔化光线的织物面料;用于放置、整理和搬运设备的工具箱;调光器;滤光胶片;皮手套;遮光罩;等等。

3. 日光灯照明设备

日光灯照明设备也是视频广告制作中使用的主流照明工具。除了具有良好的可携带性外,它们还有如下优点:发光平均而柔和,对于拍摄采访以及蓝绿幕抠像的素材而言尤其合适;发热量低,便于移动和调整,即使拍摄一整天,即使拍摄场所是小房间,这种灯也不会把房间变成烤箱,能为演员和剧组人员提供舒适的工作环境;灯可以轻松装卸,可以随时按照要求调整灯管的数量;不仅可以选择通常的日光灯色灯管,还可以选择白炽灯色灯管。总而言之,无论去哪里拍摄,由于这种灯的适应性强,只需根据环境摆上合适的灯管、打开开关、调整亮度,就可以拍摄了。

4. 中式灯笼

中式球形灯笼性价比极高,它能照亮大片区域,发出的光非常自然,能使被拍摄者的肤色呈现好看的色调。但由于灯笼易燃,所以使用时要注意安全问题。

(三) 如何捕捉优质音频

毫无疑问,一支优秀的视频广告一定拥有高质量的音频。在视频广告的拍摄中,为节省费用而用低质量的话筒和聘请不专业的录音人员,只寄希望于后期音频处理软件,必将如忽视照明一样得到令人沮丧的结果。

优质音频部分的捕获主要包括收声、传输(放大)、监听、记录几个环节。在收声环节主要有"点"拾音、"面"拾音(立体声)和"环"拾音(环绕声)三种方式。[①] 几乎所有的拍摄场合,用到的基本都是其中一种或两种方式的结合。

1. 环境音的捕获

环境音的捕获包括立体声拾音("面"拾音)和环绕声拾音("环"拾音),环绕声拾音给观众带来更多细节和临场感,后期可以向下混音成立体声。这在自然风光的拍摄中拾取环境音最为常见。在视频广告中表现都市街道、人流、车流等场景镜头中,真实的现场环境音以及声相变化,能给人以身临其境的感觉。

市场上有不少立体声话筒(如 RODE Stereo VideoMic)及便携录音机产品(如 TASCAM DR100)都可以完成"面"拾音。便携录音机自身集拾音、监听、记录、播放等功能于一体,是性价比很高的产品。环绕声拾音话筒也不难找到,Holophone 公司的 PortaMic 5.1 可以实现专业级的 5.1 声道录音。其内置了编码器,可将 6 声道编码为双声道,因此单反或立体声录音设备可以直接记录。

在远景拍摄时收录的就仅仅是一轨环境音了,从节省成本、方便后期的角度考虑,用单反相机自身记录音频成为首选。

2. "点"声源拾音

在不需要过多环境音的拍摄场合,拾音的主要目标是获得讲话者清晰的语音信息,而过滤掉环境音。能够完成"点"声源拾音的设备主要有微型领夹式话筒、手持话筒、枪式话筒或是为单反而设计的"迷你"枪式话筒。这类话筒具有体形小、电池供电、小三芯插头平衡或非平衡输出的特点。有些产品甚至设计有独立记录单元、监听输出、增益控制、液晶操作界面,可以看作是叶形指向的单音头便携录音机。枪式话筒通常是叶形指向,收声夹角小,指向性强,有效距离相对较远。

若考虑便捷性,可使用无线方案。领夹式话筒与无线腰包发射机是不错的搭档(实际使用中要注意两者接插件的匹配),接收机用冷靴固定在单反相机机身,由接收机直接将音频信号输出到单反相机进行记录。此外,手持话筒、枪式话筒与手雷式发射机也是完美的组合,同样由接收机直接将音频信号输出到单反相机进行记录。

将"迷你"枪式话筒固定在机身的收声成本较低,可以应对一般性场合,这种情况近

---

① 王志宇.为单反而生——单反相机的音频解决方案[J].数码影像时代,2013(10).

景拍摄时声音质量较好,距离声源越远环境音则越多。因此,建议凡涉及枪式话筒的使用,最好配备专门的录音师用挑杆现场收声。同时,配备一款准确、耐用的封闭式监听耳机是录音质量的保障。迷你挑杆、防风、防震配件同样是不可或缺的。

拍摄过程中,单反机身的镜头马达噪音、其他辅助设备(如轨道)噪音以及一些操作噪音是不可避免的。因此,如果预算充足,可以考虑其他记录单元(如便携录音机)。使用便携录音机配合枪式、"迷你"枪式话筒是不错的选择。

多"点"时可以借助便携式调音台(混音器),有一些同类产品又被称为单反音频接口(专为单反设计,有 3.5mm 立体声输出,与单反的音频输入相匹配,电池供电)。此类产品用电池供电,可以实现幻象供电、话放、声相调节、低切、监听等功能。信号经便携调音台后输出给记录单元,信号混音后记录意味着后期没有单独调整的余地,所以混音时要将各"点"的(电平、声相等)参数设置好。如果只有两"点",混音时可以将声相设置成一左一右,这样,后期仍旧可以单独调整,重新混音。

3. 对白拾音

拾取人物在环境中的对白,是"点""面"结合或"点""环"结合的常见形式。两种类型的素材记录时最好不要用便携调音台混合后记录在同一个单元,分别记录在单反和其他记录设备(如便携录音机)比较好。这样,后期才会有较大的混音余地,得到令人满意的效果。

(四)常用拍摄策略

按照最终制作准备会的决议,拍摄的工作在安排好的时间、地点由摄制组按照拍摄脚本进行拍摄工作。为了对客户和创意负责,除了摄制组之外,通常制作公司的制片人员会联络客户的客户代表、有关创作人员等参加拍摄。根据经验和作业习惯,为了提高工作效率,保证表演质量,镜头的拍摄顺序有时并非按照拍摄脚本的镜头顺序进行,而是会将机位、景深相同或相近的镜头一起拍摄。另外儿童、动物等拍摄难度较高的镜头通常会最先拍摄,而静物、特写及产品镜头通常会安排在最后拍摄。为确保拍摄的镜头足够用于剪辑,每个镜头都会拍摄不止一遍,而导演也可能会多拍一些脚本中没有的镜头。不要忘记的是,拍摄期间一定要配备一名有高度责任心的场记。

第五节　视频广告的后期制作

所有影视剪辑的规律,都适用于视频广告的后期剪辑。但视频广告对技巧和创造性的要求更高,尤其是短至 15 秒的贴片广告中,每一个场面的位置和长度都必须十分精确。声音方面,对白、广告语、音效、音乐等也必须仔细加以推敲和选择,要充分利用声画的流动把受众推向预期的目的。本节将介绍视频广告后期制作流程中的剪辑、包装、调色等关键环节的常用技巧。

一、视频广告的剪辑

俗话说:"三分拍,七分剪。"这种说法充分体现了剪辑对于影视节目二次创作的重要性。剪辑,剪就是去掉不好的,留下好的;辑就是把留下的好东西进行排列组合和再创造。熟练掌握一款编辑软件,理解广告创意,运用视频广告特有的镜头语言,领悟导演的意图,读懂每个镜头是视频广告剪辑师必须具备的技能。

(一)剪辑软件的选择

视频广告的剪辑硬件平台,PC 依然是主流,这很大程度是得益于 Adobe 公司对 Premiere 和 AfterEffects 的推进,在 Premiere CS6 和 Premiere CC 版本中,对于工作流程的优化、影片格式的支持、与 AE 特效的无缝结合都深得人心,获得了大量忠实用户。同时,MAC 平台也越来越普及了,虽然苹果公司的硬件价格偏高,但 Final Cut Pro 的行业地位依然岿然不动,MAC 平台高效优质的图形处理能力让越来越多的团队选择使用它。

视频广告的剪辑软件系统,Premiere CS6 是使用量最多的剪辑软件,Final Cut Pro 7 和 Final Cut Pro X 紧随其后。Final Cut Pro 7 更适合大型工程,所以使用量比 Final Cut Pro X 略高一些。除此之外,常用的剪辑软件还有 Avid、Edius,这些剪辑软件各有优势,有条件的剪辑师可以多研究,多掌握不同的剪辑软件。

(二)视频广告剪辑常用技巧

1. 剪辑前的工作

(1)研读文案,理解创意

参考好莱坞的制作流程,为达到视频广告剪辑的最优效果,剪辑师的工作应该前置。在创作阶段,剪辑师工作已经开始,研读相关文案,理解广告创意;在拍摄方案设计阶段,剪辑师就需要与摄像一起工作。通过工作的前置,保证视频广告剪辑时在场景空间和心理空间上的连贯性,更加精确地控制视听情绪的节奏。

(2)软件环境设定

虽然现在的剪辑软件都非常人性化,但除了根据个人的习惯,安排好舒适的剪辑环境外,不要忽视细节的安排。无论采用哪种剪辑软件,操作快捷键的自定义设置,软件中各个窗口的自定义排布,均可以减少操作的复杂程度,实现更快速的单手切换操作,把右手解放出来,有效提高剪辑的效率,加快项目进度。

(3)素材挑选

在剪辑之前,对素材的管理可以让剪辑师对素材内容和数量有个基本的认识,帮助剪辑师更有效地工作。

首先,通过研读分镜头脚本,知道需要的是什么镜头,带着需求看素材。

其次,通过反复观看和消化,察觉每个有效镜头(素材)的细节和差异,调动强大的视觉记忆力,把所有的素材储存在自己的脑海中,然后根据自己对脚本的理解,挑选出合适的素材并做好标记。

最后,运用镜头语言将其中有用的素材合理裁剪、有序组织编排,并将多余的镜头或片断剪掉舍弃。

2. 视频广告的剪辑风格

不同的视频广告类型决定了剪辑风格的不同,以下根据广告内容和编排形式分别分析其广告的内在样式和剪辑风格。

(1) 抒情型

抒情型视频广告通常讲述一段故事,有较强的叙事性,以亲情、友情、爱情为基础,对受众诉之以情,动之以情,让观众在故事中获得或愉快或感动的观感,然后将这种感受移情到广告所宣传的产品上来,从而使观众对产品产生一种感性的认识。该类型的视频广告要特别注重画面剪辑的节奏,由于故事空间需要变换,要注重色彩影调的匹配,避免出现"跳楼"的突兀现象,影调大多以暖调为主,画面的剪辑节奏不宜过快,否则会弱化画面的内容。

(2) 教育型

教育型视频广告同样以感性诉求为基本出发点,以个体在社会中的道德感、群体感为情感基础,讲述一段故事或描写一个细节,用视听语言感染、激发人们对真善美的向往,对社会公益的责任感,对人类群体的关注,从而使之移情于广告物,使受众对广告物产生好感,最终发生相应的行为。

(3) 娱乐型

娱乐型视频广告注重画面构图和意境的创造。以偶像明星或者广告时尚达人为主的视频广告,或注重动感和画面的剪辑速率,或注重画面唯美清新的自然效果。而以动画特效为主的视频广告则注重动感和震撼感的体现,需要画面和音效完美的配合。

(4) 幽默型

幽默型视频广告更注重情绪剪辑点的选择,选择笑点是关键,不然整个广告会让人觉得索然无味,因为诙谐幽默的目的就是博观众一笑,所以常常用成组的序列镜头进行铺垫,以形成最后的剪辑效果,常常辅以轻松跳跃的配乐来增强喜剧幽默的效果。

3. 视频广告的剪辑技法

(1) 时间压缩法

视频广告要在短时间内将某个事物或某种主题表达清楚,就必须对相关情节进行高度的浓缩,省略运动之间、情节之间、镜头之间不必要的运动过程,只保留其高潮进行组接,在保证叙事完整、表意清楚的前提下最大限度地删减无关镜头,对镜头的时值控制必须精确到"帧"。

(2) 时间延长法

有些时候为了突出某个场景、某种情境或是营造某种情绪、某种氛围,我们常常通过慢放等技巧使实际时间延长,以达到这种特殊的效果。这种剪辑技法,在一些细节的表达上有着不可替代的功效。它使视频广告的节奏张弛有度,感染观众,激发情感,因此在视频广告剪辑中有着广泛的应用。

(3) 重复剪辑法

将同一镜头画面或场景重复使用的剪辑方法,这是为了突出产品和要表达的主题,让人印象深刻。

(4) 镜头内部蒙太奇剪辑法

镜头内部蒙太奇是指通过变化拍摄角度和调整景别的距离，用一个连续的镜头完成一组分切式镜头所担负的镜头组合任务，以保证叙事时间的连续性和空间的统一性。一镜到底的镜头内部蒙太奇剪辑法看似"无剪辑"，实则已经将剪辑工作融入镜头拍摄时的设计中，摄影中根据主体动作和场面内各种关系，变化角度、景别进行拍摄，在一个镜头里展示人物关系、环境气氛的变化及事件的进展，以保证叙事时间的连续性和空间的统一性。

二、视频广告的包装

包装是当下各电视台和各节目制作公司、广告公司最常用的概念之一。视频广告的包装主要是运用实拍元素、三维元素以及二维元素，通过后期合成软件将这些材料和元素进行特效的处理和合成，为后续的调色工作提供工程文件。视频广告的包装和社会生活中其他产品的包装一样，都是为了吸引消费者（受众），让受众在美的享受中了解广告的信息，突出视频广告的个性特征和特点，更可以确立并增强受众对广告信息的识别能力。

（一）包装软件的选择

视频广告包装中常用的软件主要有三类：一是平面设计软件（如 Photoshop、Illustrator 等）；二是 2D/3D 动画软件（Flash、3Ds Max、Maya、C4D 等）；三是后期合成软件（After Effect、Digital Fustion、Combustion、Shake 等）。虽然没有严格的规定，但是一般来说 Maya/C4D 习惯配合 After Effect 或 Digital Fustion 使用，而 3Ds Max 和 Combustion 配合更能发挥优势。

在视频广告包装中 After Effect 无疑是使用量最大的特效软件，它可以和大多数的 3D 软件进行配合使用，无论从模板的丰富度，还是软件本身的功能性，都已经能完全满足大多数视频广告创作的需求。Cinema 4D 是一套由德国公司 Maxon Computer 开发的 3D 软件，以极高的运算速度和强大的渲染插件著称。Cinema 4D 应用广泛，在广告、电影、工业设计等方面都有出色的表现，例如影片《阿凡达》就使用 Cinema 4D 制作了部分场景，它正成为许多一流艺术家和电影公司的首选。

（二）视频广告的包装流程

1. 前期创作阶段

视频包装制作人员并不是在后期制作阶段才开始工作，而应该在前期跟组勘景，与导演、摄影师商量场景中的特技调度，现场画图。在此基础上绘制出特技脚本，完成并与导演沟通确定特技方案。

2. 拍摄阶段

进入拍摄期后，现场跟组特技师会将制作好的脚本与摄影师沟通，有经验的摄影师会在拍摄的起幅、落幅为后期包装留好足够长度的剪辑点，也会根据包装脚本合理构图，在保证主体构图准确的基础上为后期特效制作提供便利。

3. 后期制作阶段

后期制作阶段,在剪辑好的原片基础上制作特效,主要有遮罩、抠像、光效、弹线、爆炸、粒子效果、平面绘图、数字场景绘制、三维建模等。多项任务一起完成最终的画面合成,再通过统一的工程文件交付调色。

三、视频广告的调色

将特定的色调加以改变,形成不同视觉感受,创造出另外一种色调就是调色。光影和色彩是影视语言的灵魂,更是视频广告表情达意、制造意境、渲染气氛的重要手段。数字调色成为视频广告制作流程中不可或缺的重要一环。

(一)视频广告调色前的基础工作

1. 调色软件选择

达·芬奇调色系统自1984年以来就一直被誉为业界最权威的调色标准工具,它是最为调色师钟爱、最为电影行业所接受的调色系统。众多电影、广告、纪录片、电视剧和音乐电视制作中都能看到达·芬奇调色系统的身影,使用其制作的作品是其他调色系统无法比拟的。随着达·芬奇调色系统推出免费版本,让专业级调色的门槛越来越低,普通用户也可以使用最高级的调色软件,丰富的预设和教学参考,更让达·芬奇调色系统迅速成长为视频广告界最受欢迎的调色软件。

2. 素材管理

素材的管理,是项目协同工作时一个非常重要的规则,对于视频广告项目,素材并不会太杂,只要所有参与工作的调色师都按照统一的方法和规范去管理素材就不会出问题。通常会首先建立项目名称文件夹,下层文件夹是按照不同类别划分的项目,包括原始素材文件夹、EDL文件夹、输出文件夹、项目备份文件夹,然后再按照不同的输出规格分别建立子文件。而对于微电影广告,文件夹规范会复杂得多,通常还包括元数据文件夹、声音文件夹、项目工程文件夹、EDL文件夹、特技交换文件夹、文本类文件夹、参考画面文件夹、临时输出文件夹、截图文件夹、制作DEMO文件夹、最终输出文件夹、预告片文件夹等不同的分类,下层再按照日期或类别细分类。

总而言之,经验告诉我们:专业高效的团队,素材管理一定是有条理而规范的,而素材管理混乱的后果必定是让人沮丧的。

3. 监视器基准调整

对于监视器的调整,不同的项目采用不同的方式。因为不同播出载体的显示特性是完全不一样的。由于视频广告的多屏播发特性,在项目设定时应该考虑网络优先,兼顾电视的方式。

(二)视频广告调色常用技巧

1. 确定调色风格

确定调色风格就是要确定视频广告的整体调色宗旨,比如主色搭配、人物肤色的感觉、光感、环境、画面的基本感觉等。这个过程是调色流程的基础步骤,应该与导演、主创团队、剪辑师一起充分讨论,根据视频广告的类型及其特征、广告的创意理念等来确定调色方案。

2. 完成基本调色

视频广告的基本调色包括:给予镜头画面风格感;衔接不同镜头片段的色彩,使不同镜头的亮度、颜色保持基本一致;根据广告的创意理念,处理自然环境的气氛,营造全片的整体感觉,使受众产生深刻印象;美化画面,使视频广告的画面呈现更美的意境。

3. 处理复杂情况

视频广告的调色还包括一些复杂情况的处理:不同摄像机画面质感的匹配,如全画幅数码单反的画面较锐,而全画幅摄像机的画面偏软,在二者进行对切时,就需要做质感匹配;控制曝光不正确的画面;平衡拍摄时光照条件极度变化产生的光圈变化;光照较暗场景的去噪处理;人物肤色的质感处理等。

四、视频广告的播发

视频广告的播发是结合广告主的营销策略而确定的。大部分视频广告主要采用"社会化媒体+视频网站"的模式进行播发。目前国内的视频网站,就同一个视频在不同视频网站首页一天的观看量来说,优酷、土豆处在视频网站行业领先位置,其次是百度系的爱奇艺+PPS组合、腾讯视频、乐视、人人系56网,最后是酷6、搜狐视频、新浪视频、PPTV、迅雷看看、风行网、电影网等第三梯队。除了上述模式外,有的广告主把视频广告在传统媒体上播发,也有的广告主将视频广告剪辑成更短的版本,在公交、楼宇、电梯以及LED、线下户外等各种广告终端进行播发。

本章小结

视频广告是以视频网络终端的屏幕为载体,利用屏幕上的任何视频形式进行的广告活动。视频广告包括两大类:一是广告主根据网络视频具体特性、视频形式和网站形式制作的视频广告;二是广告主将在传统视频媒体上发布的广告采用先进的数码技术融入互联网上播发的视频广告。

视频广告的发展与网络视频的发展息息相关,本章按照培育期、成长期和成熟期递进介绍了视频广告的发展历程,并将视频广告按照网络流量、投放位置、投放类型、视频广告内容进行了分类。

视频广告从创意到最后完成,需要经过前期创作、拍摄和后期制作等环节。本章结合案例来解析视频广告的创意和制作。首先,介绍了视频贴片广告、植入式视频广告、病毒式视频广告以及品牌定制视频广告等四类主流的视频广告的主要形式,并分析了各自的创作策略。其次,介绍了视频广告拍摄过程中的主要工作流程及关键节点,并结合实务介绍了摄像机、照明工具、声音拾取的选择方法并给出了建议,还介绍了常用的拍摄策略。最后,介绍了后期制作中的剪辑、包装、调色的常用软件和技巧。

思考与练习

1. 什么是视频广告?与传统影视广告相比,视频广告有什么特点和优势?
2. 视频广告有什么常见类型?结合案例分别说明其创作的策略。
3. 视频广告的创作流程中有哪些关键节点?有哪些主要文档?
4. 视频广告制作中常用的软件是哪些?微电影广告制作中有什么常用技巧?
5. 任意选择视频贴片广告、植入式视频广告、病毒式视频广告、品牌定制视频广告中的一种制作实践并进行网络播发与宣传。

第九章 MV 制作

> **学习目标**
> 1. 了解 MV 的类型。
> 2. 领会 MV 的艺术特质。
> 3. 熟悉 MV 创作过程中的关键要素。
> 4. 掌握 MV 控制节奏的制作技巧。

"MV"是英文"Music Video"的简写,直译过来就是音乐视频,我国曾称之为"音乐电视",在我国港台地区也有"音乐录影带"的提法。它是一种基于商业或艺术的目的而制作的音画结合的短片,其时长一般与一支歌曲的长度相当。MV 是把对音乐的解读用视觉画面呈现的一种影视艺术类型。MV 发轫于欧美,最初出现的主要目的是促进音乐和歌手的推广,是一种市场营销的手段。MV 与别的影视艺术形式最大的不同之处在于,它是一种音乐先行的视听产品,也就是说,MV 中的音乐是先于画面而制作的,画面要为音乐来服务。在当下,随着影视技术的进步和传播渠道的拓展,MV 的制作水准越来越高,艺术含量也越来越足,影视艺术家们纷纷涉足这一领域,现代 MV 已演变成为一种影视艺术作品和流行文化的符号。总而言之,商业目的推动了 MV 的发展,使其艺术感染力不断增强,变成了影视艺术门类中一个很有活力的艺术体裁。

第一节 MV 的由来与兴起

早期的 MV 和西方摇滚音乐有密不可分的关系。在20世纪70年代中期的英美,摇滚乐占据了流行音乐的中心舞台,不少乐队乐手和电视制作方合作,把舞台表演和外景演出拍成录像带,并在电视台播出。在这些最早的 MV 中,英国皇后乐队(Queen)于1975年推出的《波西米亚狂想曲》(*Bohemian Rhapsody*)在 MV 历史上具有里程碑式的意义。它原本是这支摇滚乐队的第三张专辑《歌剧院的一夜》(*A Night at the Opera*)中的一首歌曲。这支 MV 的播出使得《波西米亚狂想曲》获得巨大的成功,连续9周占据英国流行音乐排行榜第一名。从此,人们发现了 MV 在流行音乐传播中的重要作用。MV 借助着摇滚乐的力量开始兴起,在20世纪80年代初,以迈克尔·杰克逊的《战栗》(*Thriller*)为代表的系列经典 MV 更是大大提高了 MV 的社会影响力。这些基于音乐的视频短片时长只有短短的几分钟,但却包含了大量的视觉信息,形式的短小精悍、灵活多变和内容的平白直露、绚丽刺激使其成为极为适应消费主义时代的"快餐文化",在电视的推动下迅速成为流行文化的一部分。

在我国,"MV"过去经常与"MTV"相混淆,这其实是因为受到国外的"MTV"电视频道的影响。1981年,美国音乐电视网(MTV,Music Television)开播,播放以通俗歌曲为听觉内容,以精美的实拍视频、动画、字幕为视觉内容的音乐电视节目,每天24小时滚动播出,一时代表了最新的流行时尚和潮流。由于制作精良、节奏欢快、形式活泼,观众人数节节上升,很快造成了巨大的影响,世界各地纷纷效仿开播类似的音乐电视频道,极大地推动了MV的发展。这些MTV频道制作的音乐电视节目遵循一定的视听呈现模式,并最终造就了现代MV的制作范式。

随着MV的西风东渐,我国中央电视台在90年代初开始借鉴国际上的MTV音乐电视节目样式,在著名的电视杂志《东方时空》中开播了一个专门播放MV,也就是当时所谓的"音乐电视"的版块,后来又创办了《东西南北中》等栏目,播出国内的音乐电视作品。随着音乐电视栏目的增加和各种相关的大奖赛的推动,有一段时间,富有中国特色的"卡拉OK"式的MV在民间大行其道,这种简单地在一支歌曲上叠加若干画面的视频因其制作简单而广受草根群体的青睐,但与真正具有艺术内涵的MV相去甚远。

近年来,"MV"的称谓逐渐成为主流,这是因为人们发现"MTV"这种称呼的内涵有所局限,其所对应的中文——"音乐电视"的概念过于强调电视载体属性,实际上现代音乐视频的传播已不局限于电视网络,已经扩展到了互联网、移动媒体和其他媒介,所以,一般约定用"MV"来表示现代音乐视频。

第二节 MV的类型与艺术特质

作为工业社会的产物,MV具有典型的消费主义时代文化产品的特征,如类型化、流行性、消费性等,与别的现代视听内容形式既有联系又有区别。

一、MV的类型

作为一种成熟的注重大众传播的视听产品,MV艺术风格上的类型化趋势在当今已经非常明显。从表现形式上来说,目前的MV可以大致分为以下几种类型。

(一)故事情节型

故事情节型的MV就像一部音乐贯穿始终的故事短片,有角色和情节的演绎,这种演绎主要为音乐情绪和歌词所提供的意境来服务的。故事情节型的MV在叙事上和一般的故事影片有很大区别,因为时长所限(MV的时长一般为四五分钟,和所用歌曲的时长相当),故事情节型的MV一般采用非线性叙事的处理方式,不同场景、不同情节之间常常有较大的跳跃,中间往往不做任何铺垫和过渡处理,叙事不追求连贯性和完整性,只要有一条故事主线即可,在表现上更注重氛围、情绪的表达。在故事情节型的MV中,歌手的演唱要和故事本身进行有机的融合,甚至要亲自作为主角,进行故事的演绎。在故事情节型MV中最常见的情节就是爱情故事了,这和当前流行歌曲的普遍主题直接相关。

（二）时空片段型

时空片段型的 MV 是指在用画面演绎整支歌曲的时候穿插不同的时空片段，用空镜头或歌手、演员的辅助表演串接整支 MV，这也是常见的 MV 的制作手法。时空片段型的 MV 主要是通过音画的有机结合来进行表达和演绎，并不像故事情节型 MV 那样有一个故事的脉络，往往只是一种语意发散的蒙太奇。歌手出现的场景可以是碎片式的一组抽象镜头，也可以在不同的时空环境中演唱，通过场景和音乐的变化来传达歌曲的气氛和情绪。这种类型的 MV 可以是实景拍摄，也可以通过现代影视技术创造出虚拟空间，产生超现实的感觉。比起故事情节型的 MV，时空片段型不追求叙事技巧，往往只是同类型的镜头碎片式的组接，镜头之间跳跃非常大。

（三）歌舞表演型

歌舞表演型的 MV 也是常见的 MV 类型，这种类型的 MV 需要歌手及伴舞者边唱边跳，相对应的舞蹈是早已编排好的，和歌曲的节奏严丝合缝。为了在形式上更活泼，在不同的舞蹈段落之间可能还会加入和舞蹈本身无关的渲染氛围或表现个性的镜头。这种载歌载舞的 MV 需要歌手有较好的舞蹈功底，对人物造型、画面色彩、场景设计和后期剪辑的要求很高，在整体风格上需要鲜明的节奏感。

（四）其他类型

其他类型包括有演唱会型、动漫特技型，还包括个别的个性创意型，如一镜到底的 MV 等。这些类型在 MV 中所占的比例比较小，可复制性也不高。

值得注意的是，在实际创作中，一些 MV 会以某种类型为主，再加入别的类型元素，形成类型融合的趋势。因此，对于某些 MV 而言，要准确地指出它的类型是比较困难的。比如，某些演唱会型的 MV，会在歌手舞台演唱的镜头之外加入大量的外景镜头，与叙事镜头和时空片段镜头交织在一起，形成一种混合类型；有的动画 MV，全篇都是在讲一个故事，这也是一种类型的混合体。有类型化创作经验的 MV 导演都会借鉴其他类型的有益元素，而并不拘泥于某种死板的风格。类型化虽然是市场化对影视产品的一种要求，但 MV 也有很大的个性化的创作自由度。

二、MV 的艺术特质

现代传播技术的发展使得 MV 逐渐摆脱了以往以电视为唯一传播平台的局限，短小精练快节奏的呈现方式使其特别适合网络等新兴媒介载体。MV 的历史很短，也使得它能摆脱传统影视艺术的一些桎梏和惯例，展现出其后现代性的一面。在 MV 中我们常看到一些完全颠覆传统影视叙事方式的作品，在情节架构方面，所谓前因后果的相关性都消失了，真实镜头与虚拟镜头、非逻辑组接、跳跃剪辑、镜头变形夸张等反传统的技巧大量使用，将表现主义、超现实主义、黑色幽默等电影的法则运用得更加前卫、更加超前。MV 是音乐对人类情感最直接的视觉模拟。音乐抽象无形而富于写意特质的情感属性，内在地规定了 MV 影像的视觉叙事特点——拼贴。在 MTV 独特而集中的拼贴叙事中,音乐在一幅幅跳动、无序而又密集的影像群落的闪烁中幻化成种种片段、不连贯、非逻辑、少情节、多变如梦的碎裂形象,正如人类情感意识世界飘忽不定与风云变幻的波动状态。MV 就是利用自身分解的、变形的、多层画面的拼贴组合等形式构建了一个无序多变、超乎想象的多维时空状态,使富于情绪化、抽象性、流动感和虚幻意识的影像序列趋向音乐内涵的核心,诱发观众的审美体验。而这样的叙事特点正是由音乐的情感属性所决定的。音乐节奏与旋律的情绪律动是 MV 的画面叙事手法呈现拼贴特质的根本原因所在。

MV 的流行也推动着传统影视艺术的发展,大量成熟的影视艺术家投身于这个行业,与传统影视产品,尤其是电影形成了一种交融互动的关系。我们可以在 MV 和传统影视产品的风格变化中找到两者相关联的痕迹,比如:与 MV 的表达类似,现代影视内容中的情绪化镜头越来越少地服务于叙事镜头,变得越来越独立,为了感觉的表达而表达,为了情绪的宣泄而宣泄。张艺谋导演的电影《有话好好说》可以看成第五代导演向 MV 致敬的标志;故意摇晃镜头,大量运动中的主观镜头、广角镜头视野下的夸张的视觉风格都借鉴了 90 年代后期的欧美 MV。从电影到电视再到 MV,视听内容的风格变得越来越类型化,越来越情绪化,凸显大众视觉文化的特质。大众文化的核心是流行性和消费性,强调感官刺激和娱乐享受,MV 在制作上的相对便利和音乐视觉化的艺术特征使其成为一种可以批量生产的大众文化消费产品,尤为适应私人生活空间特定的文化消费需要。

第三节　MV 的创作

MV 的创作和任何影视艺术内容的创作一样,在艺术和技术上都需要有扎实的功底和专业的态度。虽然现代 MV 创作有强烈的"作者化"倾向——即带有创作者个性化的风格,但其创作中的一般规律仍具有普遍适用性。

一、MV 创作的要点

要创作一部成功的 MV,必须在以下几个关键要素上同时做到优秀。

(一) 乐曲

正是因为 MV 是音乐先行的影视艺术,所以乐曲本身的优劣对于 MV 的整体水准具有决定性的影响。乐曲的旋律和节奏对 MV 至关重要。人们在听音乐的时候,首先感受到的就是旋律,旋律的风格决定了 MV 的基调。好的旋律是韵律优美、节奏鲜明、意味深长的。明快的旋律意味着 MV 的基调是向上的、活泼的;忧伤的旋律意味着 MV 的基调是克制的、低沉的;为"主旋律"歌曲所摄制的 MV 必须是严肃的、端庄的、慷慨昂扬的,如《咱当兵的人》这一类的军营歌曲;而为现代流行音乐所摄制的 MV 是大众化的、有情调的、贴近生活的,如以爱情为主题的大量的通俗音乐。旋律是音乐的生命,如果旋律只有音的高低变化,没有长短之分,这个旋律就是失败的旋律,按照这种旋律制作的MV也是失败的MV。所谓"音乐是流动的建筑",可见音乐本身就不仅仅是诉诸听觉的艺术,一段成功的旋律,基本上已经形成了某种音乐形象,提前决定了MV的视觉基调,在抽象中具有某种形象性和良好的视觉比拟性,能给予导演和观众以明确的暗示和隐喻,为创作者的形象思维提供方便,便于利用虚实结合的视觉语言创作出多层次的动态画面,使得观众进入一个有极大想象空间的视听世界,获得美的享受。而节奏是有规律的变化或者运动,在音乐中指的是长短音巧妙配合着连续进行。音乐中的节奏是由音响的轻重缓急形成的,其中节拍的强弱或长短交替出现而合乎一定的规律,形成音乐节奏的基本要素主要有:节拍、音的时值长短、速度和力度的变化。从MV制作的角度来讲,与画面关系最直接的要数节拍,比如,二拍子的节奏在音乐的张力及力度上通常比三拍子的节奏更为有力,画面的配合要加强力度感。音乐节奏也有情感的倾向,某种节拍可以用某种情绪来解释。而音乐节奏点的力度、长度、速度、密度的变化使得音乐的情感显出千姿百态。

(二)歌词

现代MV通常是为歌曲而创作,因此,歌词的意境和可传播性也对MV起着先天性的影响。在这方面先天不足的MV,很容易出现声画不对位和浅薄浮躁的毛病。成功的MV中的歌词具有这么几个特点:一是少用过于抽象的概念,在词句的运用上有具象感,就像一首现代诗,能够和视觉画面相辅相成,使观众产生画中有"画"的意境,不会出现听不懂看不明的现象,就像诗中有画,画中有诗;二是遣词用句朗朗上口,便于流传,但同时又不会过于直白,给MV导演的二度创作留有空间,观众在欣赏的时候也能运用联想和通感来感受具象之外的意境。如果说旋律是一组情感的符号,那么歌词便是对这些符号的一种解码和呼应。而特别优秀的歌词,即使脱离歌曲独立存在,也能成为脍炙人口的文学作品。MV中多种视听元素,尤其是画面的加入,使得对歌词的诠释变成了一种视觉散文,从特别需要观者抽象思维的文学作品中升华出来,演化成一种雅俗共赏的视觉艺术。可见,MV应是对乐曲和歌词组成的歌曲的演绎和提升,好的MV和它所使用的歌曲之间是互相辅佐、互相补充、互相升华的关系。

(三)表演

现代MV一般离不开歌手或者演员,也就是说离不开表演创作。MV是音画结合的艺术形式,在以歌手为主角的MV中,歌手们不光要传达歌声,还要通过展现自己的表情、动作等来表现主题。所以歌手的气质、音色、音域要能够与歌曲的风格相协调,歌手的演唱处理、动作、眼神和肢体语言应符合歌曲情感内容的设定。歌手在MV中的表演和在演唱会、演播厅等场景中的表演是完全不一样的,要剔除舞台化的举手投足的痕迹,用自然生动的影视表演风格来征服观众。举例来说,20世纪90年代在中国风靡一时的MV《轻轻告诉你》的流行,就离不开歌手杨钰莹青春甜美的歌声、清纯靓丽的形象和走可爱路线的表演风格。《白发亲娘》中彭丽媛质朴醇厚、典雅亮丽的形象,《精忠报国》中屠洪刚阳刚威猛、男子汉气质十足的形象都大大增加了MV作品的艺术感染力。而某些MV中的歌手的做作和舞台化的表演则降低了MV的整体美,留下了遗憾。

（四）画面

对 MV 画面的创作是导演的中心工作。在 MV 中，视觉元素是音乐的外化表现，声画的互相融合是营造情绪和意境的关键。好的画面不一定是唯美的，但一定是能和音乐有效配合的。大多数不成功的 MV 的主要弊端就是音乐和画面脱节，出现音乐自行演奏、画面自行表现的"声画两张皮"的现象。出于 MV 表意的不同，其画面要求形成不同的视觉效果，如唯美的、夸张的、写实的，等。在 MV 的画面中，应特别注重线条、面积、色调、影调、形状、光效等视觉形式元素，画面创作要求构图美、色彩美、光效美，追求强烈的形式美感，同时由于 MV 抽象化叙事的特质，要多注意一些"通感"镜头的运用，如旭日、流云、雷电、雨雪、风等空镜头，能较好地衬托出情感氛围和环境色彩，外化人物的心理。画面能否创作成功跟音乐电视画面的视觉设计（包括空间设计、形象设计、动态设计、色彩设计和特技设计等）有着密切的关系，如果能按照电影的高标准来拍摄 MV 的画面，那么 MV 的画面质量就有了保证。实际上，在当下勃兴的视频短片形式中，MV 是在技术标准和规范上最接近于大银幕电影的一种。

（五）剪辑

对于 MV 来说，后期剪辑的重要性丝毫不亚于前期拍摄。MV 的剪辑工作从技术上来说比一般的影视作品要简单，因为在 MV 中后期声音合成的复杂程度不高。但从艺术上来，其要求比起一般的影视作品又要高不少。这是因为 MV 是内容高度浓缩的短片，在四五分钟内要出现大量的镜头，其编排和衔接是极其需要艺术感觉的。MV 的镜头比较密集，但又比较碎片化，因此在组接上非常依赖剪辑人员的艺术直觉。一般来说，MV 的剪辑具有某种独特性，和故事影片、新闻纪实报道、影视广告具有明显的区别，但仍可以用传统的蒙太奇理论来审视 MV 的剪辑艺术。蒙太奇理论遵循了人类的视觉心理规律，人眼具有不断追寻新鲜画面的原动力，会不自觉地渴望新鲜的观感。影视艺术上的蒙太奇镜头重现了人们在观察环境时随着注意力的转移而依次接触视像的观察和心理过程。而且，这种心理过程并非始终如一地匀速向前推进，而是会随着主观心理和客观时空环境的变化产生非匀速、非直线、非均衡的反应，当一个人在观看某种非常激动人心和变动极快的活动时，他的反应节奏就会大大加快，感知会更加敏锐，对听觉和视觉的变化会更加敏感，相反，对一件比较平静的事物，观看者会变得安静和迟缓，甚至会出现冷漠的反应，心理节奏会变得缓慢。观众的这些生理和心理的自然反应就要求剪辑人员利用蒙太奇来让观众融入 MV 的情境中。

二、MV 创作流程

作为一种高度浓缩的影视艺术形式，MV 的创作过程同样遵循严肃的影视作品的创作规律。但 MV 音乐先行的特性使其在具体创作方法上和一般的影视内容又有所区别。

（一）前期准备阶段

MV 的创意有两种途径：一种是先有音乐成品，根据音乐和歌曲来进行视觉内容的创作,这是 MV 的主流创作路径;另一种是先有 MV 的整体创意,再创作歌曲,这种方式虽然比较罕见,但也不乏先例,如 1994 年中国音乐电视大奖赛银奖作品《红顶屋的故事》就是由导演先行创意,再组织词曲作者和歌手为 MV 创作音乐。一般来说,MV 导演创作的自由度受到音乐的限制,其创意应该遵循以下几个步骤。

1. 理解音乐

MV 是建筑在音乐、歌曲结构上的流动视觉。视觉是音乐听觉的外在形式,音乐是视觉的潜在形态。音乐在被转换成为视觉形象之前,它本身就具有某种特定的情感性质。对于创作人员来说,理解音乐是整部 MV 成败的关键。对音乐主题的理解和对旋律情感基础的把握是对 MV 创作人员最大的考验。优秀的歌曲在创作伊始,其词曲的风格就已经有了明确的设定,但就像任何艺术作品一样,信息的接收者仍需进行解读和诠释。MV 创作者的任务,就是在把握词曲作者意图的基础上,对歌曲中蕴含的深层次意义进行个性化的提炼和表达。

拍摄 MV 跟拍摄其他影视作品最大的不同,就是要在现场一边放音乐一边进行拍摄。导演会要求歌手在音乐中边演唱边表演,如果有故事情节,演员也是在音乐的伴奏下进行剧情表演的。

对于 MV 来说,歌词的内容与风格对 MV 的叙事和表意都有着重要的决定作用。如何把歌词所表达的具象和抽象化的感觉用画面表现出来,同时又不会和歌词完全重叠,避免"同义叠用"的现象,是考验导演的空间想象力及视觉表达能力的重要一环。

一般情况下,适合用来制作 MV 的歌曲主要是通俗歌曲。相对于艺术歌曲,通俗歌曲旋律比较简单,歌曲音域不宽,歌词也比较容易记忆和传唱,贴近群众,有广泛的接受群体。在 MV 的制作上也更容易建立工业化的标准,形成规律。

相比起其他影视艺术类型的导演,MV 导演对音乐的悟性和感觉必须更高。

2. 确定类型风格

如前所述,现代 MV 有多种已形成固定风格的类型。导演应该以音乐风格和歌词内容为蓝本,来确定对应的 MV 类型。如果歌曲本身展现出了一定的故事情节,就可以考虑像电影一样,用演员的表演和影视镜头语言来叙事,这样可以选择故事情节型的 MV 表达方式。故事情节型的 MV 的创意应该是以现实生活为主,根据歌曲主题创作相应的故事情节,形成某种情绪氛围来传达 MV 的内涵。这种类型的 MV 的情节构成应该是一条既实又虚的线,可以时断时续,可以点到为止,给观众留下想象的空间。

值得指出的是,故事情节型的 MV 和电影故事片以及电视剧的风格是完全不同的,因为时间和音乐的限制,它很难有完整的叙事,也不能是图解式的,所有的情节都要经过严格的筛选和提炼,是一种抽象化的叙事。有的 MV 将歌词的内容浅薄地表现,比如爱情歌曲,就一定是男女主角卿卿我我痛不欲生,脸谱化的人物和程式化的情节,将音乐的视觉境界限定在狭小的现实范围之中,缺乏音乐应有的韵味和想象空间。有的是直接将画面与歌词相对位,歌词唱到什么,画面就呈现什么,变成了一种图解式的表达,失去了 MV 的诗意和抽象。

举例来说,张学友的《她来听我的演唱会》就是一首优秀的故事情节型的 MV,讲述了一个女子在极长时间的人生跨度中的四段情感故事。这首先得益于歌词本身较强的简练叙事的能力。整支歌曲旋律温婉曲折,歌词如泣如诉。

附:《她来听我的演唱会》歌词

歌手:张学友　曲:梁文福　词:黄中岳

她来听我的演唱会
在十七岁的初恋第一次约会
男孩为了她彻夜排队
半年的积蓄买了门票一对
我唱得她心醉我唱得她心碎
三年的感情一封信就要收回
她记得月台汽笛声声在催
播我的歌陪着人们流泪
嘿　陪人们流泪

她来听我的演唱会
在二十五岁恋爱是风光明媚
男朋友背着她送人玫瑰
她不听电话夜夜听歌不睡
我唱得她心醉我唱得她心碎
成年人分手后都像无所谓
和朋友一起买醉卡拉 ok
唱我的歌陪着画面流泪
嘿　陪着流眼泪

我唱得她心醉我唱得她心碎
在三十三岁真爱那么珍贵
年轻的女孩求她让一让位
让男人决定跟谁远走高飞
嘿　谁在远走高飞
我唱得她心醉我唱得她心碎
她努力不让自己看来很累
岁月在听我们唱无怨无悔
在掌声里唱到自己流泪
嘿　唱到自己流泪

她来听我的演唱会
在四十岁后听歌的女人很美
小孩在问她为什么流泪
身边的男人早已渐渐入睡
她静静听着我们的演唱会……

这首MV的导演采用了故事情节型的MV的类型化表达，启用了一个女主角和一个男配角，围绕着一个女子在人生的不同时期面临不同的情感困境的主题，完全按照歌词的设定，将四段由简单的情节演绎出来的情感波澜表演得淋漓尽致，整支MV就像一部浓缩了大多数人的人生典型情感经历的小型故事片，具有明显的代表性和抽象意义，配合"歌神"张学友独特的嗓音，将人生的沧桑和情感纠结体现得细致入微。

再如，如果歌曲本身比较抽象，缺乏具象和画面感，那么可以选择平行创意的手法，让音乐内容与视觉画面呈平行发展，音乐内容与画面各自遵循着自己的逻辑线索往前推进，看似关联性不大，但运用象征、隐喻、类比等手法，让观众建立起音乐和画面的内在联系。时空片段型的MV大部分都是使用这种创意手法。时空片段型的MV更注重视觉形象的积累和情绪的传达，其画面的主体不一定是具体的形象，有可能是某些抽象的视觉元素甚至是超现实的虚拟形象，以便刻意与真实的现实世界形成一种距离感，传达更具想象力的虚幻时空。在欧美的一些MV中，这种超现实的表达比较常见，但在我国还相对比较少，这和我国MV导演的创作思维以及观众整体的欣赏习惯有关。举例来说，萨顶顶的《万物生》就是这样一首MV。《万物生》的旋律具有明显的西藏民族风情，悠扬的民族乐器体现出辗转、柔韧的宗教神秘，和现代电子乐的糅合又让整支歌曲带有现代气息。其中文版的歌词填得也很出彩。

附：《万物生》歌词

歌手：萨顶顶　曲：萨顶顶　黄毅　词：高晓松

从前冬天冷呀　夏天雨呀水呀
秋天远处传来你声音暖呀暖呀
你说那时屋后面有白茫茫茫雪呀
山谷里有金黄旗子在大风里飘扬
我看见山鹰在寂寞两条鱼上飞
两条鱼儿穿过海一样咸的河水
一片河水落下来遇见人们破碎
人们在行走身上落满山鹰的灰

从前冬天冷呀　夏天雨呀水呀
秋天远处传来你声音暖呀暖呀

你说那时屋后面有白茫茫茫雪呀
山谷里有金黄旗子在大风里飘扬
我看见山鹰在寂寞两条鱼上飞
两条鱼儿穿过海一样咸的河水
一片河水落下来遇见人们破碎
人们在行走身上落满山鹰的灰
我看见山鹰在寂寞两条鱼上飞
两条鱼儿穿过海一样咸的河水
一片河水落下来遇见人们破碎
人们在行走身上落满山鹰的灰

我看见山鹰在寂寞两条鱼上飞
两条鱼儿穿过海一样咸的河水
一片河水落下来遇见人们破碎
人们在行走身上落满山鹰的灰

歌词很有佛教韵律，符合了佛教因果轮回的观点，表面来看，山鹰、鱼、人是一个轮回，进一步讲是一个短暂的过程：人看到水中山鹰飞过的倒影，倒影在鱼之上，鱼跃出水面，山鹰倒影被打碎，水沫溅出落在人的身上，恰似山鹰粉碎的灰烬落满人身，很有意境。独特的音乐风格、独特的演唱方式、独特的歌曲意境让这首歌曲带有与城市喧嚣迥然有异的清新洒脱、浪漫激扬和平和悠远。但这首歌的旋律和歌词并没有讲述任何故事，因此很难用叙事的方式来表现宗教中的一些抽象观念，于是 MV 导演采用了时空片段型的表现方式，让歌手本人在不同的时空中出现，并同时进行"表演唱"，配合典型的青藏高原的宗教器物以及地理环境镜头，使得整支 MV 的意境像是一双会一路盘旋飞舞到时间尽头的缥缈而轻薄的翅膀，不断飞扬前行，伴随着云的起伏而飞舞，云的跌宕和这双用歌声幻生的翅膀辉映牵引，使我们眼前呈现出一幅极度迷人的色彩画卷。

对于一些有个性特点的歌曲，还可以考虑综合运用符号化的创意形式，用卡通形象、虚拟时空、动画、字幕等视觉元素去表达歌词中提供的故事情节和意境，加强视觉特效，这样能在视觉上给观众最大冲击，形成比较独特的风格。如曾经在台湾地区风靡一时的女子组合"4 in love"的 MV *Fall in love*，就是用计算机动画技术创造了四个 3D 的少女形象，分别对应着四个组合成员，整首 MV 由四个带有卡通造型风格的少女驾驶飞船降临地球开始，到舞台表演成功结束，从头到尾没有一个真实场景和一个真实歌手出现，完全是这四个虚拟少女在表演，用欢快可爱的演唱和动感十足的舞蹈来表现歌曲，激起人们对四个组合成员的实际形象和表演能力的好奇心，很好地利用悬念来推广这个歌手组合。

附:歌曲 *Fall in love* 歌词

歌手:4 in love　　词:李安修　　曲:刘成华

Close your eyes you'll find your feelings will guide

Can't you see who make you crazy

Open your heart and open your mind

Every body fall in love

(Sunnie) 我听说爱情像太阳　有时温暖有时烫

(Windie) 嗯　我愿化成　一缕微风　吹起你的沙

(Rainie) 为什么　我的他　总是伤的我　倾盆大雨下

(Cloudie) 就算　天有难测风云　爱有酸甜苦辣　都得自己尝

Close your eyes you'll find your feelings will guide

Can't you see who make you crazy

Open your heart and open your mind

I can't stand for waiting

Close your eyes you're find be who what you are

Don't be shy your dream will come true

May be you're wrong or may be you're right

Every body fall in love

Open your heart and open your mind

Every body fall in love

不管何种类型的MV,都必须注意三突出,即"突出灵感、突出情感、突出美感",从这个角度来说,MV表现上的不同类型都是殊途同归的。

3. 制作脚本

影视创作离不开文字脚本,对于不同类型的MV,脚本的要求也是不一样的。如故事情节型的MV,和故事片一样,要根据歌曲内容写就一个有一定情节的故事剧本,再在剧本的基础上设计镜头,最终要形成一个详尽的分镜头脚本;而对于时空片段型的MV,在大多数情况下,根据音乐情绪制作的一个概览式的分镜头脚本就已经足够。

在分镜头脚本中,"故事板"(storyboard)是被广泛采用的一种直观地指导现场拍摄工作的蓝本。

故事板的制作有以下几种方法:第一种是手工画出镜头草图,草图中尤为注意构图和景别的呈现,并用文字加以注释;第二种是利用已有的图片粘贴拼接成场景故事板;第三种是使用专门的软件制作或渲染出静态和动画故事板。故事板一般是由导演和摄影师共同设计制作,在预算充足的MV项目中,也有专门的故事板设计师。MV的故事板和一般短片的故事板稍有不同,因为许多MV并没有完整的故事情节,而且对于画面效果的要求极高,因此在故事板中要特别注意关键画面的设计,并为某些特殊效果的制作留出空间。同时,MV通常都非常注重色彩,因此,彩色的故事板也比较常见。

西方的MV工业还非常重视"shot-list"(拍摄列表)的作用。拍摄列表是对故事板的一种有效的补充,这个列表要罗列出对时间、地点、人员、道具、服装、美工、灯光、场景等现场拍摄要素的要求,对准备工作和技术细节有很好的梳理效果,这样对于制片和导演来说对现场工作能做到一目了然,在前期工作中可以做到效率最大化。

比较考究的MV在正式拍摄之前,还要经过一系列的勘景、选角、定妆等与大银幕电影相似的步骤。

(二) MV拍摄阶段

当前多数MV仍然是采用前期实拍后期剪辑的方式,因此,前期的摄制对于MV最终效果的呈现依然有着决定性的影响。MV创作非常注重时空的感觉,时间是空间的潜在形态,空间是时间的外在形式。对于MV来说,由音乐旋律所构成的时间感觉和由歌词延伸的画面所构成的空间视觉的完美融合,是MV成功的决定性因素。

1. MV拍摄中要重点注意的三种镜头

(1) 歌手镜头

不论是何种类型的MV,歌手出镜的概率都是很高的,MV的主要目的之一就是包装和宣传歌手。因此,处理好歌手的镜头至关重要。处理好歌手的镜头,并不仅仅意味着把歌手拍得美丽动人或英俊潇洒,突出明星的感觉,更重要的是营造有意味的画面,让歌手的气质与音乐的风格相融合,使得歌手的形象和音乐的内涵交相辉映。要达到这样的目的,对导演和歌手的表演要求是非常高的。这首先要求歌手完成从舞台表演向镜头表演的转变,要去除那些在舞台上直接面对观众时的示意性和引导性动作,要在对乐曲内容深刻理解的基础上,投入自己的真情实感,用眼神、表情、肢体语言在镜头前细腻充分地表现情绪,在开口演唱的时候,要让情感由内而外地散发出来,做到身心呼应,把这种情感传达给观众,使观众产生认同感和代入感。这要求歌手具备一些影视表演的基本功。

对于导演来说,必须认真设计歌手镜头,在歌手的化妆造型、服饰搭配、道具运用上都要讲究整体的视觉观感,要将进行过精心的造型设计的歌手放在有意味的空间环境里,并在布景上创造和音乐主题相关的情境,渲染气氛,在视觉上突出歌手形象。如曾在CCTV—MTV音乐盛典中获得大奖的MV《格萨尔》,导演运用实拍和CG(电脑动画)相结合的影像技术,将身着民族服装和配饰的藏族女歌手置于雪域高原、藏式宫殿、酥油灯旁、玛尼堆畔,用浓墨重彩的美工设计,展现了西藏恢宏壮美的自然风光和藏家儿女心怀天下的历史情怀,使歌手有别于一般流行女歌手的柔情委婉,体现了一种高昂大气的传统之美,也很好地诠释了《格萨尔》这首歌曲的主题和意境,凸显了歌曲的主旋律意味(如图9-1、图9-2)。有意味的表演和有意味的情境是密不可分的,两者相得益彰地诠释着音乐的主题,这样才能让歌手的魅力与风采艺术地展现在观众面前。

图 9-1、图 9-2　MV《格萨尔》运用实拍和 CG 相结合的场景

（2）情节镜头

MV 中的情节叙事画面是为了传达音乐本身的主题而存在，这就注定了 MV 的情节必须植根于歌曲本身的故事。MV 对情节的表达有别于故事片和电视剧的叙事，应该注重强调抽象的情节提炼功能，在抒情中表达情节，在叙事中抒情。这就要求避免那种戏剧冲突很强、描绘过实的叙事手法，而要用最能表现故事情节的典型镜头来高度概括事件的发展。要做到这一点，导演首先要在歌曲本身传达的内容的基础上建构一个故事脉络，在这个脉络上发展出情节的桥段。在场面调度上要注意事件的意味性和延展性，将意味融入场景中，将叙事镜头诗意化。MV 中一般很少使用人物对白来表达故事，在实际拍摄中，要注意与故事片的写实表现的手法有所区别，比如，在外景拍摄中要避免过"实"，应适当减少中近景这种叙事镜头的比例，叙事镜头要用得少而精，具有"关键"画面的概括作用，要多用大空间场景，增加表现意境和气势的远景和全景镜头，要在镜头表现出的气氛上做文章，增加镜头本身的情绪和意蕴感。

（3）表意镜头

正是因为 MV 的时长限制，要在四五分钟的时间里传达一种相对完整的情绪体验或者故事情节，就必须让每个镜头都为主题的表现服务。MV 中都会大量运用与演员表演和情节叙事无关的的镜头，我们称之为用来表意的镜头，最常见的是空镜头。这些不直接参与叙事的镜头，应该注重视觉美感，强调意蕴内涵，展现联想的空间。用符号学的理论来说，在体现被摄物本身属性的"能指"和展现被摄物象征属性的"所指"之间建立起有效的逻辑联系和情感联系，既要能表情达意，又要具有象征性与多义性。简单来说，空镜头也必须要变得有意味起来。因此，导演在对拍摄具象和造型符号的选择上就要把握住传情达意的原则，即被摄物既是具有一定美感的具象存在，又是可以寄情于上的一种视觉符号。例如拍摄险峻的高山，可以意指困难重重、前途艰险；拍摄盘根错节的树根，可以意指矛盾重重、命运叵测；拍摄行云流水，可以意指时光飞逝、岁月荏苒；拍摄大漠孤烟，可以意指漂泊的心境和孤独的情绪；飘落的手绢、纷飞的柳絮，都可以代表脆弱与无助的心。中国"主旋律"MV 的代表作之一《红旗颂》就是用小提琴和小号两种具象来贯穿始终，小号代表奋斗、前进，表现的是革命现实主义的豪情壮志；小提琴代表诗意、美丽，表现的是革命浪漫主义的诗情画意。这种借物抒情是艺术中通用的做法，导演应当运用模拟、比喻、象征等手法,将抽象的情感倾注到具体的拍摄对象上。具有美感的空镜头在烘托意境和音乐节奏点纠偏中有着意想不到的效果。表意画面不仅是故事情节类 MV 中起承转合的节点,更可以成为一支 MV 的主体镜头,合理使用更能为 MV 增色,是成熟作品不可或缺的镜头。

2. MV 在拍摄中创造画面意境的技巧

与其他影视短片及广告不同的是,MV 尤为注意画面和音乐的融合,因此,在前期摄制中应该遵循"画随声动"的原则。所谓"画随声动",是指画面的取景构图运动都必须遵循音乐节奏的变化和情绪表达的需求。

当前,很多 MV 的画面很注重视觉美感,在现实的具象中拓展想象的空间,将现实时空和意象时空结合起来,给观众传达现实世界与象征世界交织的视觉观感。要做到这一点,在前期的拍摄中应该注意这样一些技巧。

(1) 处理好景深关系

浅景深是现代视频"电影感"的重要一环,这种效果离不开大光圈的高质量镜头和大幅面的感光材料,因此长期以来是采用胶片和大幅面数字传感器的电影摄影机的专利。在前几年,因为低成本的 MV 只能选用成像元器件面积较小的电视摄像机甚至是 DV 摄像机,要获得比较浅的景深是比较难的,即使动手能力强的制作者想了种种办法对这些摄像机进行镜头转接或改造,浅景深的效果也不尽如人意。近年来,随着具有视频拍摄功能的数码单反,尤其是全画幅的数码单反以及廉价的采用大幅面传感器的摄像机的出现,低成本的 MV 中的浅景深镜头大量增加,甚至形成滥觞之势。浅景深的画面给人以梦幻唯美的感觉,很受部分观众的青睐。要获得浅景深,应尽量选用大幅面传感器的摄像器材,并配合使用大光圈的高质量镜头,同时在镜头的光圈、焦距和拍摄距离上有所选择,即开大镜头光圈,使用长焦距镜头或者镜头的长焦距端,缩短拍摄距离,这样可以获得极浅的景深。但与此同时,对镜头聚焦的要求也提高了,一不小心画面就很容易虚焦,因此,高要求的 MV 一般和电影摄影一样,需要配备跟焦员。值得注意的是:景深过浅的镜头虽能突出主题,但也会变得缺乏空间环境和信息量,不能滥用。

(2) 处理好虚实关系

浅景深能制造画面中前景和后景明显的虚实对比,但除了使用这种镜头本身的成像原理来创造纵深感和层次感以外,还可以使用一些物理的方法来制造意境。比如可以利用一些特殊材质的物料对镜头进行局部遮挡,常见的做法有在镜头前的保护镜上涂上凡士林,使得画面产生虚实相间的梦幻感,或者利用小型支架在镜头前安装玻璃片作为前景,由此产生的反射和折射的光线效果尤其能营造出唯美浪漫的意境。甚至在一些大导演的作品中,蒙在镜头上的保鲜膜或透明塑料袋也能作为虚化的前景来营造光鲜亮丽的视觉观感。虽然前景和后景之间某些虚实关系可以在后期制作中通过添加特殊效果得到,但比起前期一次摄制完成,其自然度和流畅度都有所不及。总之,MV 在拍摄时应多借鉴电影和广告的一些摄制技巧,甚至自行创造发明一些工艺和方法,创造有诗意的画面。

(3) 处理好光线效果

用技术手段来创造画面意境对于 MV 来说是非常重要的。在传统摄影中，一般很忌讳光线直射镜头，也就是所谓的"吃光"现象，因为直射镜头的光线容易在镜片组内部产生大量的反射杂光，严重降低画面的成像质量。但角度适当的逆光却能产生一种其他光位所没有的意境，这种亦虚亦实、似幻似真的视觉效果能很好地体现 MV 的意境及情绪。如果控制好光线进入镜头的角度和光质的软硬变化，镜头的"吃光"现象就能很好地为 MV 的主题服务，转化成为一种有正面效果的技术手段。甚至在某些时候，还要故意制造镜头的"吃光"效果，比如利用小型手电对着镜头直射，让画面局部产生高光的漫射，这些都是在 MV 中常见的营造画面气氛的手段（如图 9-3）。

图 9-3　用小型直射灯具制造的画面高光漫射效果图

(4) 处理好运动关系

作为时长很短的影视艺术形式，MV 的每一个镜头所占据的时间都很宝贵，而因为对信息量有一定需求，要避免近景和特写这样的小景别镜头大量出现的现象，要在镜头中尽量制造纵深感，产生信息量。

在单个镜头的构图中，尽量不要过"满"，应当留下适当的空间，以便后期叠加字幕或做特殊效果，同时较"空"的镜头也更有意境感，这是 MV 和传统故事片镜头设计不同的地方。

对于没有外部运动和缺乏内部运动的镜头，除了在拍摄的时候要注意画面的意境以外，后期剪辑的时候时间要尽量缩短。即便音乐的风格是悠扬舒缓的，在镜头的运动上也要采用"慢动快切"的处理方式。因为 MV 的时长很短，要在有限的片长内包含更多的信息和变化，就必须缩减"静态"镜头的时长。

现代 MV 的运动镜头所占比例是很大的，在运动时除了要考虑运动方式、运动速度、运动方向等因素以外，还要考虑运动镜头之间的匹配方式。在拍摄的时候，要尽量拍好起幅和落幅，为后期运动镜头的匹配和衔接留下空间。随着现代影视技术的发展，各种拍摄附件为 MV 的一些特殊运动镜头的拍摄提供了极大的便利，如四轴飞行器、电动滑轨等。利用这些附件拍出的"上天入地"的运动镜头丰富了 MV 的表现手段，满足了人们欣赏 MV 时对视听奇观的期待，在实际拍摄时可以尽量运用。

考究的 MV 在烟火、美工、道具等其他方面也有赖于制作人员的经验积累和发明创造力，总之，前期拍摄要尽量运用多种手段，创造画面的意境和韵味，为音乐主题服务。

附:《黄河源头》拍摄思路[①]

中央电视台导演　崔亚楠

对江河的讴歌,不论在任何国度,都冠以"母性情结",也许这正是人类对水报答的一种特殊情感。

黄河在中国人的心目中是神圣的,神圣到神话的程度。这个神话是一种敬仰,是一种信念,是一种寄托,是无限的爱。长期以来,对黄河的颂扬一再作为创作突出的选题。此次拍摄这首作品,能否在创意上有一种超越的思考,是定好位的关键。

一个民族能长期在自己得与失上反思,这个民族将会是一个优秀的民族。对黄河源头的寻找,正是一种对文明程度的反思,是对华夏文明历程的寻找,是要在寻找的历程中树建不屈的信念。

当然,对作品意识上的定位,绝不是靠图解方式来完成,它是靠每幅画面通过自身的叙述方式来完成,也就是要靠镜头语言做更丰富的表达。

(1) 总体风格要写实与写意相结合

创意的定位确立为对华夏文明历程的追溯,其跨度是巨大的。女娲是意识上的源头,是写意最吻合的切入点。女娲的动作设定为补天造人,进入一种想象的写实,一旦女娲手中那颗具有生命的"黄泥蛋"爆裂,诞生的人却是一头头黄牛,牛将内涵带入一种写意,而人对牛的围猎之血腥要用游戏来呈现,让悲壮成为悠悠历史中的清淡云烟,反衬华夏历史的厚重与深奥。以如此写实与写意的交错进行来把握虚与实的关系。

黄河　女娲　母性的形象树立要在写意与写实中体现,意在于柔,实在于刚。刚与柔的对比承载意与实的内容:龙爪似的树根与婉柔的少女(母性),奔腾不羁的骏马与流云似的少女(母性)等。

词与画面的关系,应按照声画分离的原则处理,"牧马汉子的酒壶",要将其酒壶写意为一条河谷,表达一种酣畅的情怀。

(2) 力争把握好画面语言的暗示性

在写意的情境中,把握好画面语言的暗示,是扩张作品内容的一种途径。

对人类文明历程的追溯,上下几万年,几分钟的歌曲的容量是极难完成的,为此可以选择准确的具有高度概括的历史见证物是关键所在。

埙,是中国最古老的乐器之一,是华夏文明的见证。它的乐声,至深地流露着我们祖先的艰辛。从它鸣响的洞孔中进入远古时间隧道是一种契机。隧洞的垂面设计成变形的脸谱的色条,四壁闪过四大发明和古老的编钟。几秒钟的暗示性画面,要将观众带入追溯华夏文明进程的想象之中。

转了一圈圈的司南,踏过千山万水的马,把画面的意义演绎成一种音乐营造的历史情境,将博大的理性思考化为生机活现的情绪情感,让人有一些感悟,留在人

[①] 陈义成.电视音乐与音响[M].北京:中国广播电视出版社,2004:37.

的情绪中。

(3) 演唱者要成为具体动作的执行者

为使演唱者较强地与音乐作品相匹配,具有一定的性格,要求演唱者的造型在性格化的动作中完成,尽最大可能减少演唱者无动作式的感叹。当然,性格动作的选择要体现女性的柔美与江河的柔韧。

(4) 影调要与音乐色彩相匹配

在影调的控制上要保证一种苍茫。色彩对比要大胆,自然景观的大色块与人物服饰的小色块成对比,造成视觉上的强印象。

(5) 后期制作要丰富画面音乐的层次

后期已成为音乐电视很重要的环节。所以,后期制作定要保证画面与音乐相吻合的多层次性,三维与多媒体的运用,强化画面的动感。

最终,我们是要制作一部反映华夏文化的音乐作品,我们尽力做一次尝试,让创作如黄河、让情感似浓血。

(在罗马尼亚举办的第九届"金鹿杯"国际音乐节上,《黄河源头》在有美国、俄罗斯、法国等23个国家电视机构选送的作品评选中脱颖而出,荣获第一名。)

3. 2014年MV前期摄影器材方案简介

如我们所知,MV一般是基于已有的音乐来摄制,现场拍摄的时候往往要用音乐播放设备播放相应的歌曲。相比其他影视艺术形式而言,MV对白极少,对于现场环境声的录音要求一般也不高,MV现场录音的主要目的是作为一种声音的参照,方便在后期剪辑的时候歌手能对上演唱的口型。而由于MV的制作要求更接近于电影生产流程,对画面的要求远比一般视频短片要高,可以这么说,在MV的前期制作中,摄影机是最重要的器材,如果配合灯光使用得当可以实现极为精美的画面效果。下面从实际制作的角度简单介绍一下当前不同预算条件下的前期器材选择方案。

(1) 预算充足的方案

这是理想的情况,在条件允许的情况下,可以选择租赁顶级的电影级摄影机。实际上,最新的大部分著名MV作品都是由数字电影摄影机拍摄的。当前最好的数字电影摄影机基本上是索尼/RED/阿莱三家公司三分天下。如表9-1所示,列出了三家公司当前的当家产品的一些基本信息。

表9-1 索尼/RED/阿莱三家公司产品信息一览表

数字电影摄影机	Sony F65	RED EPIC-M	ARRI AlexaTM
传感器像素	2000万	1400万	746万
最高输出格式	4K RAW	5K RAW	3K
裸机机身重量	5.3KG	2.27KG	6.25KG
2013年底价格(机身+记录单元)	8.5万美元	5.8万美元	6万美元

图 9-4　索尼 F6 数字电影摄影机　　图 9-5　RED EPIC 数字电影摄影机

图 9-6　艾丽莎数字电影摄影机

这三种数字电影摄影机在电影摄影中已经被广泛使用,它们的共同特点是高解像力、高宽容度、高码流、极大的后期调整空间。在技术规格和细节上遵循工业化电影的技术要求,如在视频编码和帧率、素材记录方式和色彩管理系统上均达到极高的标准,可以使 MV 项目前后期沟通更加顺畅,自然能让 MV 的技术美学达到一个极致。图 9-4、图 9-5、图 9-6 是三种常见的数字电影摄影机。

(2) 预算经费一般的方案

如果 MV 的制作经费预算较一般,可以选用一些中端的数字电影摄影机,近年来也有不少新产品成为这一级别 MV 制作的主流。如索尼公司的 F3、F5,佳能公司的 Cinema-C 系列,或者后起之秀 Blackmagic 公司的系列产品。这个级别的电影摄影机具有以下特点:按照电影工业的流程标准来进行设计,具有大画幅的传感器;良好的电影镜头适配性、较好的宽容度和高感光特性,具有良好的机动性,部分产品还能拍摄 4K 视频,比起同价位的电视摄像机在色彩模式和画面后期调整空间上都有明显的优势。但在系统扩展性和画面质量上与工业级电影摄影机相比还是有明显差距。这个级别的数字电影摄影机价格在 10 万元人民币以内。租赁价格也相对便宜。图 9-7、图 9-8、图 9-9 是三种常见的中端数字电影摄影机。

图 9-7　索尼 F3 数字电影摄影机　　图 9-8　佳能 EOS C500 数字电影摄影机

图 9-9　BMDC 数字电影摄影机

（3）低成本解决方案

对于学生或其他预算经费严重不足的 MV 制作者,可以选用视频拍摄性能较好的数码相机或者小型的高清摄像机。此方案前期设备投资可以控制在一两万元之内。值得一提的是,具有较好的视频拍摄功能的数码相机尤其是全画幅的数码单反近年来成为小成本 MV 的新宠,这主要是因为这些单反采用的传感器面积远比电视摄像机的传感器面积大得多,因此可以得到接近于电影摄影机观感的浅景深效果,其色彩模式又比传统的电视摄像机的观感更适合艺术特质浓烈的 MV,在镜头适配性上也比较方便灵活,因此成为学生作品的首选。图 9-10、图 9-11 是两种最常见的全画幅数码单反。

图 9-10　佳能 5D MarkⅢ 数码单反相机　　图 9-11　尼康 D800 数码单反相机

（三）MV 后期制作阶段

MV 的后期制作一般仍然遵循音乐先行的制作理念,即按照音乐来剪辑和制作视觉画面。在后期制作中,除了基本的影视制作原则以外,还要尤为注意以下一些方面。

1. 素材管理

MV 虽短,但所用到的素材却不少,这是因为 MV 比起同等时长的其他视听产品,镜头切换的频率更高,信息量更大。实际上,因为种种原因,前期拍摄的素材并不一定能完全满足后期制作的需要,所以,对 MV 制作人员来说,建立一个 MV 素材库就颇为重要。对于不少 MV 来说,一些表意的素材,如空镜头,完全可以通用;一些听觉上的效果也需要音响素材。这些素材需要拍摄的保留和积累,也需要平时就注意搜集,在紧急时候可以避免"巧妇难为无米之炊"的尴尬。在对素材的使用中要尊重原作者的著作权,小成本的 MV 尤其要注意素材的来源,避免版权纷争。

2. 剪辑

MV 中对镜头剪辑点的选择要求更高,具体来说就是要准确地找到素材的入点和出点并在剪辑软件的时间线上和音乐的节拍相配合。一段音乐的节拍本身是固定的,但节奏点是会变化的。在重鼓点、重节拍的时候,尤其是由舒缓向激烈转换那一刹那的节点,以及重点歌词唱出时的节奏点都需要着重留意。这种情况下如果画面没有在切换或意境的表达上跟着做出响应,就会给人音画不和谐的印象。例如:音乐中突然出现重鼓点,画面用某个人物猛地一回头或是振臂一呼在这一瞬间给予观众视觉刺激,或者在鼓点音节的瞬间配以镜头的运动,或者利用镜头切换配合鼓点的变化,都是镜头剪辑与音乐的完美配合,但如果在这个节奏点上画面没有任何变化,就是平庸的 MV。

要找到音乐的节奏点,除了靠制作者用心去听以外,还应利用剪辑软件本身的功能,如展开音频波形,找到音乐中最鲜明的若干个节奏点,并利用软件的标记功能做出符号标记,作为剪辑时的参照。

找准音乐节奏点的位置后,如果无法保证那一瞬间的镜头剪辑效果完全严丝合缝,可以将剪辑点往前打 1 到 2 帧。这是因为人的眼睛先于耳朵接收信息是符合感官习惯的。尤其是加了转场的画面切换,早切 1 到 2 帧看起来反而比完全卡点要舒服。晚切 1 到 2 帧就不一样了,如果是硬切,切晚了会更有合不上拍的感觉。

对 MV 镜头进行组接的时候尤其要注意音乐的前奏、间奏和尾奏部分。这三个部分是没有歌词出现的,但对于歌曲整体的流畅性和韵味影响很大,因此要特别认真地编排镜头。在中国早期著名的 MV《轮椅上的梦》中,导演把坐在轮椅上的张海迪和巨大夸张的时钟以及芭蕾少女的镜头巧妙地组接在一起,这种对比蒙太奇寓意的正是身残志坚的海迪与时间、生命抗争,追求美好理想的不屈精神。

3. 调色

色彩风格对 MV 的整体风格的影响是非常重要的。除了前期拍摄时化妆、服装、置景、用光等各个环节要注意整体色彩搭配以外,后期对画面的矫正也是非常关键的一环。任何严肃的影视作品都是需要后期调色的,从早先的胶片到现代的数码成像介质,都是如此。越是高档的前期成像设备,后期调色的空间就越大。调色的基本目的是弥补前期拍摄的不足,美化镜头,在镜头之间统一色彩风格,为 MV 的主题表现服务。调色的步骤是先对画面整体进行校正,纠正前期曝光的误差,调整光比,修正反差,改善影调,调整色彩倾向。调色往往具有神奇的功效,通过细微的色调变化,而不是强烈的色调对比,可以轻易取得纵深感并因此而产生真实感。这种影调上的调整能对观众产生情绪上的影响,如以亮白和浅色为主的画面,能让人感到愉悦和明快,以深色暗调为主的画面,则容易让人情绪低沉,而以中间调为主的画面,与观众的贴近性比较强。一些考究的 MV 还需要有精细的二级调色,即对画面的局部色彩进行调整和修饰。调色的环节要求制作人员有良好的色彩认知能力和娴熟的软硬件操作技能。调色的好坏对画面质感的展现以及视觉美感的提升都有重要意义。

4. 特效

MV 中的特效包括镜头内部的非真实视觉效果和切换特技。近几十年来,几乎所有的最新影视技术手段都被首先应用在了 MV 上,如跟踪抠像、电脑动画、特技合成、超时空镜头运动、3D技术等,在视觉上为观众制造了一个个古怪陆离的奇幻世界。从特殊效果的角度来说,MV为大屏幕电影做了很好的实验与探索,我们可以在MV中看到当前最炫最酷的视觉特效,但这些特殊效果一般都需要前期和后期不菲的经费支出。低成本的MV中的特效主要体现在简单的非真实特效和镜头切换效果上,一般用得比较多的效果有静态抠像、叠化、淡入淡出、闪白等。MV典型的消费产品特性使得特殊效果有较大的用武之地,适当地运用特效可以为MV增色不少。

5. 字幕

MV中一般都要出现歌名(片名)、歌词、片尾等字幕,字幕也是MV画面元素的重要组成部分。制作字幕要综合考虑字幕的位置、字体、大小、间距、出现的方式、消失的方式等因素。MV在开始部分都会推出片名,这个时候片名的视觉观感直接影响着观众对这支MV的第一印象,片名字幕的整体美感要与歌曲风格相配合,如我国的民歌可以考虑采用传统书法字体样式,摇滚歌曲的片名在视觉上应该狂放写意。MV中的歌词一般也要以字幕的方式来呈现,有很多人会使用一些特别的字体给自己的MV增加可看性,但字体的挑选原则应该以辨识度为准。辨识度高的字体能让观众一眼看明白歌词内容。另外,字体的大小也直接影响到MV的美观度。歌词字幕不必过大,以看得清楚为宜。适当地给字幕做一些动态特效也有助于提升美感,但这种动态不要太大,比如从画面四面八方飞过字体然后汇总到画面中央的字幕运动方式,会过于抢眼,分散观看者对画面的注意力。要设计出好的字幕形式,多借鉴电影和广告的字幕设计和编排是很好的学习方式。

以上提到的每一个方面,都需要有较强的专业性,在制作讲究的MV时,都有专门的岗位和团队相对应。

附:MV《一片艳阳天》创作构想[①]

广东电视台导演　李东林

春节节目年年拍,今年的春节节目不一样,要求将歌曲《一片艳阳天》拍成音乐电视,周期六天,要在中央电视台贺年音乐电视专辑中展播。时间紧任务重。不得不施展浑身解数。

1. 定位与创意

定位是进行创作的第一步,定位是否准确,关系到作品的成败得失。音乐电视《一片艳阳天》应该定位在文化层面的表现上。我国的历史源远流长,文化遗产十分丰富。春节作为民间的盛大节日,汇集着中华民族传统文化特色。而在南国花城——广州,其地域文化色彩相当浓烈。弘扬其最优秀、最精华的部分,突出其文化品位,这就是该片定位的追求。

歌舞升平庆佳节、"一年比一年好"是《一片艳阳天》这首歌曲所要表达的主题,

---

① 陈义成.电视音乐与音响[M].北京:中国广播电视出版社,2004:33.

音乐电视的创意不能离开歌曲的主题思想。所谓创意,就是选择表现主题画面的风格样式有两种因素:一是主题,二是创作个性。经过一番遴选,音乐电视作品《一片艳阳天》选择了"情感外化型"作为风格的样式。在作品里面,设计了具有中国民俗特色和象征意义的造型组成一幅幅目不暇接的连环画,不断进行情感积累,依次来感染观众。慈祥的老人、天真活泼的儿童、民族服装、古老的庭院、古雅的书房、大红春联、桃花、大鼓、灯笼、礼花、花市、舞狮……这些视觉形象之间相关,但不一定相连;随着这些视觉形象不断积累,情感气氛就会不断膨胀,从而产生思想和艺术的张力。

2. 时空设计

音乐电视的时空构思是艺术化的形象思维。其特点是不受单元一和多元局限。音乐电视《一片艳阳天》设计了以下的时空背景。

(1) 古老庭院

这是一个古朴的外景场地。老人派红包,儿童提着灯笼奔跑、做游戏,歌手写春联,就安排在这个场景。在此营造春节气氛。

(2) 古雅书房

老人欣赏春联,演员弹古筝、听古筝的场地。这里要表现的是古雅的文化氛围。

(3) 绿草坪、花市

舞狮、买花、卖花,突出其地域特色。

(4) 歌手的主体时空

这个时空由电脑制作,衬底是舞龙、礼花、儿童奔跑和灯笼。

上述的"古老庭院""古雅书房""绿草坪",是现实叙事时空,是以实景拍摄的时空。"花市""歌手主体"是理想叙事时空,是以电脑特技合成的,"歌手主体"与其他时空既联系,又独立,它可以融入整个情感积累当中,又可以单独展示歌手个人的风采。

3. 形象设计

在歌手的声音形象与歌曲的形象结合方面,影音公司在录这首歌的时候已经有了良好的设计。这里要研究的是歌手的服饰、发型、化妆的选择。通常影音公司或制作人对歌手都有所谓的"包装",而这种"包装"多是出于商业目的对歌手做的商业定位,但当这种"包装"具体用在某一首特定要求的歌曲里面,就显得不实用了。《一片艳阳天》是一首喜迎新春的歌曲,导演要营造一个有南国花城特点的喜迎新春的氛围,就必要选有民族特点的,如旗袍之类。发型、化妆方面既要表现出青春活力,又要突出传统的柔美感。

角色设计是形象设计的重要组成部分。歌手在演唱歌曲的同时,还在导演的构思中充当家庭成员,这是比较常见的双重角色安排。家庭成员中爷爷、奶奶、哥哥和一群天真烂漫的儿童是举足轻重的辅助角色。通常,作为角色的歌手不容易适应从舞台到音乐电视拍摄这一转变,在演唱口型方面,让人觉得力度不到位,这种受自我完美意识影响,没有服从于歌曲的表现的方式会使音乐与视觉间产生严重不协调,因此强调歌手的演唱一定要服从导演的创作构思,做到声情并茂,一切都要服从歌曲的情感和表现的要求。对于其他角色的要求是:淡化表演意识,重形象塑造。短短的几分钟歌曲,不分主次地做细腻的表演是不可能的。如果所有辅助角色都做过于细腻的表演必然会干扰歌曲自身的表现。所谓形象塑造,就是依靠那些具有雕塑感的、不连贯的动作,再加上个性鲜明的服饰和饱满的情绪来进行设计。《一片艳阳天》中的爷爷、奶奶和哥哥欣赏春联,歌手作为家庭成员弹古筝等都是属于这类典型设计。

形象设计还包括道具设计。道具设计要符合时代特点、地域风情和人物的性格特征。南狮、小灯笼、古筝、大红春联和桃花,这些道具的设计与整体创意的主题和风格样式有密切关系。道具能引起视觉的联想,能作为一种象征贯穿于歌曲的始终。

4. 运动设计和摄影设计

音乐电视的运动包括三个方面:人物的运动、摄影机的运动、特技的运动。《一片艳阳天》特别强调这三者的有机结合。运动能产生节奏。各种运动结合在一起,再通过镜头之间的组接,会形成新的具有流动性的节奏。这些运动是要有依据的,镜头之间的组接也是要有依据的,那就是要协调于歌曲本身的节奏变化。《一片艳阳天》的歌曲节奏十分明快,在人物运动安排上采取以动为主、动静相宜的方法,镜头运动则充分调动升、降、摇、移的手段,再加上后期电脑运动的制作和镜头之间的组接,使各种运动产生的节奏形成了和谐的韵律。

摄影角度的选择是视点构成的关键。平摄与人肉眼观察事物接近,不能产生特别的视觉效果。《一片艳阳天》中许多镜头采用了俯角度拍摄,使画面视野开阔,不至于平淡。如俯拍歌手写"春"字、俯拍舞狮等。

在构图方面,摄影机始终保持画面饱满,使主体突出,人物与环境之间始终保持协调。

5. 色彩设计

色彩是音乐电视主要的艺术元素。色彩的冷暖、色调的深浅都直接参与到歌曲的情感表达上。《一片艳阳天》由红色为基调组成整体色彩结构。红色是暖色调,它象征喜庆、热烈。这一色彩的运用也符合中国传统的审美习惯。在分体色彩的结构方面,注意色彩的进退与歌曲音调高低的对应关系,并把它作为景物色彩、服装色彩和道具色彩的着色依据。

6. 特技与剪辑

特技是一种后期制作手段,这种手段必须为内容服务,不能为特技而特技。《一片艳阳天》用的是较简单的电脑多层抠像原理。这一特技运用的目的是建立一个"理想时空"。"理想时空"在实景中是拍不到的,只能通过电脑特技去实现。

关于剪辑,基本要求是:"踏准音乐,软硬兼施。""踏准音乐"就是镜头间的硬切、叠化要建立在歌曲的情绪和节奏变化之上。一句话,就是遵循一定的章法,使剪辑主体顺畅和统一。

7. 灯光设计

光线是摄影的灵魂。灯光是重要造型手段,它可以塑造人物、营造画面的氛围。《一片艳阳天》尽量减少外景的运用,目的是在内景中显示灯光的造型力量。对歌手近景演唱的灯光要求是柔和光。对其他环境的要求是:有一定光比的暖色光。灯光设计和其他设计一样,要考虑歌曲的情绪变化。

《一片艳阳天》只有几分钟,但"麻雀虽小、五脏俱全"在运用影视手段方面均是多样的和复杂的。

(音乐电视《一片艳阳天》获得1996年中国音乐电视大赛金奖和最佳灯光奖。)

第四节　MV 掌控节奏的要点

MV 画面是在时间的运动中展开的,从中体现流动的韵律。它通过节奏的变化,能动地作用于人们的感官。MV 因为时长很短,其节奏控制相对于其他影视艺术体裁而言更为重要。MV 控制节奏的方法除了音乐本身的节奏以外,在拍摄和剪辑时还应着重注意以下几种技巧。

一、通过景别的变化来控制

景别是影视画面构图中最重要的要素之一,按照取景范围的不同,景别可以分为远、全、中、近、特五大类,每个大类中又可以分出若干小类,如大全景、小全景等。按照一般的拍摄和剪辑原则,各个不同景别在影视作品中出现的时间长度也是按照远、全、中、近、特的顺序从长到短排列,这是因为不同的景别所涵盖的信息量和视觉心理意义是不一样的。不同的景别衔接的方式是构成蒙太奇的重要手法,这种手法可以形成一种蒙太奇句型。如景别按由大到小顺序变化的"前进式"句型或者按从小到大排列的"后退式"句型,传统的剪辑则遵循流畅叙述的原则,比较忌讳同景别的前后相接。景别在蒙太奇句子中的错落变化形成了景别节奏,这种节奏应该和音乐的节奏相一致。因为 MV 叙事上的非线性和视觉效果上的流动性,MV 的景别变化往往比一般影视作品要来得更跳跃、更猛烈,往往扬弃了传统的剪辑原则。如故意用同景别组接制造跳跃感,或者故意使用极大景别和极小景别的两级镜头相接,制造割裂感,这种特有的景别节奏是影响 MV 节奏的重要因素。

二、通过镜头的运动来控制

镜头的运动可以分为镜头内部运动和镜头外部运动两种。镜头内部运动是指画面中所拍摄对象本身的运动,这种运动包括运动方向、运动速度和运动方式等。这些运动方向和速度的变化形成了镜头内部运动节奏。镜头的外部运动是指镜头的推、拉、摇、移的变化,同时,推、拉、摇、移这几种基本运动也可以互相组合起来,形成复杂的组合式运动。镜头外部运动的方向和速度的变化形成了镜头外部运动节奏,和镜头内部运动节奏结合起来,就能产生明显的镜头运动节奏。比如,主体运动速度快则节奏快,主体运动慢则节奏慢;同向运动的主体的动作顺势相接则节奏流畅,反向主体动作相接则节奏变得跳跃。"运动镜头接运动镜头"的镜头组接技巧能让节奏快速流动,"固定镜头接固定镜头"的组接技巧能让节奏平稳流畅,但违反这个规律的动静镜头相接则能让节奏活泼,在MV中用来制造视觉上的动感。

三、通过后期特效来控制

后期特殊效果有多种方式可以控制MV节奏的变化。典型的例子是制作快放和慢放动作镜头。MV在时空再现上拥有一定的灵活度与自由度,将原始画面的运动速度加快或减慢就是一种对时空的二度再现。利用高速摄影机的升格拍摄功能可以在后期制作出超级慢动作,利用降格拍摄和逐帧拍摄功能可以制作延时画面和快进效果。再如在剪辑时加入一些画面切换的特技或者在画面上添加特殊效果也能制造某种节奏感,这些改变画面真实时空环境的特技手法可以创造超现实的观感,同时可以有效地影响段落和整个MV的节奏。

四、通过影像造型产生节奏感

有经验的导演可以利用被拍摄对象的喜怒哀乐的情绪变化来控制MV的节奏。这种情绪对节奏的影响很容易从实际生活经验中感知。比如悲伤难过时,时间被放大了,一分一秒都很难熬,时间过得特别缓慢。如果音乐中有这样的情绪表达,那么MV整体的节奏就应该放慢。再如,被拍摄对象的激动和愤怒能让观众感觉到紧张,这是一种快节奏,如果此时音乐节奏的变化和画面的剪辑速度都同步加快的话,整个MV的节奏就会加快。而喜悦和大笑的表情配合慢动作和轻快的音乐,能放慢MV的节奏,使得观众产生愉悦和希望时光永驻的感觉。可见,通过人物的情绪、形体及语言动作等影像造型可产生节奏感。

五、利用音响效果制造节奏感

对于有叙事目的的MV,在拍摄时可以录制同期声音响(包括人物对白),后期也可以添加各种音效(包括人物旁白),这些声音都能对MV的节奏感产生影响。而对于无叙事要求的MV,可以创造性地运用各种音响效果。像迈克尔·杰克逊的MV中经常有各种合成器调制的音效。伴随着画面拍摄内容的变化,时而出现喷火、下雨的声音,时而出现震动摇晃声,甚至字幕推出的时候都带有效果声,这些人声和音响效果形成了一种"重音",能起到节拍器的作用,强化了MV的节奏感,是对主体音乐很好的听觉补充。

六、通过增减镜头的时长来控制节奏

虽然单个镜头出现在观众面前的时长取决于景别、运动速度、画面内容、情节需要等多种因素,但如果统一地将一个段落的所有镜头同步延长时间或者缩短时长,这个段落的节奏就能被有效地加快或减慢。在经典的 MV 中最常见的是"快切"的剪辑技巧:每个镜头只出现一到两秒甚至是更短的时间,据视觉心理学研究,一个镜头只要在屏幕上出现 7~8 帧的时长,就能让观众产生印象。欧美的摇滚 MV 中大量运用密集镜头快切的方式,将不到一秒钟时长的镜头在短时间内大量堆积,来创造快节奏与高昂的情绪。但对于整部 MV 而言,节奏要产生一定的变化,不能一直是快切,更不能一直是舒缓平稳的剪辑方式。高潮时用快切,音乐情绪缓和时节奏就要放慢,这样才能产生高低起伏之美。

在拍摄和剪辑的时候,应该根据歌曲前奏、铺垫、过渡、高潮、间奏、高潮、尾奏等大的情绪阶段划分成相应的由若干镜头组成的蒙太奇,每个蒙太奇对应不同镜头组,这些镜头组的节奏要形成变化。例如,可以根据这样的思路来组织不同的镜头:前奏到高潮之间的镜头组景别跨度小,演员表演动作小,运动镜头相应少且缓慢;高潮部分演员动作大甚至夸张,镜头切换快,景别跨度大(跳接镜头),镜头的运动加快,加入甩镜头。镜头组内部的节奏要有统一的风格,镜头组的连接形成整体的节奏。这种大节奏的宏观把握对于 MV 全篇来说是科学、系统且必不可少的。和其他艺术形式类似,无论是一首好的诗歌还是一支优秀的 MV 作品,都要求节奏上要达到一定水平。

本章小结

MV 在影视艺术大家族中是一个新兴的门类。MV 是运用最新影视技术打造的视觉化的音乐呈现形式,在艺术和商业共同作用下呈现出明显的类型化趋势。MV 是音乐先行的影视艺术,因此,创作或选择适合的乐曲、歌词就非常重要。MV 制作者的任务就是将抽象的音乐用影视语言进行表达,这要求创作者有敏锐的听觉感官,对抽象的情感和信息有很好的表达能力。MV 镜头的内在意境对 MV 的抽象意味影响至深,镜头的组接强调情绪和节奏。因时长所限,MV 的情节是离散和非线性的,但又要注意避免镜头拼接的松散浮躁和碎片化。MV 在创作中注重情感、灵感和美感,要综合运用多种影视表现手段,将音乐的灵魂传递给观众。

思考与练习

1. MV 与故事短片或电视散文在艺术风格上有何区别?
2. MV 创作中要把握哪几个方面?
3. MV 应当怎样表现歌曲的情绪?
4. 就你自己最喜欢的一支音乐歌曲,拍摄一部 MV。

拓展阅读资源

1. 万家灯火

   [2016-02-25][2019-03-26]http：//www.iqiyi.com/w_19rtc8yhnt.html

2. 轻轻告诉你

   [2016-06-15][2019-03-12]http：//www.iqiyi.com/w_19rsrgn0ux.html

3. 她来听我的演唱会

   [2012-09-13][2019-03-12]http：//www.iqiyi.com/v_19rrk4hdhg.html

4. 万物生

   [2012-10-11][2019-03-12]http：//www.iqiyi.com/v_19rrjt1xms.html

5. Fall in love

   http：//tv.sohu.com/20140214/n395008796.shtml

6. 格萨尔

   [2018-04-21][2019-01-10]http：//www.iqiyi.com/w_19rr1eonr5.html

7. 红旗颂

   (2011-09-04)[2019-03-12]http：//v.youku.com/v_show/id_XMzAxMzM1NzIw.html

8. 黄河源头

   (2017-06-09)[2019-03-12]https：//v.qq.com/x/page/h05128bvsr9.html

9. 一片艳阳天

   (2014-07-04)[2019-03-12]http：//v.youku.com/v_show/id_XNzM1NjM3MzEy.html

第十章 宣传片制作

> **学习目标**
> 1. 了解宣传片的概念与基本特点。
> 2. 熟悉宣传片的类型与功能。
> 3. 掌握宣传片的策划方案与制作流程。
> 4. 掌握宣传片的拍摄方法与技巧。
> 5. 掌握宣传片的编辑要点与技巧。

电影的诞生带来了视觉文化的勃兴,信息时代与媒介技术的发展,更使得大量图片、影像资料通过大众传播媒介得以广泛传播。影像作为最具表达能力的传播符号,集图像、声音、文字多种符号于一身,较之其他传播符号具有更强烈的视觉冲击力,能够更加形象、生动地反映与再现真实世界。镜头语言与影视特技给受众带来全新的视觉体验;光影效果与蒙太奇手法赋予影像更为丰富的叙事意蕴。"影像打破了印刷文化时代的文化等级界限,甚至打破了国界。作为视觉文化的影像是一种淡化了文化等级、淡化了国家区域的全民的甚至世界的共通语言。"[①]因此视觉符号逐渐取代传统文字符号成为受众获取信息的主要形式,人类进入了"读图时代"。宣传片的蓬勃发展正是这一时代的产物。

第一节 宣传片概念与特点

随着人类社会从工业时代步入信息时代,以及大众传播媒介的迅速发展,尤其是摄制技术、图像处理技术日新月异的今天,人的视觉经验借此得到了前所未有的拓展,"图像时代"真正到来,宣传片应运而生。

一、宣传片概念

宣传片,顾名思义,即专为电视/网站频道、电视剧或电视/网站节目(栏目)及主持人所进行的内容介绍、形象塑造以及播出时间预报的宣传和推广设计制作的广告片。只是表面上看起来,宣传片的商业性不那么赤裸裸、昭然若揭,行销的手段和功能也不那么直截了当罢了。但最终的目标是一致的,那就是通过收视效率的迅速转换,以达到商

[①] 孟建,等.图像时代:视觉文化传播的理论诠释[M].上海:复旦大学出版社,2005:45.

业性行销收益之目的。

新世纪以来，我国电视事业迅速发展，频道数量激增，加上互联网等新兴媒体的异军突起，视听媒体之间的竞争逐渐加剧。大到各个电视台、网站，小到各频道、栏目，为了促进自身发展，除了想尽办法提供独具特色的节目内容之外，更加注重内容推广与形象宣传。国内电视媒体进行频道与节目包装的探索大致是在1997年、1998年左右，为了鼓励形象包装业的发展，我国于1999年开设了"荧屏导视奖"，2002年正式成为中国广播电视学会奖，奖项分三类，即节目宣传类（以宣传、介绍电视台即将播出节目为主的固定栏目）、节目预告类（每日节目预告及短期内即将播出的一组节目预告短片）、形象宣传类（传达频道理念、体现频道精神的短片）。随着参与作品数量与质量的提升，该奖项在电视界的影响越来越大，也成为2002年"AD庆典——CCTV国际电视广告大赛"中的一个亮点。2002年，广西电视台的形象宣传片《山篇·水篇·海篇》在美国莫比广告大赛上一举夺得大赛最高奖——莫比金奖，体现了国内形象宣传片的制作水平。此外，如中央电视台《相信品牌的力量》、湖南卫视"快乐中国"系列宣传片以及其他地方卫视的形象宣传片也具有较高水准。

二、宣传片特点

从目前我国宣传片市场的情况来看，大致有以下四个方面的特点。

（一）人文化

随着现代生活节奏的加快，社会大众回归思潮的崛起，人们渴望更多的人文关怀。依循"以人为本"原则，将人文理念引入宣传片上，走"人文化"之路，充分体现了以受众为本的新型传播理念。人文化既是目的也是手段，在制作形象宣传片的时候充分尊重观众的感受，以观众的需求为航标，满足观众的收视欲求，这样才能得到观众的认可。凤凰卫视一条宣传片——"周六周日我们也不下班"，制作得非常简单，这是一种非宣传式的话语，用最直白的话讲了最本质的东西，表达出对观众的关怀和人性化的服务理念，颇具亲和力。

（二）分众化

受众的需求决定着新闻传播发展的方向，受众由于各自的动机、需要、能力以及性格的不同，对不同种类的新闻传播媒介、新闻信息会做出截然不同的选择，这使得新闻传播出现窄播化与分众化。分众传播成为发展的趋势后，各个媒体或频道不再将目标定位到整个市场，而是通过市场细分增加自身的影响力和竞争力，频道形象的推广和频道形象宣传片的制作也因频道专业化走向的影响而发生改变。2004年7月，旅游卫视全新改版，每天早、中、晚分别用三个小时直播全球旅游信息。"身未动、心已远"的宣传语配合蓝色调的形象片，激起了无数旅游爱好者的遐想。广西卫视采取差异化的战略定位，抛出了"中国第一女性特色卫星频道"的概念，在频道形象上凸显女性特色，2005年年初推出了契合频道定位的全新形象宣传片《风竹篇·廊桥篇·瀑布篇》，与此同时打出"风情万种、心随你动""广西卫视最懂女人，最爱女人"的频道口号，获得了很好的效果。

（三）公益化

一个成熟的媒体，应该对国家、民族和社会发生的事情积极关注和介入。公益类宣传片便是这样一个载体。"禁绝毒品""打击盗版""下岗与再就业""保护环境"等公益事件都可在宣传中有所体现。这种宣传片有亲和力，有利于树立自身形象，同时避免了急功近利的炒作色彩。"非典"期间，央视就曾投入了300多万元的制作费和超过价值2亿元的广告时段进行大规模、多角度的抗"非典"公益宣传，宣传片之多、播放频率之高史无前例，很好地巩固了频道的形象。

（四）手段科技化

在科技发展日新月异的今天，宣传片的制作手段也越来越先进。集图像、音效、特技、字幕等工作于一个环境之中的非线性编辑系统的出现，使得宣传片的包装制作有了传统线性编辑无法比拟的灵活与便利。先进的技术手段让任何想法的实现成为可能，计算机三维动画、漫画、连环画、剪纸以及中国国画等都成为其艺术表达的手段。同时，技术的进步也推动了宣传片制作模式的变革。在以往的操作模式中，导演往往以前期拍摄为核心，而后期制作则以剪辑为主。但随着后期合成技术日益成熟，逐渐开始以后期制作为核心，而前期拍摄有时则非常简单。

第二节　宣传片类型与功能

宣传片按制作内容的不同，可将其大致归类为征集型、收视型和预报型三种。征集型，指以征集播出赞助商、广告商为主的电视宣传片；收视型，指以宣传和推广电视节目或电视剧内容和定位，以及播出时间（频道）为主，以征集广告商为辅的宣传片；预报型，指以预报电视节目具体播出时间和播出频道的宣传片。

从表现形式的不同来划分，一般可有这样几种形式：频道宣传片、节目（栏目）宣传片、主持人宣传片以及电视剧宣传片，其具体内容及功能如下。

一、频道宣传片

频道宣传片，又称传媒形象片。前者侧重于分类统一，后者更倾向其功能。它既是对传媒整体形象的确立和宣传，也是针对频道（电视台/网站）整体造型和个性化亮相的展示形式。通常以宣传频道的类别、性质和风格为前提，提倡频道专业化、商业化理念的导入，以及着力于显著识别于其他频道的鲜明特征、优势或作用。

频道宣传片最关键的是主体鲜明、定位准确。通常频道宣传片是以频道定位或隶属专业的内容、理念来设计和构思的。因此其侧重点应以宣传与树立频道的整体形象和个性化特征为切入点，以象征、寓意、拟人等多方位表现手段来达到表现与展示的目的。央视品牌宣传片《相信品牌的力量·水墨篇》（如图10-1）利用动画技术、融合中国水墨画的精髓，很好地诠释了央视品牌"从无形到有形、从有界到无疆"不断发展壮大的历程,取得了很好的宣传效果。

图 10-1　央视宣传片《相信品牌的力量·水墨篇》

频道宣传片应包括:完整意义上的频道形象宣传短片;使用电视台台标或频道标识制作出来的频道片花;频道推出的特定意义的公益广告及商业广告等。由此也可看出,频道的形象宣传片,在表现形式和展示方法上,是不尽相同的。但频道宣传片在着力于鲜明个性化与专业化的表现手段上,均是提高其收视率、达到商业性目的和实践宣传推广时最好的方法。

二、节目(栏目)宣传片

节目(栏目)宣传片可分为:以宣传和介绍日常播出的节目或栏目主要内容和具体播出时间为主的宣传片;以及以插播当期或预告下一期节目内容集锦的"节目导视"宣传片两种形式。

(一) 节目(栏目)宣传片

节目(栏目)的宣传片,通常需要做到及时、明确。及时,在于准确预报节目或栏目即将播出的时间或一贯播出的节目主题;明确,则是为了给观众一个高度集中和概括精炼的节目(栏目)内容及风格交代。这类宣传片的播出与设置,能够极大地增强节目(栏目)的播出效率,形成播出频率,对于一个有着固定播出时间的常设节目(栏目)来讲非常重要。在此期间,更要争取在每期节目播出之前做出宣传片,以间断或固定连续播出的形式,坚持介绍及预报即将播出的节目,以加强其节目的连贯性和内容的延续性,突破固有播出时间的禁锢。

湖南卫视在制作该类宣传片方面的方法颇值得借鉴。以 2013 年近乎"零差评"的收视率王牌节目《爸爸去哪儿》为例,该节目在正式开播之前,湖南卫视就针对每一组"爸爸"和"孩子"拍摄了宣传短片,既满足了观众渴望提前了解节目嘉宾的好奇心理,又通过节目片花将孩子的天真、爸爸的窘态展现在了观众面前,牢牢抓住了观众的注意力(如图 10-2)。节目播出获得良好反响之后,针对每组"父子/父女"不同的性格特点,以及每期节目不同的看点,陆续制作了一系列的宣传片,在周一至周四反复播放,提醒观众周五晚锁定该频道准时收看这一节目。

图 10-2　湖南卫视《爸爸去哪儿》节目宣传片

除了针对节目(栏目)本身内容制作的宣传片之外,湖南卫视还有效利用了热点节目的联动效应。在《爸爸去哪儿》第一季的最后,节目用"接棒"的方式预告了接替该节目时间的《我是歌手》节目(如图 10-3),并陆续邀请《爸爸去哪儿》节目嘉宾为《我是歌手》录制宣传片,在之后的一周内反复播放,从而成功地将上一个热点节目的观众带动到了下一个节目之中。

图 10-3　《爸爸去哪儿》节目最后关于《我是歌手》节目的宣传组图[①]

(二) 节目(栏目)导视

节目(栏目)导视,是对节目(栏目)收视的引导和预报性的宣传与介绍,也是节目(栏目)宣传片的另一种表现形式。其作用和功能与节目宣传片一样,只是相比之下更直接,也更短暂。

节目(栏目)导视大体上可分为两类:一类是频道中节目即将播出的时间预报,另一类则是某一期节目内容的简介。虽同属于节目导视,但在形式和内容上有所区别:前者是依照频道中所有重点节目播出时间的先后顺序排列的节目播出时间表,后者则是针

---

① 数字"7"为《我是歌手》节目的标识性 LOGO,《爸爸去哪儿》用点燃"7"字篝火的方式表示节目接棒。

对某一期节目将要播出的内容所做出的提纲式的简介和预告。

1. 频道节目导视

频道节目导视，从形式到内容都非常简单，就是针对本频道接下来将要播出的节目或以后各个时段当中分别播出的节目，按照播出先后顺序所进行的文字式的播出预报。

这类节目导视在制作时，首先需要设计一个作为依托的背景：一幅精致的平面图像或是3D动画画面；然后，按照节目播出时间的先后顺序，依次排列出全天、半天或未来几小时即将播出的节目名称和时间，配以轻柔、委婉或节奏感鲜明的音乐即可。

有些频道比较讲究包装制作后的效果，其节目导视的设置与构思也会相对细腻、精致一些。每一档栏目或节目播出完毕之后，都会立刻打出"next"（下一个节目）字样的预告，只是一点点变化，但在优美音乐的衬托下，让观众立刻感到一种温馨和亲切，体现了制作者无微不至的关照，很大程度上方便了收视。

2. 节目（栏目）导视

实际上就是节目简介，但从构思到制作都要相对复杂许多。即使在同一期节目中，也会因导视所处前、后位置的不同，而起着完全不同的作用，其内容和形式更是千差万别。

在同一期节目中，如果将节目导视安排在已播出完毕的节目内容后面，主要起着介绍下期节目内容和预报播出（重播）时间的功能及作用。这时可打出"下期预告""下期内容"等提示性文字或配以解说即可。但如果将节目导视放在每期节目正式播出的内容之前，则无论从叙述内容还是表现形式来说，都只能是本期内容的介绍，即本期节目收视内容的导视。

日播式节目或时长在30分钟左右的节目当中，节目导视时长一般控制在10到15秒左右；时长在40分钟以上的节目，节目导视相对长一些，一般会在10秒至1分钟左右。

节目导视的主要功能在于收视引导。因此，首当其冲的便是主题内容的高度提炼，虽只三言两语却要具有"四两拨千斤"的效果，力争在短暂而有限的时间内直奔主题。

其次，搭配的画面一定要与节目中表述的内容相契合，画面指向性要非常强，衔接处也讲究特技和技巧处理，同时，这种应用技巧也一定要与内容表达相吻合、节奏同步。这点在采用"硬切"的衔接方式时尤为重要。另外，还可以使用快速划像、闪回或插入一个急速摇移的镜头等技巧。

最后是音乐的选择。通常情况下，以预告下期节目内容为主的节目导视，会选择相对柔和、轻松的音乐，而以引导本期节目内容收视为中心的节目导视，音乐节奏更鲜明、独特、震撼。

节目导视，就像一出戏曲精彩的开场那样，往往会在节目内容正式开始前，让观众注意力为之一振，继而为之兴趣盎然；又或者像戏曲的收官一般，让观众感觉意犹未尽、流连忘返。一个优秀的节目导视，最终会成为这个节目当中，耀眼且又令人激动的一个高潮点，以及节目播出过程中最具悬念和难忘的组成部分之一。

三、主持人宣传片

主持人宣传片可细分为：以树立和塑造主持人形象与个人风格为主的形象宣传片和以宣传节目宗旨为主题的主持人宣传片两种形式。

主持人与节目之间，实际上是相互依存、不可分割的两个部分。当一个节目经历了创立初期的新鲜好奇，逐渐步入鼎盛时期，再过渡到平稳发展阶段，节目主持人形象是其能够稳定和固定受众群体，并最终得以维系和可持续发展的重要标志与符号，主持人此刻的感召力与影响力是十分重要的。表现在宣传片中，不同的节目在不同的发展时期，其侧重点和切入角度都不尽相同。

（一）以主持人形象和个人风格为主题的形象宣传片

这是以主持人为主要推介对象的宣传行为，多要求在具有推介对象（主持人）个体化的代表性语言和形象化文字之外，还需兼顾其所在节目或栏目的宣传，做到言简意赅。

主持人形象片离不开对其所属栏目或节目的宣传介绍。无论什么样的主持人，栏目或节目都是其之所以存在的唯一依托。一旦离开节目或栏目，其主持生涯就会中断甚至停止。这类形式的宣传片，也是凭借栏目主持人的形象，去强调和加深对其所在节目或栏目的推广与宣传。中央电视台一套的《东方时空》栏目，在2000年年初所进行的全面改版中，鉴于节目设置的需要，在保留原有节目主要框架的基础上，沿用了部分老主持人，又在新开辟的版块和内容中启用了多名新主持人。面对这种全新的节目调整状态，栏目充分利用了新老主持人的观众缘和知名度，借助社会对栏目改版之际的广泛关注，以推广将要起用的新、老主持人为切入点，制作了一个全方位的主持人形象宣传片，进行了整体的宣传和介绍，并以此扩大了社会影响力，提高了收视率。一方面通过让大家熟悉和关注老主持人，来吸引和巩固原有的观众和收视群；另一方面，又以推介和宣传增设的新主持人，来调动观众的好奇心理，以便招揽观众和重燃新的关注点和收视欲望。其最终目的在于宣传改版后的《东方时空》栏目，只是从推出主持人的角度切入而已。

（二）以宣传节目（栏目）主题、宗旨为重点的主持人宣传片形式

这是目前导演或编辑广为采纳的方式之一。这类宣传片中，主持人和节目所占篇幅的多少，以及语言、文字所表述和推介的主要对象是谁，需要有明确的比例划分。以宣传节目或栏目主题、宗旨为主的主持人宣传片，虽以主持人出场的形式来表现，但无论语言还是文字，全部的侧重点仍是以宣传节目（栏目）的主题、宗旨为主要表现内容和形式。而主持人的出镜，只是作为宣传片中节目或栏目的代言人或形象来表现，即主持人只是作为宣传片中的一个符号出现，来衬托和展示节目的主题与宗旨。如《实话实说》栏目宣传片中的崔永元，《非诚勿扰》宣传片中的孟非，《一站到底》宣传片中的李好、晓敏等。

四、电视剧宣传片

电视剧宣传片实际上就是电视剧商业广告片。作为宣传片的种类之一，电视剧宣

传片是目前播出频率最高,也是最热门的宣传片形式。

电视剧宣传片因其频繁地出现在屏幕的上下播出内容之间,转换在不同频道与媒体之间,成为当前在融合媒体范围内辐射力、影响力都很大的宣传形式,是电视剧导演商业宣传及一系列经营包装中的重要环节,也为广大观众所关注。

电视剧宣传片目的往往简单明确,即完全从商业性的角度去宣传、推广和介绍即将上演的电视剧,以便获得更多的赞助与广告播出,直接扩大经济收益。这种类型的宣传片,需要特别详细地告诉观众,该剧即将开播的时间、播出的频道(或平台)和所表现的内容,特别强调加盟的男女主角,并在其间极尽煽情地展示出电视剧所具有的风格特色、热点卖点,以便观众能够提前调整时间,做好收视的心理准备。只有获得较高的收视率,才能引起社会企业的充分关注,从而赢得赞助与广告。

由于这类宣传片更多地融入了商业运作的因素,因此也决定了它将持有更多的商业性质。这点非常明显地在宣传片的语言和文字中体现出来。如注明征集贴片广告的联系电话或其他联络方式,并附上极有煽动性质的广告词等。这一切都充分体现出该宣传片更多地关注招揽和经营那些特约播出的社会企业广告或赞助商的生意,行销是这类宣传片的一个最大特点。

电视剧宣传片这样做的目的,是便于在电视剧开播之前,能够尽量做到提高知名度,在更大范围内直接联络和争取到更多的广告客户或企业的加入,从而赢得更好的经济收益,同时也期望创下更高的收视纪录。二者相辅相成。

第三节 宣传片策划与主题

一个节目、栏目或频道,从确立、制作到播出,除了需要足够的资金、时间、智慧与能力,去生产出优秀的产品之外,更为重要的是这个节目、栏目或频道,能否最大限度地满足收视群体的需求和观赏欲望,是否能够迎合或培养观众的欣赏口味与习惯,并被其认可、欣赏与喜爱。就如同一个普通的商业产品那样,其品牌效应和作用、产品质量和价值,都是人们非常关注的。特别是与同类产品对比的过程中,其所具有的特点、优势和强项,尤其值得去提示和强化出来,并于最大范围内去宣传和推广。

凝聚与强调本节目、栏目或频道的个性、风格与主题,提示和展现出节目(栏目)播出的时间、品牌或频道专业化的概念,迅速建立起注意力经济效应,培养观众的观赏习惯和口味,并因此而拥有相对固定的收视群体,保持并维护已建立的商业平台,是宣传片所要承担的责任与使命,也是宣传片主题与策划的核心内容。

一、宣传片策划与主题制作的基本理念

如同常见的商业广告片一样,宣传片也应建立起鲜明的识别体系,成功塑造出富有专业化的个性特征,从而起到告知、推广、行销和扩大影响的功用。另外一个尤为重要的目的,则是要迅速树立起一个优秀的节目、栏目或频道的整体形象。遵循这一基本指导

思想,宣传片的策划与制作理念可概括如下。

（一）传递栏目精神、展现栏目魅力

对于一个栏目（节目）来说,要想让观众接受,不仅需要"说服"的艺术,更要具备"沟通"的艺术。宣传片的基础结构元素——画面、声音带给观众的是视听感官上的刺激,而真正使观众身心愉悦、沉浸其中的却是宣传片所蕴含与传达的理念与气质。文化是品牌竞争的实质,一个成熟的节目、栏目或频道,需要具备独特的精神与文化,并通过自身所倡导或体现的这种文化来影响或迎合公众的价值观念与生活方式。如果缺乏深厚的文化内涵作支撑,设计再精美的宣传片也是缺乏内在气质与感召力的,注定只是一场没有灵魂与意义的"走秀"而已。

因此,对于一部宣传片,尤其是形象宣传片来说,首先必须坚持展示文化内涵的策划理念,要体现出一种思想、一种文化。如中央电视台的宣传片《继承文明 开拓创新》《有形世界 无限风光》均采用祖国的大好河山为主要背景,配以雄浑大气的音乐和低沉浑厚的解说,在各时段新闻节目前后固定播出,既体现了文化积淀的厚重感,又表现出了现实的使命感,很好地展现了品牌的精神内涵。

（二）树立公信力、表现亲和力

在当前传媒市场竞争激烈,由卖方市场变为买方市场的情况下,要想吸引大众的目光,建立稳定的收视习惯与观众群,就要求该媒体具备良好的公信力与亲和力。从本质上来说,传媒业是聚集"人气"的产业,有了"人气"才能有影响力,从而提高收视率、吸引广告商,最终实现盈利。因此,在制作形象宣传片时,要将其看作树立公信力与表现亲和力的载体。

为了吸引观众参与、收看,齐鲁电视台曾播放的一则形象宣传片,其创意设计就非常简单而巧妙:整个宣传片自始至终没有人出现,画面中只有一张乒乓球台。开始时,一只球从球台右边打过来,由于左边无人接应,很快就落到了地上;接着又有一只球从右边打来,这一次左边有人回球了,就这样你来我往,有了互动,打球的节奏逐渐加快,球打得也越来越精彩,当球赛到达最高潮时,画面出现字幕——"精彩,由于您的参与",与此同时,宣传语响起,"参与齐鲁,共享欢乐"。通过这样简单的方式,建立了亲和的形象,也很好地传达了"参与"的主题。

（三）建立视觉化的形象识别系统

对于传媒来说,其企业识别系统（CIS）的构成要素主要包括理念识别系统（MMI）、行为识别系统（MBI）和视觉识别系统（MVI）,他们共同构成了传媒的形象识别系统。频道理念是该频道在生产、传播、经营与管理中所坚持的基本信念,包括频道宗旨、频道战略、频道定位及风格等,是最为基础与核心的内容。唯有树立了个性化的理念,才能派生出个性化的频道,这一理念又直接决定着频道的包装及宣传片的制作。央视综合频道的理念是"传承文明、开拓创新",凤凰卫视的理念是"开辟新视野、创造新文化",湖南卫视的理念是"快乐中国",浙江卫视的理念是"中国蓝"（如图10-4）。

图 10-4　湖南卫视及浙江卫视的台标用色彩强化频道理念

形象宣传片作为视觉识别系统的一个有机组成,借助视觉设计和行为展示,将频道理念和特征予以视觉化,从而将抽象无形的理念塑造成为具体有形的图腾。由于色彩具有强烈的视觉刺激,有利于强化意境、表达情感、深化主题,在影视作品中具有重要意义和价值,也可有意识地运用到形象宣传片的制作中去。通过一系列视觉元素和符号系统构成视觉语言,有效地传达信息、体现及外化频道理念,增强受众对于频道的认知与印象。

二、媒介融合背景下的宣传片策划

媒介融合是指各类媒体向其他媒体领域的进军与扩展,从而形成各类媒体你中有我,我中有你的形态。以信息技术为中介,以卫星、电缆、计算机技术等为传输手段,数字技术改变了获得数据、现象和语言三种基本信息的时间、空间及成本,各种信息在同一个平台上得到了整合,不同形式的媒介彼此之间的互换性与互联性得到了加强,媒介一体化的趋势日趋明显。

目前用户最多、传播影响力最大的两类新媒体,一是网络媒体(以互联网为传播介质),一是手机媒体(以手机为用户终端)。以 Kindle、iPad 等为代表的阅读器终端蓬勃发展,各类数字信息终端不断地进入我们的生活。新媒体造就了信息开放的新局面,造就了全时空传播的新局面,造就了一人一媒体、所有人向所有人传播的新局面,也造就了信息爆炸和信息迅速更替的新局面。

(一)网络媒体宣传片策划要点

网络媒体因其受众、内容、表现形式与传统媒体有别,因此在宣传片的制作上也有其独特性。首先,互联网上网民多为年轻人,青少年使用传统媒体的时间越来越短,接受与使用互联网却日益频繁。鉴于这一点,宣传片在表现手法上可采用更加灵活多变的形式,甚至可以根据青少年喜爱网络游戏的特点,从动漫、游戏出发,设计一些相对活泼、个性的内容,以吸引受众。此外,亦可与网游公司合作,开发互动性更强的宣传片。其次,互联网上网站众多,内容包罗万象。因此,宣传片在策划时更应突出特色,强调简单、个性,以便更好地抓住网民。

(二)公交移动媒体宣传片策划要点

公交、地铁、出租车等交通工具上的移动电视受众具有数量多、流动强、收视短的特征,加上传播环境的特殊性,信息传达较为困难。针对这些特点,这类移动媒体宣传片在制作上要注意以下几点。

1. 通常移动电视频道的内容都带有强烈的地区烙印，宣传片的制作可主打城市牌，围绕该城市的风土人情、老百姓的兴趣喜好、民俗习惯做文章。

2. 乘坐公共交通工具的乘客容易因堵车延误或是车内环境拥挤、空气污浊而造成心情压抑或烦躁，因此，宣传片的制作尽可能做到以情感人、突出趣味，营造一种舒缓愉悦、积极向上的总体氛围，通过情感诉求与乘客之间产生"心灵沟通"，缓解乘客精神上的不适，保证宣传片的有效传播。

3. 移动电视频道的传播环境杂乱，尤其是声音易受外部环境的干扰，容易造成"传而不达"的情况。因此，在保证画面形象有效传播的前提下，需要有效把握声音的语气、语调，音乐的节奏、韵律及音响效果。同时，更应突出字幕的复述、说明功能，选择好屏幕文字的呈现时机与显示时间，通过字形字体、色彩、光线及特效处理等手段弥补声音传播上的不足。

4. 由于公共交通人群流动量大，受众驻留时间短，加上上下车等客观因素的影响，乘客连续观看的时间极短。因此宣传片的长度不宜过长，以10秒左右为宜，可适当加大播放次数，通过简单重复的方式赢得乘客的关注。

(三) 手机媒体宣传片策划要点

手机电视具有随身携带的便捷性、传播的即时与互动性、收看的私密性等特点。在具体策划过程中要注意以下几点。

1. 尽管目前手机屏幕较之过去大有改观，但其收看范围终归有限，所以在镜头景别运用上应尽量以近景及特写来表现，避免全景和远景，画面内容应简洁、明快。

2. 用手机看电视，囿于网络环境及电池电源的限制，宣传片的时间亦不宜过长，以简单、直接为宜。

3. 手机是一个非常私人化的娱乐媒体，资讯、娱乐是其主要功能，因此宣传片的内容制作上也应突破传统媒体的限制，以轻松活泼的风格、丰富娱乐的内容为主。

第四节 宣传片拍摄方法与技巧

我国古典美学格外强调意境美，它是指在诗词、书画、戏曲、园林等诸多艺术门类中，运用虚实相生的艺术手法所创造的以自然景物为媒介，抒发主观情思与生命感悟，达到意象契合、情景交融、令人回味无穷的艺术境界。[1]"境界说"集大成者王国维也曾说过："言气质、言格律、言神韵，不如言境界。有境界，本也。气质、格律、神韵，末也。有境界而三者随之矣。"[2]有境界的作品，言情必沁人心脾，写景必豁人耳目，即形象鲜明，富有感染力量。书画诗词依靠笔墨表情达意，宣传片则依靠镜头来表现意境。因此，宣传片

---

[1] 刘书亮.中国电影意境论[M].北京:中国传媒大学出版社,2008:33.
[2] 王国维.人间词话[M].香港:中华书局,2009:23.

拍摄就应该在掌握基本常识基础之上,根据主题与策划的需要灵活运用,这其中光线、色彩与镜头运用是关键。

一、利用光线塑造形象

有光才有形、有光才有影、有光才有色,世间以美型、靓影、姿色示人的影像皆因"光"的造化,宣传片的高端大气亦源于"光"的完善。

(一)光线对于画面构图的作用

光线是画面构成的重要条件,没有光线根本谈不上成像。正如构图使影像具有形式和实体一样,光线使影像清晰可辨。没有光线,也就无所谓形状的发现和色彩的感知。可以说,光线是形、影、色之基础。学习怎样拍摄制作宣传片首先就要学会"观察光",学会敏锐地去感觉"光",积极地去发现"光",理性地去思考"光"。

一个场面无论是用人工照明还是自然照明,光的方向是首要的,因为它能产生一定的情绪。正面平光照明容易使画面情绪显得平淡、冷漠;头顶上方的顶光照明则使场面具有一种呆滞、单调的性质;从一个较低角度射来的光则会产生一种富于戏剧性的效果;而45度侧光照明,影像层次分明,有益于提高电视画面的表现力(如图10-5)。光线的方向对色彩饱和度也有着重要的影响,用前向照明可获得最大的饱和度,后向照明可降低饱和度。

图 10-5　西安城市宣传片中侧光照明令影像层次分明

光线从性质上大体可分为硬光和软光。硬光的方向性很强,它一般是从很小的光源发出的。在硬光照明下,被摄体上有受光面、背光面和影子,这是构成被摄体立体形态的有效效果。硬光照明的受光面和背光面之间的亮度间距比较大,也就是景物的反差大,可以造成明暗对比强烈的造型效果,这样的造型效果使被摄体形成清晰的轮廓形态的形象。这种光效可以达到"有力度"的艺术效果。软光是照明在被摄体上不产生明显阴影的光,在这种光效下阴影逐渐形成,且具有不明晰的边缘。软光是一种漫反射性质的光,其照度比硬光要低,光源方向性不明显。一个场面里使用的每一个光源,都有各自的特点。自然光的质量也有着无止境的变化,不同季节的阳光,有能够影响影像情调和性质的特殊的色彩特征。无论是轻松欢愉的场合还是低沉阴郁的气氛,都因为光的性质差异而产生不同的视觉冲击力。作为拍摄者来说,要善于捕捉与营造不同的光效,从而塑造不同的造型效果。

(二)画面摄制中的用光控制

为了保证画面能够真实地再现物体本来的颜色和现场的气氛,拍摄用光的控制是一个十分重要的环节。宣传片画面拍摄用光的控制主要包括色温与白平衡控制、强度控制和造型控制三个方面的内容。

1. 色温与白平衡控制

画面能否准确反映物体的颜色,取决于在光线的各种色温条件下对摄像机"白平衡"的正确调节。控制色温,调整好白平衡,是用光控制的基础。日常拍摄现场涉及的光源色温如表10-1所示。

表10-1 常见光源色温简表

光源类别		色温(K)
人造光源	蜡烛光(含油灯)	1800—2000K
	25W—200W 各种民用钨丝灯	2200—2800K
	500W—1300W 各种卤钨、碘钨灯	3200—3400K
	5W—40W 日光灯(高色温型)	4400—6000K
	电焊弧光、碳棒弧光灯	5000—5500K
自然光源	日出、日落	1800—2000K
	日出后、日落前(半小时)	2000—2400K
	上午10时至下午3时的阳光	5000—5500—5000K
	阴天、薄云的散射光	7000—8000K
	蓝天、晴雪天的天空光	10000—25000K

通常情况下,调整好白平衡,保证物体图像色彩的正确还原,是画面拍摄最起码的要求。但有时,为了营造特殊氛围,则可以有意让画面色调偏离正常色彩。如拍摄烛光下的生日聚会,色泽偏红(暖色调)可使画面充满温馨、喜庆的氛围;而拍摄秋意瑟瑟的江滩,色泽偏蓝(冷色调)则可更加强调凄冷、孤寂的感觉。

2. 光线强度的控制

摄像机对光照强度的控制是通过光圈的变化施行的。在被摄体照度均匀、主体与背景明暗反差不大的情况下,自动光圈能够较好地保证图像的质量,但是在主体与背景明暗照度不均、阴暗反差过大的情况下,光圈虽然能根据照度的变化迅速进行自动调节,但这一调节过程仍会影响图像质量(如主体在室内、背景是室外天空,便会造成大反差而淹没主体的面目),这时则应改用手动光圈(或对主体测光后将光圈锁定)进行拍摄。当拍摄须使用大光圈缩小景深范围而光照强度超标时,可使用灰镜降低光照强度以保证正确曝光。

3. 光线造型的控制

拍摄中的光线一般有主光、辅光、环境光、轮廓光、眼神光等。

主光是用来塑造人物形象和环境的主要光线,源于环境的主要光源,是影响拍摄的关键光源,也是曝光的依据,确立了照明的方向和光源的创意。主光对被摄对象的立体形状、空间形态、质地的表现,以及画面影调、色调和气氛起决定作用,同时也决定了人物面部阴影的位置。根据造型需要,各种方向的光源,包括正面光、侧面光、侧逆光、逆光、顶光和脚光都可以做主光。

辅光一般用散射光,是补充主光照明的光线,用于照亮被摄对象的阴影部分,以避免新阴影的形成,使对象亮度得到平衡,帮助主光造型。主光和辅光的亮度比叫作光比,一般是先确定主光之后,再调整辅光,其运用原则是辅光不能亮于或等于主光。辅光照明的阴影部分应保持阴影的性质,并使暗部有一定的层次。

环境光是对片中人物生活环境照明的光线。对于内景和实景的人工光线而言,是天空光、后景光、前景光以及大型的陈设道具光的总和。其主要作用是:营造环境光效;表现故事发生的时间;烘托主体;营造气氛。

轮廓光是来自被摄体后方、有一定角度并能"提取"或勾画出被摄体整个或部分轮廓的光。轮廓光也被用来照亮头发和脸颊边缘。当主体和背景影调重叠的情况下(如主体暗,背景亦暗时),轮廓光可以起到分离主体和背景的作用。

眼神光是赋予人物精气神的"点睛之笔"(如图10-6),其光源为位于摄像机镜头下方(或上方)的直射弱光(以不干涉主光与辅光的布光效果为准),光源高度与被摄人物的眼睛齐平,布光后,可明显看到人眼眼珠上有1~2个光斑。须提醒的是,眼神光的光斑只能有1~2个点,有时主光也可能在眼珠上形成多个光斑,导致眼神光的杂乱,这时可通过适当调节灯位予以消除。

图10-6 眼神光乃人物点睛之笔

图10-7 光线控制人物造型示例

用光控制犹如用笔作画似无定性,其实自有其内在方寸,诸如尽量少用单一光源、尽量不用正面主光以求得二维画面呈现立体视像效应,既是传统技法法则,也是永恒的美学追求(如图10-7)。

二、通过色彩表达情感

自然界是五彩缤纷的,人类的生活也是充满着色彩的。色彩与我们的生活紧紧联系在一起。色彩给人带来各种各样的联想和感情,人们把自己的生活经验与色彩联系起来便产生丰富的联想。同时,色彩也是电视画面摄制中非常重要的要素,它是电视制作人一个非常重要的表现手段。

（一）色彩的象征寓意

我们在生活中无时无刻不与色彩发生着密切的联系,色彩的自然属性成为生活中客观对象的一种表象和标记,如我们中国人的头发是黑色的、皮肤是黄色的,树叶是绿的、天空是蓝的等。色彩学认为,色彩本身并没有什么抽象含义,但当色彩进入人类社会就被打上了时代、阶级、宗教、伦理等烙印,产生一种约定俗成的社会寓意。比如说中国封建社会中明黄色是帝王的"专用色",平民百姓只能"望而生畏",就是一个十分生动的例证。五星红旗就会让我们联想到革命先辈抛头颅、洒热血的悲壮情怀。人们对色彩的运用,都是致力发掘它的象征寓意。常见色彩象征寓意如表10-2所示。

表10-2 常见色彩象征寓意简述

色彩	情感表征寓意
红色	热烈、喜悦、勇敢、斗争
黄色	醒目、庄重、高贵、光辉
蓝色	安静、深远、幽清、阴郁
绿色	生意盎然、健康、活泼、平和
紫色	柔和、幽婉、华贵、娴静
品红	秀丽、鲜艳、飘逸、悦目
黑色	沉着、恐惧、严肃、神秘
白色	清洁、坦率、朴素、单调
灰色	和谐、浑厚、静止、大方

（二）色彩语言在拍摄中的运用

宣传片摄制中色彩语言的掌握和运用,应该以三色成因理论为基础,对色别、色调、色彩搭配、画面色彩基调控制、色彩还原基础内容作深入了解,综合考虑环境、时代、季节和人们的风俗、思想情绪及心理状况等多个因素对于色彩语言构成的影响。

当我们了解了色彩的象征寓意和意义的形成后,有必要对在画面中如何运用好色彩要素,即色彩构图作进一步的分析。色彩构图的内容,包括色调的冷暖、色度的明暗,色彩的变化、对比、和谐、渐变以及画面上的色块分布等。

1. 色彩的基调与主题

色调是画面中呈现的色彩总和,它指的是画面上给人总的色彩感觉,也就是画面的整体色彩效果。色调犹如音乐中音调的概念一样,和谐的音调给人以深刻的感染（传播效力）。色调不仅对表现时间、环境、气氛等作用有很大的渲染作用,还可以根据主题的需要确定色彩基调。暖色调画面表现为红黄基调,冷色调画面则以明亮的蓝色为基调。比如在一个篝火晚会的大环境下,当要表现众人的欢乐时,应以篝火的暖色调为基调,当要表现篝火圈外人们小聚低语时,应以如水的月色形成冷色基调。

2. 色彩的对比与和谐

自然界景物具有丰富多彩的色调关系，它们互相联系，互相影响，形成多样而统一的整体。这种多样性的对比，被称为色彩反差；这种多样性的统一，被称为色彩和谐。在处理色彩的反差关系时，必须考虑到色彩的和谐，在色彩和谐的前提下，又要充分考虑色彩的多样性。所以也可以说，色彩反差就是颜色的对立，色彩和谐就是颜色的统一。调和与对比是相辅相成的，过分强调和谐，色彩将失之平淡，甚至产生灰暗，致使画面眉目不清；过分强调对比，会造成色彩堆砌，以致喧宾夺主、杂乱无章。因此，色彩运用要恰到好处，达到色彩反差与色彩和谐的统一。

3. 色彩的渐变与分布

自然界景物的色彩给人的感觉是，近处景色要比远处的景色鲜艳、饱和，它能使彩色画面更富于变化，我们将这一现象称为色彩渐变效应。颜色在画面上的分布大都成块状，我们称之为色块。色块分布表现出不同颜色在画面上的组合、穿插。构图时，要注意观察被摄对象是由哪几种色块所组成，而后决定取舍，应使近景中有较大面积的饱和色块，给人以强烈的视觉印象。

4. 色彩与光的配合

色彩的表现与光的亮度、色温及环境色光的反射有着密切关系，彩色构图必须注意光的配合。实践表明，各种类型的光线，会表现出种种不同的色相。例如顺光色彩饱和、透明度高，但缺乏阴影，色调平和，适宜于表现色形丰富的题材；侧光色彩阴暗对比强，应加补充光，以降低反差；斜射光能表现景物的丰富色彩，富有质感、立体感，而逆光则使色彩大量失落。

总之，色彩构图主要是要求色彩饱和、明快，色调统一、色块组合和谐、邻色过渡柔和，给人以鲜明舒畅的感受，以提高画面内容的有效传播为最终目的。

三、明确画面表现内容

对于宣传片拍摄而言，明确画面表现内容体现在和谐的构图与恰当的镜头使用上。所谓构图，是指构成、组成、联结与联系，即确定画面中各个构成因素的关系，使其最终组成一个在光、影、色、形上和谐的整体。

（一）构图角度的选择

构图角度的选择就是在拍摄现场确定拍摄的最佳"坐标"，不同坐标点所带来的角度变化往往具有不同的侧重点和表现力，对画面表现内容的优劣具有重要影响。确定画面的拍摄角度是画面内容、各种构图因素综合物化的决定性过程，这个过程涉及的物质手段主要包括画面的拍摄距离、拍摄方向、拍摄高度等三个基本角度。在拍摄过程中，这三者是综合运用、不可分割的。拍摄角度的运用，不是纯技术手段，其现场调度控制尺度是以拍摄内容的总体要求为依据的。

1. 拍摄距离

拍摄距离的变化会影响到被摄对象在画面中的大小，下列两种情况都可以达到拍摄距离的变化:一种是改变摄像机和被摄对象的实际距离;另一种是改变摄像机的焦距。它们都可以获得被摄对象的同一景别的画面,虽然用这两种方法得到的画面在景深、视角、透视感等效果方面有所不同,但其实质都是距离的变化。这种距离的变化所带来的被摄对象在画面中呈现的范围的变化,称为景别变化。我们所要掌握的是拍摄距离的变化所形成的各类"景别"的具体内容,它们是:远景、全景、中景、近景、特写。

景别的选择是视听内容制作者对画面叙述方式和故事构成方式的总体考虑的结果,它是创作人员思维活动的直接表现。运用景别的目的,首先,为了让人们看个究竟,正如我们的实际观察一样,要看清事物的细节就要凑近观察,要看事物的全貌则退而审视,景别在这种时候的功能主要是描述性的;其次,采用不同的景别,还能创造出各种心理效果,特别是两极景别——全景(包括远景)和特写,往往能造成某种突出的心理效果,描述作用反而不是主要功能了。不同景别的表现内容及传递出的情感意蕴如表10-3所示:

表10-3 不同景别的表现内容与情感意蕴[①]

景别名称	表现内容	情感意蕴
远景	展现对象远距离形貌,指称对象生存于广阔空间,融于环境中	传达深邃、抒情的意蕴,兼具层次模糊、难于浏览等弊端
全景	展现对象形貌高度的全部,指称对象与生存环境的关系	传达结构完整、叙事清晰的整体意蕴
中景	展现对象形貌高度的3/4,指称对象的人际关系与情感表露	传达连贯、亲近、友好、敌对等意蕴
近景	展现对象形貌高度的1/2,指称对象的情感、行为关系	传达亲近、友好、信任等意蕴
特写	展现对象的局部细节,指称对象细节放大	传达压迫、细腻、强烈、夸张、描绘等意蕴

景别的变化带来的是视点的变化,它是实现画面造型、形成节奏变化的因素之一。画面摄制中景别的运用是否得当和有效,是检验创作者思路是否清晰、表现意图是否明确的重要尺度和标志。

2. 拍摄方向

拍摄方向是摄像机镜头与被摄主体在水平平面上的相对位置,是拍摄角度在水平方向上的变化。拍摄方向的变化,可以影响到电视画面中的形象特征和意境等的相应的改变。我们一般根据拍摄方向的变化,把它分为正面角度、正侧角度、斜侧角度、背面角度几种基本角度,其表现内容与情感意蕴如表10-4所示。

表10-4 水平平面上不同拍摄角度的表现内容与情感意蕴[②]

角度名称	表现内容	情感意蕴
正面角度	展现对象0度正面的全貌,指称对象缺乏空间深度	传达庄重、稳定、严肃的意蕴,兼具主次难分、呆滞等弊端

---

① 黄匡宇,黄雅堃.当代电视新闻语言学[M].北京:中国社会出版社,2011:81.
② 同上。

续表

角度名称	表现内容	情感意蕴
正侧角度	展现对象90度正侧面形貌,指称对象方向、动态鲜明	传达平等、真诚、活泼的意蕴,兼具空间厚度不足的弊端
斜侧角度	展现对象45度斜侧面形貌,指称对象纵深感突出	传达活泼、快速、动荡的意蕴,兼具欠稳定的弊端
背面角度	展现对象0度背面的对称全貌,指称对象背景空间深度突出	传达神秘、参与、身临其境的意蕴,兼具意蕴模糊的弊端

3. 拍摄高度

拍摄高度是指摄像机机位与被摄主体在垂直平面上的相对位置或相对高度。拍摄高度的选择在画面的摄制中也至关重要,它可以影响到画面中的地平线的高低、景物的展示程度、远近观感等因素。我们一般根据拍摄高度的变化,把它大致分成平角度、俯角度、仰角度与顶角度。四种拍摄高度各有不同的造型特点和感情色彩,如表10-5所示。

表10-5 垂直平面上不同拍摄角度的表现内容与情感意蕴①

角度名称	表现内容	情感意蕴
平角度	展现对象平角度正面形貌的指称对象	传达平和、自然、安详等意蕴
俯角度	展现对象俯角度形貌的指称对象	传达渺小、微弱、压缩等意蕴,兼具变形的弊端
仰角度	展现对象仰角度形貌的指称对象	传达权力、威严、颂扬、夸张等意蕴,兼具变形的弊端
顶角度	展现对象顶角度形貌的指称对象	强调被摄对象之间的相互关系,造成物体影像的夸张与变形

(二)拍摄方法的运用

当我们掌握了画面构图拍摄的三大"角度",接下来需要熟悉的是镜头运用的方法。从摄像机与拍摄对象的相对运动状态来看,分为固定镜头、运动镜头和综合镜头三种。

1. 固定镜头

摄像机在机位不变、镜头光轴不变、焦距不变的情况下记录下的片段,我们称为固定镜头。其主要特征是:摄影机和被摄对象(主体)基本固定,主体所占据的上下、前后、左右幅面位置基本不变。固定镜头体现拍摄者的视点、视线、视野处于固定状态下集中注意力去看清对象的一种构图形式。它能最大限度地表现被摄物体的自身运动和外形变化,被摄物体在画面中的位移过程将大大拓展画面空间乃至画外空间(入画和出画处理),强调观众视线随主体在画面中的运动而移动(视线运动)。

2. 运动镜头

运动摄像,就是在一个连续镜头中通过改变摄像机机位、光轴指向或镜头焦距所进行的拍摄方式。通过这种拍摄方式所得到的画面,称为运动镜头。运动视点体现了人们

---

① 黄匡宇,黄雅堃.当代电视新闻语言学[M].北京:中国社会出版社,2011:84.

不断改变自己的观看距离、方位、角度来观察对象,表现了摄像机的工具特性,是影视区别于绘画、摄影等静态造型艺术的重要特点之一。运动镜头通过连续的记录呈现了被摄主体的运动过程,利用摄像机的运动使不动的物体和景物发生了运动和位置的变化,表现了人们生活中流动的视点和视向,产生了多变的景别、角度、空间和层次,形成了多变的画面构图和审美效果。概括来说,有推摄、拉摄、摇摄、移摄及跟摄五种情况。

(1) 推摄是指拍摄过程中,通过向前移动摄像机或使镜头焦距由短变长的方式,让画面对象在景别上发生由大到小的变化,或使画面的表现重点指向特定的对象或目标的拍摄方式。推摄时镜头向前推进的过程造成了画面框架向前运动,从画面看来,画面向被摄主体方向接近,画面表现的视点前移,形成了一种较大景别向较小景别连续递进的过程,具有大景别转换成小景别的各种特点。随着镜头向前推进,被摄主体在画面中由小变大,由不甚清晰到逐渐清晰,由所占画面比例较小到所占画面较大,甚至可以充满画面。与此同时,主体周围所处的环境由大到小,由所占较大的画面空间逐渐变成所占空间较小,甚至消失。这种使用推摄镜头的动态构图,有一种把主体从环境中显出来的感觉,与文学里的烘云托月手法异曲同工。

(2) 拉摄是指拍摄过程中,通过向后移动摄像机或使镜头焦距由长变短的方式,让画面对象在景别上发生由小到大的变化,从而使画面表现重点发生转移的拍摄方式。其镜头运动方向与推摄正好相反,拉镜头使被摄主体随着镜头向后拉开由大变小,取景范围和表现空间是从小到大扩展的。由于拉镜头从起幅开始画面表现的范围不断拓展,视觉元素不断入画,原有的画面主体与不断入画的形象形成新的组合,产生新的联系,每一次形象组合都可能使画面发生构成性的变化,使得画面构图形成多构成变化。它不像推镜头,被摄主体和环境一开始就在画面中间表现出来,观众对起幅中就已出现的构成关系早有思想准备。拉镜头的画面随着镜头拉开和每个富有意义的新形象的入画,促成观众随镜头的运动不断调整思路,去揣测画面构图中的变化所带来的新意义、引发出的新情节,这样逐次展开场面形成的两极镜头(全景—特写)所产生的画面冲击是极易抓住观众的视觉注意力的。

(3) 摇摄是指拍摄时摄像机机位不变、镜头焦距不变、镜头光轴指向发生明确改变的拍摄方式。其运动形式是多样的,如:水平移动镜头的水平摇;垂直移动镜头的垂直摇;中间带有停顿的间歇摇;摄像机旋转一周的旋转摇;各种角度的倾斜摇;速度极快形成的甩镜头等。不同形式的摇镜头蕴含着不同的画面语言,具有各自的表现意义。抽象地看摇镜头的运动轨迹,就像一个以摄像机为中心、对四周立体空间的扇形以至环形的扫描,犹如人们转动头部环顾四周或将视线由一点移向另一点的视觉效果。在镜头焦距、景深不发生变化的情况下,画面框架发生了以摄像机为中心的运动,观众的视野随着镜头"扫描"过的画面内容而相应变化。摇镜头的运动使得画面的内容不通过编辑发生了变化,画面变化的顺序就是摄像机摇过的顺序,画面的空间排列是现实空间原有的排列,它不破坏或分隔现实间的原有排列,而是通过自身运动忠实地还原出这种关系。

(4) 移摄是指在镜头焦距不变的情况下,在拍摄中对对象事物采取泛向移动摄像机并带动光学镜头同位运动的拍摄方式。它以人们的生活感受为基础,依次从画面一侧移向另一侧,移动摄像正是反映和还原出了人们生活中的这种视觉感受。摄像机的移动使得画面框架始终处于运动之中,画面内的物体不论是处于运动状态还是静止状态,都会呈现出位置不断移动的态势。移动镜头表现的画面空间是完整而连贯的。移动摄像根据摄像机移动的方向不同,大致分为前移(摄像机机位向前运动)、后移(摄像机机位向后运动)、横移(摄像机机位横向运动)和曲线移动(摄像机随着复杂空间而做的曲线运动)四大类。移动拍摄能够最大限度地突破画面构图的画幅框限,从而扩大视野。在反映城市建筑、田园山野等静态景物及拍摄静态人物时,移动拍摄能够创造出运动的效果与节奏,对于宣传片的拍摄来说是非常重要的一种手法(如图10-8)。

图10-8 中国旅游宣传片中的航拍移摄展现自然人文风光

(5)跟摄是指摄像机镜头焦距不变、机位和镜头随同画面特定主体一同运动的拍摄方式。跟镜头的画面始终跟随一个运动的主体,该主体也始终处于画面的中心,而背景环境则始终处于动态变化之中。跟摄能够连续而详尽地表现运动中的被摄主体,又能交代主体的运动方向、速度、体态及其与环境的关系,使物体的运动保持连贯。由于符合人们日常生活中作为旁观者对事件的观察习惯,因此跟镜头具有很强的纪实意义与客观性,对于表现人物所处的环境、人与周边环境的关系以及表现主体人物的精神状态极为有利。

不论是推、拉、摇、移、跟哪种类型,运动镜头的拍摄不仅在于单一画幅上构图的完整、和谐、均衡,而且还要求整个拍摄过程的适时与和谐。一般来讲,运动的全过程应当稳、准、匀,即画面运动平稳,起幅、落幅准确,拍摄速度均匀。当画面景别转为远景或全景时,如无特殊表现意图还要注意画面内地平线的水平。

3. 综合镜头

综合镜头是指拍摄中将固定镜头与推、拉、摇、移、跟等各种运动镜头的拍摄方式有机结合起来的拍摄镜头。它是多种拍摄手法的融合及灵活运用,其构图形式也呈现出有静有动、有行有止多种形态,赋予了事物事件、人物情感外在多样性的表现,能突出描绘情节内容重点,着力强调细节,吻合了人在观察事物时,随着心态或者对象存在形态的变化,视点、视线、视野发生或动或静、或随意或凝神的变化。实践表明,单一的静态构成或动态构成,均难免使人感到厌倦,综合镜头在构图和表现上的复杂多变可产生新异效果,满足了观众的视觉生理——心理构成。综合镜头多与长镜头结合在一起使用,长镜头技巧被作为实现场面调度的技巧,人们将它与其他蒙太奇理论相提并论,并称之为"镜头内部的蒙太奇"。长镜头注重通过事物的常态和完整的动作揭示动机,保持生活的透明性、暧昧性和多义性,连续性拍摄的镜头段落,充分体现了现代影视的叙事原则,再现了现实生活的自然流程,因而更具立体感,使观众能以多角度洞察生活。

第五节　宣传片编辑要点

对于当代视听内容制作而言,编辑绝不是人们惯常思维里"删删减减""为他人作嫁衣"之类的简单操作,而是视听内容传播过程中不可或缺的重要环节,具有无可替代的重要地位和作用。一条宣传片在经过了策划、拍摄等工序后,还只是一些零散素材的集合,大量的整理与加工工作,都要靠后期编辑来完成。同时,编辑还是对已经摄录的素材进行再加工、二度创作的过程,是对素材的提炼与升华。因此,一名合格的编辑首先必须精通画面剪辑之道,熟知各种镜头的组接形式、掌握画面转换的技巧,善于利用蒙太奇手法加强画面表现力、丰富画面表现形式,能够把握不同受众的视觉习惯和接受心理,控制好画面的节奏。其次,必须精通声音处理的技巧,在编辑中能够考虑声音与画面的配合,按照表现内容的需要,从片子整体出发进行通盘考量。最后,还应该具备一定的艺术鉴赏力和美学修养,擅长借鉴多种艺术表现手法,能够最大限度地利用现有技术手段去丰富完善作品。

一、蒙太奇思维的巧妙运用

(一)蒙太奇的概念

蒙太奇(montage),为法语音译词,原意为建筑学上的构成、装配之意,借用到影视领域中则是形式与内容组合、构成的总称。在各类影视摄制中,根据主题的需要、情节的铺陈、观众注意力和关心的程度,将全片所要表现的内容分解为不同的段落、场面、镜头,分别进行处理和拍摄。然后再根据原定的摄制构思,运用各种技巧,将这些镜头、场面、段落合乎逻辑地富于节奏地重新组合,使之通过形象间相辅相成或相反相成的关系,产生连贯、对比、呼应、联想、悬念等效果,构成一个连绵不断的有机整体——一部完整的反映生活、表达思想、传播信息、生动真实的影视片。这种构成一部完整影视片的独特的表现方法称为蒙太奇。蒙太奇的本质内涵有二:一是蒙太奇是人的思维规律的集约反映,二是蒙太奇是人的行为规律的集约显现。这是对蒙太奇理解的基础。

从总体看,蒙太奇是摄制者对影片构成的总体安排,包括叙述方式(顺叙、倒叙、分叙、插叙、复叙、夹叙夹议)、叙述角度(主观叙述、客观叙述、主观客观交替叙述、多角度叙述)、场景、段落的布局。

(二) 蒙太奇的类别与运用

根据蒙太奇所表述的生活内容及心理活动的共同规律,可分为叙事蒙太奇和表现蒙太奇两大类。其中叙事蒙太奇以交代情节、展示事件为主旨(如表10-6),按照情节发展的时间流程、逻辑顺序、因果关系来分切镜头、场面和段落,表现动作的连贯,推动情节的发展,引导观众理解所反映事情的内容。它是影视片中最基本、常用的叙述方法。其优点是脉络清楚、逻辑连贯、明白易懂。

表10-6 叙事蒙太奇详细分类及特点、作用[①]

类别	名称	主要内容、特点及其作用
叙事式蒙太奇	平行式蒙太奇(又称平列式或并列式)	是两条或两条以上的情节线索的平列表现,将异地几乎同时发生的事件分头叙述而统一在一个完整的情节构成之中,亦即平时所称的"话分两头"的手法。这种叙事手法可省去多余的过程,节省时间和篇幅,加快节奏,渲染气氛,形成对比、呼应,有利于情节展开,增加信息容量
	颠倒式蒙太奇	是一种打乱时间顺序的叙述方式。它将自然的时空关系变成主观的时空关系,使各镜头间的逻辑关系发生变化。可以表现为整个电视片的倒叙构成,也可表现为闪回或过去与现实的混合
	连续式蒙太奇(又称顺序式或线索式)	是一个动作或一条情节线索的连续发展,采用平铺直叙的手法叙述事实及其经过,完全按客观事物统一的时间顺序和逻辑顺序组接镜头。其特点为层次分明、条理清楚、循序渐进、逻辑性较强,是最主要的叙述方式
	交叉式蒙太奇(又称交替式)	由平行蒙太奇发展而来,是平行动作或场景的迅速交替,它所表现的两条以上的具有因果或呼应关系的情节线索既同步发展又相互交叉。它有助于加剧冲突、制造悬念,通常用于表现追逐场面或惊险扣人的情节
	重复式蒙太奇(又称复现式)	重复出现前面已经出现过的具有代表性的各种构成元素(如人、物、动作、场面、声音等)产生独特的寓意和传播效果
	积累式蒙太奇	将一系列性质相同或相近的镜头连接在一起,通过视觉的积累效果,造成强调作用

表现蒙太奇以加强内涵表现力和情绪感染力为主旨(如表10-7),它不注重事件的连贯、时间的连续,而注重画面的内在联系。它以两个镜头的并列为基础,在形式上或内容上相互对照、冲击,从而产生一种单独镜头本身不具有的更为丰富的含义,以表达某

---

① 黄匡宇.当代电视摄影制作:观念与方法[M].上海:复旦大学出版社,2011:249.

种情感、情绪、心理或思想,给观众造成强烈印象。运用这一表现手法的目的不是叙述情节,而是表达情绪、表现寓意、揭示含义。

表 10-7 表现蒙太奇详细分类及特点、作用[①]

类别	名称	主要内容及其作用
表现蒙太奇	隐喻蒙太奇	这是一种比喻手法,通过镜头的连接将不同形象加以并列,以甲比乙,以此喻彼,暗示出一种视觉上的直喻,使内容更含蓄。它往往借助于不同事物间的某种相似点来实现这种隐喻比附。用后一镜头对前一镜头进行比喻,通过后者形象、深刻地表达某种意义
	象征蒙太奇	通过景物表现某种意境,达到象征目的的方法。与隐喻蒙太奇不同,它存在于一个镜头的内部
	对比蒙太奇	是不以叙述的顺接关联而以其对比关系为依据的画面组接方式,它通过镜头(或场面、段落)之间在内容上或形式上的鲜明对比,产生相互强调、相互冲突作用,以强化所要表现的主题
	心理蒙太奇	通过镜头或声音、画面的有机结合,直接而生动地展示出人物的心理活动、精神状态,其特点是叙述的片断性、不连贯性和时空上的跳跃感,常以回忆、梦境、幻觉及其他主观感觉的穿插闪回手法表现人物心理活动
	抒情蒙太奇	通过画面组合、创造意境,使情节发展充满诗意
	理性蒙太奇	通过画面组合、对列形式,产生深刻的内在思想含义。它强调"理性反响",忽视形象感染力,把镜头变成某种图形文字一样来直接表达思想或概念。它追求哲理性,激发观众对人生的思考
	节奏蒙太奇	通过若干镜头的相互作用(如不同长度的镜头按不同方式组接,不同情节或景别镜头间对列组接)产生张弛、起伏、快慢等不同的节奏效果,从而表现紧张、低沉、活跃、轻松、悠闲等不同的情绪、气氛

表现蒙太奇因其时空跳跃自如、场面转换灵活,在宣传片中运用相对较多。安徽卫视 2009 年起推出的宣传片中就出现了许多大江南北的风光画面,还有祖国各地的群众用当地的方言说出"我喜欢你""为了你不吃不喝、不哭不笑、什么都不在乎了"等,这些镜头组合在一起,形成了抒情蒙太奇的效果,表达了强烈的情感。

蒙太奇是宣传片反映现实的独特的构成方法,它贯穿于摄制的全部过程之中:始于文字稿的构思,完成于宣传片的最后剪辑、声画合成。既是思考认识过程,也是思维物化的技术过程。它的每一阶段都体现着摄制人员的蒙太奇思维。因此,应该把握从文字到

[①] 黄匡宇.当代电视摄影制作:观念与方法[M].上海:复旦大学出版社,2011:274.

画面的全部内容,在编辑合成中,要使思想与形象、形式与内容、局部与整体、主观与客观诸方面辩证的有机统一。

二、声画结合的合理运用

声音是人际交流不可或缺的重要载体,对于视听传播来说,更具有其特殊意义。视听传播中的"视""听"代表着画面和声音,这两条信息传播的通道相互交汇、融为一体、不可割裂。宣传片编辑更要注重声画结合的合理运用。

宣传片中的声音可分为语言、音响、音乐三大类,它们各自发挥自己的功能:语言以表义和传达信息为主,音乐以表情为主,音响以表真为主。其中语言属于语言符号范畴,是宣传片叙述内容与情节的主体;音响和音乐则属于非语言符号范畴,强调画面空间的真实感及多层次的表现力,将写实音的"变形"和主观化处理的主观音响,能够表现人物的精神状态。多个不同时间、不同空间的语言的与非语言的声音和画面相结合,可以形成多个声音空间与画面的复杂层次构成,使画面具有强烈的透视感、立体感,表现复杂、多样的意义和内涵,引起观众的联想和想象。

由于宣传片时间有限,留给声音的表现空间相对较小。因此,无论语言、音响还是音乐都需要最大限度地凝练、简化,简单识记才有可能给观众留下深刻的印象。作曲家赵季平曾说:"作为一种重要的电影元素,音乐在现代电影创作中已不再只具有协调作用和媒介作用,在与另一个重要的电影元素——画面寻求审美对位的同时,它或能概括影片的主题思想,揭示影片的内涵价值,构筑影片的总体基调,或者推动剧情的发展,渲染画面的气氛,丰富画面的信息,促进画面与主题的运动……总之,它不再是电影可有可无的附带物,而应是揭示电影灵魂的重要手段。"[①]由此可见音乐的重要作用。对于宣传片来讲,背景音乐的选择非常重要,既可借鉴经典曲目,如安徽卫视"早起的孩童篇"宣传片,选用著名歌手、作曲家久石让的 *Summer*,清新明快的风格非常适合宣传的主题;也可根据作品需求制作专门的个性化音乐,如湖南卫视主题曲《快乐出发》,曲风轻快、歌词简洁,表现出欢快、动感的氛围。除此之外,语言人声的选择亦不容忽视,这往往是宣传理念的高度浓缩。应根据宣传片不同的风格与需要,选择合适的配音员。总之,在保证音质优美的基础之上,要注意声音与宣传片的理念、画面的协调,其节奏音律也要和画面相一致。

三、多种艺术手法的借鉴使用

计算机技术的引入,使得宣传片的创作手法已不再囿于传统的拍摄制作,而能够借鉴多种艺术形式手法来完成。

被视为中国传统绘画的水墨画,通过墨的浓淡变化与神韵来完成绘画,讲究"以形写神",是宣传片中比较常见的表现手法。中央电视台 2009 年的宣传片《相信品牌的力

---

① 梁红旗.继承传统,善于创新——赵季平艺术成就素描[J].音乐创作,2013(5):11.

量·水墨篇》采取了全新的艺术表现形式和独特的创意,融合了水墨画的精髓,加入现代的动画技术,描绘了一滴墨在水中不断晕染开来,变化成多种形态,有山川有大海,由仙鹤变游龙、由长城到鸟巢等中国标志,带来强烈的视觉冲击。其突破传统、突破时空的限制,展示了强大的中国力量和中国文化的博大精深、深厚悠久,同时很好地诠释了央视品牌"从无形到有形、从有界到无疆"不断发展壮大的历程(如图10-9)。除此之外,彩笔画、漫画、素描等都可创造性地利用在宣传片中,形成让人耳目一新的效果。

图10-9　CCTV水墨画宣传片——《相信品牌的力量·水墨篇》组图

动画作为宣传片的表现形式,其最大的优势就在于能够突破实景拍摄的限制与束缚,最大限度地利用电脑技术实现创作上的自由,能够表现实拍中不易表现或无法表现的内容。同时,还可以根据儿童青少年偏爱动画片及动画人物的心理,拍摄一系列以这类人群为目标受众的宣传片,如央视少儿频道宣传片,能够获得事半功倍的效果(如图10-10)。

图10-10　央视公益宣传片"Family"("家")组图

本章小结

宣传片,是专为电视/网站频道、电视剧或电视/网站节目(栏目)及主持人所进行的内容介绍、形象塑造以及播出时间预报的宣传和推广设计制作的广告片。按制作内容的不同,可将其归类为征集型、收视型和预报型三种。从表现形式来划分,则为:频道宣传片、节目(栏目)宣传片、主持人宣传片以及电视剧宣传片。宣传片的策划与制作理念可概括为：传递栏目精神、展现栏目魅力；树立公信力、表现亲和力；建立视觉化的形象识别系统。

书画诗词依靠笔墨表情达意，宣传片则依靠镜头来表现意境。拍摄宣传片，要会利用光线塑造形象，在拍摄中能够用光控制画面效果；擅长通过色彩来表达情感；明确画面所表现的内容，利用拍摄的景别、角度创造合适的构图，综合运用固定镜头、运动镜头和综合镜头表现被摄对象。一名合格的宣传片编辑还必须精通画面剪辑之道，熟知各种镜头的组接形式、掌握画面转换技巧，善于利用蒙太奇手法加强画面表现力、丰富画面表现形式，能够把握不同受众的视觉习惯和接受心理，控制好画面的节奏；精通声音处理的技巧，在编辑中能够考虑声音与画面的配合；最后还应具备一定的艺术鉴赏力和美学修养，擅长借鉴多种艺术表现手法，能够最大限度地利用现有技术手段去丰富完善作品。

思考与练习

1. 什么是宣传片？宣传片有哪些类型与功能？
2. 如何利用节目联动效应制作宣传片？
3. 宣传片的拍摄在镜头运用方面要注意哪些问题？
4. 宣传片的编辑有哪些要点？
5. 制作两条时长为1分钟的宣传片。

拓展阅读资源

1. 杭州城市形象宣传片

    (2015-12-20)[2019-03-26]. https://v.youku.com/v_show/id_XMTQxODU3MTQ0NA

2. 伦敦申奥宣传片

    (2013-09-09)[2019-03-26]. https://tv.sohu.com/v/dXMvNDczOTA3ODUvNjAwMTQ1NDguc2h0bWw=.html

3. 2015乌镇世界互联网大会宣传片(高清)

    (2015-12-17)[2019-03-26]. https://v.qq.com/x/page/w0176r9mphz.html

4. 环保科普片《废旧笔芯的危害与防治》(10分钟版)

    (2018-06-06)[2019-05-09]. https://tv.sohu.com/v/cGwvOTQ5NjQ3NS8xMDI2NDE3OTMuc2h0bWw=.htm

5. 环保科普片《废旧笔芯的危害与防治》之第二集《废旧笔芯的危害》

    (2018-06-06)[2019-05-09]. https://tv.sohu.com/v/dXMvMzMyNjM4MTA5LzEwMjY0MjI3Mi5zaHRtbA==.html

第十一章 网络视频谈话节目制作

> **学习目标**
> 1. 了解网络视频谈话节目的特点。
> 2. 熟悉我国网络视频谈话节目发展的基本脉络。
> 3. 掌握网络视频谈话节目运作的基本规律。
> 4. 能够制作一档网络视频谈话节目。

目前,网络自制节目和自制剧成为各大视频网站进行差异化竞争的有效手段,自制谈话节目因低成本、易强化自有品牌等优势得到空前重视。相对传统的谈话节目而言,网络视频谈话节目更贴近网络生态和受众心理,在创作和接受上也呈现出独特的个性。本章从网络视频谈话节目的概念和特点入手,探析网络视频谈话节目的兴起原因,梳理其发展过程和现状,并对网络视频谈话节目的策划、现场录制、后期制作环节进行探讨和总结。

第一节 网络视频谈话节目概述

一、什么是网络视频谈话节目

要明晰什么是网络视频谈话节目,首先要了解什么是谈话节目。从形式上看,"谈话节目(talk show)即以谈话为主要内容的节目形式,由主持人邀请嘉宾及受众,围绕公众普遍关注的话题,展开讨论或辩论。"[①]

从构成要素来看,谈话节目包括话题、谈话人、谈话方式三大要素。主持人与嘉宾、现场观众之间的互动多是"半文本操作"。"半文本操作"即不设定谈话的脚本,强调谈话的即兴感。同时,为了保持话题的敏感性以及遵从节目的时间限制,谈话节目并非漫无边际的瞎侃,编导多会对节目的结构进行事先的设计,以便主持人更好地引导话题的发展。因此,大众传播平台上的谈话节目不同于日常生活中的人际谈话,它是既定思路下的即兴发挥。

根据制作主体的不同,网络空间上传播的视频谈话节目大致可分为三类:一是分享类内容,即传统媒体机构制作并授权播出的视频谈话节目;二是用户生产内容(User

---
① 石长顺.当代电视实务教程[M].上海:复旦大学出版社,2005:241.

Generated Content），即视频网站用户自行制作并上传到网络空间的视频谈话节目；三是网站原创（自制）内容，即由具有网络内容生产资格的机构组织生产的视频谈话节目。[①]

由于传统媒体制作并直接将内容移植上网的视频谈话节目仍然属于"电视谈话节目"范畴，而用户自己录制并上传到网络空间的视频谈话节目，呈现出浓厚的"草根"特征，基本上没有规范化的制作机制，随意性强。故而本章中讨论的网络视频谈话节目指的是第三类内容。

至此，我们可以给网络视频谈话节目下一个定义：网络视频谈话节目指的是由获得互联网视听节目服务许可证的组织机构自主制作、具有独家版权的一类视频节目，节目采取以谈话为主的形式，由谈话人围绕某一话题展开讨论，一般不事先备稿。

二、网络视频谈话节目的特点

网络视频谈话节目在形式上与传统的电视谈话节目有相似之处，但播出方式的差异决定了二者的区别。电视谈话节目的传播方式是线性的，节目内容风格相对固定，属于传统意义上的"标准生产"，节目时长精确到分秒，以兼顾全天的节目播出安排。网络视频谈话节目的播出方式为非线性的。一期节目上线以后，用户可以随时点击收看，海量的网络内容中，要想让受众选择你的节目，必须迎合受众的收视心理和习惯。这从根本上决定了网络视频谈话节目更多的是"按需生产"，因此无论是节目形态还是节目内容，都呈现出一种独特的面貌。

（一）灵活性：自由的节目形态

灵活性首先体现在节目时长上。很多栏目多根据访谈嘉宾和主题不同，每期时长略有变化，体现出网络视频谈话节目的灵活性。

在节目形态上，网络谈话节目一改电视节目正襟危坐的形象，意在"闲谈"。如凤凰网《非常道》没有固定的开场语，很多时候由主持人跟嘉宾聊着聊着就开始。某些节目的谈话环境根据话题、嘉宾个人需要等偶有改变，腾讯《夜夜谈》将演播室搬进酒吧；优酷网《老友记》第二季甚至没有固定主持人，只有两个嘉宾相互交流，给人新颖之感。这种更随意的聊天氛围，区别于常见的电视谈话节目，营造出一种亲近感，从更大程度上还原了人际传播的本真状态，也更易被受众接纳。

（二）贴近性：多元的话题选择

话题决定着谈话节目的生命力，无论是关注时政热点、百姓生活还是致力于情感交流、文化娱乐，网络视频谈话节目均立足于网络，其话题选择与网络用户的关注点紧密结合。

作为自制内容，网络谈话节目的审核主要依靠互联网视听节目服务单位的自审和网络视听节目行业协会的行业自律。这种审核力度相对于电视媒体要弱。得益于网络舆论环境的相对自由，网络谈话节目的话题选择范围更广、尺度更大。

[①] 颜梅.从家长制到消费者制：网络视频原创节目的媒介生产机制[J].国际新闻界，2013（5）：112-114.

以凤凰网的《全民相对论》为例，栏目定位为国内首档网络原创时政辩论节目，致力于"打造多元意见对话平台，体现最真实的百姓生活"。其"全民参与"的定位决定了选题的视野，从"下一代会不会说方言"到"暴力强拆"，从"舌尖上的腐败"到"官员财产公示"，全民相对论的话题选择紧跟时代发展潮流，充满张力。

（三）操作性：互动的话语方式

从前期的话题选择到节目的录制以及后期的传播，网络视频谈话节目都保持着与受众的良性互动，充分发掘受众参与的热情，以更加平民化的形象出现，以凤凰视频的访谈节目《非常道》为例，节目从制作到播出的每个环节，都将互动这一元素融合了进去（如案例11-1）。

> **案例 11-1**　　　　　　访谈节目《非常道》与受众的良性互动
>
> 在节目的预热阶段，《非常道》通过网络以及 itv.ifeng.com（凤凰网宽频）这一IPTV的优势平台建立起凤凰网"非常道"频道及专题互动专区。节目于访谈前一周制作宣传预告页面，征集网友意见，推荐合适的嘉宾和话题；在节目直播过程中，网友可边看边聊，与嘉宾及主持人在线互动。同时，主持人何东专门开设"凤凰非常道"博客，与受众进行更广泛的交流。在节目上线后的重播阶段，除了凤凰网专区，视频片段同时在等各大视频分享网站上线。引发第二轮社会化媒体讨论热潮。

近两年出现的集锦型谈话节目，多围绕一个大众普遍关心的话题如"科技是否改变生活""说给你的孩子"等，由网友上传自己的话题感受视频，编导编辑成视频集锦播出。它创造了一种全新的形式，人人皆可为嘉宾或传播者。这种参与性打破了制作者、传播者、受众的身份界限，体现出了网络视频谈话节目与电视谈话节目的差异化。

三、网络视频谈话节目类型

在创作实践中，网络视频谈话节目并没有一个固定的节目形态，因此，要想对其节目类型作出界定也并非易事，在此，本章借鉴电视谈话节目的分类方式，按照谈话方式、节目内容进行基本的划分。

（一）按照谈话方式划分

1. 叙述型谈话节目

叙述型谈话节目以讲述故事为主要形态。节目通过主持人与嘉宾之间的问答或故事情境营造，来使受众了解事情的来龙去脉或嘉宾的人生浮沉，感染受众。腾讯网《某某某》、爱奇艺《青春那些事儿》都属于此类。

2. 讨论型谈话节目

讨论型的谈话节目，即嘉宾、现场观众针对某一话题进行讨论，展开观点的"交战"和"争鸣"，话题一般较为抽象，侧重于对事物、现象、观点的分析与评论。节目最后一般没有定论，给观众以思考的空间和判断的权利，代表性的节目有新浪视频曾推出的《锐话题》、凤凰视频出品的《全民相对论》。爱奇艺视频出品的《奇葩说》则采取辩论的形式,自 2014 年 1 月底上线以后,广受好评,吸引了大批观众。

3. 清谈型谈话节目

清谈型谈话节目中谈话跳跃性特别强,呈现出一种意识流似的结构,就像面对着受众脱稿清谈。节目对嘉宾"访"的色彩淡化,更像是亲密朋友似的轻松聊天,少了你问我答的拘谨感,如爱奇艺《以德服人》、腾讯《夜夜谈》。某些节目则不设嘉宾,由主持人一人对着受众谈天说地,如优酷网《晓说》、乐视网《黄段子(平时版)》。

4. 集锦型谈话节目

优酷网在 2013 年联合《新周刊》全民推出《全民话题社》节目。《话题社》以"你被朋友骗过吗""科技会让社会变好吗"等为话题,参与者通过优酷网发布自己录制的话题感受视频,由主创人员编辑成为视频集锦。这种以一个话题展开,以"摄像机镜头外"的特定视频观看者为诉说对象的新型节目形式,目前仍没有一个确定的名称,我们不妨也按照结构方式称之为集锦型谈话节目。在 2013 年年初,凤凰视频推出 2012 年度策划节目《说给孩子》,也属于此类。

集锦型谈话节目因其参与方式简单、互动性强受到受众的喜爱。节目可以有主持人,也可以不必设置。这种节目样式的魅力在于拓展了谈话节目的对话方式,打破了受众和制作者的身份界限,这不得不说是一种让人振奋的进展。

随着时间的增长和新的手法、新的元素的加入,部分网络视频谈话节目汲取文艺、游戏、竞技等其他节目的成分,使谈话节目立体化,往综合型节目方向发展。如以清谈式为主的谈话节目《大嘴嘚吧嘚》在节目中增加了"大鹏剧场秀"等板块,向综艺内容靠拢,提升了谈话节目的观赏性。

(二) 按照节目内容划分

依据节目的内容划分,谈话节目主要有五种类型。

1. 新闻时事类谈话节目

新闻时事类谈话节目即围绕特定的新闻事件或新闻人物进行交流和探讨的谈话节目。主持人多数是记者型主持人,嘉宾也多是与新闻事件相关的政府官员、权威学者、当事人等。新闻性在这一类型的节目中处于首要的位置,代表性节目有《解析中国》(中国日报网)、《小议中国事儿》(中国国际广播电台)等。

视频政务访谈节目是网络视频新闻时事类谈话节目中比较特殊的一种,节目主旨明确,即由相关政府官员对政府的政策法规、工作内容进行解读,对民生热点问题做出解答,政治性、沟通性强。各地方政府政务门户网站是此类节目的主要发布方。

2. 社会生活类谈话节目

社会生活类谈话节目选题范围宽泛,当前热议的社会话题和文化现象都属于其关注的范畴,其多元性和包容性很受网友欢迎。无论是主打文化牌的脱口秀《晓说》、关注社会热点的综艺访谈《夜夜谈》,还是以剖析人心、呈现思想盛宴为主旨的《非常道》,都取得了不俗的成绩。

3. 专业话题类谈话节目

这类节目以知识性见长,通常立足于某一领域的专业话题,如健康养生、体育赛事、军事、财政金融等,通常拥有比较稳定的收视群。如凤凰网《天下兵锋》多选取当下最热的军事和国际时政类话题展开讨论,追求话题深度。

4. 情感交流类谈话节目

这类谈话节目以人在职场、家庭等人际交往场合中遇到的亲情、友情、爱情等问题为话题,或侧重心理疏导,或旨在情感交流,或意为人际关系调适。节目给观众提供一种内心情感释放的空间,呈现出一种人文情怀,充当着心理治疗的功能。

5. 娱乐类谈话节目

娱乐类谈话节目即主要采访对象为娱乐圈的名人、公众人物的节目,节目的气氛偏向感性。值得一提的是,在网络视频谈话节目中,娱乐类谈话节目已不单单以挖掘明星私闻、满足受众好奇心为目的,而趋于向情感交流类、社会话题类发展。由明星谈情感,还原公众人物作为普通人的情感体验;由明星谈文化,使节目更具人文情怀和文化深度,实现了娱乐和格调之间的平衡。

第二节　网络视频谈话节目的兴起与发展

一、网络视频谈话节目兴起原因

从凤凰网《非常道》《全民相对论》到优酷网《静观财经界》《晓说》,网络视频谈话节目取得了很高的点击量,并得到网络用户的好评。各大视频网站纷纷发力自制内容,并将谈话节目作为其主要着力点,有着多方面的原因。

(一) 传统谈话节目不适应网络生态

据国家新闻出版广电总局发布的《中国视听新媒体发展报告(2013)》,受个人电脑、平板电脑、智能手机的冲击,电视机开机率大幅下降,电视收视群体向中老年人集中。大批年轻的受众更钟爱网络视频。而此时,简单地将传统媒体制作的谈话节目移植到互联网平台播放,显然不能满足用户们的需求。以电视谈话节目为例,一期节目动辄30～40分钟的时长,与受众注意力碎片化的网络生态相矛盾,尤其是从移动互联网终端接入的用户,更加偏爱精短的视频节目。从互动性来看,单一的内容移植加用户评论的方式,并不能满足受众深层次的参与需求。因此,针对互联网及移动终端用户"量身定制"成为大势所趋。

(二) 视频网站差异化战略需求

根据平台运营商的不同,我国视频网站主要分为四类,即分享类视频网站如优酷网;客户端类网站如PPTV;门户类视频网站如新浪视频;广电网络电视类网站如中国网络电视台、上海东方宽频等。

2004年,乐视网成立,这是我国第一家分享类视频网站。之后的两年,分享类视频网站的数量如雨后春笋般增长。而客户端类网络视频运营商也进入人们视野,代表网站有PPTV、PPstream等。在发展初期,为了吸引用户流量,这两类视频网站纷纷大量使用现成的影视剧节目,短时间内形成海量内容资源。

2008年的国际金融风暴使得风险投资骤减,对急速增长的视频行业造成不小的冲击,2009年,"中国网络视频反盗版联盟"成立,日益严格的版权环境有效地保护了网络视频的版权,视频网站必须依靠大体量版权购买来支撑内容,导致运营成本大大增加,这对视频网站早期的"现成内容＋广告收入"营利模式构成挑战。2009年年初,搜狐视频将其发展方向定位为高清视频,2009年3月,新浪播客与新浪宽频合并成为新浪视频。2009年12月28日,国家网络电视台正式开播。同一时间段,上海文广、湖南广电等也纷纷将触角伸向网络电视市场,广电系视频网站的进驻和门户网站视频频道的成立,重构了视频网站行业格局。竞争的加剧和日益严格的版权环境导致视频网站不能再重复早期"内容同质化、经营粗放化"的路线,开始在品牌经营上凸显自身的差异性。

网络自制节目正是凸显自身差异化的有力手段,自制节目成本相对较低、选材丰富、可扩展余地大,制作形式和播出方式都更加自由,成为视频网站吸引用户的重要产品。与自制微电影、自制电视短剧相比,谈话节目风格化更强烈,更容易传递网站的品牌价值,而制作难度较小,自然成为视频网站青睐的对象。

二、网络视频谈话节目发展历程

2002年9月,搜狐网推出国内第一档网络访谈节目《名人有约》,该节目采取在线直播的形式播出,奠定了国内网络访谈节目的基本模式。2003年5月,TOM网站推出《TOM访谈》。节目具有统一风格、直播时间准时固定,整套节目拥有严格完整、专业水准的策划流程。其他类似的访谈节目还有新浪网推出的嘉宾访谈等。

这一时期的网络视频谈话节目可称为"门户网站主导",节目以门户网站巨大的用户基数为依托,内容多以明星嘉宾访谈为主。在形式上,互动性特征已初显雏形。受关注度相对较高的节目有搜狐《先锋人物》《大鹏嘚吧嘚》《明星在线》,凤凰网《非常道》等。

2009年至今,在各类视频网站纷纷制定品牌战略、发力自制内容后,网络视频谈话节目进入节目来源多元化时期:不仅在数量上翻了一番,内容上更加创新,形式上也更新颖。这种发展在近两年呈现出加速态势。

第一,节目来源更多元。广电系、分享类、客户端类、门户网站与搜索引擎孵化的视频网站都推出了自制谈话节目,竞争呈现白热化状态。如中国网络电视台CNTV有《高端访谈》《明星来了》;优酷网有《晓说》《老友记》《静观财经界》;乐视网推出了《黄段子》《星月私房话》《赛场吹风机》《午间道》;爱奇艺网出品《健康相对论》《青春那些事儿》《奇葩说》;56网推出《法眼看红尘》;悠视网推出《悠视娱乐坊》;迅雷推出《看了又看》;腾讯视频有《中国茶馆》《某某某》《夜夜谈》《吐槽大会》《和陌生人说话》;凤凰视频有《全民相对论》《锵锵80后》;新浪视频依托其强大的嘉宾访谈优势创办了《锐话题》《深度》《财经会客厅》等;搜狐视频有《明星在线》《先锋在线》《大鹏嘚吧嘚》等。与电视谈话节目相比,网络视频谈话节目更新迭代速度快,有的栏目只播出一季就停办,而有些观众反响好的栏目则不断调整内容,适应受众需求。

第二,节目内容更丰富。节目突破了单一的明星、公众人物访谈领域,新增了新闻时事、情感交流、专业知识等多种内容模式。

第三,在节目形式上,引入了游戏、动画短片等元素,观赏性增强。在节目的传播上,与社会化媒体相结合,实现与受众的社会化互动,挖掘节目深层的话题效应和品牌营销价值。

目前,我国的网络视频谈话节目呈现出初步繁荣的态势。爱奇艺的《健康相对论》已成功售给成都、武汉、福建等电视台,而《晓说》也登陆浙江卫视,在内容上,视频网站开始"反哺"电视台。但与电视谈话节目相比,网络视频谈话节目还远没有"成熟",从比例上来说,自制谈话节目在视频网站内容结构中所占比例还不足5%,覆盖面较低。而从盈利来说,目前影视剧仍是视频网站主要的利润来源。

第三节 网络视频谈话节目策划

本节从宏观与微观两方面,探讨网络视频谈话节目的策划环节。宏观的角度致力于考察一档网络视频谈话栏目如何进行栏目定位,即目标受众细分、理念定位、节目内容定位与形式定位。微观的策划主要讨论一期节目运作中,话题如何选择、嘉宾的策划、现场观众的选择及文案的写作等。

一、宏观策划:网络视频谈话栏目的策划

(一)受众定位:精准性

在栏目策划中,对栏目的目标受众进行细分,早已是传媒行业深谙的基本规律。在雷蔚真的《电视策划学》一书中,对受众市场的细分进行了详细的说明。他认为可以通过受众的地理细分、人口细分、心理细分及行为细分来达到对目标受众的定位。"地理细分可以把受众划分为城市和农村两部分,城市又可以分为发达城市、中等城市和落后城市。人口细分可以通过对一些社会统计学变量如年龄、性别、家庭人口、收入、职业等要素来考察。心理细分指的是基于受众不同的社会阶层、生活方式、个性特征和兴趣爱好等来划分受众市场。行为细分则指的是按照受众对栏目品牌的了解程度、态度、使用以及反应,包括接受消费时机、寻求利益、用户状况、使用率等分割受众市场。"[①]这种受众细分思路对网络视频谈话节目仍具有特别的指导意义。

但与传统媒体如电视相比,网络视频用户呈现出一些新特征。从规模上看,网络视频用户的规模呈现扩大趋势。根据CNNIC第43次调查报告,截止到2018年12月,网络视频用户人数已达6.12亿。与电视的收视人群相对比,网络视频用户呈现出年轻化

---

① 雷蔚真.电视策划学[M].北京:中国人民大学出版社,2008:140-144.

的趋势。18~50岁人群为网络视频的绝对用户,比例占据百分之九十以上,其中半数以上为18~30岁。这些人多是一般文化程度的普通职员,以城市用户为主,教育背景和职业背景等各方面的相似性使得网络视频自制节目的目标受众区分度减弱。

同时,在视频消费习惯上,相对于电视端口的被动接受、随意性较强的收视方式,网络视频用户更多地为主动出击,通过搜索引擎和视频网站页面浏览的方式,主动选择视频内容。因此,在综合考虑各种分类因素的基础上,以心理细分为主仍是一种比较有效的方式。视频谈话节目应该基于受众不同的个性特征、兴趣爱好,对栏目的理念、内容、节目风格进行鲜明化的区隔,实现栏目的心理细分。事实上,从体育、娱乐、健康、文化等领域入手,对应主流收视群体不同的兴趣爱好,按需供应,正是当下视频谈话节目主创者的做法。

（二）内容定位：差异化

从内容的生产过程来看,网络视频谈话节目的内容差异化战略,主要有三大竞争着力点。

1. 节目内容领域选择上

对应"窄播化"趋势,锁定目标受众的兴趣点,做到"人无我有"。悠视网《欣麟星语》深度考察了收视人群对星座知识的需求,针对年轻人对星座知识的关注,请到我国台湾的星座大师季欣麟（心灵小狗）,通过权威专业人士之口、用娱乐事件结合星座的方式为受众讲解星座。除此之外,节目还进行星座运势预测,对受众关心的星座问题如"星座与命运""星座与性格""星座与人际关系""星座与婚恋"等方面进行解答。既满足了受众的好奇心,又将星座知识与目标收视人群的兴趣点"娱乐八卦"结合起来,可谓另辟蹊径。

2. 节目内容开发上

凸显特色,争取实现"人有我特"。独特性的实现可以从嘉宾和主持人的选择入手。网络视频谈话节目根据自身渠道优势,往往选择受众关注度高的社会人物或某一领域的权威人物作为嘉宾。56网2012年推出的《法眼看红尘》访谈节目,邀请网络大热的延参法师到现场,与主持人猴子畅聊红尘趣事。该系列共五期,从佛学的角度围绕娱乐八卦、生活、电影、野史、公益这五个主题展开。

与电视谈话节目的权威性不同,网络视频谈话节目由于其依托的网络媒体本身的参与感,体现出一种与生俱来的亲和感和平民化气质,这对主持人的吸引力要求更高,因此,众多网络视频谈话节目大都选择了受众熟悉的"老面孔"。高晓松、杨锦麟、黄健翔、李响、董路、潘石屹、朱丹、柳翰雅（阿雅）、刘孜等,这些主持人都有深厚的受众基础,具有较强的收视号召力。

3. 从宏观的内容布局上

整合视频网站的平台资源、优化传播渠道,才能实现传播效果最大化。单独的某一档视频谈话节目很难实现一枝独秀的局面,因此,节目内容定位要立足于视频网站具体频道的整体战略（如案例11-2）。

案例 11-2　　　　　　　　乐视网体育内容发展战略

2012年乐视网通过欧洲杯专题、奥运频道的试水，逐步清晰了体育内容的发展战略，正式进军体育领域，创建了乐视网体育频道，频道以《体育早班车》《数说CBA》《赛场吹风机》《黄段子》《体育焦点SHOW》《中超大爆炸》等系列节目组成一套完整的体育视频链条，在这样的基础上，聚拢了以体育为兴趣的收视人群，由于内容上的一贯性，用户黏性较高。2013年10月，谈话节目《荷体育》上线。该栏目选择《南都周刊》主笔、体育领域资深记者易小荷为主持人，尝试以"最独特的人文视角，解读名人大咖的体育情结"，由于频道本身的积累，节目一推出就有较高的受众基础。

（三）风格与形态定位：新颖感

1. 风格定位

网络视频谈话节目的风格通过主持人、嘉宾选择、话题特点、演播室场景设计等来表现。一个栏目的风格应该具有连续性，这样有助于受众对栏目的认知，培养受众黏性。

中国网络电视台CNTV《高端访谈》定位为高端人物访谈，节目风格是严肃、专业的，而同样定位为高端，乐视网《午间道》采取无固定主持人的形式，在演播室布局上与《高端访谈》截然不同，客厅似的演播室布局，使节目风格更亲民。如果再把《午间道》与爱奇艺《以德服人》来比较，后者虽然请来的嘉宾同是文化界、艺术界精英人士，但茶馆布局、方桌长凳营造的对话环境，配合主持人郭德纲插科打诨似的对话方式，让整个节目呈现出一种更轻松随意的聊天状态，比《午间道》更活泼热闹。

节目的风格以一种可识别的理念固定下来，为话题选择指明方向。如《全民相对论》定位为国内首档互联网原创时政辩论节目，这决定了有争议性的话题、网友热议的话题是其需要的。而"不必有结论"的节目理念，体现了一种开放性的思维方式，也呈现出互联网时代的多元化观点状态。

此外，节目主持人的个人风格气质应该与节目的理念相吻合。网络视频谈话节目的主持人选择也呈现出一些个性特点，他们多是公众熟悉的明星人物或某一领域内的专业人士，有较高的网络人气，能够起到收视号召力。清谈型与讨论型谈话节目主持人多把眼光投向有深厚文化积淀、反应敏捷的知名文艺界人士。而叙述型谈话节目中明星访谈是一大重镇。故而这一类型的主持人一般由在演艺圈小有名气的人物担纲，以期与明星达到更良性的互动。此外，传统媒体的主持人或资深记者等也是网络视频谈话节目主持人来源之一。

与电视谈话节目的常设主持人模式相比，网络视频谈话节目在主持人选择上就灵活得多。某些节目仍然采取固定主持人的模式，另外一些节目如《午间道》《老友记》则打乱了主持人和嘉宾的界限，在《老友记》第一季中，潘石屹担当了主持人角色，与财经界、娱乐圈甚至是政界人士"来客"进行"跨界神聊"侃侃而谈，而到第二季中，每期两个嘉宾人物，对坐于"客厅"，此时无所谓谁是主持人、谁是嘉宾。这一点也成为网络视频谈话节目的最大特色之一。

2. 形态定位

形态定位即栏目形式上的设计,包括对栏目的结构、表达方式、播出形式、时段等的设计。

网络视频谈话节目具有杂志型和通栏型两种结构。杂志型指的是一期栏目由若干个板块组成,各个板块一般是独立成篇、没有逻辑关系的,通常在主持人的串联下形成一体,也称为板块结构。采取杂志型结构的节目较少,以搜狐《大鹏嘚吧嘚》为典型。其他视频谈话节目大都是通栏型结构形式,即一期栏目围绕着一个主题,按照谈话的逻辑线索串联。在这种谈话中,为了实现氛围的改变和节奏的变化,多会设计一些环节如资料片的播放、现场即兴表演、现场游戏互动、各种道具的使用等。

结合上述规律,宏观角度的网络视频谈话节目需要通盘考虑视频网站的自制内容战略安排,摸清受众心理规律,有的放矢。栏目上线时间应考虑到目标受众的关注时间,并使用社会化媒体进行上线信息推送。受众人数较多的网络视频谈话节目也可以开发手机 APP,即手机应用软件,在手机终端直接播放。

二、微观策划:网络视频谈话节目的策划

(一)话题策划

网络视频谈话节目的话题选择需要解决两方面的问题:从哪里寻找话题,即话题的来源;选择什么话题,即话题的类型。

1. 话题选择的来源

网络视频谈话节目的话题多元性特点使其有着广泛的话题选择渠道。编创人员、主持人均对话题选择有发言权。

与电视谈话节目相比,主持人在网络视频谈话节目中发挥的主观能动性更强。早期的《TOM访谈》主持人林白兼任节目的监制,对节目的选题把握起到至关重要的作用。这两年热播的文化脱口秀《晓说》节目中,高晓松即兴说历史、评人物、论文化、谈热点、看世界,结合个人广泛的阅读以及旅居美国多年的切身体验,对各类话题进行个性化解读。同类节目还有黄健翔主持的体育类脱口秀《黄段子》。这类节目选题多来源于主持人个人积淀的知识领域,以主持人的个人灵感作为选题主要来源。

此外,多数网络视频谈话节目一般也有健全的选题策划机制,由编导进行选题搜集。选题会上,编导提出选题构想、话题创作思路,节目的编创人员(策划组)进行集体讨论,进一步"精雕细琢"。编导选择的话题体现出明显的个人倾向。但话题来源渠道多为以下几种:第一,社会化媒体平台传播热点,如网络社区论坛、微博、视频网站等;第二,各大门户网站、传统媒体上的关注焦点;第三,受众通过微博、微信、节目网站平台上报的选题。

2. 话题的类型

按照内容性质,谈话节目的话题分为以人物为中心的话题和以事件为中心的话题两类。《先锋人物》《明星来了》《高端访谈》《非常道》皆为从人物出发,选择话题的栏目。

人物或是受众普遍关注的明星,或是行业精英领域翘楚,也或者是新闻事件的当事人、经历不凡的普通人,即"焦点人物、争议人物、新锐人物、潮流人物"。

而《夜夜谈》《锐话题》《全民相对论》主要以事件为中心选择话题,围绕热点事件、热点现象展开讨论或侃谈,具体范围涉及新闻事件、社会上的文化经济现象、现代人的生活方式以及由此衍生的心理问题等。事实上,在选题的确定过程中,人与事是分不开的。以人物为中心的话题应在人物故事中展开,通过人物跌宕起伏的人生经历,引起受众心理共鸣。以事件为中心的话题落脚点仍在"人"身上。

3. 话题的选择标准

根据节目风格、内容定位、受众需求进行话题选择,是前期话题策划的原则。不同的栏目在话题选择上各有偏重,但总体来说,谈话节目的选题遵循着"重要性、普遍性、永恒性、热点性"标准。重要性指表述的生活观点应是重要的。普遍性意味着话题应对更多的人有意义。永恒性指人们能共同感悟的、生活中永存的健全情感、生命困惑等永恒话题。热点性则为谈话节目话题的选择指明了"由头"。① 唯有这样的话题才具备可深入性,让人有话可说、有话想说。

具体到单期节目的策划,谈话节目的话题还应该做到以下几点。

第一,话题不宜过大,切入口要小。如乐视网《午间道》,"泰囧爆红""我的同事是极品""那些年痛心疾首的春运"等,都是些具体的话题。

第二,话题的可操作性。编创人员应全盘考虑话题到节目成片过程中工作实施的难易程度。除了政策的制约之外,操作成本的核算是一个重要因素。人力、物力、财力成本的限制在很大程度上决定了网络视频谈话节目无法动辄向电视谈话节目的高成本"大手笔"看齐,而要靠话题的可参与性、互动性吸引人。

第三,话题的独特点。除普遍性原则外,很多时候,避开舆论风口浪尖的人物和现象事件等,另辟蹊径,会收到意想不到的效果。至于扎堆的话题如何做出新意,还要跟栏目自身的资源优势相结合。

(二)嘉宾策划

嘉宾选择是谈话节目前期策划中重要的一环。一期节目可能先选嘉宾后策划话题,也存在话题确定后遴选嘉宾的情况。好的嘉宾往往为节目增加亮点,在与主持人的话语互动中体现谈话节目的魅力。嘉宾分为两类:一是与话题关系密切的当事人;二是在某一专业领域的意见领袖。一般而言,嘉宾应有一定的语言表达能力。与话题关系密切的当事人应有表达的欲望和热情,而根据谈话方式的不同,对嘉宾选择的侧重点亦有所区分。

1. 叙述型谈话节目嘉宾的选择

嘉宾身上的故事元素是此类节目所需要的。他们可能是那些有与受众有相同生活背景的草根家庭,或者是有特别离奇生活经历的人群,以及受众感兴趣的话题人物、公

---

① 刘影. 谈话类节目的话题选择研究[J]. 传媒观察,2009(1):52-54.

众人物、演艺明星等。节目中嘉宾没有人数的限制,可以是一个人,也可以是几个人。除"叙述者"角色,有时也可以设置一个专家角色的嘉宾,对故事进行专业的心理解读,满足受众自我心理调适的需要。

2. 讨论型谈话节目嘉宾的选择

讨论型谈话节目的魅力在于观点的对抗和交锋,在于多元化的思维方式的呈现。因此,一个开放的交流平台是节目应该展现的。这对其嘉宾选择提出了个性化要求。此类节目邀请多元化来源的嘉宾和现场观众,方能保证形成迥异的立场,实现节目的目的。讨论型谈话节目的嘉宾一般有丰富的专业知识或很强的逻辑思维能力和表达能力,这样讨论起来才会产生多个回合的交锋,这样的讨论才是精彩的,观众才会看得过瘾(如案例11-3)。

案例 11-3　　　　　《被严打的喜羊羊》节目录制现场

在《全民相对论》第95期节目《被严打的喜羊羊》录制现场,嘉宾既有动画学界的专家,又有动漫产业一线的创作人员,还有专门研究儿童心理的学者,而现场观众中包含若干名《喜羊羊》的观众群体——儿童少年代表,也有适龄孩子的家长。儿童心理研究学者余伟认为"多数动画片观众年龄在3~6岁,没有辨别能力,《喜羊羊与灰太狼》等动画片语言粗俗,情节暴力,电视台对这类动画片的热播,使孩子不断接触、模仿,且很多时候孩子把自己定位在坏的角色那一边来模仿,制片方应负有一定责任。"而北京大学文化产业研究院动漫游戏研究中心主任邓丽丽则从产业的角度出发,提出自己的意见:"中国动画产业很脆弱,产业创新能力需要保护。一棒子打死《喜羊羊与灰太狼》,限制的将不只是这一部动画片的发展,更是中国动画创业创新的可能性。"这种不同观点的平衡正是建立在对参与者精心选择的基础上。嘉宾的迥异个性构筑了多元思想激烈争锋的公共话语空间。从精英到普通百姓的跨度覆盖迎合了多层次受众的不同口味,让节目的话题获得生命力。

---

3. 清谈型谈话节目嘉宾的选择

相对于前面两种类型,清谈型谈话节目更像是"聊天"。"清谈型谈话节目的乐趣在很大程度上得益于生动诙谐极具感染力的语言表达,但也不能把节目的趣味性简单地等同于主持人和嘉宾语言的风趣俏皮。清谈型谈话节目虽然类似日常生活中朋友之间的闲聊,但是它又必须超出普通的闲聊,不能流于肤浅。对于清谈型谈话节目来说,在思维的交流碰撞中时不时自然闪现出的新颖独到的见解是必不可少的。"[①]

因此,在嘉宾的选择方面,能否跟主持人之间进行良性的互动,形成"朋友间的谈话氛围"是考量标准。这一类节目的嘉宾挑选往往由主持人参与其中。

[①] 舒珊.从《锵锵三人行》看清谈型谈话节目的特点[J].湘潮,2007(07X):62.

4. 集锦型谈话节目嘉宾的选择

作为一种"任何人"说给"任何人"的节目类型，集锦型谈话节目的魅力就体现在人人参与这一点。这里，嘉宾即采访对象的选择要具备广泛性，从精英到普通百姓。故而，嘉宾选择上并无太多具体限制。

在前期策划过程中，编创人员应该尽量详细地了解嘉宾的背景资料，如个人成长经历和个人观点，说服嘉宾参与现场谈话。在了解嘉宾的某些经历之后，可以通过特殊人物、特殊道具等的设置唤起嘉宾的即兴表达热情。

在与嘉宾前期交流时，需要遵循"一次性最佳原则"：一个问题只让嘉宾说一遍，为保持嘉宾谈话的新鲜感和兴奋度，编创人员在前期沟通时可以用迂回提问、旁敲侧击等方式从嘉宾的亲戚朋友中获得相关信息，在节目正式录制时才向嘉宾提出相关问题。[①] 但对于整个节目的嘉宾人员安排，所有嘉宾应该具有知情权，栏目不可因为戏剧性冲突性的考虑，选择与某一嘉宾处于敌对立场的人而事先隐瞒。只有充分沟通才能保证现场录制时的良好氛围。

（三）现场观众选择

某些网络视频谈话节目会设置现场观众参与。以《全民相对论》节目为例，该节目采取观众自荐、编导遴选的方式确定人选。节目网站页面上有报名栏，对话题感兴趣的观众可自愿报名参加。电视谈话节目中，有些栏目会设立一个外联组，专门负责组织现场观众。他们通过寻访，根据不同话题与相关单位、组织联系。采用这种方式，可以在很短时间内组织到现场观众。也有栏目把观众选择权委任给专业的公司，目前，网络视频谈话节目出于成本控制等考虑，安排观众现场参与录制环节的并不多。但未来的几年，随着网络视频谈话节目的发展丰富，不排除节目组也效仿电视谈话节目的一些渠道选择观众，或者依靠如微博、微信等社会化媒体平台实现与候选观众的深度互动了解后，创造出新的参与方式。

（四）文案写作的策划

谈话节目的写作方式为"半文本写作"，即兴感是这一节目形态的一大特色。因此，网络视频谈话节目的文稿多是纲要和串联的形式，起到结构节目、使节目脉络清晰的目的，不必似其他节目的解说词一样具体到字句。

一般文案需要包括以下内容：第一部分，话题阐述，对该期谈话节目的内容做总体界定。第二部分，嘉宾和观众的介绍。这一内容包括：计划请哪几位嘉宾，嘉宾及特殊观众的有关背景以及和话题的关系；嘉宾对话题的主要观点和主要思考；对嘉宾的搭配和平衡设计思路。第三部分，谈话过程的段落和节奏设计。一般以人物为中心的话题可以按照时间顺序展开，而社会现象等事件类话题则需要依靠逻辑层层推进。谈话段落设计多包括开头设计、节奏设计、结尾设计等部分。除此之外，文案还可以对现场录制时的非言语因素如音乐元素的使用、演播室背景设计、主持人服饰特色、影像资料的使用等

---

① 苗棣，王怡林.脱口成秀——电视谈话节目的理念与技巧[M].北京：中国广播电视出版社，2006：198-202.

做出安排。由于节目内容性质的区别,文案的详尽程度有所差别。以清谈式谈话节目为例,主持人可能事先打个腹稿,其"脱口而出"的成分更多。

网络视频谈话节目的自由度和随意感使其不必像电视谈话节目那么严谨。但由于节目录制多是一气呵成,无法彩排和补拍,前期策划中完成编创人员、主持人、嘉宾之间的协调,才能减少意外因素的发生,取得良好的制作效果。

第四节　网络视频谈话节目的拍摄

根据现行实践,网络视频谈话节目的拍摄环节分为以下两种情形。一是节目访谈内容全部在录制场所展开,除访谈画面外,其他相关画面皆为引用的视频资料或后期制作的动画等,无须额外的实际拍摄内容。如乐视网《午间道》、优酷网《晓说》等节目;二是谈话内容仍在录制场所完成,但除访谈部分的拍摄外,节目内容还涉及外景实拍部分,与谈话内容相互补充,成为一个有机整体,如优酷网《老友记》。

因此,本节中,主要探讨这两类谈话节目在录制环节的相关问题,即录制场所的设计、录制现场谈话节奏把握和外景实拍内容的设计与选择。

一、网络视频谈话节目的场所设计

根据实际节目需要,网络视频谈话节目录制场所也呈现出差异化的特点。大多数栏目访谈内容在固定演播室内完成,如腾讯网《夜夜谈》、腾讯奥运特别节目《中国茶馆》。也有某些网络视频谈话节目会放弃对演播室的精心设计,而是根据嘉宾的具体情况,每一期可能都会选择迥异的录制环境,如嘉宾的办公室或住所、户外的公园草坪、大山脚下等,呈现出更轻松随意的特点。乐视网的《荷体育》、爱奇艺《青春那些事儿》、优酷网《老友记》都属此类。

由于室外录制环境可控性差,干扰因素多,故室内拍摄仍是网络视频谈话节目的常态。我们也将针对演播室的设计展开讨论。如果将初创期的网络视频谈话节目同当下相比较,最直观的变化就是演播室,这些变化主要在于道具设置更加丰富、灯光设计更加合理、色彩风格更加多样等。早期的搜狐《名人有约》也好,新浪网的《嘉宾访谈》也好,多是以门户网站的视觉标志展板作为人物访谈背景,视觉效果单一,布光较为呆板。随着时间的推移,网络视频谈话节目的演播室摒弃了起初大同小异的面孔,不再追求平稳,而是呈现出个性化、特色化的特点,风格各异。

（一）演播室的风格设计

"演播室是谈话节目中反复出现的符码,并不同程度地影响谈话节目参与者在言说内容和方式上的选择,以及折射谈话节目话语场的形状、话语的分配与流向和话语权势的强弱。"[①]演播室作为谈话节目展开的具体环境和直接情境,不但是一种空间语言,还

---

① 刘小霞,吴小军.演播室:电视谈话节目的典型情景语境[J].声屏世界,2009(8):26-27.

是一种言说方式。因此,演播室的风格设计应该与节目的定位相契合,通过空间布局诠释节目的理念。

严肃型的谈话节目中,主持人与嘉宾是一种正式的交流方式,因此从空间距离上,应设计在亲密距离以外,空间避免私人化的元素,如 CNTV《高端访谈》第一期节目访谈天津市政协主席,演播室里就类似于人民大会堂会议室的风格,空间开阔且肃静,主持人与嘉宾相对而坐,嘉宾背景为大型政治壁画,与节目的庄重特点形成呼应。

对比电视谈话节目的演播室设计,我们不难发现,除政务访谈等一小部分新闻时事类谈话节目外,大部分的网络视频谈话节目的演播室在空间布局上更强调亲近感。清谈式谈话节目的演播室多设计为客厅、咖啡馆、酒吧、宾馆房间等,强调亲密意味,营造轻松的交谈氛围。腾讯视频《夜夜谈》的演播室就在酒吧之中,主持人在皮质深色沙发上,身着背带裤、品着红酒,与嘉宾展开交谈,体现出一种"洋派"且私人化的交流情境。爱奇艺《以德服人》的主持人郭德纲是一名相声演员。相声是中国的传统语言艺术,故而整个节目的演播室也设计成了中式风格。在一间"茶室"里,三个参与者围绕酒红色木质方桌而坐,主持人郭德纲面对观众,左右侧分别有一位嘉宾。主持人也身着中式服装,体现出一种茶馆闲聊的中式生活方式(如图 11-1)。优酷网《老友记》第二季的"演播室"多采取家居客厅布局,强调"老友"间的默契。

图 11-1　爱奇艺《以德服人》演播室的中式风格

在《全民相对论》这样的讨论型谈话节目中,嘉宾和观众会按照立场的不同,相对而坐,以主持人为圆心大约 3 米,由多块弧形阶梯式座位围成一个圆形。区域分别设计为红、蓝、白色,红色席位和蓝色席位代表着支持和反对两种对抗观点,而白色则代表着中立(如图 11-2)。这样的空间设计不但使受众对于嘉宾的立场一目了然,在场的参与者在与主持人面对面的距离中,也能感受到一种开放亲近的话语方式。

图 11-2 《全民相对论》圆形演播室(栏目截图)

(二) 演播室的机位设置

谈话节目内容类型各有不同,因此机位的数量、位置都有所差异。机位设置根据谈话参与者的数目、类型、位置而定。

从导播的角度来说,机位设置需要遵循以下规律。

第一,保障单独机位的正面拍摄即在画面中可以看到人物的双眼。正面镜头有利于受众建立起交流参与感。

第二,简化原则。按照类型对参与者进行简化,谈话参与者的角色类型是确定各机位主要任务的依据,一类参与者可以共用一台或(到)数台摄像机。清谈型谈话节目聊天的色彩浓,多是你一句我一句,这样就没有访问者和被访者的身份区别,因此不需要按类型区分参与者,应该按照参与的个人数量设置机器,保证每人的发言都有摄像机记录到位。某些网络视频谈话节目如政务访谈等,访问的色彩更浓,因此,可以明显将访问者和被访者即嘉宾和主持人区分开,成为两类。而讨论型的谈话节目可能还包括现场观众的参与,这里参与者就要划分为三类。

而从人数来看,有单人的脱口秀如《晓说》、一对一的谈话节目如《青春那些事儿》、一对二的谈话节目(又可区分为主持人在一侧如《锐话题》、主持人在两位嘉宾中间如《以德服人》)、一对三的谈话节目、二对二的访谈节目和多人论坛式节目。在参与者分类、确定人数的基础上,每台摄像机确定各自的拍摄对象和范围,并对取景方式进行确定。

第三,从压缩成本的角度考虑,机位的设置还应该遵循经济原则,单个机位的功能最大化。除多人参加的讨论型谈话节目外,一般来说,3～5 台摄像机就可以满足拍摄的需求。我们以三台摄像机为例讨论常见的几类谈话节目的拍摄。

1. 一对一访谈

基本来说,两台摄像机就可以完成一对一访谈节目的拍摄。而三台使用起来更方便,效果更好。摄像机的排列方式是从左到右分别为 1、2、3 号。1 号机拍摄嘉宾正面,3 号机拍摄主持人,2 号机则可以移动拍摄双人镜头等用于转场(如图 11-3)。

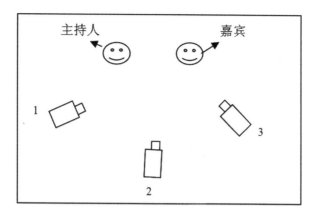

图 11-3　一对一访谈三机拍摄

2. 一对二访谈（主持人在一侧）

摄像机的排列方式是从左到右分别为 1、2、3 号。1 号机可以单独拍摄嘉宾 A，也可以单独拍摄嘉宾 B，或同时拍摄 A 和 B 两人。2 号机可以单独拍摄嘉宾 A，同时拍摄 A 和 B，或 3 人的活动；3 号机主要拍摄主持人的活动，同时也可以向左移动拍摄 3 人镜头（一般不需要）（如图 11-4）。

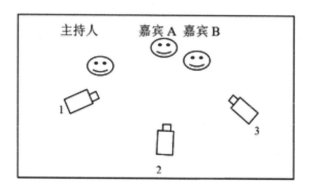

图 11-4　一对二访谈三机拍摄（主持人在一侧）

3. 一对二访谈（主持人在中间）

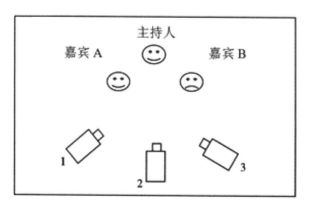

图 11-5　一对二访谈三机拍摄（主持人在中间）

摄像机的排列方式是从左到右分别为 1、2、3 号。1、3 号分别拍摄嘉宾 B 与嘉宾 A，也可以侧移然后用过肩镜头拍摄两嘉宾的交流镜头。2 号机放在中间，主要拍摄主持人的活动，也可以左右移动，拍摄双人镜头或三人画面（如图 11-5）。

其他的一对三访谈、二对二访谈都可以在三角机位法则上发展设置。如腾讯《夜夜谈》在 2013 年 11 月 7 日探讨萌文化的一期，请来了三位嘉宾，主持人杨锦麟坐在左侧沙发上，两位嘉宾在正对着镜头的双人沙发，右侧还有一位嘉宾（如图 11-6）。其实在简化之后，仍可参照上述形式来设置机位，故而不一一赘述。①

（三）演播室的照明设计

网络视频谈话节目多在中小型演播厅中录制完成，故而照明设计相对综艺节目、自制剧等简单一些。与综艺节目、自制剧等更追求灯光的艺术性相比，网络视频谈话类节目的照明设计强调真实性与艺术性的统一。它主要服务于摄像的基本要求，迎合谈话类节目多机位、多角度、多景别的拍摄特点，以满足受众的视觉要求。在艺术层面上，根据不同的谈话内容、节目风格，选择不同灯具设备准确布光，完美营造谈话节目的"交流场"氛围，是照明设计的最终目的。

图 11-6　腾讯《夜夜谈》一对三访谈场景（栏目截图）

在对网络视频谈话节目进行照明设计时，首先要充分把握节目定位和受众心理两方面因素，根据灯具的发光特性合理确定现场环境的影调和色调。腾讯视频《夜夜谈》把演播室搬进酒吧，影调整体设计偏暗。在幽暗的灯光下，配合摇移不定的开场镜头，节目呈现出酒吧中三五好友浅斟细酌的真实氛围（如图 11-6）。而亮调的灯光设计会给人一种清新明快、活泼向上的心理感受。《青春那些事儿》以欢快的、活力的、青春的节目理念示人，故而演播室光线总体调子较亮，空间上通透明亮，很容易让受众形成愉悦惬意的第一印象，进而激起受众的观看欲望（如图 11-7）。

---

① 机位设置基本原理参考：郑月.电视节目导播[M].北京：中国传媒大学出版社，2007：98-123.

图 11-7 爱奇艺《青春那些事儿》栏目截图

由于网络视频谈话节目中，表现重点仍在于人物，因此对主持人、嘉宾及现场观众进行三位一体的合理布光，是灯光师们要考虑的重点。这里，单人物仍以三点布光技巧（主光、辅助光、轮廓光即逆光）为基础，与机位设置上的将参与者分类理念相似，谈话类节目采取对现场人物分区分组综合布光的形式，这需要制作人员正确有效地选择运用各种照明技巧，在注重整体光效的同时，还应兼顾各机位、各角度的局部效果。

在人物静态条件下，一般采取斜侧光照明的方法布光（斜侧光指和摄像机光轴成 45 度左右的光线照明，是摄影、摄像常用的主光形式），可将主持人和嘉宾视为一个整体，共用主光和逆光，辅助光分开照明。也可采取分区方式照明，分别选取 2 至 3 盏主光源、逆光源和辅助光源按照相应的区域对人物进行照明。有现场观众的网络视频谈话节目中，观众席如果人物较多，可以安排阶梯状落座，布光此时用分组方式照明。[①] 将观众分成若干组，每组共用一盏主光源、逆光源和辅助光源。大部分的网络视频谈话节目中，人物处于静止状态。当人物处于运动状态时，对运动过程通常采取平调光照明方法布光。所谓平调光照明，指的是用散射光线照明，或虽是直射光线，但为顺光效果，这种照明方式营造出类似于阴天的光线效果，平淡柔和。

上文我们提到，为了更好地营造氛围，演播室的风格设计变得更加生活化，客厅、书房、酒吧等更私人化的场景被搬入演播室。这使得某些网络视频谈话节目的照明设计要更加凸显生活化气息。优酷网出品的《老友记》第二季中，谈话环境根据参与嘉宾的不同不时发生变化，因此布光上多跟录制环境相协调。现实生活中光源不似专业演播厅的光源那么多样化，这种单一性决定了在一定空间范围内影调变化的层次感。在为摄像机提供基本照度、可以保证画面质量的情况下，仿照单一光源的照明效果会使环境显得亲切、真实。

在电视谈话节目录制过程中，节目强调机位的相互关系，避免穿帮，而一些网络视频谈话节目对于摄像机的出场并不做刻意处理，产生一种"间离"效果，如优酷网《老友记》第二季李亚鹏对话王振耀一期中，多次出现摄像人员与嘉宾同时入画的镜头。同其

---

① 刘庆明.谈话类节目灯光设计对观众认知心理的影响研究[D].上海师范大学硕士论文,2011.

他谈话节目类似的是,网络视频谈话节目的照明同样以光源与光源间不产生相互投影,保证静态人物转头时面部亮度自然均匀、动态时无光怪陆离的视觉效果,光线自然和谐为基本要求。根据节目需要,灯光师还可设置灯源营造背景光。

除了灯光、机位等技术因素,演播室设计还要考虑录音的技术因素,以录制出来的声音自然清晰、不发空不啸叫为宜。

综上,网络视频谈话节目并无具体的场所设计标准,无论是风格设计、机位设置还是照明设计都不可一概而论。

二、谈话节奏的控制

通常,谈话节目中"因时间进程或语速快慢所形成的直观可感的节奏称为外部节奏,而谈话内容引起的谈话者和旁听者思维和情绪上的变化称为内部节奏"[①]。外部节奏的控制主要是对物理时间的把握,它主要依赖话题的进程。在前期文案策划阶段,编导要写好节目的开场白和结束语及谈话当中要提及的问题,节目的主持人把握好节目的进程、引导好嘉宾展开讨论。此时,要充分考虑嘉宾和主持人的个人语速对谈话进程的影响,控制好整体时间。

内部节奏的控制主要是对心理时间的把握,这首先依赖于节目环节的设计,以及主持人的即兴发挥,此外节目对于画面的安排和选择也会直接影响受众的心理感受。虽然镜头的剪辑要到后期编辑阶段进行,但这需要导播在现场录制时就对摄像机进行科学的调度,其中主要涉及景别的合理组合以及画面造型语言的适当变化。

一般而言,谈话节目中最常用的镜头是中景和近景。如果拍摄对象动作比较多,宜用中景表现,此外,摄像人员还需要捕捉细节,辅以特写镜头。除嘉宾和主持人的近景镜头、特写镜头外,最好设置一个展现场景全貌的机位,将演播室的布局形式展露给受众,起到定位作用。

当谈话开始时,需要由一个全景或嘉宾、主持人同时入画的中景镜头切入,交代主持人和嘉宾以及环境的关系,主持人或其中一个嘉宾讲话时,先体现谈话人的中近景镜头,而后可以切换到另一个嘉宾倾听或反应的镜头,这个镜头不宜过长,主要镜头要留给叙述者。如果有现场观众,当表现观众的反应镜头时,选择画面要宽一些。一个段落结束时,再利用嘉宾和主持人同时入画的镜头切出,形成完整的叙事节奏。以凤凰网《非常道》为例,在采访贾樟柯的一期节目中,几乎全篇都是嘉宾或主持人的近景镜头,鲜有变化,难免让人疲倦。

节目进行到某些设计环节时,通常会很好地调动谈话气氛。此时,要着重拍摄有表现力的动作或者细节。在网络视频谈话节目中,最常用的设计元素包括情景模拟、物件细节使用和特殊环节设置如心理测验、才艺展示、互动游戏等。情景模拟通常由演员扮演,在常规的全、中、近景之外,还需要对演员的表情、动作等利用特写镜头强调表现,也

---

① 毛阳南.浅谈谈话节目的节奏控制[J].今传媒,2011(11):111-113.

可以尝试镜头的摇移或者推拉等,增加画面的活泼感。当出现情感性道具时,摄像机要注意捕捉嘉宾的细微反应如面部表情、动作细节等,无论是会心地微笑还是感动地落泪,这些画面都很具有感染力,可以为后期剪辑打好基础。值得注意的是,进行互动游戏或嘉宾才艺展示等环节时,摄像角度不宜拘泥于嘉宾的正面,可从侧面、斜侧面等多角度拍摄,体现出多样性,缓解谈话画面的枯燥感。

三、外景短片:谈话内容的补充

部分网络视频谈话节目采用演播室现场与外景片结合的双重叙述结构,如优酷网《老友记》。外景短片的拍摄主要包括三类内容,即叙事型内容、引证型内容和表现型内容。

(一) 叙事型内容

主要包括嘉宾人生经历、事迹的简介及谈话涉及事件的叙述。画面应主要拍摄嘉宾在节目以外的日常活动镜头。在场景选择上,编导应尽量选取一些有代表性的现实场景,如嘉宾的办公室、家庭等,增强纪实感。展现环境为主的镜头可采取摇摄等运动镜头,景别以全景为主;而表现嘉宾与人交流的镜头可以使用中景、近景,多用固定镜头表现。在多机拍摄的情况下,镜头也可成组拍摄,按照"全景、近景、特写、反打和推拉(或摇摄)"的结构拍摄一组镜头,便于后期剪辑。当画面要突出表现某一细节时,可使用近景或特写,此时应尽量用小景深拍摄,形成画面的虚实效果,突出表现主体并表现出画面的美感。当嘉宾的活动画面不足以支撑叙事时,还可以使用简单的情景再现或拍摄一些静物、老照片等。静物同样应选择具有代表性的物品,如对嘉宾意义非凡的一个礼物、嘉宾的作品等。在拍摄静物与老照片时,应将拍摄主体(静物、照片)置于特定背景上,背景最好与嘉宾的整体个性形成呼应,形成或怀旧或积极或热情的情绪表达。个别老照片尺寸过大不适合用摄像机表现时,可先使用相机翻拍,再进行处理。

(二) 引证型内容

多是印证主持人或嘉宾的谈话内容和观点,使得谈话更具有可信度和影响力。画面一般以街头随机的调查式采访为主,也包括一些与谈话主题相关的镜头。街头随机采访多采取近景,拍摄时要特别留意同期声的采录,以免嘈杂的背景声影响采访效果。当拍摄与谈话主题相关的镜头时,编导要注意镜头的系列性,通过相同的拍摄角度、运动方式等拍摄一组镜头,方便在后期剪辑时,形成镜头的节奏和气势。如《老友记》"手机小时代"这一期,编导在表现人们对手机的依赖时,使用了一组大街上形形色色的人接打电话的画面,增强了内容的说服力。

(三) 表现型内容

主要承担烘托氛围、增加节目感染力的功能,多是一些意境镜头,主要包括:特写镜头如紧皱的眉头、抓紧的手、匆匆的脚步等;带有情绪的空镜头如关上的门、摇曳的树枝、飞翔的鸟、炽热刺眼的太阳、荡漾的湖面等。与叙事型内容和引证型内容更追求真实感不同,这类镜头在拍摄时更注重画面的表现力,强调情绪带动功能。因此需要在构图、光线、色彩上多下功夫。画面里自然光线的体现、人工光效的配合、焦点的移动、景深的控制以及运动镜头的调度等都应该综合起来，使镜头拥有更复杂的情感信息。一般而言，逆光条件比顺光拍摄的画面更具有表现力。某些时候，还可以人为改变摄像机的白平衡，实现色调偏移，追求特殊的拍摄效果。

外景实拍内容应该以服务谈话进程展开为原则，注意与谈话内容的紧密配合，起到补充叙事、调节节奏、烘托情绪的作用，不可喧宾夺主，自成体系。

第五节　网络视频谈话节目的后期编辑

目前，多数网络视频谈话节目都采取录制播出的形式，这意味着录制结束后，还要有后期编辑制作环节。一般而言，网络视频谈话节目的后期编辑没有太复杂的特技处理，后期剪辑的总体目标是消除节目瑕疵，通过适当调整和修饰，使节目内容更加精彩。从流程上讲，一期网络视频谈话节目的后期编辑包含谈话过程的剪辑、背景资料片的补充、解说词和字幕的创作、片花制作、音乐的选择以及节目网页的内容布局等环节。

一、谈话过程的剪辑

谈话剪辑的基本要求是语意完整、层次清楚，谈话的叙事说理与节目总体结构顺畅和谐。

在编辑谈话过程时，常见的剪辑情况有：删去冗余部分——在谈话节目的后期编辑中，常常要对发言者的语言进行剪辑，保留所说的关键部分；删去重复内容；调整语言先后顺序，使其符合逻辑；删除与主题无关的事件——在录制过程中，嘉宾停顿饮水、中途退场、机器故障等意外事件时有发生，此时编导要根据自己的判断，将没有价值的意外事件删除。

上述剪辑都应该保持语气的连贯和内容的前后照应，值得注意的是，"编导不应该在剪辑中片面强调对话的流畅，而将一些有价值的部分当作冗余部分删除掉，亦不能断章取义，片面表现嘉宾观点"[①]。谈话节目的剪辑要达到"不是直播，看似直播"的效果，这要求编导尽可能保留真实的交流状态，将谈话过程原汁原味地传播出去。

由于录制现场采取多机拍摄，在剪辑时，编导应遵循画面编辑的基本原则，利用景别的变化完成切入切出，流畅自然地形成一个基本的叙事段落。此外，还应注意对细节化的镜头语言如特写镜头、推镜头等的运用，形成谈话节目的基本节奏，酝酿情绪。

二、背景资料片的补充

背景资料片，又称"小片"，丰富谈话节目的内容，使谈话节目不仅仅局限于演播室，扩展了节目空间。网络视频谈话节目在内容上，以娱乐新闻、民生新闻、网上热门话题、

---

① 苗棣，王怡林.脱口成秀——电视谈话节目的理念与技巧[M].北京：中国广播电视出版社，2006：198-202.

热帖追踪为多,多从时事入手,以流行文化为主,彰显娱乐精神,因此,在背景资料片的使用上,也更活泼新颖。

部分网络视频谈话节目会设置外景实拍部分,正如上节提到的,其内容可以是街头随机的调查式采访,也可以是一些当事人的发言,或者是与嘉宾或谈话主题相关的画面内容。除实拍外景短片外,网络视频谈话节目将大量的与内容相关的电影电视剧片段、MV、新闻片段、相关漫画、图片、二维动画等的视频资料加入节目中,这些视频资料少数为原创,大多为引用,形成一种杂糅的后现代风格,别有一番趣味(如案例11-4)。

> **案例11-4**　　　　《手机时代》《晓说》节目对背景资料的使用
>
> 　　优酷网《老友记》第二季"手机小时代"这一期,除实拍内容外,还引用了以手机为主题的电视新闻报道、冯小刚导演的电影《手机》片段、香港电影《逃学威龙》中周星驰使用大哥大的片段,以及1998年春晚小品《回家》中宋丹丹和黄宏饰演的农民打电话的画面等,穿插在谈话过程中。当谈话提及某些内容时,编导还附上了相关图片。如中国移动通信前总裁王建宙提到自己曾经看过很多滑稽地接打手机的场景,编导及时地附上了《还珠格格》中小燕子的扮演者赵薇穿着古装行头接打手机的画面,给人以"穿越感"。这些背景资料的使用极大地增加了节目的信息量,更提高了节目的可视性。
>
> 　　在节目中涉及一些内容相对枯燥的部分时,网络视频谈话节目《晓说》以动画形象小芳、老王等配合生动的图片、风格化的配音来解释说明。如其中一期关于东瀛日本的良好重教传统时,高晓松谈到日本有将艺术家人像印到钱币上的做法,此时,节目就使用"小芳和老王"的二维动画,介绍了各国钱币上印刷人物的差异,生动形象,让人印象深刻。由于其节目中原创的背景资料动画片个性鲜明,甚至延伸出了节目的次生产品《小晓说》动画片。

三、解说词与字幕的创作

解说词与字幕是谈话节目中非常重要的表现元素。解说词作为一种非独立的文体,主要起到介绍人物及话题背景、转换场景和总结等作用。而字幕与谈话节目的图像、声音一起组成了多方位、多信息渠道的传播手段,强化了重要信息。

(一)解说词

根据节目内容不同,可将网络视频谈话节目分为有解说和无解说两大类。无解说的网络视频谈话节目一般按照谈话进程自然展露,而有旁白解说的谈话节目中,解说词通常与谈话内容、背景资料有机配合,起到串联整片、捋顺逻辑等的作用。网络视频谈话节目中,主要的内容元素仍是谈话同期声,旁白解说不可喧宾夺主(如案例11-5)。

案例 11-5　　　　　　《全民相对论》节目解说词举例

以《全民相对论》2013 年 10 月 25 日的"以房养老 我们的养老谁做主"这期节目为例,26 分钟的节目中出现了两段解说词,言简意赅。

第一段为节目开头:近日,国务院公布的《关于加快发展养老服务业的若干意见》正式出台,其中提出开展"以房养老"试点,引发各界关注。业内人士指出,住房与养老两大产业结合是未来的趋势。也有舆论质疑政府在推卸养老责任。"以房养老"提出已有十年,在南京、上海、北京等城市试点,但效果并不理想。中信银行也曾在 2011 年推出"以房养老"贷款业务,成交案例几乎为零。民调显示,只有 8.8% 的受访者选择把房子抵押给金融机构。"以房养老"政策是否可行?推行"以房养老"的时机是否成熟?

我们请到了 50 位观众来到录制现场,红色代表支持;蓝色代表反对;白色代表中立。他们将用脚投票作出自己的选择。

本期的嘉宾有:

王振耀,北京师范大学公益研究院院长;潘锦棠,中国人民大学劳动人事学院教授;唐钧,中国社会科学院社会政策研究中心秘书长;刘艳,北京大学政府管理学院博士;曹保印,《新京报》首席评论员。

本期《全民相对论》,全民热议"以房养老,我们的养老谁做主?"

这一段解说词放在节目开头,精彩内容介绍之后,承担"展开话题,交代背景"的作用。

第二段解说词在节目进行到第十六分钟时:专家称,2012 年年底,中国 60 周岁以上老年人口已达 1.94 亿,再过 20 年,养老金缺口将达 10.9 万亿美元,到时候,现在的"70 后""80 后"将面临无钱可养的窘境。面对日益严重的人口老龄化,"以房养老"是否是在替政府解围?

现场 50 位观众和嘉宾做出了自己的选择。本期《全民相对论》,全民热议"以房养老,我们的养老谁做主?"第二段解说词,事实上将讨论的问题实施了转换,由"以房养老"是否可行转换到了"以房养老"是不是为政府解围。

(二)字幕

网络视频谈话节目中的字幕主要包括说明性字幕、复述性字幕、强调性字幕和补充性字幕等几类。

说明性字幕介绍人物姓名、身份及事件发生的时间、地点,按照受众接受信息的规律,主持人、嘉宾的姓名、身份等说明性字幕一般应在主持人、嘉宾出现 10 秒钟后呈现,这样可加深受众的印象。字幕字数在几个至十几个汉字为宜,显示停留时间在 10 秒左右即可。复述性字幕起到显现同期讲话声、人物对白等作用,一般出现于屏幕下方,单行显示,没有花哨的设计,以免分散受众注意力。

目前，很多栏目或将谈话内容分段总结出主题，或在嘉宾提出有代表性的观点时使用字幕加以强调，有助于受众的信息接收，这类字幕即为强调性字幕。如乐视网《午间道》"买房卖房那些事儿"中，根据谈话的推进，依次出现如"房奴没有自我生活压抑无趣""买房卖房让你成为富豪""有房子就有自己的家扎了根了""租房离单位太远，挤地铁苦不堪言""租赁市场混乱，市场缺乏监管"等强调性字幕。该类字幕多采取以下形式吸引受众注意力：字幕在画面上占据相当突出的位置并停留一定的时间，突出字幕的设计元素使其成为视觉重点，或突出字幕的运动态势等。

补充性字幕一般作为一种独立的表意单元传达某种相对完整的信息。如《老友记》《晓说》等栏目为了引起受众的兴趣、增强互动，在谈话内容进行中，会滚动插入一些受众针对当前播放内容的简短单句评论反馈，与谈话内容相映成趣。

字幕的设计宜与栏目风格相匹配，与片头等节目的包装因素结合形成统一的视觉识别系统。如爱奇艺《以德服人》节目演播室设计成中式茶馆风格，方桌上放置着雕花的瓷杯，主持人身着中式服装。因此，字幕均以宣纸式风格衬底出现，说明嘉宾身份的字幕条左端还设计了祥云图案，字幕采取书写字体，与节目风格相得益彰（如图11-8）。

图 11-8　爱奇艺《以德服人》字幕

四、谈话片花制作

谈话内容片花多是整期节目谈话内容的精华浓缩，时长较短的谈话节目将谈话精彩内容片花放在节目开头，而20分钟左右或以上的谈话节目中，片花可能会使用两次或以上，起到结构整个节目的作用。

片花根据有无解说词同样可分为两种形式。

（一）"解说＋同期声"形式的谈话片花

该类片花既能展现嘉宾的代表观点，又起到打开话题或介绍人物事件背景的作用（如案例11-6）。

案例 11-6　　　　　　　　《荷体育》片花

以乐视网《荷体育》为例，该栏目定位于体育及体育周边领域人物深度访谈。每期节目开场片花都采取"解说＋同期声"的方式。以采访人物为李承鹏这一期为例。

> 解说：说到李承鹏，人们会想起他文字的犀利，却难以想象他面对儿子的温情。
>
> 李承鹏：我的儿子是享受父亲的儿子。
>
> 解说：年过不惑，生活平和淡然，但他从未妥协。
>
> 李承鹏：……
>
> 解说：他曾揭露过中国足球的黑暗，现在他认为体育应该是民主生活的一部分。
>
> 李承鹏：体育观就是民主观、快乐观。
>
> 《荷体育》专访李承鹏，与您一起分享李承鹏的体育民主观。

简短的片花让人们了解到这期访谈不是围绕李承鹏的文章，而是他鲜为人知的父子亲情以及对体育的体悟展开。

（二）同期声形式的谈话片花

这一类片花由谈话同期声剪辑而成，一般是谈话中的代表观点、交锋观点、个性化的观点或能够抛出悬念的部分，通常构成了受众收视的兴奋点，发挥"导视"的作用（如案例11-7）。

案例 11-7　　　　　　　　腾讯《夜夜谈》片花

> 主持人杨锦麟：漂来漂去现在多了一种形式，叫老漂。
>
> 女嘉宾一：有百分之九十五以上的老人家其实跟子女只是用电话聊天。甚至会有一点点寄人篱下的感觉。
>
> 女嘉宾一：现在老漂族也是精神疾病高发的人群。
>
> 杨锦麟：即便是漂洋过海，也找不到自己的快乐和幸福。
>
> 杨锦麟：熟年可享受熟年的人生。
>
> 杨锦麟：七十岁算什么，五十岁算什么，长生不老是个精神状态。
>
> 女嘉宾二：现在有个新二十四孝道，就是你要教父母怎么上网。
>
> 杨锦麟：漂的过程要有漂的快乐。

从这短短35秒的片花中，受众可以管中窥豹，大概了解到节目的内容。

五、音乐

很多电视谈话节目都使用现场乐队营造现场氛围，调节谈话参与者的情绪及心理状态。目前，我国的网络视频谈话节目中，鲜有用现场乐队配乐者，这多数出于成本的考虑。因此，网络视频谈话节目中的音乐多是后期制作时选择的背景音乐。

背景音乐具有结构全篇、表情达意、娱乐等功能。谈话节目带有自由漫谈的随意性，音乐则可以起到串联的作用。如凤凰网《非常道》"王伟忠：乡关何处"这一期由一曲吉他独奏曲贯穿，片花与小片处乐曲渐强，谈话部分乐曲渐弱，不但很好地结构了全篇，而且吉他淡淡的音色以及舒缓的节奏也很好地契合了本期"乡关何处"的主题。

有时,音乐独有的抒情功能可以使受众从单调的视频画面中解脱出来,体现画面未能展示的情绪与情感。《全民相对论》栏目中,当嘉宾登场时,编导辅以激昂的音乐,营造出热烈的氛围。此外,当嘉宾谈到动情处,编导可适当辅以背景音乐,烘托气氛。

在《天呐女人》"穿高跟鞋也会崴脚"这期节目中,开篇以演员的情景模拟展开,生动活泼,音乐此时选择了俏皮的电子乐,起到了很好的娱乐效果。

总体而言,音乐的选择要与谈话内容、谈话进程以及节目的整体风格相匹配,起到锦上添花的效果。

六、节目网页的内容优化设计

广播谈话节目与电视谈话节目在节目制作完成后,即可播出到达受众。而网络视频谈话节目的接受方式更多是非线性、超链接式的。从整体结构制作完成到到达受众的这个环节中,网络视频谈话节目的编辑还包含有对上线网页的内容布局过程,以便进一步优化受众的观看体验,获得更高的浏览机会。

一般一期节目制作完成后,编辑需要将视频网站或栏目的标识或网址(或二维码)插入在视频内。视频文件格式必须是主流播放器可以支持播放的格式,上传时需要在画质和流畅度这两者中选择,必须先保证网站播放视频的流畅。

从内容层面看,网络视频谈话节目的网页设计要基于视频用户的习惯和需求进行设计,大方美观且方便、人性化,能吸引不熟悉视频业务的用户。网络视频谈话节目的网页布局首先要遵循基本的视觉习惯,将最醒目的内容即主播放区放置于受众第一眼可以看到的位置。界面分区明确,层次合理,主播放区、链接区、评论区等一目了然。美术风格与节目整体包装保持一致。

从推广层面或营销层面看,节目制作完成后的网页设计不但要考虑到界面美观原则,还应该从搜索优化的角度出发,最大限度地增加内容的搜索率和瞩目程度。某些网站会将一期节目整体上线到官方网页的同时,按照谈话的观点、逻辑等拆分成若干段小视频,冠名以不同的标题,吸引受众的碎片化观赏时间。

具体做法为:每一期节目上线时,编辑会添加相关的标签,有助于网站内部搜索和外部搜索引擎的抓取和排名。在这种指导思想下,网络视频谈话节目上线后的标题不一定就是当期内容中的节目名称,而是更丰富更有吸引力的语言,标签关键词可能是热门人物,也可以是当下受众关注的热点词语。此外,编辑还需要将关键词自然地写进视频的简介,丰富的关键字,简洁的视频内容简介不仅更容易被受众喜欢,而且可以合理地让搜索引擎捕捉到此内容,增加流量。分视频片段或相关视频群一般以内部链接如"剧集列表""相关片段""相关人物"的形式出现在播放区视频界面的右侧或右下侧等位置。当选择视频缩略图时,一般应尽量选择吸引受众和有代表性的图片(如案例11-8)。

从技术层面看:页面的设计应具备易用性、互动性。一般,为了增强节目的互动体验,除节目录制过程中的互动设计外,还需要在网页布局中设置评论发布区,以保证受众在收看当期节目的同时,可以看到别人发布的评论,自己也可以参与其中。某些视频谈话节目开发了手机APP,或栏目设有相关的微博、微信公共账号,这些都应该以主动的内容推介形式展示在页面上。同时要在页面上使用推荐插件,以便受众观看完视频后及时推荐到新浪微博、腾讯微博、微信朋友圈等相关的社会化媒体平台上。

案例11-8　优酷网《老友记》第二季"唐骏 黄欢:撞破学历门"界面分析

　　这一期节目名为《撞破学历门》,但其上线标题却为"唐骏遭职谋女王黄欢拷问,揭露'学历门'真相!"引入了"学历门""唐骏"这些热门关键词,整期节目上线后,同时又按照时间进程链接出七八段左右的分段视频,且分级标签使用"四级""唐骏""毒舌女""打工帝"等关键词。

　　04:50 打工帝语遭埋伏 毒舌女聊天戳软肋
　　05:38 毒舌女现场发飙 气氛尴尬无法录制
　　09:10 黄欢斥唐骏"太二"　唐骏称"自嗨"
　　13:07 唐骏?我是流氓我怕谁?
　　15:30 四级不过被逼留校 岂有此理?
　　17:41 黄欢坦诚造假 唐骏无言以对
　　22:38 唐骏遭拒签险跳海 去美国好似救命

优酷网将评论区设置在主播放区下方,并设置了两栏,第一栏是全部评论,第二栏为精华评论,方便受众浏览。值得一提的是,当节目播到某个有争议的部分时,编辑在播放界面下方增加了10秒左右的弹出式选项调查,如黄欢跟唐骏谈到假学历门时,编辑设置了"1.为找工作不惜造假 2.宁丢饭碗绝不造假 3.我爸是李刚你懂的 4.求职太苦求包养"四个选项,增加互动体验。

本章小结

　　网络视频谈话节目扎根于网络土壤,节目制作方式和播出方式更加灵活,话语环境更开放自如、互动性强。经过几年的快速发展,网络视频谈话节目的节目来源更多元化,分享类视频网站、广电系视频网站等都涉足这一领域。内容上突破了单一的明星、公众人物访谈领域,新增了新闻时事、情感交流、专业知识等多种内容模式。节目形式上,引入了游戏、动画短片等元素,观赏性增强。在节目的传播上,与社会化媒体相结合,实现了与受众的社会化互动,开始挖掘节目深层的话题效应和品牌营销价值。一些网络视频谈话栏目凭借出色的内容和新颖的策划获得受众的广泛好评,并已经逐渐形成各自的影响力,向手机、电视两大屏幕渗透。

　　4G时代的到来,是网络视频行业的一大利好,也意味着网络视频谈话节目的前景更加光明。在这样一个充满机遇的时期,对制作者而言,要想制作出更多更优秀的原创节目,还需对网络视频谈话节目的特点和规律有更透彻的认识,并不断摸索新媒体时代的受众心理,紧跟受众需求,在内容和形式上不断探索。

思考与练习

1. 举例分析网络视频谈话节目的特点。
2. 网络视频谈话节目如何实现内容差异化?
3. 网络视频谈话节目演播室的机位设置需要遵循什么规律?
4. 结合一期网络视频谈话节目,对节目网页设计应注意的问题进行简要阐述。
5. 策划一档网络视频谈话节目。

第十二章 网络广播节目制作

> **学习目标**
> 1. 了解网络广播形态的发展历程。
> 2. 厘清网络广播节目的不同类别。
> 3. 掌握音频节目制作的基本流程。
> 4. 熟悉网络广播节目编排的技巧。

据新华社 2013 年 11 月 13 日的消息,芬兰无线电爱好者米卡(Mica)常年在北极圈用自制设备搜寻世界各地的电波,并向记者展示了众多电台的回信确认函。[①] 在互联网席卷全球的今天,当人们能够方便地在地球任何一处只要是通了网络的地方清晰地听到任何一个被搬上互联网的节目,自架器材搜寻广播信号的新闻所传递的更多只是人们对无线电时代已成为远去辉煌的感慨。

无线电广播起初是围绕地域性服务展开的,由专业化的机构和人员,依靠技术设备为大量分散的听众输出内容。而进入网络时代,广播从产制、传输到接收的各个流程都已产生诸多变革,这又将怎样颠覆广播的想象?

第一节 网络广播概述

20 世纪 50 年代,随着电视的崛起,已经进入大众生活 30 多年的广播开始被称为"夕阳媒体",然而时至今日,广播并没有消亡。作为唯一过滤了视觉的大众媒介,它生产灵活、使用经济、内容多元、参与便捷,尤其是得益于汽车工业的壮大,广播将其移动性、陪伴性和个性化的优势张扬得淋漓尽致。遇到网络,广播的发展又迎来新阶段。

网络在进入大众传播领域之前,已经在实验室和专业人士间发展了几十年。直到 20 世纪 90 年代中后期,互联网被灌输市场逻辑,出于对创新服务和内容需要的回应,开始进入大众传播领域,引起了媒介在组织管理、分配接收等层面的一系列变革。面对互联网急速发展的趋势,包含广播在内的传统媒介在不安、犹疑中,或主动或被动地卷入更新换代的潮流中。

一直致力于窄播化、专业化发展,试图区别于其他媒体的传统广播,在与网络的融

---

① 李骥志,张璇.在北极圈收听中国电台节目[EB/OL].(2013-11-19)[2016-03-20]. http://news.xinhuanet.com/world/2013—11/19/c_118207586.htm

合中有了发挥想象力和创造力的新的路径和发展方向。获益的事实和面临的挑战并存,广播在媒体大变革的环境下生发了新的内涵。然而无论是借助电脑搜索海量的电台节目,还是通过手机将广播玩转于股掌之间,无论是享用机构生产的丰富节目,还是陶醉于自己上传的草根音频,广播的本质没有变化,它依然是解放眼球的媒介,传播的主体内容依然是音频,只不过传输接收方式、构成样式、传播体验发生了变化,并形成了基于新媒体的新特点。

一、广播的内涵

传统意义上的广播指的是以无线电波或导线为载体传送声音的媒介传播工具,通过无线电波传递声音内容的称为无线广播,通过导线传递声音内容的称为有线广播。第一家广播电台 KDKA 电台成立于 1920 年的美国,战时发展了无线电技术的西屋公司为了转型民用市场,更多地售卖收音机,通过电台播出广播节目来吸引听众,还带来了以售卖广告时间来支持运营的模式。由于传播对象宽泛、接收简单、时效快捷、感染力强,广播迅速风靡开来。然而它受制于时空,依赖于技术,缺憾于形象,短暂的辉煌很快被电视盖过。网络时代,传统意义上的广播弱势在应用于新技术后得到消解,广播的内涵也面临重新诠释。

二、网络广播的内涵

网络广播(Online Radio/Internet Radio/Internet Broadcasting),也被称作网上广播或在线广播,[①]主要是指以互联网为传播平台和介质,为通过有线宽带、无线网络等途径接入网络的固定或移动设施终端的用户,提供以音频为主要服务内容的广播形态。网络广播是在媒介融合的大背景下网络和广播结合发展的产物,是数字、多媒体、电信等技术综合支持的结果,而且不断有新技术加入其中。网络广播在表现上兼具了网络媒体的特性和传统广播的优点,是网络媒体众多多媒体传播形态中的一种。

网络广播起初常被概括为广播网络化和网络化广播两层含义,广播网络化主要是指传统广播电台借助网络等新媒体手段进行融合发展的过程,网络化广播则主要是指专门针对网络受众进行的以广播信息为主体的网络电台建设和内容传播。

在技术上,网络广播属于一种网络流媒体,它通过在互联网站点上建立广播服务器、运行特定软件,再把节目传播出去。受众通过在自己的计算机上安装和运行广播接收软件连接这些站点,然后就可方便地收听广播节目,还可阅读广播信息。[②]

三、我国网络广播发展概况

网络广播的雏形可追溯到 1995 年 4 月的美国西雅图,一家名为"进步网络"

---

① 参照百度百科"网络广播"词条。
② 同上。

(Progressive Networks)的网站在其网页上放置了一个 Real Audio System 的试用版软件,提供"随选音效"(Audio On Demand)服务,这一举措被视为网络广播的诞生。① "随选音效"的开创意义在于它不需要等到电脑将声频文件下载之后才开始播放,而是在点击播放声音文件后就可以开始收听。同一年,同为数字流媒体先驱的美国 broadcast.com 公司依靠价值 5000 美元的设备与达拉斯 KVIL 电台合作通过网络播送广播信号,开创了网络现场广播节目的风潮,这家公司后被雅虎收购,成为雅虎广播服务的一部分。② 综观美国网络广播发展,其主要特点有:起步早,跨步大;重音乐,社交化;专业化,商业化。

互联网对传统广播业的影响虽相对来得晚些,但是开机率下滑、经济效益增长率远低于互联网产业的事实让广播人更加迫切地投入与新媒体融合发展的潮流中。虽然与网络电视等其他网络多媒体形态比,中国网络广播的影响力和市场份额都比较小,但是随着移动互联网时代的到来,它所潜藏的后劲却不容小觑。

(一)中国网络广播的起步期(1996—2004 年)

20 世纪 90 年代中期开始,国家层面主导的信息基础设施建设逐步加快,奠定了中国踏入信息社会的基础。互联网发展的初期是以网站建设为主要特征的,主要强调网站内容的组织和构建。网络广播在中国最早的表现形式就是广播网站的建立,最早涉猎网络广播网站的主体是一批传统广播电台,然后是各大新兴商业机构,以及小型的商业团体、专业社会团体和业余爱好者。

传统广播电台"触网"经历的是一个自下而上又自上而下的过程。1996 年 12 月 15 日,广东珠江经济广播电台开办网络广播,成为我国第一个上网播出的广播电台。③ 随后一些省级和地市级的电台也开设了网络平台,有的是以电台的名义立站,有的是以频率为主体发布音频节目。1998 年 8 月和 12 月,中央人民广播电台"中国广播网"和中国国际广播电台"国际在线"相继开通,十多年来,广播网站的规模逐步扩大,基本上中央、省市级的电台都拥有了自己的官方主页。

网络广播发展初期,传统电台首先是对广播生产技术链条从制作到接收,进行整体的数字化革新,然后是动用现成的节目资源,实现台网互动,使得能以低廉的代价扩大潜在受众的规模。电台大都把日常节目文档照搬上网或者进行拆分挂到网上,或者在广播节目中使用取材于互联网的内容,通过 BBS 论坛、电子邮件等方式与听众互动。网站提供实时收听、在线点播、回听查询、实时互动等富有广播特色的功能,使受众可以上网收听节目,即使错过节目还可以重新听。还有的电台进行可视化广播的探索,将直播室现场视频传输到了网上。受众还可以上网通过主持人介绍、节目预告、采编后记等栏目对电台节目背后的故事有更深的了解。除音频特色外,不少网站还推出了新闻娱乐资讯、心理咨询、天气预报等门户网站所具备的多种功能。

---

① 参照百度百科"网络广播"词条。
② (美)阿尔马朗,彼茨.无线电广播产业[M].詹正茂,张莹,张莉,译.北京:清华大学出版社,2007:163.
③ 金震茅.网络广播传播形态研究[M].苏州:苏州大学出版社,2007:27.

网络的开放性催生了只在网络播放的节目,网络广播电台只需租用一个高速链接的服务器,下载一个流媒体音频软件就可以直播节目。这类电台最开始由个人发起,在某些论坛的某个社区利用 Real Player 软件直播节目,慢慢地有三五声音爱好者合作组建专门的网站,从技术、内容到推广分工合作,制作专门的网络节目,NJ(Net Jockey,即网络直播节目主持人)名称由此而起。他们集采、编、播于一体,多数是 20 岁左右、经常与互联网有密切接触的年轻人,他们有的有固定工作,有的还是学生,平时大都活跃在动漫、歌曲、游戏、音乐剧等专业电台中,通过论坛、QQ 等渠道与网民边沟通边调整节目内容。①

网络发展初期也崛起了一批商业门户网站,新兴互联网服务商依托强大的资本投入和技术研发优势将音频服务作为网站的一个内容分类,一些音频频道慢慢发展成为网络电台,例如 21CN 的 21CN 网络电台、新浪网的新浪电台、腾讯网的 QQ 电台等。这些商业电台只是把网络广播当作完整内容布局的一环,用以积攒人气和扩大品牌知晓率。

(二)中国网络广播的发展期(2005—2012 年)

网络广播发展的第二个阶段伴随着网络媒体在交互功能上的进一步挖掘。以博客、播客为代表的自媒体样式传入中国,网络媒体开始更多地强调自服务和用户生成内容,网民亲身参与信息传播的兴趣和积极性在技术的保障中不断得到鼓舞和激发。

先前由发烧友们自己掏钱租用服务器,建立音频工作室,只被小众范围知晓的小打小闹、散兵作战模式的网络电台运营模式已经缺乏前进的动力,资本的介入推动了其有组织、成规模地发展。一批由私人或者机构的风投资本支持的网络电台应运而生。这些网络电台不再只是制作一两档节目,而是进入了公司化、规范化的运营阶段,内容制作、网站营销、技术支持、导播等工种一应俱全,它们广泛招募网络主持人,制定了正式的节目时间表,节目直播时段延长,节目内容得到扩展,还允许用户上传个性节目。它们的内容与传统电台挂上网的节目进行差异化竞争,讲求个性,吸引的主要是年轻一族和学生群体。一些资金雄厚的民间网站甚至能够全天候直播节目,当然,盈利仍然为时尚早。

传统媒体也没有错过自媒体先机。2005 年 7 月 28 日,银河网络电台依托中央人民广播电台和中国广播网成为中央媒体中第一个专门为网民提供直播节目的播客广播平台。一些国家政府部门也介入公共网络广播的发展中,将此作为公益媒介平台向以年轻人为主要群体的目标受众传达积极的生活价值观。比如中国青少年广播网、青檬网就是在这样的背景下建设的。

(三)中国网络广播的成熟期(2013 年至今)

随着国家信息平台建设规划的有效布局以及电信、广电、计算机"三网融合"战略的有序实施,近年来,网络辐射区域迅速扩大、上网资费大幅降低、上网速度加快,网络广播的普及率得到持续增长。与此同时,移动互联网的迅速崛起所带来的网络广播的变化

---

① 参照百度百科"网络 NJ"词条。

值得重点关注。

截至 2018 年 12 月,中国网民规模达 8.29 亿,其中手机网民规模达 8.17 亿,手机网民规模的持续增长促进了手机端各类应用的发展。[①] 此外,当 3G 网络正在进一步普及的同时,4G 网络牌照于 2013 年年底正式下发,这意味着移动互联网的使用率将进入超速增长期,也将带来一系列更深层次的媒介运用和全新的经济增长点。

移动互联网时代,微博、微信等新兴社交媒体呈爆发式发展,网络的社会交互性和受众参与性功能得到深度应用,网民碎片化的时间成为各种媒体争相追逐的焦点。通过各种移动客户端,内容推送随时随地,效果远高于传统 PC 客户端,完全切合了广播贴身、伴随的特点和优势,传统广播媒体和网络电台投资者也从中看到了希望,纷纷着力于移动客户端建设。

一些背景强大的门户网站因为在广播人才储备、节目内容供应上始终弱于传统广播,继而转向打造节目集成服务平台上。比如新浪微博电台集合了 454 家上线频率,有超过 3604 名主持人使用微电台互动。[②] 此阶段也有不少曾经雄心勃勃的网络电台铩羽而归。一批商业公司则赶上了开拓移动广播业务的时机,"蜻蜓FM""喜马拉雅"等一批移动网络广播新锐让受众耳目一新。

第二节　网络广播节目的内涵、特性与分类

节目是视听媒体服务受众的表现形式,也是广播产业的核心资源。离开个体音频节目的支撑,广播媒介的任何发展和创新都只能是无水之源、无本之木。

一、广播节目的内涵

传统意义上的广播节目是指广播媒介播出内容的基本组织形式和播出方式,有固定的节目表和播出时间。它是一个以时间段来分割安排、以听觉符号来呈现、以历时维度来传递内容的多层次系统。语言、音乐、音响等听觉符号是广播节目的传播要素,它们在时间的流淌中作用于听者,带来情感、思想等信息传递。基于传统广播基站发射传输的特点,广播节目对听者接收的地域、环境有一定要求,而线性传播的特性也限制了听众对节目选择的自由度。

二、网络广播节目的内涵

网络广播节目是指通过网络介质传播的以音频为主要形式的内容单位。广播诉诸网络,节目依然是其呈现内容的基本环节,是生产流程的核心部分。网络广播节目的播放虽突破了时间和空间的收听限制,实现了快进、暂停、回放、搜索等服务,但单个节目仍

[①] 参照中国互联网络信息中心(CNNIC)发布的第 43 次《中国互联网发展状况统计报告》。
[②] 参照百度百科"微电台"词条,截至 2013 年 6 月 28 日的数据。

以线性播放为特点。网络广播节目打破了传统的节目编排,节目音频与文字等视觉多媒体信息共同构成节目的全部内容。网络广播节目既指能够在线收听的传统电台节目,也指只在网络播放的广播节目。

广播与代表新技术的媒体融合发展所改变的既有受众到达节目的方式、与节目互动的方式,也影响了广播节目生产制作的方式。但无论传输系统如何快速高效、接收装置怎样简洁方便,无论广播网站的建设如何以广告获利、移动客户端运营怎样以服务取胜,如果网络广播节目所传播的内容对用户毫无吸引力,那么就失去了传播的价值。

三、网络广播节目的传播学特性

网络广播节目扩大了传播范围,打破了传统广播转瞬即逝、顺序收听、区域覆盖等与生俱来的局限,同时融合了网络全息传播、海量储存、交互传播、个性服务、自由使用等特点。

(一)全息性

声音是传统广播节目唯一的传播元素,这也形成了传统广播节目信息含量低、不易达成深刻印象、弱于深度报道的特点。借助网络,广播节目可以动用文字、声音、影像、动画等一切多媒体手段,用视觉元素辅助听觉传播,为受众提供全息的接收体验。有电台将直播间即景放到网上,用可看见的广播来拉近与受众的距离。一则录音报道限于单位时间的篇幅约束,可将报道相关的未尽信息同时挂在网上拓展报道内容的深度和广度。

(二)海量性

网络所处的虚拟空间的无限性使其比传统媒体拥有更多的存储空间,特别是近年来"云"技术的发展壮大,网络空间成为海量内容的栖生地。这给网络广播节目无数的分类提供了无限的选择项。网络可以像一个档案馆一样,使各式各样的广播音频资料与其他多媒体文件一齐被传输、保存,也可依照任何标准被结构、解构,迎合各种需求。

(三)互动性

传统媒介中,广播在受众参与即时互动方面是最为方便和直接的,听众通过电话、短信就能直接与主持人互动。但这种互动比起互联网所提供的交互工具和具备的交互功能显然是单薄的。使用网络,受众参与节目的方式可以是电子邮件、聊天室、论坛,也可以是QQ、微博、微信等社交网络工具。受众在听的同时可以随时做出评论和反馈,这些信息传递给节目内容组织者及其他受众,又得到新的反馈,形成一个循环流动的交互网络。

(四)私人化

有别于传统大众媒介规模化地生产信息和广泛地产生效应,新的传播科技引发了高度私人化的信息传播模式。各种收听软件、音频插件和服务端的运用使"我"成为信息消费的中心环节。播客、社交网络服务和聚合内容应用等手段带来更强更立体的交互性强化了广播个人化的使用,满足用户体验的个性化和自主性成为网络广播追逐的目标,"我的电台"成为现实,个性化节目定制越来越得到推广。

（五）自由性

互联网提供了每个人自由选择内容、参与生产制作的技术保障和低成本门槛。用户不必依照电台的时间安排被动接收信息,而是随时随地依照自己的时间安排和行程变化选择节目,同时也不必拘泥于受者角色,而是可以自主地生产和传播信息,表达自我,即便这并不代表一定能赢得听众。值得注意的是,网络广播带来了自由制作和参与节目的狂欢,与此同时,也带来了狂言绮语的喧哗和充斥暴力色情的节目,虽然法规也正一步步约束着使用者的行为规范,但有关管理和监管上的难题还未得到完全破解。

四、网络广播节目的分类

（一）按播出方式分

网络广播节目包括两种类别：一种是首先在传统广播媒体播出,同时或者通过编辑处理在网络播出的节目,包括同步播出的节目和已经播出的节目的存档；还有一种是依照网络媒体的传播特性为网民量身定做、首先通过或者只通过网络平台播出的节目。

（二）按内容形式分

与传统节目类似,最主流的仍然是音乐、新闻和谈话类节目。沿袭传统广播节目的分类,网络广播节目既有按新闻、教育、娱乐、音乐、生活服务等内容特点为依据的节目分类,也有按照资讯、访谈、戏剧、文学、专题等内容形式为依据的内容分类。网络广播节目的频道分类开拓了更多门类,像外语、财经、演讲、科技、养生等的特色主题频道比比皆是,而且细化程度更深。比如作为网络节目中最受喜爱的音乐类节目,可按爵士、流行等大的音乐种类分,还有按歌手名字分,还有按歌曲传达的情绪分,还有按运动、开车、睡眠等收听环境分,以上种种,不一而足。

（三）按播出形式分

1. 直播节目(Live)：即在线广播,它与传统广播相似,按照既定的节目表来播放音频节目,主要采取流媒体技术来实现,时效性强,适合于动态活动的即时报道,也利于受众与节目主持人的即时互动,增加节目的生动性和参与感。

现有的网络广播直播节目,一种是指传统广播电台实际播出的广播节目在网上的同步播出,目前大部分传统电台为了提高现有节目的传播范围,已经实现了节目的网络同步化播出；另一种是网络广播电台按时间顺利播放的节目,目前此类直播节目收听群体比较小众,影响力不大。网络广播直播节目与传统广播节目一样,是线性播出,对受众而言只有听或者不听的选择。

2. 录播或者点播节目(On-demand Video)：是将节目音频制作完成后储存在网络服务器上,用户根据节目的分类提示按照自己的爱好和需求选择内容来点击播放,对错过的直播节目不再有遗憾。只要网站的内存足够大,录播节目的容量理论上是可以无限量的,内容主题是可搜索的。许多在传统电台播出的节目都被直接放在了网上,或者通过二次剪辑加工成了更精致的片段供网上选择,提高了节目资源的利用度。

一些网络电台同时提供了直播和录播的节目服务,以银河网络电台为例,有综合频道、有声阅读频道、古典音乐频道等六个频道实现全天候直播,此外还提供大量分门别类的录播节目。

(四)按传输渠道和接收终端分

1. 有线网络终端(PC 客户端):指供电脑终端的用户依托宽带等有线网络在线收听或者下载收听的广播节目。人们在电脑前收听广播节目的行为一般是与手头其他工作同时展开的,听节目成为一种伴随方式。

2. 无线网络终端(移动客户端):指供移动设备终端(手机、移动电脑、蓝牙音箱等)的用户依托移动网络、无线局域网等网络技术通过 wap 网页或者移动客户端收听的节目。利用移动终端收听节目一般占用的是人们碎片化的时间,繁忙之余,听节目成为一种休憩方式。

不少互联网运营商同时提供电脑和移动终端的广播节目服务,也有主攻一种终端的节目服务模式。比如"蜻蜓 FM",开始只提供手机版节目服务,之后才推出了网页版的节目。对于粗放型的节目运营商而言,不同传输方式对节目的生产不会带来影响,而对于专业化的运营商来说,不同的终端意味着迥异的收听习惯,从而会影响到节目制作的方方面面。

(五)按制作主体分

可分为传统电台、商业或公益机构团体或者非专业人士制作的节目。基于制作主体的不同属性,他们生产的节目有不同的特点。常规广播机构出于"官方"属性,提供的上网节目专业性强,栏目持续性长,内容稳定度高,常注重公共效益。商业机构开发的节目出于新闻采访的限制和自身盈利的需求,更强调娱乐性和特色性。个人制作的网络节目多来自广播爱好者,他们通过播客技术上传节目(在中国常被称作"播客节目")或者 Real Player 等软件进行节目直播,制作的节目或者个性突出,或者粗言杂语,质量参差不齐,节目稳定度不高。

五、网络广播节目的受众特点

(一)年轻化

年轻化是网民的重要特点,随着网络的普及,受众也开始多样化起来。截至 2013 年12 月,虽然低龄和高龄网民略有提升,我国 20~29 岁年龄段网民的比例仍占到 31.2%,在整体网民中占比最大。[①] 而网民当中收听网络广播的也主要是年轻人,网络广播刚开始阶段吸引的主要是学生。年轻人更愿意接触新事物,喜欢听广播来伴随他们的生活。

(二)自主化

收听网络广播节目的受众相较于传统听众,收听模式和注意力都产生了变化。在网上,人们有极大的选择权,不能吸引人的节目会马上被停止播放,长篇幅的节目不大

---

① 参见中国互联网络信息中心(CNNIC)发布的第 33 次《中国互联网发展状况统计报告》。

能获得长久的耐心去收听。在网络时代,广播节目的制作者面对的不再是一群习惯被动收听、容易轻易信服的听众,而是能够自主生产,自由选择,通常以"用户"来称谓的受众。

(三)全球化

传统调频电台传播范围有限,听众具有典型的地域化特征,他们的地方意识和归属认同维持了广播作为地方性媒介的传播优势。而打破了时空局限,网络节目的受众可以遍布全世界。因为需要适应跨地域受众的文化背景和应用需求,网络广播节目可传播的内容变得非常广阔,有助打开多元化的全球视野。

(四)差异化

受众的欣赏口味千差万别,需求分散,众口难调。庞大的受众群体扎根不同群体,穿梭不同的网页,有着五花八门的喜好和各自的收听习惯。网络广播节目为满足差异化的需求提供了最大的可能,甚至极少数人的需求也可能被顾及。

(五)爱音乐

截至2018年12月我国使用网络音乐的网民高达5.76亿,排在各项网络应用的第七位,网民使用率达到69.5%。[①] 音乐与广播是天然的朋友,音乐是广播节目最重要的内容。听音乐和听广播的界限非常模糊,音乐类节目带来的收听选择尤其多样。

(六)分散化

这里指的是注意力的分散化,现代社会节奏繁忙,人们使用网络的渠道也变得多种多样,不会消耗大段的时间专注听广播,而是利用生活、工作的碎片化时间听节目以放松身心。便携的收听设备也在助力移动收听的发展趋势。

第三节　网络广播节目的策划与制作

在节目的策划与编辑制作流程方面,网络广播节目与传统广播并无实质的区别,不同之处在于网络广播节目需考虑到节目的网络受众特征以及网络应用特性。

一、网络广播节目的策划

互联网海量的储存能力使得它对节目的需求不断增长,网上自有不少广为流传的音频节目来自个人创作者"灵机一动"的即兴智慧,他们的创意迅速转化成了作品,并一度成为网络焦点。但真正能够持续播出并保持发展潜力的网络广播节目需要从细致周到的策划工作开始打造。

(一)网络广播节目的策划理念

1. 要有广播意识,节目符合声音传播规律

深度不如报纸,形象不如电视,网络虽然赋予广播弥补弱势的契机,但是多媒体展

---

① 参见中国互联网络信息中心(CNNIC)发布的第43次《中国互联网发展状况统计报告》。

示却不是网络广播的优势,广播的核心价值依旧是声音的魅力。把握声音传播的规律是维护网络广播自身特征的基础,如何保证网络广播的音频表现特征,并在此基础上挖掘它的服务潜力是制作者需要重点考量的。

2. 要有用户意识,节目适应网络受众的需求

做好一档网络广播节目需要具备强烈的受众意识。做节目前,首先需要确定目标用户并了解他们的收听需求和网络使用习惯。网络受众的需求千奇百态,且多为主动收听,网络节目的分类也可以是五花八门,但是节目不必苛求也做不到"高大全",衡量网络广播节目成功的标准不是收听规模的大小,而是对目标群体某种细分化需求的服务是否到位以及他们对节目的忠诚度是否牢靠。用户的使用"黏性"一旦养成,就有了盈利拓展的基础。

3. 要有分析意识,节目符合网络传播的特质

(1) 数据观。网络蕴含着网民的智慧,网络数据是引领节目制作的风向标,可以通过网络问卷调查、意见征询、后台用户管理等形式采集数据,了解用户的口味需求和收听习惯,并以此为依据设计节目主旨、主持风格、互动方式等。新节目可通过网络试播来测试效果,评估改进方式。

(2) 平台观。要根据节目最终不同呈现平台的特点和对应的受众网络使用习惯来设计节目的内容和形式。比如内容全面、占时较长的节目适合在网络平台推广;亮点突出、篇幅短小的节目适合在移动客户端使用;适合城市车载终端播放的节目时长则一般以半小时为宜。同时,考虑到网络媒体多渠道的传播特色,节目内容选材应是普适性的,而非强调地方性内容。

以福建人民广播电台《为你朗读》为例,它是一档应网络而生的广播节目,满足了以上三个策划理念,是传统广播新媒体应用的范例。该节目立足声音传播美文的优势,每日选取若干篇围绕某主题的涵养身心的文字,用五分钟左右的时长进行介绍和朗读。除音频内容在福建台几套频率错时播出,音频和文字还供网络定制,在多个移动客户端可获得。短小清新的动人文字和美好声音的结合,既满足了受众碎片化的心灵愉悦需求,又充分带动了他们的网络参与热情,因为从美文内容的制定到朗读者的选择不限于电台专业人士,受众可通过"我想朗读"和"推荐美文"等网络互动环节推荐喜爱的文章或者自制朗读音频供节目使用。

(二) 节目策划文案的写作要素

策划文本写得越详尽就越具操作性,新鲜创意也就越容易付诸实现。内容可包括以下方面。

1. 节目名称:名称是节目最主要的标识,最好能够精炼概括、简单明了、上口易记、富有特点。

2. 服务宗旨:节目制作的目的是什么,制作人希望能达到什么样的社会效果,希望听者有怎样的收获。

3. 目标受众:确定节目做给谁听,可从年龄、职业、收入、收听环境、收听途径、使用

习惯等不同层面来区分受众群体。

4. 出品时间：什么时间推出节目，或者什么时间可让受众获得节目。

5. 运作周期：多久推出一期新的节目。依赖时效性内容选材的节目，周期应短一些。

6. 主持风格：主持风格决定了一档节目的"气质"，需有一定的稳定性，可以是活泼生动、端庄典雅，也可以是诙谐幽默、唯美抒情、古灵精怪、娱乐恶搞……

7. 节目版头：版头是节目的语音标识，通常用音响、音效等手段配合生动语言概括节目相关信息，一般用在节目开头或者中间段落，起到强化节目品牌、刺激收听欲望的作用。

8. 互动手段：要明确互动是作为节目交流的辅助工具还是作为节目的内容主导，然后要确定有效的互动渠道和方式。

9. 节目类型：网络节目的分类选择非常多，有的强调内容，有的强调形式，比如直播互动类、财经访谈类、生活指南类、音乐欣赏类……

10. 板块流程：是指节目内部常规性按时序分割不同特点内容的环节安排。

11. 创新特色：内容的创新是指顺应社会发展变化和人们兴趣变化的内容选材；形式的创新包括声音素材在使用上的搭配变化以及访谈、讲故事、互动等节目元素的灵活运用。创新还包括在传播方式、编排推广等其他方面有别于同类节目的特点。

12. 播出渠道：选择在哪种播出渠道的什么频道播出。节目是供免费收听还是收费下载，是通过渠道推送还是让受众主动点播，是供电脑大屏幕播放还是手机小屏幕播放。

13. 资金来源：运作资金是来自私人投资、机构支持，还是来自公益基金、政府投入。稳定的资金来源是节目持续运作的保障。

14. 营利方式：节目是用作公益，还是通过插播广告、有偿定制、付费点播、出卖播出权等方式来获利。渠道合作的利润如何分成。

15. 招商卖点：节目要素中可与推广商品品牌契合的地方。

16. 团队分工：根据节目运作的具体需求，可有制片人、主持人、记者、编辑、导播、宣传推广、渠道开发、技术保障等工种。

（三）节目成功的要素

广播节目的创新在网络更容易得到实施。因为没有稀缺的无线电频道资源来限制，网络广播节目更乐于接受新的节目创意。虽然面对品味多元化的网民，成功的节目没有统一的标准，但是通常具有以下特质。

1. 目的明确。制作者非常清楚做给谁听，传递何种价值。

2. 品质连贯。同一栏目单期节目之间的制作水平差别不大，准时推出，而非时有时无。特别是对于订制推送的节目，节目质量稍有变化，人们可以轻易退订。

3. 内容创新。不论是形式的创新还是内容的创新都值得推崇，不要千篇一律，不要人云亦云，要能带来独特的收听体验。

4. 把握时机。有些节目，内容顺应了某种风潮，或者发布时间踩在了某个事件的节点,就获得了天然的成功条件。

5. 可听性强。如果节目传递的节奏拖沓、气氛沉闷、语焉不详,再有内涵的主题都不会有收听的吸引力。好的网络广播节目要善用网络语言,个性鲜明。

二、节目互动的安排

互动手段的便捷使用突出体现了网络广播节目的独特性。有些节目安排互动仅仅是为了活跃气氛,表露亲民的节目姿态,有的节目则把互动当作节目内容不可或缺的来源。良好的互动内容可以成为选题内容来源,也可以指引节目编排走向,巩固一批忠实的"粉丝",有助于节目走上良性发展的轨道。

互动手段并不是多多益善,而应该在充分考量节目组应对能力和节目运作特点后再确定、公布互动渠道和方式,同时必须落实管理人,因为"有去无回"的沟通会让受众失望。除了信件、短信、电话等常规互动方式,在现今网络广播节目中大行其道的是新型的互动方式,比如网络论坛、QQ、微信、微博等,它们可传递文字、图片、语音等多媒体信息。节目互动包括直播时的互动和节目后的互动。

（一）直播互动

直播时可利用各种互动方式,引入网民的智慧充实节目内容,达成主持人和受众、受众和受众的情感交流和信息流动。受众可点歌、答题、表达观点,主持人可给出回应。比如"蜻蜓FM"网络电台就跟新浪和腾讯微博绑定,网民进入客户端登录微博账号就可一边听广播,一边和相应的主持人互动,互动在这里属于拉近听众和节目距离的工具。而以山东广播电视台经济广播频道《微信动起来》[①]栏目为例,这档以互动方式命名的节目则是选择时下流行的微信来推动节目内容走向,通过每期一个的新闻话题吸引听众"开聊"。它抓住微信实时互动的语音亮点,结合广播声音传播的特长,利用60秒之内的语音限制,在20分钟的节目时间里提高了听众参与的可能性、便捷性和积极性。

需要指出的是,主持人在直播中可以及时处理文字等视觉信息,但新媒体带来的音频互动内容需要导播把关后才能选择播出,以保证节目的播出安全,避免违法违规的内容播出。

（二）日常互动

维持栏目运转需要设定节目时间外的沟通渠道,以便与受众建立牢固的联系,这已成为各档节目争夺受众的常规做法。以深圳电台沟通市民和官员的节目《民心桥》为例,在每期节目的嘉宾和主题确认后,便在其"898民心桥"官方微博和公共微信平台预告节目内容,提前收集线索,大量的群众回复经过挑选后会体现在后续的直播节目中。

三、节目音频素材的采集

听觉媒介是最能让人放松又投入,并且引导丰富想象力发挥的伴随媒介。网络广

---

① 该节目获得由北京人民广播电台主办的第六届"赢在创意"全球华语广播栏目大赛创新组铜奖。信息来自大赛官网。

播节目的音频素材来源相比传统广播节目得到进一步拓展,而录音笔、智能手机等数字化采音设备由于其品种繁多、音质可靠、灵巧便携、价格低廉的特点得到普及,给非专业人士提供了采集素材、留存音频的入门保障。

(一)音频要求:音质清晰、没有杂音、格式标准、适合伴随

人们通常把广播当作伴随媒介,不会像看小说一样付出聚精会神的注意力,如果节目音质粗糙,甚至需要仔细辨别语句的意思,那就成为噪音。所以采音环境需要有所选择,不能太空旷,不能太嘈杂。使用录音笔等采音设备前要检查电量是否充足,功能键是否在合适的档位。采音时则要将话筒对准但不要紧贴发声的主体。音频保存格式则是以mp3、wav等占用空间少的格式最为常用。

(二)音频来源

1. 传统音频来源

(1)现场事件同期声。通常由记者按照新闻策划和编播需要,在事件发生的现场录得,或者来自对当事人的采访录音。现场同期声是新闻类节目不可或缺的组成部分。

(2)自然音响。专业人士用专业器材到自然界录制的声响。英国有一家叫作"Bird Song"(百鸟之声调频)的电台,只录播各种鸟叫的声音却受到了人们的追捧。究其原因,是它给习惯了都市机械声响的人们带来了一抹自然的清新。

(3)演出演讲实况录音。对音乐会、话剧、演讲会、辩论会、研讨会等各种以声音为主要表现形式的活动的录音。此类音频能在录制剪辑后应用于网络广播节目,发挥它的再生价值,但录制需要依靠专业的录音设备和专职的技术人员。

(4)对文学作品和读物的有声演绎。它包括磁带、CD等有声出版物。

2. 新的汇聚方式

互联网的开放性极大地拓宽了节目的内容来源,也给广播节目制作带来了很大的便利。各类网站汇聚了海量的音视频信息,包括视听媒体提供的已播节目,还有网民自制的内容。目前的技术已经能够支持将网页视听内容的音频部分直接转化到同一台电脑的数字编辑系统中,直接供节目制作使用。

节目制作者通过互动渠道使用受众提供的素材也很方便。廉价易得的录音设备使得普通民众也能随时随地采录素材,加入用户自制内容的行列中。来自民间的声音往往真实鲜活,许多精彩瞬间是专业的记者可望而不可即的。深圳电台新闻频率《民生直击》节目曾有一期关于"家禽是否能上公交"的讨论,就选用了一段听众传来的录音,录音内容是这位听众用手机在公交车录得的关于乘务员与一位带鸡上车的乘客的对话,现场感强,又带冲突,还原了原汁原味的生活。

  乘务员:里面的东西是活的。
  带鸡乘客:活的怎么样?你也是活的!
  乘务员:那你不下(车)我报警了。
  带鸡乘客:我不下,你报警吧,你说让我下我马上下?你叫警察过来,让我下!
  乘务员:臭得要死。

带鸡乘客:怎么臭得要死?……

四、当期节目文稿写作

文稿是帮助节目制作人确定内容流程、厘清编辑思路、明确任务分工的一个文本记录,基于不同节目组工作风格的不同特点,文稿环节虽然不一定决定节目的最终样貌,但却是指导后续编辑工作或者录制直播工作的一个依据。文稿撰写和素材准备是一个相辅相成、互为影响的过程。有些制作人根据设定的文稿来搜寻素材,而有些则是根据已掌握的素材来进行写作,这都需根据实际情况来做安排。节目文稿可大致分为完整文稿和提纲文稿两类。

(一)完整文稿

完整文稿是指节目播出内容的全部文字。新闻类、专题类节目,用于"创优"、需要对节目质量有精确把控的节目,还有新手主持的节目,都需要在录制前写好完整的文稿。完善的文稿能提高编辑环节的效率,原创的文稿在网络广播节目中会被认为更有价值。

网络广播节目的文稿在思想主旨上要紧跟网络文化的脉搏,广泛选用多元化的题材;在写作上要遵循听觉规律和声音传播自然亲切的特点,语言上讲究通俗易懂,内容时序安排上脉络清晰,音响音乐的安排上层次分明。

(二)提纲文稿

提纲文稿是提示节目内容流程和要点、关键词的文本,它不需要将节目的内容一字不差地写出来,而是在坚持节目风格的基础上确定当期主题,选定内容提纲和素材要点,确定嘉宾及联系方式。因为逐字逐句的文稿反而会束缚主持人的口语化表达和临场发挥,所以提纲文稿在脱口秀节目、谈话类节目、音乐类节目等节目中比较常用。

对直播节目来说,当期节目的提纲准备尤其重要,虽然一些经验丰富的主持人常常能够不带片纸,临场发挥,但是"好记性不如烂笔头",充分的文案准备有助防止主持人偏离谈话主线,提高节目制作效率,保持节目平稳的播出质量。

五、主持人的素质和录音的要求

主持人是以特定的身份和自我的个性直接面对受众的人。主持人通过言语把节目的各个内容要素串联起来,或者直接播报文稿来推动节目的进展,是节目的重要组成部分。在传统广播电台,由于频率资源的有限性,主持人是稀缺职位,而网络降低了主持人的入门门槛,释放了大量创建节目和主持节目的机会。

(一)主持人的基本素质

主持人的个性特征和主持风格要符合节目特点,大量节目都是根据主持人的内涵特点为他们量身打造的,从不少以主持人名字命名的节目就可见一斑,如《海阳现场秀》《冬(梁冬)吴(吴伯凡)相对论》等。

随着广播的发展,单一型的只会念稿的主持人早已不合时宜,广播节目主持人应是不折不扣的多面手。不像电视领域有相对细致的分工,广播节目的制作效果常常依赖于主持人个人的知识积累、编播水平以及控场能力。总的来说,优秀的网络广播节目主持人应该具备精彩的语言、动人的情怀、鲜明的观点。面对网络鱼龙混杂的交流环境,网络广播主持人还应具备牢靠把握法律法规界限、能将素材去芜存真的水平。

1. 新闻类主持人

正襟危坐、字正腔圆、科班出身的主持人显得缺乏个性。时下受到欢迎的新闻节目主持人,都是能够参与到采编播流程的、熟悉新闻业务的,能够"说"而非"读"新闻的主持人。他需要善于与新闻团队沟通,深刻领会编辑意图或者直接负责新闻编排,并保持主持风格与新闻整体效应相吻合。他在直播中遇到比如连线不通、口播失误等的"尴尬"局面还需要能够随机应变、临场化解,保障播出安全。不少网上热播的新闻节目都带有娱乐化的倾向,虽然娱乐元素的包装能带动新闻的可听性,但也影响了新闻的权威性,这就要求主持人在愉悦网民的同时把握好新闻传播的分寸和尺度。

2. 脱口秀主持人

脱口秀节目也可视为谈话节目,所谈话题可以包罗万象。此类主持人本身就是节目的招牌和灵魂,是决定节目成败的关键。脱口秀主持可以是一个人,也可以是几个人,但要注意,多人主持的节目需要主持人之间有比较明显的音质或者风格区别,以免听众混淆。主持脱口秀节目,必须具备庞杂的知识储备,又要善于用机智的口才和灵敏的反应展示观点。人格魅力和独到观点是他们赢取"粉丝"的法宝。

以中央人民广播电台的新闻娱乐脱口秀节目《海阳现场秀》为例,主持人海阳善于用自嘲、反讽、幽默的语言针砭时弊,对于"上海某小学发生数十名小学生集体呕吐、低烧的情况,校方归咎于空气污染"的新闻报道,他的评价是:"没想到才一年时间,雾霾就从人人喊打,变成有人喜爱的'万能解药'。"让人听过笑过之后又不免无奈叹息。网络脱口秀节目《罗辑思维》在多个新媒体平台受到热捧,它每天在微信公众平台推送60秒语音节目,已汇集了170万微信用户。① 其主持人罗振宇普通话不算标准,但他秉承"死磕自己,愉悦大家"的精神,利用自己渊博的知识和诙谐的表达,把各种"有种有趣有料"的段子融入节目中,带受众从知识中获取营养。

3. 音乐类主持人

音乐节目的主要介质是音乐,主持人可分为两类。一类是"音乐为我所用",主持人根据每期节目设定的主题特点,比如渲染某种心情、纪念某个日子、介绍某位歌星,依此选取应景的音乐,唤起受众的共鸣。这样的主持人需要熟悉大量的音乐素材,拥有细腻的内心,最好有不错的文学修养。还有一类是"我为音乐服务",主持人所选的音乐、所准备的串词,都是为了传播音乐内涵和音乐背后的文化,让音乐成为主角。这样的主持人需要对音乐有着深刻的理解,还要有庞大的音乐知识储备。在"网易云音乐"平台推出的《庞舸船播》节目的主持人庞舸就属于后一类主持人,他专注于欧美摇滚音乐的节目制作已经超过十年,在这样一个在中国属于相对小众的音乐门类里,他的坚持和积累使他

---

① 罗振宇.罗辑思维2[M].武汉:长江文艺出版社,2014:扉页.

成为这类音乐的专家。

（二）主持人录音

除了特殊制定的其他用途，主持人解说或主持的语言要符合口语化的特点，善于将长句变短句，让人听得清楚和明白。此外录音时要有对象感，需根据特定对象的特点来组织语言，假设目标受众就在眼前与你面对面地交流。对于网络广播节目主持人而言，录节目有一个秘诀就是"适当留白"，若非有十足的把握，不要将音乐、音效、同期声与解说的话语重叠，防止引起修改和剪辑的不便。

六、网络广播节目编辑制作要点

编辑环节是根据内容主旨对原始音频素材和主持解说词进行挑选、组织和加工，使凌乱分散的素材变为有机整体的过程，编辑工作的目的就是要吸引受众对节目给予听觉的持续关注。对于供收费定制的节目，更应把每期节目都当成精品来制作。编辑制作网络广播节目可参照以下要点。

（一）开头重要，引人入胜

虽然网络点播节目下载后可实现收听的快进快退，但声音的表达内容毕竟有其时序传播的基本规律，所以精彩的开头所能带动的收听的作用不容小觑。在几个网络电台热播的节目《刘老湿贱康课》用调侃的口吻传播健康常识，比如其"脏话大起底"的一期，开头便列举了讲脏话的必要性，这种违反常规认知的论断引发听众听下去的好奇，但实际上全篇不带脏话，却从生理、心理等层面生动巧妙地引导人们理性认识脏话，避免脏话。

（二）主题鲜明，内容紧凑

听众对网络广播节目的选择拥有随听随换的自主性，若打开音频在短时间内无法捕捉到节目的要点，若设定主题下没有言之有物的话语支撑，若故事讲述冗长拖沓，换台是必然的选择。所以应根据设定的主题来组织节目内容，对偏离主题或者重复啰嗦的内容给予删除（除非该内容的存在对揭示人物或者事件内涵有用处）。

（三）篇幅精悍，易于分割

用于网络传播的节目应适合在多种渠道使用，比如可在网页播放、可用手机下载、可在微信分享等。一般来说，考虑到后续多平台传播的二次编辑需求，受众利用碎片化时间下载、收听的应用特点，以及上网流量的费用限制，供点播的音频节目篇幅以短小为宜，有可碎片化的前提才能进一步被其他新媒体接受和利用。编辑应着力在相对小的篇幅里填入充实的信息量，一分钟能讲明白的内容就不用两分钟来讲。

同时，内容庞杂的大主题可细化为一个个分主题分割安放在相对完整的时间段里呈现，形成"微内容"，便于"微应用"，为方便后续使用剪辑打下基础。比如深圳电台新闻频率有一档一小时的新闻杂志节目《人物周刊》，它选取一周内当地和国内外的时政、娱乐新闻中的人物作为主角，讲述人物背后的故事。节目中有一个环节是主持人易辛自采的新闻人物访谈实录，新闻人物选择不局限于当地，访谈带有原创性，内容相对独立完整，所以这部分每期约20分钟的访谈音频在传统电台随整个节目首播后会被剪辑出来和文字说明一起供网络定制。

（四）把控节奏，张弛有度

编辑过程即是将纷繁的内容素材按主题要求有机整合的过程，对于有一定深度和广度的节目，编辑对节奏的把控非常重要。把控节奏的手法包括音频与解说的适度配比、音乐音效的适时切入、适时的段落隔断、悬念的制造等。这些手法的合理运用能把听节目的人的情绪带入到抽丝剥茧、身临其境的境地，也留下了加深印象、回味思索的余地。无论是讲述故事，还是评论事件、介绍乐曲，好的节奏推动了听者听下去的欲望，提升了节目的质感。

（五）故事传情，单一主线

以讲故事的方式来传递内容是节目编辑的常用手法。如非特殊需要，应该避免倒叙、插叙等违反基本听觉理解规律的手法，同时介于广播弱于深度传播的特性，也应尽量避免多条主线交叉叙事。以专题节目《"红色串珠"——美国人罗恩惠在深圳的故事》[①]为例，串珠对普通人来说非常简单，却是特殊教育机构很常见又必需的康复学习项目，节目以此为主线，讲述美国老师罗恩惠倾其所有，设立教育机构，带领自闭症孩子用串珠拓展出自食其力之路的故事。节目线索清晰，故事细腻，令人感动。

（六）不拘一格，多元表现

好的节目在表现的形式上并没有一定之规，但多元化表现手段的合理使用可为节目增添动感活力和可听元素。比如获奖节目《古典音乐相声》[②]的构思，即是运用古典音乐故事与相声小品的跨界节目形式，通过相声中"逗哏"与"捧哏"的方式来表现古典音乐故事，以达到普及、讲述古典音乐家、音乐作品故事的目的。而另一获奖节目《海阳现场秀》[③]则充分发挥主持人模仿与表演天赋，通过新闻演播、情景再现、角色扮演、生活滑稽录音等多种形式来解读新闻与资讯。

（七）片花音效，锦上添花

使用片花和音效并非节目制作的必要环节，但是合理的运用能起到画龙点睛的效果。片花提炼了节目最精彩的内容，起到导听预告、美化修饰、吸引注意、内容隔断的作用。音效的有度使用，可烘托节目气氛，带动收听情绪。

七、数字音频工作站的使用技术[④]

使用数字音频工作站就是借助声音处理的设备工具对所有音频素材进行剪辑加工、音效处理，使之成为内容相对完整的具有一定可听性的音频作品的过程。数字新媒

---

① 该节目获得2013年广东新闻奖一等奖，由深圳电台新闻频率制作。
② 该节目获得由北京人民广播电台主办的第六届"赢在创意"全球华语广播栏目大赛原创组铜奖。信息来自大赛官网。
③ 该节目获得由北京人民广播电台主办的第六届"赢在创意"全球华语广播栏目大赛创新组金奖。信息来自大赛官网。
④ 感谢齐齐哈尔大学教育与传媒学院2010级新闻学专业郑善勋同学对此部分写作所提建议。

体技术的普及降低了音频节目制作的资金和技术门槛。在一定程度上,专业广播人所常用的音频制作设备和业余爱好者所易于掌握的设备并无多大区别。以下仅介绍节目制作技术操作上的基本常识。

(一)硬件准备

准备一台连通网络的带有标准配置的电脑和一个话筒。建议此处硬件包含以下内容。

1. 声卡输入,可以从音频源引进音频,如麦克风、磁带机和数字效果器。

2. 声卡输出,可以通过如扬声器和耳机监听音频源。

3. MIDI 端口,可以同步 Adobe Audition 与 MIDI 设备。

(二)软件准备

非线性编辑软件的出现使得音频编辑工作变得简单高效,它采用非线性而非传统时间顺序的编辑原理,可在多个录音轨道中自由切换,利用各种编辑功能将音频素材按需要进行剪辑加工和处理,并放在合适的时间位置。目前最为常用的音频编辑软件是 Adobe Audition 3,这是一款入门可用、精制可行的专业软件。实战是最好的老师,掌握音频软件的使用技能是一个熟能生巧的过程,只要用心学习和深入摸索,这款软件能为声音处理工作带来不少惊喜。

(三)制作过程

1. 录音

在进行录音之前要对电脑进行相应的设置,在控制面板中选择声音和音频设置,在音频选项卡录音栏中选择所用电脑的声卡。确认主音量和波形打开在适当的音量,确认录音状态可用。新建一个文件后,可以点击录音按钮开始录音。按空格键停止录音,再次按空格键可以回放刚才的录音。对于刚刚录制完成的音频片段也可以进行简单的剪辑,删掉不理想的部分。在录音时,要注意以下几点:(1)使用软件时,要对所使用的电脑进行正确的配置,否则会导致录不上音。(2)在单轨模式下录音时,要注意将录音的 Bit 参数值设定为 16Bit,这样不会出现录音时卡顿的情况。(3)录音时要注意录音环境的情况,尽量选择在录音室进行,否则在录音结束后,还要进一步进行降噪、去杂音处理。(4)录音分为内录和外录,外录即通过麦克风或仪器录制电脑外的声音,内录是指截取电脑播放的声音(比如网络视频)。(5)在录音结束回放剪辑时,一定要注意所录制的音频的音量是否合适,声音过小则会导致最后的成品听不清楚,声音过大则会导致失真、刺音,在剪辑时可以调节音量的大小以达到合适的音量。

2. 编辑

对于录音的编辑,要注意以下几点:(1)对刚刚录制好的音频进行降噪处理。在这里要选定没有人声但是有波形的音频最前面的部分,因为这是音频中存在的噪音部分,我们选择这部分噪音并采集数据,然后对整段音频做降噪处理。(2)做降噪处理时,需要选择一个降噪级别参数,在这里参数不能选择太低或太高,太低则降噪效果不明显,在成品中还会存在噪音,太高则会使音频本身正常需要的声音被抹掉而导致失真,声音变形。(3)降噪完成后,在多轨编辑模式下可以为录制的音频配上所需要的背景音乐,并将音频的一些参数调节、设置到理想状态。

3. 效果处理

对于录音的效果处理,要注意以下几点:(1)实时监听,进行效果处理时我们通常会多次回放某一个部分,然后一点点调节相应参数。(2)在多轨编辑模式下,单击音频所在轨的 Fx 按钮,在出现的下拉菜单中便可对变速、变调、混响、立体声等进行调整编辑。(3)在对音频做效果处理时,也可以在网络上找到 Adobe Audition 效果器或效果插件,里面有针对不同情况、环境设置好的参数,稍加修改便可直接运用到我们所录制的音频当中。(4)节目大致编辑完成后,可以预听效果。然后可以一边调整旋钮一边监听,找到合适的参数,对其他效果的参数如法炮制,就都可以调整到理想的状态。(5)编辑时尽量在多轨编辑模式下进行,这样可以对录制的音频和背景音乐分别调整,如果是单轨编辑模式则只能进行统一调整。

4. 保存输出

编辑完毕须把多轨音频合成一个文件以便保存播出,要注意以下几点:(1)音频剪辑完成后,默认的是".ses"格式文件,建议导出时设置为".mp3"格式或者".wav"格式文件,以节省储存空间并且也能达到不错的播放效果。(2)在多轨模式下新建一条音轨,将所选范围的音频混缩到新轨。合并之后进入单轨编辑模式再进行保存。这样我们就可以成功制作一个最大限度无损的节目录音。

案例 12-1 　　　　　　**DJ 颜冬的个人录音工作室**[①]

颜冬是某电台的录音师,同时也是一个超级声音爱好者,是国内最早的一批网络电台节目 DJ 之一,经历过网络电台的兴衰变迁。他在平时工作中使用的是价值几十万元的设备,而在他看来,用低廉价格购买的简单设备也能在家中成就一个像模像样的录音工作室,他本人就很满足在自己的私家录音室里尽情把玩声音的乐趣。想要在家"开麦",听听颜冬的建议。

录音地点:家中,不要太空旷,以免出现回音。

技术装备:电脑和话筒即可。如果想更专业,可购置耳机,颜冬偏爱 Sony 耳机,比较专业,效果不错,他一般到专业电子市场或者干脆在淘宝购买,大概也就几百块钱。话筒和位置声卡可以选择中音公司的设备,性价比较高。此外还可以购买功放机和音箱,价格都不贵,在深圳华强北花 600 块钱左右,就能得到比较好的配置了。如果还想更专业点,他建议买个百灵鸟牌调音台,1000 多块钱,可以修饰录制的声音。

录些什么:散文或心情故事,放到博客上供朋友欣赏。比如下雨时,可以把麦克风放在窗台上,清晰地录下窗台滴答的雨声,再配上自己的声音,很有感觉。

[①] 采访颜冬并参考《南方都市报》2010 年 1 月 14 日刊登的记者陈勇坚对其的采访文章。

> 怎么入门:可以到网上搜索教学课程和录音软件,基本的录音程序都有介绍。当然,也可以去论坛跟其他发烧友交流。
>
> 如何练习:多听电台节目,知道DJ们说话的语气和语速等,然后模仿学习。熟练后,将自己的语言录下来,配上些好听的背景音乐,基本就大功告成了。

第四节 网络广播节目的编排和推广

将节目音频内容上传至网络是轻而易举的事情,而想拥有点击量、引起网民关注,就必须考验编排水平和推广能力了。对于个人上传节目者而言,或许仅仅是为了自我欣赏或者小圈子分享,而网络电台投资者或者移动服务端运营商则不管是出于公众效益还是商业考量,绝对不能任由大量音频无人问津,他们要提供轻松便捷的伴随服务,迎合用户与时俱进的消费需求,同时还需要将原始的音频节目进行有效分解和多层开发,催生节目的再生价值。所以,他们需要采用一些编排技巧以及推广法则来引人注意,这些工作需要音频编辑、视觉编辑、推广专员等工种合力完成。由于网络广播节目的编排与推广都以视觉化的特征,所以这两项工作常常也是互为作用的。

一、编排原则:可视化信息组织+碎片化内容聚合

传统广播电台的节目编排是依据听众的不同收听特点在时间线上的不同位置安排不同的节目,将相应的内容贯穿到不同的频率。通常早晚上下班时间属于"黄金时段",适合安排快节奏的资讯内容,深夜一般会播出更多慢节奏的谈心节目。网络直播节目的编排原则与此类似,是以预期的受众特点按时序安排节目,通常晚间被认为是收听高峰,所以一些网络电台只在晚间直播节目。

占网络节目主要部分的点播节目呈现的是"按菜下单"式的节目提供性质,节目播放源于受众的选择评估继而主动收听。网络广播节目的编排者,不再是按时间、时段来安排内容,而是在明确所在网络平台传播特点的基础上,挑选遵循其风格基调的音频及附属内容,并将它们准确细致归类到频道分类中,想方设法在第一时间使特定受众以最便捷的方式听到最适合他们的节目。编排既要考虑为受众提供多样的不受限的选择,又要为他们解除在节目海洋里遇到的选择困惑。以下介绍这方面的原则。

1. 碎片化。大量的网络点播节目是传统媒体播出节目的剪辑版本,或者是其他音频材料的再加工。供点播的节目不应是将原始节目照搬不动,而应该去除其中闲言碎语、实效不强的部分,截取主题集中的精华内容,依不同主题将它们分割成不同段落,并配以精炼的文字说明,形成适合各种需求的微应用。这也是一个分与聚的过程。分是指将单个节目中的内容要素进行解构,形成碎片化的内容音频块;聚是指将内容块安放到具体化的门类或者频道中。

2. 门类细。网络没有无线电频道资源限制,可根据内容资源设置尽可能全面和专

业化的频道或者栏目,每一个频道之下还可有更多的精细化的分类。应当根据节目内容把它们准确地归类到各个门类中去。以网络电台"荔枝 FM"的移动客户端为例,它的节目分类包括个人订阅、排行榜、类型(下有脱口秀、读物、亲子等分类)、风格(下有搞笑、悬疑、小清新等分类)、场景(下有清晨、睡前、午夜等分类)等,名目繁多,细化程度很高。

3. 易阅读。要精心安排节目所在网页的布局,善用文字和视觉编辑手段,用集中编排、高度简化的方式简单清楚地指引音频内容的获取位置。混沌的编排只会降低内容的品质,同时赶走访问者。

重点推介或者有独家卖点的节目要放在显著位置并用具有冲击力的标题吸引眼球。要考虑人们在不同平台的视觉搜寻习惯来设置页面编排,比如电脑能够在单个页面呈现多个节目内容,而手机屏幕小,目之所及容不下太多项目,需要靠手上下或左右移动触摸屏幕来进行内容查看。

此外,因为人们难以对音频内容快速过滤,只有首先通过看标题来决定是否要点播节目,所以每期节目应起好能体现节目内容主旨的标题,让人对音频主题一目了然,方便选择。截取《冬吴相对论》节目的几期题目为例——"电视没有'台'""互联网'伪军'",这样围绕主题进行命名,便于用户在查找时依据主题文字进行选听。

4. 便搜索。可为每个音频节目内容设置多个关键词,以提高被搜索到的可能。比如,一个音乐节目可按照年代、曲风、作者、情绪等不同的特点安排多个搜索对应关键词。

5. 常更新。网络是信息流动最快的地方,网络节目的服务内容长期不换或者不能根据当下潮流推出新节目,就很容易被淘汰,所以必须时常推出或者及时更新节目,并且保持节目质量的稳定性。

二、推广手段:多媒体呈现+多渠道推广

推广包括单个节目的推介和整个电台的形象推广,需要借助多媒体的手段来提高关注度,用多渠道的方式来扩大知晓率。

1. 勤包装。应为电台或栏目设计标识系统。网络电台网页或者手机页面的设计要清晰有特色,色块、图形的装饰要有统一性,能够体现平台的整体风格,让人印象深刻。视觉编辑可充分利用文字、照片、视频、动漫多媒体等视觉辅助表现手段突出音频编辑挑选的重点节目的内容,但注意要适度,不要喧宾夺主。

2. 重服务。音频服务应是灵活而多样化的,可提供节目定制,也可为用户量身推送节目,同时提供节目的文本配套服务。可分析某用户后台使用数据,查看哪类节目下载得多,受欢迎节目蕴含哪类要素,总结出该用户的偏好,有针对性地将内容输送给目标客户。

也可做与传统电台相匹配的服务,比如错过的节目可在相应网络电台搜索得到等。还可有生活化的服务,比如闹钟功能,"蜻蜓 FM"就将节目收听与闹钟功能连接,将节目收听与用户生活绑定起来。更深入的服务手段还可以是将节目与电子商务结合起来,比如美食节目在播放的同时可附带提供餐馆的信息、行车路线和优惠券。

3. 优互动。丰富多彩、方便快捷的互动方式既能扩大受众群又能提高"粉丝"与节目的黏合度，使得节目与受众共同成长。而电话、短信、邮件、论坛已"沦为"旧的互动方式，时下流行的微信、微博等社交平台的互动运用还有巨大的创新空间。有奖参与也是吸引人的有效手段，能鼓励用户参与到内容生产中来。

4. 打广告。可与传统媒体合作为网络电台或者重点推介节目打广告，也可通过各种新媒体渠道，甚至结合某种产品进行整合推广。比如可以通过节目的微博、微信、听友会等线上线下渠道向注册用户有针对性地进行节目推介，然后链接到节目播放页面。网络电台"蜻蜓FM"就选择微信公众平台，定期推送节目介绍，为在其平台播放的节目进行推广，比如"空气污染大起底，你确定你知道该往哪里逃吗？""泡面进肚36小时后啥样？听完再也不敢吃泡面了"，这些疑问式的语句吸引受众去点击相应的节目音频。

本章小结

网络广播主要是指以互联网为传播平台和介质，为通过有线宽带、无线网络等途径接入网络的固定或移动设施终端的用户提供以音频为主要服务内容的广播形态。网络广播节目则是指通过网络介质传播的以音频为主要形式的内容单位。

网络广播节目弥补了传统广播节目区域传播、转瞬即逝等劣势，呈现了全息传播、海量储存、交互传播、个性服务、自由使用等特点，但尊重声音传播的规律依然是维护网络广播自身特征的基础。数字化设备的普及则降低了非专业人士制作节目的资金和技术门槛，使得人们在家也可能录制节目。

网络广播节目的策划制作流程与传统广播节目并没有本质区别，无外乎策划、采音、写稿、互动、主持、录制、编辑等环节，只是由于节目传输和接收方式的变化，制作网络广播节目的整个流程需关照到节目的网络受众特征以及网络应用特性。网络受众往往以"用户"来称谓，他们收听节目往往是主动的、挑剔的，他们在电脑、手机等各种终端上的使用习惯也是有区别的，网络广播节目制作需满足受众各种细微的需求特点。

在节目编排上，网络广播直播节目与传统广播节目一样需按时序安排内容，网络广播点播节目则需在音频碎片化的基础上，用视觉信息指引内容选择。在节目推广上，则讲究多媒体和多渠道手段的运用。

思考与练习

1. 我国网络广播的发展呈现怎样的特点？
2. 网络广播节目有哪些分类依据？
3. 选取一个在播的网络广播节目，假设自己是该节目的制片人，为其设置策划方案。
4. 利用个人电脑，策划录制一期广播脱口秀节目。
5. 选取两个网络电台的移动客户端，分析各自节目的编排特色。

参考文献

一、图书部分

1. 陈义成.电视音乐与音响[M].北京:中国广播电视出版社,2004.
2. 陈滢竹,肖艺,孙春.星影视广告创意与制作[M].重庆:西南师范大学出版社,2013.
3. 董旸.广播节目策划与制作[M].北京:中国传媒大学出版社,2007.
4. 方迎丰,余思慧,简予繁.视频广告概论[M].武汉:武汉理工大学出版社,2013.
5. 房晓溪.动画角色设计[M].北京:印刷工业出版社,2008.
6. 甘惜分.新闻学大辞典[M].郑州:河南人民出版社,1993.
7. 宫承波.新媒体概论[M].4版.北京:中国广播电视出版社,2012.
8. 韩斌生.动画艺术概论[M].北京:海洋出版社,2013.
9. 胡立德.新闻摄像[M].杭州:浙江大学出版社,2006.
10. 胡智锋.电视节目策划学[M].上海:复旦大学出版社,2006.
11. 黄匡宇,黄雅堃.当代电视新闻语言学[M].北京:中国社会出版社,2011.
12. 黄匡宇.当代电视摄影制作:观念与方法[M].上海:复旦大学出版社,2011.
13. 黄匡宇.理论电视新闻学[M].广州:中山大学出版社,1996.
14. 黄煜,卢丹怀,俞旭.并非吹毛求疵[M].广州:广东高等教育出版社,1998.
15. 黄著诚.实用电视编辑[M].北京:中国广播电视出版社,2000.
16. 贾国飚.媒介营销——整合传播的观点[M].长沙:湖南人民出版社,2003.
17. 金震茅.网络广播传播形态研究[M].苏州:苏州大学出版社,2007.
18. 李良荣.西方新闻事业概论[M].上海:复旦大学出版社,1997.
19. 刘书亮.中国电影意境论[M].北京:中国传媒大学出版社,2008.
20. 刘远航,白丽华,刘畅.现代多媒体影视制作技术[M].北京:人民邮电出版社,2002.
21. 罗以澄.新闻采访学新论[M].武汉:武汉大学出版社,2006.
22. 苗棣,王怡林.脱口成秀——电视谈话节目的理念与技巧[M].北京:中国广播电视出版社,2006.
23. 乔晶晶,卢虹.动画短片创作[M].上海:上海人民美术出版社,2011.
24. 任德强,王健.电视专题摄制[M].重庆:西南师范大学出版社,2010.
25. 邵文红.动漫概论[M].南京:东南大学出版社,2013.
26. 石长顺.当代电视实务教程[M].上海:复旦大学出版社,2005.
27. 石长顺.电视专题与专栏[M].上海:复旦大学出版社,2009.
28. 苏小妹.电视包装制作技巧[M].北京:同心出版社,2005.
29. 童宁.电视节目结构方法[M].北京:中国广播电视出版社,2004.
30. 王德胜.文化的嬉戏与承诺[M].郑州:河南人民出版社,1998.
31. 王国维.人间词话[M].北京:中华书局,2009.
32. 王洁,等.新媒体采编实务[M].北京:中国传媒大学出版社,2012.

33. 王同杰,王锋,沈嘉达.影视画面编辑[M].北京:中国青年出版社,2011.
34. 王志新,黄建琴,肖剑.影视包装制作盛典[M].北京:清华大学出版社,2008.
35. 肖峰.广播新闻业务教程[M].武汉:武汉大学出版社,2010.
36. 叶子,赵淑萍.电视采访学[M].北京:北京师范大学出版社,2000.
37. 赵前,何嵘.动画片场景设计与镜头运用[M].北京:中国人民大学出版社,2009.
38. 郑月.电视节目导播[M].北京:中国传媒大学出版社,2007.
39. 周建青.当代视听节目编导与制作[M].北京:中国广播电视出版社,2014.
40. 周建青.当代影像传播与媒体发展研究[M].北京:世界图书出版公司,2013.
41. [法]克劳德-让·贝特朗.媒体职业道德规范与责任体系[M].宋建新,译.北京:商务印书馆,2006.
42. [荷兰]约斯·德·穆尔.博赛空间的奥德赛——走向虚拟本体论与人类学[M].麦永雄,译.桂林:广西师范大学出版社,2007.
43. [美]戴尔德丽·汉森,乔迪·F.戈特利布.电视玄机:性、谎言、宣传片[M].刘硕,译.北京:中国传媒大学出版社,2007.
44. [美]麦尔文·曼切尔.新闻报道与写作[M].艾丰,等译.北京:中国广播电视出版社,1981.
45. [美]阿尔马朗,彼茨.无线电广播产业[M].詹正茂,张莹,张莉,译.北京:清华大学出版社,2007.
46. [美]理查德·哈灵顿,马克·威瑟,等.专业网络视频手册[M].张可,译.北京:人民邮电出版社,2012.
47. [美]佩里宾诺索夫,格罗斯.电视、广播和网络的节目编排[M].王强,译.北京:人民邮电出版社,2009.
48. [美]特德·怀特,等.广播电视新闻报道写作与制作[M].温国华,于桓申,译.北京:中国广播电视出版社,1987.
49. [美]温迪·特米勒罗.分镜头脚本设计[M].王璇,赵嫣.北京:中国青年出版社,2006.
50. [美]依斯特曼,费格斯.媒介内容策划与运营:战略与实践(第8版)[M].刘涛,何艳,张海华,译.北京:清华大学出版社,2011.

二、期刊与学位论文部分

1. 2013中国互联网影视行业报告[J].数码影像时代,2014(1).
2. 白洁,苗腾辉.动画片中的视听语言[J].神州,2012(18).
3. 白焱焱.电视频道形象宣传片的策划研究[D].济南:山东师范大学硕士论文,2011.
4. 戴梅萍.论三维动画技术的动画艺术表现力[J].重庆科技学院学报(社会科学版),2010(22).
5. 冯春辉.从内容上分析网络视频广告"病毒式"传播因素[J].电影评介,2010(11).
6. 何怀嵩.宣传片的媒体结构特征变化[J].现代传播,2012(12).
7. 贺灵童.杠杆效应——品牌的力量[J].新鲁班,2011(10).
8. 侯冬青.电视广告画面剪辑规律初探[J].参花(下),2013(8).
9. 黄云霞.大陆网络恶搞视频十年发展史[D].长沙:湖南大学硕士论文,2010.
10. 金林.浅谈电视宣传片及其创作[J].中国教育技术装备,2012(36).
11. 靳迪.低成本大画幅视频拍摄之争[J].数码影像时代,2013(8).
12. 劳祥源.《爸爸去哪儿》后期调色制作揭秘[J].数码影像时代,2013(12).
13. 黎泉,刘云花.二维动画制作中的影视后期合成软件[J].计算机光盘软件与应用,2013(13).
14. 李静.国内视频分享网站的内容营销研究[D].上海:华东师范大学硕士论文,2010.
15. 刘飒.论音乐在动画片中的作用[J].电影评介,2007(20).
16. 刘庶.中国城市宣传片的创意与传播研究[D].济南:山东师范大学硕士论文,2011.

17. 潘婷婷.电视频道形象宣传片探析[D].济南:山东大学硕士论文,2006.
18. 彭国华.浅析三维影视动画中的数字技术[J].电影评介,2009(3).
19. 彭俊.今敏动画的镜头语言分析(上)[J].影视制作,2010(3).
20. 全新微创作方式的影像拍摄利器——谈佳能影像器材与微电影创作[J].影视制作,2011(10).
21. 万延.二维动画后期合成的基本原则[J].美与时代(中旬),2011(12).
22. 魏鹏.分镜设计在动画制作中的重要性[J].城市建设理论研究(电子版),2012.
23. 吴航行.喜剧电影中的表演风格初探[J].电影评介,2011(13).
24. 徐海龙.微电影及其跨媒体整合[J].中国电视,2012(4).
25. 徐迅.电视偷拍采访方式的法律环境——从2002年几起代表性事件中获得的启示[J].中国记者,2003(2).
26. 薛珂.浅析动画的艺术语言[J].大众文艺,2013(10).
27. 闫云霄.网络视频营销手段的创新与变革[J].新闻界,2011(3).
28. 颜梅.从家长制到消费者制:网络视频原创节目的媒介生产机制[J].国际新闻界,2013(5).
29. 张燕.代言人·无厘头·温情——阅读周星驰电影[J].北京电影学院学报,2000(3).
30. 周建青.媒体报道聚合现象探析[J].现代传播,2013(5).
31. 周宇龙.看上去很美[J].数码影像时代,2013(12).

再版后记

《新媒体视听节目制作》自2014年11月出版以来,得到视频制作者的厚爱,许多高校将本书选为本科教材。在此,对使用过本书的各位读者表示衷心感谢!

随着移动互联网的快速发展,视频播出平台迅速壮大,用户群不断扩展,视频节目的形式与内容也随之有所变化。因此,很有必要对原有内容进行修订,以符合视频产业发展与视频制作者的需要。本次修订主要从三个方面进行:一是增加了"网络剧制作"一章,弥补了上一版因为出版期限原因而没有完成的遗憾,同时为满足当前网络剧制作行业的需要尽一份绵薄之力;二是对原有的章节进行了增补或删减,使书中呈现的内容与时俱进;三是对本书的编排结构进行了调整。本次修订分工与作者简介如下:

  第一章 微电影制作 周建青,华南理工大学新闻与传播学院,教授
  第二章 网络剧制作 李维,湖南财政经济学院人文与艺术学院,讲师
  第三章 搞笑短片制作 丁玲华,华南农业大学艺术学院传媒系,副教授
  第四章 新闻短片制作 周建青,华南理工大学新闻与传播学院,教授
  第五章 专题片制作 周建青,华南理工大学新闻与传播学院,教授
  第六章 纪录片制作 宁群贤,华南理工大学新闻与传播学院,副教授
  第七章 动画短片制作 韩镁,华南理工大学新闻与传播学院,讲师
  第八章 视频广告制作 郑臣喜,广东财经大学人文与传播学院,副教授
  第九章 MV制作 何钢,广东外语外贸大学新闻与传播学院,讲师
  第十章 宣传片制作 周煜,华南理工大学新闻与传播学院,副教授
  第十一章 网络视频谈话节目制作 何晓静,中原工学院新闻与传播学院,讲师
  第十二章 网络广播节目制作 戴思泂,深圳广播电影电视集团新闻广播电台,博士、记者

本次修订也留有遗憾。原计划修订还要增加网络视频直播、全景视频制作与VR制作三章,经过多方联系,有能力写作的由于工作太忙无法保证按时交稿,有时间写作的由于信心不足无法保证内容质量,最后,只得暂时搁置,留作下次修订时再补充进去。

我提出修订此书的想法后,得到了各位作者的积极响应,得到了北京大学出版社的大力支持。有的作者反复修改了多次,尤其是李维老师撰写的"网络剧制作",前后修改了六稿才得以提交,敬业精神可嘉。在此,对参与本书修订与出版的作者、责任编辑表示诚挚的感谢!

周建青

2019年4月于广州

北京大学出版社
教育出版中心 精品图书

21世纪高校广播电视专业系列教材
电视节目策划教程（第二版）	项仲平
电视导播教程（第二版）	程晋
电视文艺创作教程	王建辉
广播剧创作教程	王国臣
电视导论	李欣
电视纪录片教程	卢炜
电视导演教程	袁立本
电视摄像教程	刘荃
电视节目制作教程	张晓锋
视听语言	宋杰
影视剪辑实务教程	李琳
影视摄制导论	朱怡
新媒体短视频创作教程	姜荣文
电影视听语言——视听元素与场面调度案例分析	李骏
影视照明技术	张兴
影视音乐	陈斌
影视剪辑创作与技巧	张拓
纪录片创作教程	潘志琪
影视拍摄实务	翟臣

21世纪信息传播实验系列教材（徐福荫 黄慕雄 主编）
网络新闻实务	罗昕
多媒体软件设计与开发	张新华
播音与主持艺术（第三版）	黄碧云 睢凌
摄影基础（第二版）	张红 钟日辉 王首农

21世纪数字媒体专业系列教材
视听语言	赵慧英
数字影视剪辑艺术	曾祥民
数字摄像与表现	王以宁
数字摄影基础	王朋娇
数字媒体设计与创意	陈卫东
数字视频创意设计与实现（第二版）	王靖
大学摄影实用教程（第二版）	朱小阳
大学摄影实用教程	朱小阳

21世纪教育技术学精品教材（张景中 主编）
教育技术学导论（第二版）	李芒 金林
远程教育原理与技术	王继新 张屹
教学系统设计理论与实践	杨九民 梁林梅
信息技术教学论	雷体南 叶良明
信息技术与课程整合（第二版）	赵呈领 杨琳 刘清堂
教育技术学研究方法（第三版）	张屹 黄磊

21世纪高校网络与新媒体专业系列教材
文化产业概论	尹章池
网络文化教程	李文明
网络与新媒体评论	杨娟
新媒体概论（第二版）	尹章池
新媒体视听节目制作（第二版）	周建青
融合新闻学导论（第二版）	石长顺
新媒体网页设计与制作（第二版）	惠悲荷
网络新媒体实务	张合斌
突发新闻教程	李军
视听新媒体节目制作	邓秀军
视听评论	何志武
出镜记者案例分析	刘静 邓秀军
视听新媒体导论	郭小平
网络与新媒体广告（第二版）	尚恒志 张合斌
网络与新媒体文学	唐东堰 雷奕
全媒体新闻采访写作教程	李军
网络直播基础	周建青
大数据新闻传媒概论	尹章池

21世纪特殊教育创新教材·理论与基础系列
特殊教育的哲学基础	方俊明
特殊教育的医学基础	张婷
融合教育导论（第二版）	雷江华
特殊教育学（第二版）	雷江华 方俊明
特殊儿童心理学（第二版）	方俊明 雷江华
特殊教育史	朱宗顺
特殊教育研究方法（第二版）	杜晓新 宋永宁 等
特殊教育发展模式	任颂羔

21世纪特殊教育创新教材·发展与教育系列
视觉障碍儿童的发展与教育	邓猛
听觉障碍儿童的发展与教育（第二版）	贺荟中
智力障碍儿童的发展与教育（第二版）	刘春玲 马红英
学习困难儿童的发展与教育（第二版）	赵微
自闭症谱系障碍儿童的发展与教育	周念丽
情绪与行为障碍儿童的发展与教育	李闻戈
超常儿童的发展与教育（第二版）	苏雪云 张旭

21世纪特殊教育创新教材·康复与训练系列
特殊儿童应用行为分析（第二版）	李芳 李丹

特殊儿童的游戏治疗	周念丽	智障学生职业教育模式	
特殊儿童的美术治疗	孙 霞	特殊教育学校学生康复与训练	
特殊儿童的音乐治疗	胡世红	特殊教育学校校本课程开发	
特殊儿童的心理治疗（第三版）	杨广学	特殊教育学校特奥运动项目建设	
特殊教育的辅具与康复	蒋建荣		
特殊儿童的感觉统合训练（第二版）	王和平	**21世纪学前教育专业规划教材**	
孤独症儿童课程与教学设计	王 梅	学前教育概论	李生兰
		学前教育管理学（第二版）	王 雯
21世纪特殊教育创新教材·融合教育系列		幼儿园课程新论	李生兰
融合教育本土化实践与发展	邓 猛等	幼儿园歌曲钢琴伴奏教程	果旭伟
融合教育理论反思与本土化探索	邓 猛	幼儿园舞蹈教学活动设计与指导（第二版）	董 丽
融合教育实践指南	邓 猛	实用乐理与视唱（第二版）	代 苗
融合教育理论指南	邓 猛	学前儿童美术教育	冯婉贞
融合教育导论（第二版）	雷江华	学前儿童科学教育	洪秀敏
学前融合教育（第二版）	雷江华 刘慧丽	学前儿童游戏	范明丽
小学融合教育概论	雷江华 袁 维	学前教育研究方法	郑福明
		学前教育史	郭法奇
21世纪特殊教育创新教材（第二辑）		外国学前教育史	郭法奇
特殊儿童心理与教育（第二版）	杨广学 张巧明 王 芳	学前教育政策与法规	魏 真
教育康复学导论	杜晓新 黄昭明	学前心理学	涂艳国 蔡 艳
特殊儿童病理学	王和平 杨长江	学前教育理论与实践教程	王 维 王维娅 孙 岩
特殊学校教师教育技能	昝 飞 马红英	学前儿童数学教育与活动设计	赵振国
		学前融合教育（第二版）	雷江华 刘慧丽
自闭谱系障碍儿童早期干预丛书		幼儿园教育质量评价导论	吴 钢
如何发展自闭谱系障碍儿童的沟通能力	朱晓晨 苏雪云	幼儿园绘本教学活动设计	赵 娟
如何理解自闭谱系障碍和早期干预	苏雪云	幼儿学习与教育心理学	张 莉
如何发展自闭谱系障碍儿童的社会交往能力		学前教育管理	虞永平
	吕 梦 杨广学	国外学前教育学本文献讲读	姜 勇
如何发展自闭谱系障碍儿童的自我照料能力			
	倪萍萍 周 波	**大学之道丛书精装版**	
如何在游戏中干预自闭谱系障碍儿童	朱 瑞 周念丽	美国高等教育通史	[美]亚瑟·科恩
如何发展自闭谱系障碍儿童的感知和运动能力		知识社会中的大学	[英]杰勒德·德兰迪
	韩文娟 徐 芳 王和平	大学之用（第五版）	[美]克拉克·克尔
如何发展自闭谱系障碍儿童的认知能力	潘前前 杨福义	营利性大学的崛起	[美]理查德·鲁克
自闭症谱系障碍儿童的发展与教育	周念丽	学术部落与学术领地：知识探索与学科文化	
如何通过音乐干预自闭谱系障碍儿童	张正琴		[英]托尼·比彻 保罗·特罗勒尔
如何通过画画干预自闭谱系障碍儿童	张正琴	美国现代大学的崛起	[美]劳伦斯·维赛
如何运用ACC促进自闭谱系障碍儿童的发展	苏雪云	教育的终结——大学以放弃了对人生意义的追求	
孤独症儿童的关键性技能训练法	李 丹		[美]安东尼·T.克龙曼
自闭症儿童家长辅导手册	雷江华	世界—流大学的管理之道——大学管理研究导论 程 星	
孤独症儿童课程与教学设计	王 梅	后现代大学来临？	
融合教育理论反思与本土化探索	邓 猛		[英]安东尼·史密斯 弗兰克·韦伯斯特
自闭症谱系障碍儿童家庭支持系统	孙玉梅		
自闭症谱系障碍儿童团体社交游戏干预	李 芳	**大学之道丛书**	
孤独症儿童的教育与发展	王 梅 梁松梅	以学生为中心：当代本科教育改革之道	赵炬明
		市场化的底限	[美]大卫·科伯
特殊学校教育·康复·职业训练丛书 （黄建行 雷江华 主编）		大学的理念	[英]亨利·纽曼
		哈佛：谁说了算	[美]理查德·布瑞德利
信息技术在特殊教育中的应用		麻省理工学院如何追求卓越	[美]查尔斯·维斯特

大学与市场的悖论	[美]罗杰·盖格
高等教育公司：营利性大学的崛起	[美]理查德·鲁克
公司文化中的大学：大学如何应对市场化压力	[美]埃里克·古尔德
美国高等教育质量认证与评估	[美]美国中部州高等教育委员会
现代大学及其图新	[美]谢尔顿·罗斯布莱特
美国文理学院的兴衰——凯尼恩学院纪实	[美]P.F.克鲁格
教育的终结：大学何以放弃了对人生意义的追求	[美]安东尼·T.克龙曼
大学的逻辑（第三版）	张维迎
我的科大十年（续集）	孔宪铎
高等教育理念	[英]罗纳德·巴尼特
美国现代大学的崛起	[美]劳伦斯·维赛
美国大学时代的学术自由	[美]沃特·梅兹格
美国高等教育通史	[美]亚瑟·科恩
美国高等教育史	[美]约翰·塞林
哈佛通识教育红皮书	哈佛委员会
高等教育何以为"高"——牛津导师制教学反思	[英]大卫·帕尔菲曼
印度理工学院的精英们	[印度]桑迪潘·德布
知识社会中的大学	[英]杰勒德·德兰迪
高等教育的未来：浮言、现实与市场风险	[美]弗兰克·纽曼等
后现代大学来临？	[英]安东尼·史密斯等
美国大学之魂	[美]乔治·M.马斯登
大学理念重审：与纽曼对话	[美]雅罗斯拉夫·帕利坎
学术部落及其领地——当代学术界生态揭秘（第二版）	[英]托尼·比彻 保罗·特罗勒尔
德国古典大学观及其对中国大学的影响（第二版）	陈洪捷
转变中的大学：传统、议题与前景	郭为藩
学术资本主义：政治、政策和创业型大学	[美]希拉·斯劳特 拉里·莱斯利
21世纪的大学	[美]詹姆斯·杜德斯达
美国公立大学的未来	[美]詹姆斯·杜德斯达 弗瑞斯·沃马克
东西象牙塔	孔宪铎
理性捍卫大学	眭依凡

学术规范与研究方法系列

如何为学术刊物撰稿（第三版）	[英]罗薇娜·莫瑞
如何查找文献（第二版）	[英]萨莉·拉姆齐
给研究生的学术建议（第二版）	[英]玛丽安·彼得 等
社会科学研究的基本规则（第四版）	[英]朱迪斯·贝尔
做好社会研究的10个关键	[英]马丁·丹斯考姆
如何写好科研项目申请书	[美]安德鲁·弗里德兰等
教育研究方法（第六版）	[美]梅瑞迪斯·高尔等
高等教育研究：进展与方法	[英]马尔科姆·泰特
如何成为学术论文写作高手	[美]华乐丝
参加国际学术会议必须要做的那些事	[美]华乐丝
如何成为优秀的研究生	[美]布卢姆
结构方程模型及其应用	易丹辉 李静萍
学位论文写作与学术规范（第二版）	李 武 毛远逸 肖东发
生命科学论文写作指南	[加]白青云
法律实证研究方法（第二版）	白建军
传播学定性研究方法（第二版）	李 琨

21世纪高校教师职业发展读本

如何成为卓越的大学教师	[美]肯·贝恩
给大学新教员的建议	[美]罗伯特·博伊斯
如何提高学生学习质量	[英]迈克尔·普洛瑟等
学术界的生存智慧	[美]约翰·达利等
给研究生导师的建议（第2版）	[英]萨拉·德拉蒙特等
高校课程理论——大学教师必修课	黄福涛

21世纪教师教育系列教材·物理教育系列

中学物理教学设计	王 霞
中学物理微格教学教程（第三版）	张军朋 詹伟琴 王 恬
中学物理科学探究学习评价与案例	张军朋 许桂清
物理教学论	邢红军
中学物理教学法	邢红军
中学物理教学评价与案例分析	王建中 孟红娟
中学物理课程与教学论	张军朋 许桂清
物理学习心理学	张军朋
中学物理课程与教学设计	王 霞

21世纪教育科学系列教材·学科学习心理学系列

| 数学学习心理学（第三版） | 孔凡哲 |
| 语文学习心理学 | 董蓓菲 |

21世纪教师教育系列教材

青少年心理发展与教育	林洪新 郑淑杰
教育心理学（第二版）	李晓东
教育学基础	庞守兴
教育学	余文森 王 晞
教育研究方法	刘淑杰
教育心理学	王晓明
心理学导论	杨凤云
教育心理学概论	连 榕 罗丽芳
课程与教学论	李 允
教师专业发展导论	于胜刚
学校教育概论	李清雁
现代教育评价教程（第二版）	吴 钢
教师礼仪实务	刘 霄
家庭教育新论	闫旭蕾 杨 萍
中学班级管理	张宝书
教育职业道德	刘亭亭
教师心理健康	张怀春

现代教育技术	冯玲玉	中学各类作文评价指引	周小蓬
青少年发展与教育心理学	张清	中学语文名篇新讲	杨朴 杨旸
课程与教学论	李允	语文教师职业技能训练教程	韩世姣
课堂与教学艺术（第二版）	孙菊如 陈春荣		
教育学原理	靳淑梅 许红花	**21世纪教师教育系列教材·学科教学技能训练系列**	
教育心理学（融媒体版）	徐凯	新理念生物教学技能训练（第二版）	崔鸿
高中思想政治课程标准与教材分析	胡田庚 高鑫	新理念思想政治（品德）教学技能训练（第三版）	
			胡田庚 赵海山

21世纪教师教育系列教材·初等教育系列

小学教育学	田友谊	新理念地理教学技能训练（第二版）	李家清
小学教育学基础	张永明 曾碧	新理念化学教学技能训练（第二版）	王后雄
小学班级管理	张永明 宋彩琴	新理念数学教学技能训练	王光明
初等教育课程与教学论	罗祖兵		
小学教育研究方法	王红艳	**王后雄教师教育系列教材**	
新理念小学数学教学论	刘京莉	教育考试的理论与方法	王后雄
新理念小学音乐教学论（第二版）	吴跃跃	化学教育测量与评价	王后雄
初中历史跨学科主题学习案例集	杜芳 陆优君	中学化学实验教学研究	王后雄
青少年心理发展与教育	林洪新 郑淑杰	新理念化学教学诊断学	王后雄
名著导读12讲——初中语文整本书阅读指导手册	文贵良	**西方心理学名著译丛**	
小学融合教育概论	雷江华 袁维	儿童的人格形成及其培养	［奥地利］阿德勒
		活出生命的意义	［奥地利］阿德勒

教师资格认定及师范类毕业生上岗考试辅导教材

		生活的科学	［奥地利］阿德勒
教育学	余文森 王晞	理解人生	［奥地利］阿德勒
教育心理学概论	连榕 罗丽芳	荣格心理学七讲	［美］卡尔文·霍尔
		系统心理学：绪论	［美］爱德华·铁钦纳

21世纪教师教育系列教材·学科教育心理学系列

		社会心理学导论	［美］威廉·麦独孤
语文教育心理学	董蓓菲	思维与语言	［俄］列夫·维果茨基
生物教育心理学	胡继飞	人类的学习	［美］爱德华·桑代克
		基础与应用心理学	［德］雨果·闵斯特伯格

21世纪教师教育系列教材·学科教学论系列

		记忆	［德］赫尔曼·艾宾浩斯
新理念化学教学论（第二版）	王后雄	实验心理学（上下册）	［美］伍德沃斯 施洛斯贝格
新理念科学教学论（第二版）	崔鸿 张海珠	格式塔心理学原理	［美］库尔特·考夫卡
新理念生物教学论（第二版）	崔鸿 郑晓慧		
新理念地理教学论（第三版）	李家清	**21世纪教师教育系列教材·专业养成系列**（赵国栋 主编）	
新理念历史教学论（第二版）	杜芳	微课与慕课设计初级教程	
新理念思想政治（品德）教学论（第三版）	胡田庚	微课与慕课设计高级教程	
新理念信息技术教学论（第二版）	吴军其	微课、翻转课堂和慕课设计实操教程	
新理念数学教学论	冯虹	网络调查研究方法概论（第二版）	
新理念小学音乐教学论（第二版）	吴跃跃	PPT云课堂教学法	
		快课教学法	

21世纪教师教育系列教材·语文教育系列

语文文本解读实用教程	荣维东	**其他**	
语文课程教师专业技能训练	张学凯 刘丽丽	三笔字楷书书法教程（第二版）	刘慧龙
语文课程与教学发展简史	武玉鹏 王从华 黄修志	植物科学绘画——从入门到精通	孙英宝
语文课程学与教的心理学基础	韩雪屏 王朝霞	艺术批评原理与写作（第二版）	王洪义
语文课程名师名课案例分析	武玉鹏 郭冶锋等	学习科学导论	尚俊杰
语用性质的语文课程与教学论	王元华	艺术素养通识课	王洪义
语文课堂教学技能训练教程（第二版）	周小蓬		
中外母语教学策略	周小蓬		